사주 속으로

■ 저자 : 김상회

· 단원 이병렬 · 홍종근 선생님께 사사
· 고려대학교 국제대학원 글로벌 그린 리더십과정수료
· 충북은행 미스스마일퀸
· 스포츠월드 '김상회풍경소리' 연재
· 메트로 '김상회사주속으로' 연재
· 현재 : 사단법인 한국역술인협회 중앙부회장
　　　　　김상회역학연구원 원장
　　　　　한국풍수지리연구협회 부회장
　　　　　대한불교법상종 월광사 주지
　　　　　역학전문가를 위한 후학양성
　　　　　동방대 문화교육원 외래교수

전　화 : 02) 533-8877
휴대폰 : 011-265-0855
이메일 : sang44445@yahoo.co.kr

사주 속으로
────────────────────────
1판 1쇄 인쇄일 | 2009년 11월 26일
1판 1쇄 발행일 | 2009년 12월 6일

발행처 | 삼한출판사
발행인 | 김충호
지은이 | 김상회

신고년월일 | 1975년 10월 18일
신고번호 | 제305-1975-000001호

411-776 경기도 고양시 일산서구 일산동 1654번지
산들마을 304동 2001호

대표전화 (031) 921-0441
팩시밀리 (031) 925-2647

값 15,000원
ISBN 978-89-7460-147-8　03180

신비한 동양철학 · 95

사주 속으로

김상회 편저

내가 인구에 회자되리라고는 꿈에도 생각하지 못했다. 더구나 남의 사주팔자를 감정하면서 생활하리라고는 생각하지 못했다. 한치 앞도 알 수 없는 것이 사람 팔자라더니. 지난 오십여 년의 생이 파노라마처럼 스쳐간다. 순간 순간이 바로 엊그제 같은데 막상 잡으려니 꿈결처럼 아련하기만 하다. 돌이켜보면 눈물과 한숨으로 지새웠던 순간도 있었고, 기쁨과 환희의 순간도 있었다.

철없던 시절에는 내 인생에 불행이란 단어는 없을 줄 알았다. 충청도 안동김씨 지주의 딸로 행복하게 살 줄만 알았다. 행복도 한순간이요 불행도 한순간이라는 것을 느꼈을 때는 이미 오십이 넘어버렸다. 운명처럼, 정말 운명처럼…. 운명의 사슬에 묶이듯 그렇게 역학계에 입문하였다. '기각자 불원타(己覺者 不怨他), 명각자 불원천(命覺者 不怨天).' 나를 알면 남을 원망하지 않고, 명운을 알면 하늘을 원망하지 않는다고 했던가. 눈물과 한숨도 내 인생이요, 내 팔자인 것을 누구를 원망하리오. 주어진 팔자대로 욕심부리지 않으면 편안하게 잘 살 것을.

서울 서대문 충정로에 둥지를 튼 지도 해를 넘기면 십 년이 된다. 십 년이면 강산도 변한다고 했던가. 그동안 수많은 운명을 감정하면서 답답하여 가슴을 칠 때도 있었고, 기막힌 인생 앞에서 밤새같이 울던 때도 있었다. 막혔던 운이 풀려 시원하게 잘 나가는 명조가 고맙다고 인사를 왔을 때는 같이 기뻐하며 환호도 했었다. 항상 배우는 자세로 겸손함을 잃지 않으려고 노력하지만 아직도 부족함을 느낀다. 평생을 공부해도 끝이 없을 것 같다. 역학에 대해 얼마나 알기에 책을 내느냐고 하면 할 말은 없지만 이것이 출발이라는 마음으로 시작하였다.

십 년 동안 역학계에 종사하면서 나름대로는 실전과 이론에서 최선을 다했다고 자부한다. 역학원의 비좁은 공간에서도 항상 후학을 생각하는 마음으로 역학에 대한 배움의 장을 마련하고자 노력하기도 하였다. 이 책을 역학으로 이름을 알리고 역학으로 생활하면서 조금이나마 역학계에 이바지할 것이 없을까라는 고민의 산물이라 생각해주기 바란다.

이 업에 종사하면서 늘 마음의 짐처럼 느껴온 것이지만 그동안 아낌없는 가르침을 주시며 이끌어 주셨던 홍종근 선생님과 단원고 이병렬 선생님, 그리고 정헌주 선생님의 뜻에 따른다는 의미도 있어 용기를 내게 되었다. 끝으로 이 책이 역학의 발전에 조금이라도 도움이 되었으면 하면서 넓은 마음으로 읽어주시면서 질책과 격려를 주시기 바란다.

편저자 김상회

제6장. 격국(格局)과 용신(用神) — 281

제1장.
천간지지(天干地支)와 음양오행(陰陽五行)

1. 천간지지(天干地支)의 기원과 음양오행(陰陽五行)

사주학은 태어난 년월일시의 사주팔자로 운명을 판단하는 학문이다. 사주는 천간(天干)과 지지(地支)의 8자로 이루어지므로 천간(天干)과 지지(地支) 없이는 사주학이 존재할 수 없다. 그럼 사주를 구성하는 천간(天干)과 지지(地支)는 언제 누가 만들었을까.

사주학의 고전인 『연해자평(淵海子平)』에는 하늘이 황제(黃帝)에게 천간(天干)과 지지(地支)를 내려주었다는 기록이 있다. 황제(黃帝)가 치우(蚩尤)와 전쟁할 때 목욕재계한 후 제단을 쌓고 하늘에 제사를 지내자 하늘에서 십간(十干)과 십이지(十二支)의 계시(啓示)가 내려왔고, 그후 대요씨(大撓氏)가 이 십간(十干)과 십이지(十二支)를 배분하여 육십갑자(六十甲子)를 만들었다고 한다.

사주명리학은 사주를 구성하는 천간(天干)과 지지(地支)에 음양(陰陽)과 오행(五行)을 붙이고, 음양(陰陽)과 오행(五行)이 서로 작용하는 관계로 운명을 판단하는 학문이다. 음양학(陰陽學)은 사서삼경(四書三經)의 역경(易經)에서 논하였고, 오행학(五行學)은 서경(書經)에서 논하였다.

우주의 만물은 음(陰)과 양(陽)으로 이루어지는데 양(陽) 가운데 음(陰)이 있고, 음(陰) 가운데 양(陽)이 있다. 만물은 존재하려는 속성과 사라지려는 속성을 동시에 지닌다. 이것을 주역에서는 '한 번은 양(陽)이 되고, 한 번은 음(陰)이 되는 것이 도(道)'라고 하였다. 음(陰)과 양(陽)은 서로 반대의 속성을 지니지만 다른 한쪽이 없으면 존재할 수 없다. 다만 음(陰)과 양(陽)의 관계가 시간의 흐름에 따라 변하기 때문에 삼라만상도 변하는 것이다.

양(陽)은 존재·팽창·발전·빛·열·긍정·남자·하늘을 대표하고, 음(陰)은 소멸·축소·쇠퇴·암흑·차가움·부정·여자·땅을 대표한다. 그러나 음(陰) 가운데 양(陽)이 있고, 양(陽) 가운데 음(陰)이 있으므로 순수하게 음(陰)만 있거나 양(陽)만 있는 것은 아니다.

오행(五行)은 음(陰)과 양(陽)이 변화하는 과정을 5가지로 구분한 것이다. 화(火)는 양(陽)이 매우 왕성한 것이고, 목(木)은 양(陽)이 비교적 왕성한 것이고, 수(水)는 음(陰)이 매우 왕성한 것이고, 금(金)은 음(陰)이 비교적 왕성한 것이고, 토(土)는 금목수화(金木水火)가 서로 변하는 작용을 매개하는 것이다.

계절로 보면 봄은 목(木)이 주관하며 추운 겨울의 음수(陰水)와 뜨거운 여름의 양화(陽火)의 사이에 위치하여 음(陰)을 양(陽)으로 바꾸는 작용을 한다. 여름은 화(火)가 가장 강하고 수(水)가 가장 약하다. 가을은 여름의 화(火)와 겨울의 수(水) 사이에 위치하여 양(陽)을 음(陰)으로 바꾸는 작용을 한다. 겨울은 수(水)가 가장 강하고 화(火)가 가장 약하다. 토(土)는 사계절의 사이에서 계절이 바뀌는 것을 매개한다.

■『자평진전(子平眞詮)』에서는 다음과 같이 논하였다.

천지에는 하나의 기(氣)가 있고 동(動)과 정(靜)이 있어 음양(陰陽)으로 나뉘는 것이다. 음양(陰陽)은 각각 노소(老少)가 있어 다시 사상(四象)으로 나뉜다. 노(老)는 동(動)과 정(靜)이 극에 이른 상태인데 태양(太陽)과 태음(太陰)이 그것이다. 소(少)는 동(動)과 정(靜)의 시작인데 이것이 바로 소양(少陽)과 소음(少陰)이다.

태양(太陽)·태음(太陰)·소양(少陽)·소음(少陰)을 사상(四象)이라 하는데 오행(五行)을 이 사상(四象)에 배치할 수 있다. 수(水)는 태음(太陰), 화(火)는 태양(太陽), 목(木)은 소양(少陽), 금(金)은 소음(少陰)이다. 토(土)는 음양(陰陽)과 노소(老少)와 목화금수(木火金水)의 충기(衝氣)가 응결된 것이다.

1. 천간(天干)의 음양(陰陽)과 오행(五行)

陰陽	陽					陰			
五行	木		火		土		金		水
天干	甲	乙	丙	丁	戊	己	庚	辛	壬	癸

① 갑(甲)은 음양(陰陽)으로는 양(陽)에 속하고 오행(五行)으로는 목(木)에 속한다.

② 을(乙)은 음양(陰陽)으로는 음(陰)에 속하고 오행(五行)으로는 목(木)에 속한다.

③ 병(丙)은 음양(陰陽)으로는 양(陽)에 속하고 오행(五行)으로는 화(火)에 속한다.

④ 정(丁)은 음양(陰陽)으로는 음(陰)에 속하고 오행(五行)으로는 화(火)에 속한다.

⑤ 무(戊)는 음양(陰陽)으로는 양(陽)에 속하고 오행(五行)으로는 토(土)에 속한다.

⑥ 기(己)는 음양(陰陽)으로는 음(陰)에 속하고 오행(五行)으로는 토(土)에 속한다.

⑦ 경(庚)은 음양(陰陽)으로는 양(陽)에 속하고 오행(五行)으로는 금(金)에 속한다.

⑧ 신(辛)은 음양(陰陽)으로는 음(陰)에 속하고 오행(五行)으로는 금(金)에 속한다.

⑨ 임(壬)은 음양(陰陽)으로는 양(陽)에 속하고 오행(五行)으로는 수(水)에 속한다.

⑩ 계(癸)는 음양(陰陽)으로는 음(陰)에 속하고 오행(五行)으로는 수(水)에 속한다.

■ 『적천수(滴天髓)』에서는 다음과 같이 논하였다.

갑목(甲木)은 하늘을 찌르며 높이 솟는데 탈태(脫胎)하려면 화(火)가 필요하고, 봄에는 금(金)을 용납하지 않고, 가을에는 토(土)를 용납하지 않는다. 불길이 치열하면 용[辰]을 타고, 물이 범람하면 호랑이[寅]를 타야 한다. 땅이 윤습하고 하늘이 화창하면 뿌리를 박고 우뚝서서 천 년을 간다.

을목(乙木)은 부드러우나 소[丑]와 양[未]을 찌르며 가를 수 있고, 병(丙)과 정(丁)을 품으면 봉황[酉]과 원숭이[申]를 탈 수 있다. 지지(地支)가 습하고 허하면 말[午]을 타도 역시 근심을 면하기 어렵고, 등라계갑(藤蘿繫甲)이 되면 봄도 좋고 가을도 좋다.

병화(丙火)는 맹렬하니 서리와 눈을 업신여기며 능히 경금(庚金)을 제련한다. 그러나 신금(辛金)을 만나면 오히려 겁을 내고, 토(土)가 많으면 자비를 드러내고, 수(水)가 창궐해도 절개를 지킨다. 호랑이[寅]와 말[午]과 개[戌]의 마을에 갑목(甲木)이 오면 반드시 타서 없어진다.

정화(丁火)는 부드러우면서도 밝게 빛나는 것이다. 을(乙)을 안으면 효도하고, 임(壬)과 합(合)하면 충성한다. 비록 왕성해도 맹렬하지 않고 쇠약해도 궁하지 않으니 만약 친어머니[甲]가 있으면 가을도 좋고 겨울도 좋다.

무토(戊土)는 굳고 두터우며 그 자체로 이미 중앙에 거하면서 기품이 있다. 고요하면 모이고 움직이면 열려 만물을 다스린다. 수(水)로 적셔주면 만물이 생하고, 흙이 메마르면 만물이 병든다. 만약 간곤(艮坤 : 寅申)이 있으면 충(沖)이 두려우니 고요해야 한다.

기토(己土)는 낮고 습하며 중정(中正)을 포함한다. 목(木)이 왕성한 것을 근심하지 않고, 수(水)가 창궐해도 두려워하지 않는다. 적은 화(火)는 기토(己土)를 만나면 빛을 잃으나 많은 금(金)은 기토(己土)를 만나면 빛이 난다. 만약 만물이 왕성해지려면 화토(火土)의 방조(幇助)를 얻어야 한다.

경금(庚金)은 살기를 띠며 가장 강건하다. 수(水)를 얻으면 깨끗해지고, 화(火)를 얻으면 예리해지고, 토(土)의 윤택함을 얻으면 생(生)하고, 토(土)가 건조하면 물러진다. 형인 갑(甲)에게는 이기지만 아우인 을(乙)에게는 진다.

신금(辛金)은 연약하며 따뜻하고 윤택하게 해주면 맑아진다. 토(土)가 많으면 두려워하고, 수(水)가 가득하면 즐거워하고, 능히 사직을 지키고, 생령(生靈)을 구할 수 있다. 뜨거우면 어머니인 갑[甲]을 좋아하고, 추우면 정화(丁火)를 좋아한다.

임수(壬水)는 능히 금(金)을 설(洩)하므로 강한 가운데 덕을 지니며 두루 흘러 막힘이 없다. 지지(地支)에 통근(通根)하고 계수(癸水)가 투출(透出)하면 물이 범람하여 분탕질을 일으킨다. 화(化)하면 유정하고, 종(從)하면 상제(相濟)한다.

계수(癸水)는 매우 약하나 하늘 끝까지 도달할 수 있고, 용도를 얻으면 신의 조화를 부린다. 화토(火土)를 근심하지 않고, 경신(庚辛)을 논하지 않으며, 무(戊)와 합(合)하는데 화(火)를 만나면 진정한 화상(化象)을 이룬다.

3. 지지(地支)의 음양(陰陽)과 오행(五行)

陰陽	陽						陰				
五行	木		火		土				金		水	
地支	寅	卯	巳	午	辰	戌	未	丑	申	酉	亥	子

① 자(子)는 음양(陰陽)으로는 양(陽)에 속하고 오행(五行)으로는 수(水)에 속한다.

② 축(丑)은 음양(陰陽)으로는 음(陰)에 속하고 오행(五行)으로는 토(土)에 속한다.

③ 인(寅)은 음양(陰陽)으로는 양(陽)에 속하고 오행(五行)으로는 목(木)에 속한다.

④ 묘(卯)는 음양(陰陽)으로는 음(陰)에 속하고 오행(五行)으로는 목(木)에 속한다.

⑤ 진(辰)은 음양(陰陽)으로는 양(陽)에 속하고 오행(五行)으로는 토(土)에 속한다.

⑥ 사(巳)는 음양(陰陽)으로는 음(陰)에 속하고 오행(五行)으로는 화(火)에 속한다.

⑦ 오(午)는 음양(陰陽)으로는 양(陽)에 속하고 오행(五行)으로는 화(火)에 속한다.

⑧ 미(未)는 음양(陰陽)으로는 음(陰)에 속하고 오행(五行)으로는 토(土)에 속한다.

⑨ 신(申)은 음양(陰陽)으로는 양(陽)에 속하고 오행(五行)으로는

금(金)에 속한다.

⑩ 유(酉)는 음양(陰陽)으로는 음(陰)에 속하고 오행(五行)으로는
금(金)에 속한다.

⑪ 술(戌)은 음양(陰陽)으로는 양(陽)에 속하고 오행(五行)으로는
토(土)에 속한다.

⑫ 해(亥)는 음양(陰陽)으로는 음(陰)에 속하고 오행(五行)으로는
수(水)에 속한다.

4. 오행(五行)의 상생(相生)과 상극(相剋)

1) 오행(五行)의 상생(相生)

생(生)은 생한다, 도와준다는 뜻이다. 생(生)을 해주는 오행(五行)
은 힘이 빠지고, 생(生)을 받는 오행(五行)은 힘을 얻는다.

水生木	木生火	火生土	土生金	金生水

① 수(水)는 목(木)을 생(生)한다.

② 목(木)은 화(火)를 생(生)한다.

③ 화(火)는 토(土)를 생(生)한다.

④ 토(土)는 금(金)을 생(生)한다.

⑤ 금(金)은 수(水)를 생(生)한다.

화살표로 나타내면 다음과 같다.

水 → 木 → 火 → 土 → 金 → 水

2) 오행(五行)의 상극(相剋)

극(剋)이란 공격하여 파괴한다는 뜻이다. 그러므로 극(剋)을 당하는 오행(五行)은 힘이 빠지고, 극(剋)을 하는 오행(五行)도 힘이 빠진다.

水剋火	火剋金	金剋木	木剋土	土剋水

① 수(水)는 화(火)를 극(剋)한다.

② 화(火)는 금(金)을 극(剋)한다.

③ 금(金)은 목(木)을 극(剋)한다.

④ 목(木)은 토(土)를 극(剋)한다.

⑤ 토(土)는 수(水)를 극(剋)한다.

화살표로 나타내면 다음과 같다.

水 → 火 → 金 → 木 → 土 → 水

5. 천간(天干)의 충극합화(沖剋合化)

1. 천간(天干)의 충(衝)과 극(剋)

천간(天干)의 충(衝)과 극(剋)은 다르다. 갑(甲)은 양목(陽木), 을(乙)은 음목(陰木), 병(丙)은 양화(陽火), 정(丁)은 음화(陰火), 무(戊)는 양토(陽土), 기(己)는 음토(陰土), 경(庚)은 양금(陽金), 신(辛)은 음금(陰金), 임(壬)은 양수(陽水), 계(癸)는 음수(陰水)이다.

충(衝)과 극(剋)을 구별하는 기준은 방위의 배합에 있다. 동과 서, 남과 북처럼 방위가 정반대인 것끼리의 관계를 충(衝)이라고 한다. 동방의 갑(甲)과 서방의 경(庚)은 정반대 방향에 있으므로 충(衝)이 되고, 동방의 을(乙)과 서방의 신(辛)도 정반대 방향에 있으므로 충(衝)이 되고, 남방의 병(丙)과 북방의 임(壬)도 정반대 방향에 있으므로 충(衝)이 되고, 남방의 정(丁)과 북방의 계(癸)도 정반대 방향에 있으므로 충(衝)이 된다.

그러나 남방의 병(丙)과 서방의 경(庚)은 화극금(火剋金)이지 충(衝)이 아니다. 정(丁)과 신(辛)도 마찬가지이다. 특히 병(丙)과 경(庚), 정(丁)과 신(辛)은 양(陽)이 양(陽)을 극(剋)하고 음(陰)이 음(陰)을 극(剋)하여 음양(陰陽)이 배합을 이루지 못하므로 극(剋)을 하는 것이다. 무기(戊己)는 중앙에 위치한 토(土)이므로 충(衝)을 받지 않는다. 정리하면 다음과 같다.

甲庚衝	乙辛衝	丙壬衝	丁癸衝	戊甲衝	乙己衝	丙庚衝	丁辛衝	戊壬衝	己癸衝

① 갑경(甲庚)·을신(乙辛)·병임(丙壬)·정계(丁癸)는 충(衝)이 된다.

② 병경(丙庚)와 정신(丁辛)은 충(沖)이 아니라 극(剋)이 된다.

③ 무기(戊己)는 중앙에 위치하므로 충(衝)이 되지 않는다. 그러나 무(戊)는 임(壬)을 극(剋)하고, 기(己)는 계(癸)를 극(剋)하고, 갑(甲)은 무(戊)를 극(剋)하고, 을(乙)은 기(己)를 극(剋)한다.

천간(天干)의 갑경충(甲庚衝)·을신충(乙辛衝)·병임충(丙壬

衝)·정계충(丁癸衝)은 동서와 남북의 정반대 방위에 있으므로 충(衝)이 되는 것이고, 병경(丙庚)과 정신(丁辛)은 정반대 방위가 아니므로 충(衝)이 아니라 극(剋)이 되는 것이다. 병(丙)은 경(庚)을 극(剋)하고, 정(丁)은 신(辛)을 극(剋)한다. 이는 남과 서의 극(剋)으로 화극금(火剋金)이 된다. 무기(戊己)가 충(衝)하지 않는 것은 중앙에 위치하기 때문이다.

2. 천간(天干)의 합(合)과 화(化)

천간(天干)의 합(合)과 화(化)에는 5가지가 있다.

甲己合	乙庚合	丙辛合	丁壬合	戊癸合
土	金	水	木	火

① 갑기(甲己)가 서로 합(合)하여 토(土)로 변한다.

② 을경(乙庚)이 서로 합(合)하여 금(金)으로 변한다.

③ 병신(丙辛)이 서로 합(合)하여 수(水)로 변한다.

④ 정임(丁壬)이 서로 합(合)하여 목(木)으로 변한다.

⑤ 무계(戊癸)가 서로 합(合)하여 화(火)로 변한다.

합(合)은 음(陰)과 양(陽)이 배합하는 것이다. 예를 들면 갑기합(甲己合)에서 갑(甲)은 양(陽)이고 기(己)는 음(陰)인데 합(合)하니 음양(陰陽)이 배합된 것이다. 이것은 양(陽)인 남자와 음(陰)인 여자가 부부가 되는 것과 같은 것이다.

천간(天干)끼리 충(衝)하거나 극(剋)하는 것은 음양(陰陽)이 배합하지 못하기 때문이다. 오행(五行)에서 극(剋)해도 음양(陰陽)이 달라 서로 배합하면 극(剋)하지 않고 합(合)을 한다. 예를 들면 갑(甲)은 목(木)이고 기(己)는 토(土)인데 목(木)은 토(土)를 극(剋)하는 원리에 따라 갑(甲)은 기(己)를 극(剋)해야 하나 음양(陰陽)이 달라 남녀가 부부가 되듯이 합(合)이 되는 것이다. 부부가 합하면 자녀가 생기듯이 천간(天干)의 합(合)은 새로운 오행(五行)으로 변한다. 천간(天干)의 합(合)으로 변한 오행(五行)을 화오행(化五行)이라고 한다.

■ 『황제내경(黃帝內經)』에서는 다음과 같이 논하였다.

갑기(甲己)의 해에는 토(土)운이 주관하고, 을경(乙庚)의 해에는 금(金)운이 주관하고, 병신(丙辛)의 해에는 수(水)운이 주관하고, 정임(丁壬)의 해에는 목(木)운이 주관하고, 무계(戊癸)의 해에는 화(火)운이 주관한다.

■ 『자평진전(子平眞詮)』에서는 다음과 같이 논하였다.

천간(天干)의 합화(合化)는 십천간(十天干)의 음양(陰陽)이 만나 이루어지는 것이다. 만물은 토(土)에서 생기고, 화수목금(水火木金)은 토(土)에 기생하므로 제일 먼저 토(土)가 있는 것이다.

그래서 갑기합(甲己合)에서 시작하여 토(土)로 변한다. 토(土)가 금(金)을 생(生)하므로 을경(乙庚)이 합(合)하여 생긴 금(金)이 그 다음에 나타나고, 금생수(金生水)하므로 병신(丙辛)이 합(合)하여 생긴 수(水)가 그 다음에 나타나고, 수생목(水生木)하므로 정임(丁壬)이 합(合)하여 생긴 목(木)이 그 다음에 나타나고, 목생화(木生火)하므로 무계(戊癸)가 합(合)하여 생긴 화(火)가 그 다음에 나타난다. 이렇게 순서대로 오행(五行)이 나타나는데 가장 먼저 토(土)에서 시작하여 상생(相生)하는 순서에 따라 나머지 오행(五行)이 나타난다. 이것이 자연의 이치이며 십간(十干)이 합화(合化)하는 원리이다.

■ 『천문유초(天文類抄)』에서는 다음과 같이 논하였다.

창천(蒼天)의 목기(木氣)가 지나가는 28수의 위(胃)·실(室)·규(奎)·누(婁)의 네 별자리는 24방위에서 정(丁)과 임(壬)에 해당하므로 오운육기(五運六氣)에서 정임(丁壬)이 합(合)하여 목(木)이 되고, 정(丁)과 임(壬)의 해에는 목기(木氣)가 먼저 생겨 그 해의 운기를 주관한다.

단천(丹天)의 화기(火氣)가 지나가는 28수의 우(牛)·여(女)·벽(壁)·규(奎)의 네 별자리는 24방위에서 무(戊)와 계(癸)에 해당하므로 무계(戊癸)가 합(合)하여 화(火)가 되고, 무(戊)와 계(癸)의 해에는 화기(火氣)가 먼저 생겨 그 해의 운기를 주관한다.

금천(黅天)의 토기(土氣)가 지나가는 심(心)·미(尾)·각(角)·진(軫)의 네 별자리는 24방위에서 갑(甲)과 기(己)에 해당하므로 갑(甲)과 기(己)가 합(合)하여 토(土)가 되고, 갑(甲)과 기(己)의 해에는 토기(土氣)가 먼저 생겨 그 해의 운기를 주관한다.

소천(素天)의 금기(金氣)가 지나가는 항(亢)·저(氐)·묘(昴)·필(畢)의 네 별자리는 24방위에서 을(乙)과 경(庚)에 해당하므로 을(乙)과 경(庚)이 합(合)하여 금(金)이 되고, 을(乙)과 경(庚)의 해에는 금기(金氣)가 먼저 생겨 그 해의 운기를 주관한다.

현천(玄天)의 수기(水氣)가 지나가는 장(張)·익(翼)·누(屢)·위(胃)의 네 별자리는 24방위에서 병(丙)과 신(辛)에 해당하므로 병(丙)과 신(辛)이 합(合)하여 수(水)가 되고, 병(丙)과 신(辛)의 해에는 수기(水氣)가 먼저 생겨 그 해의 운기를 주관한다.

■ 『자평진전(子平眞詮)』에서는 다음과 같이 논하였다.

천간(天干)의 합(合)과 화(化)는 십천간(十天干)의 음(陰)과 양(陽)이 만나 형성된다. 하도(河圖)의 수(數)는 1·2·3·4·5를 6·7·8·9·10과 배합하여 선천(先天)의 도(道)를 형성한다. 태음(太陰)의 수(水)에서 시작하여 충기(沖氣)의 토(土)에서 끝이 나는데 이 과정이 오행(五行)의 기(氣)가 상생(相生)하는 순서가 된다.

오행(五行)이 있기 전에 음양(陰陽)과 노소(老少)가 있었고, 그후에 기(氣)가 충(沖)하여 토(土)를 생(生)하니 마침내 오행(五行)이 된 것이다. 만물은 토(土)에서 생(生)하고, 화수목금(水火木金)은 토(土)에 기생하므로 토(土)가 먼저 있는 것이다.

따라서 갑기합(甲己合)에서 시작하여 토(土)가 된다. 토(土)는 금(金)을 생(生)하므로 을경(乙庚)이 합(合)하여 금(金)으로 변하는 것이 그 다음이 되고, 금생수(金生水)하니 병신(丙辛)이 합(合)하여 수(水)로 변하는 것이 그 다음이 되고, 수생목(水生木)하니 정임(丁壬)이 합(合)하여 목(木)으로 변하는 것이 그 다음이 되고, 목생화(木生火)하므로 무계(戊癸)가 합(合)하여 화(火)로 변하는 것이 그 다음이 된다. 이런 과정을 거쳐 오행(五行)이 펼쳐지는데 가장 먼저 토(土)에서 시작하여 상생(相生)하는 순서에 따르니 이 또한 자연의 이치이다.

이상이 십천간(十天干)이 합화(合化)하는 의미이다. 그렇다면 십천간(十天干)이 배합하면 어떤 결과가 나타날까. 십천간(十天干)이 배합하면 반드시 그 향배를 살펴야 한다. 예를 들어 갑일주(甲日主)가 신금(辛金) 정관(正官)을 쓰는데 병화(丙火)가 투출(透出)하여 신금(辛金)과 합(合)하면 정관(正官)은 정관(正官) 구실을 하지 못하고, 갑일주(甲日主)가 계수(癸水) 인수(印綬)를 쓰는데 무토(戊土)가 투출(透出)하여 계수(癸水)를 합(合)하면 인수(印綬)는 인수(印綬) 구실을 하지 못하고, 갑일주(甲日主)가 기토(己土) 재성(財星)을 쓰는데 다른 곳에 갑(甲)이 또 있어 기(己)와 합(合)하면 재성(財星)은 재성(財星) 구실을 하지 못한다.

■ 『자평진전평주(子平眞詮評註)』에서는 다음과 같이 논하였다.

천간합(天干合)인 것 같아도 합(合)이 되지 않는 것이 있으니 먼저 가까이 붙어 있는지 멀리 떨어져 있는지를 보아야 한다. 사람에 비유하면 서로 좋아해도 중간에 방해자가 있으면 맺어지기 힘든 것과 같다. 예를 들어 갑(甲)과 기(己)가 합(合)하려고 하는데 중간에 경(庚)이 있으면 갑목(甲木)은 경금(庚金)을 뛰어넘어 기토(己土)와 합(合)할 수 없다. 이는 경금(庚金)이 갑목(甲木)을 극제(剋制)하기 때문에 갑목(甲木)이 기토(己土)와 합(合)할 겨를이 없기 때문이다. 만일 을(乙)이 갑(甲)과 기(己) 사이에 있으면 기(己)가 어떻게 을(乙)을 뛰어넘어 갑(甲)과 합(合)하겠는가.

또 너무 멀리 떨어져 있어 합(合)하지 못하는 경우가 있다. 예를 들어 갑(甲)이 년간(年干)에 있는데 기(己)가 시간(時干)에 있으면 합(合)하고 싶은 마음이 간절해도 거리가 너무 멀어 합(合)이 되지 않는다. 이처럼 거리가 너무 멀어 합(合)하지 못하는 경우도 있고, 가까이 있어도 극(剋)을 당하여 합(合)할 겨를이 없는 경우도 있다. 이처럼 합(合)이 되려다 만 것은 합(合)의 작용력이 10분의 2~3에 불과하다고 본다. 또 합(合)하여 결함을 제거하기도 하는데 다음과 같은 경우이다.

時	日	月	年
辛	甲	辛	丙
○	○	○	○

이 사주는 정관(正官)인 신금(辛金)이 2개나 투출(透出)했는데 년간(年干)의 병화(丙火)가 월간(月干)의 신금(辛金)을 합거(合去)하여 시간(時干)의 신금(辛金)이 홀로 남으니 사주가 맑아졌다.

```
時 日 月 年
庚 甲 辛 丙
○ ○ ○ ○
```

이 사주는 칠살(七殺)인 경금(庚金)과 정관(正官)인 신금(辛金)이 천간(天干)에 투출(透出)하여 관살(官殺)이 혼잡하다. 그런데 년간(年干)의 병화(丙火)가 월간(月干)의 신금(辛金)을 합거(合去)하니 살인격(殺刃格)이 되어 사주가 좋아졌다.

이 두 사주는 합(合)으로 사주의 결함을 제거하여 좋은 결과가 된 경우이다. 또 합이불합(合而不合)이라는 것이 있다. 이것은 본신(本身 : 日干)의 합(合)으로 합(合)하는 것 같아도 합(合)이 아니라는 뜻이다. 양간(陽干)은 정재(正財)와 합(合)하고, 음간(陰干)은 정관(正官)과 합(合)하는데 일간(日干)이 합(合)하니 합거(合去)로 보지 않는 것이다. 예를 들어 을일간(乙日干)에게는 경(庚)이 정관(正官)인데 일간(日干) 을(乙)과 경(庚)이 합(合)하면 나의 정관(正官)이 나와 합(合)하는 것이요, 내가 정관(正官)과 합(合)하는 것이니 어찌 합거(合去)로 보겠는가.

```
時 日 月 年
○ 乙 乙 庚
○ ○ ○ ○
```

이 사주는 월간(月干) 을(乙)이 년간(年干) 경(庚)과 먼저 합(合)하니 일간(日干)은 오히려 합(合)이 되지 않는다. 따라서 월간(月干)의 을(乙)과 년간(年干)의 경(庚)이 합(合)한 것으로 본다. 이 사주가 여명이라면 정관(正官)은 남편이므로 남편이 다른 여자와 합(合)한 것이다. 정화일간(丁火日干)에 임수(壬水)가 있으면 임수(壬水)의 정관(正官)은 내 남편인데 남편이 나와 합(合)하면 부부가 합(合)한 것과 같으니 부부의 정이 더 돈독할 것이다.

時	日	月	年
○	丁	壬	丁
○	○	○	○

이 사주는 년간(年干) 정화(丁火)가 월간(月干) 임수(壬水)와 먼저 합(合)하므로 일간(日干)은 정관(正官)인 임수(壬水)와 합(合)하지 못한다. 남편성이 자매와 합(合)하여 사라졌으니 남편이 있어도 없는 것과 같다.

또 쟁합(爭合)과 투합(鬪合)이 있다. 예를 들면 사주에 신(辛)이나 병(丙)이나 정(丁)이나 임(壬)이 2개 있는 것을 말한다. 한 남자가 두 아내를 둘 수 없고, 한 여자가 두 남편을 둘 수 없다고 하여 쟁합(爭合)이나 투합(鬪合)같은 용어가 생긴 것이다. 이름이야 어떻든 합(合)이다. 단지 정이 완전하지 못하다고 볼 수 있다. 만약 2

개의 천간(天干)이 1개의 천간(天干)과 합(合)하려고 하는데 간격
이 있으면 쟁투가 없을 것이다.

```
時 日 月 年
乙 甲 乙 庚
亥 子 酉 午
```

이 사주는 고태위의 명조인데 갑(甲)이 중간을 격하니 년간(年干)
의 경(庚)과 월간(月干)의 을(乙)이 합(合)이 되고, 시간(時干)의
을(乙)은 합(合)이 되지 않는다. 관살(官殺)이 혼잡되었지만 합살
유관(合殺留官)이 되어 복이 없지 않았다.

■ 『자평진전(子平眞詮)』에서는 다음과 같이 논하였다.

```
時 日 月 年
○ 甲 甲 己
○ ○ ○ ○
```

이런 경우에는 월간(月干)의 재성(財星) 기(己)가 월간(月干)의
갑(甲)과 합(合)하므로 일주(日主) 갑(甲)에게는 기회가 없다.

```
時 日 月 年
○ 甲 己 甲
○ ○ ○ ○
```

이런 경우에는 월간(月干)의 기(己)가 월간(月干)의 갑(甲)과 합(合)하니 일간(日干)인 갑(甲)에게는 기회가 없다. 갑일주(甲日主)가 식신(食神)인 병(丙)을 쓰는데 신(辛)이 있어 병(丙)과 합(合)하면 병(丙)은 이미 식신(食神)의 기능을 잃는다. 이상은 희신(喜神)이 합(合)하여 무용지물이 된 경우이다.

6. 지지(地支)의 형충회합(刑沖會合)

1. 지지(地支)의 충(沖)

子午沖	丑未沖	寅申沖	卯酉沖	辰戌沖	巳亥沖

십이지지(十二地支) 중에서 자오인신진술(子午寅申辰戌)은 양(陽)이고, 묘유사해축미(卯酉巳亥丑未)는 음(陰)이다. 인묘진(寅卯辰)은 동방 목(木)이고, 사오미(巳午未)는 남방 화(火)이고, 신유술(申酉戌)은 서방 금(金)이고, 해자축(亥子丑)은 북방 수(水)이고, 진술축미(辰戌丑未)는 사계의 토(土)이다.

천간(天干)의 상충(相沖)과 마찬가지로 지지(地支)도 반대 방위에 있는 것끼리 충(沖)한다. 자(子)와 오(午)는 정반대 방위에 있으므로 충(沖)하고, 축(丑)과 미(未)도 정반대 방위에 있으므로 충(沖)하고, 인(寅)과 신(申)도 정반대 방위에 있으므로 충(沖)한다. 지지(地支)의 충(沖)은 6가지이므로 지지육충(地支六沖)이라고도 한다.

지지(地支)의 충(沖)은 방위상으로는 동과 서, 남과 북의 상충(相

沖)이다. 음양(陰陽)으로 말하면 양(陽) 대 양(陽), 음(陰) 대 음(陰)끼리 충(沖)하는 것인데 음양(陰陽)이 배합을 이루지 못하여 충돌하는 것이다.

지지(地支)는 각각 그 지지(地支)에서 7번째 있는 지지(地支)와 충(沖)한다. 이는 천간(天干)이 7번째 있는 천간(天干)과 충(沖)하여 칠살(七殺)이 되는 것과 같다. 예를 들면 지지(地支)에서 자오(子午)가 상충(相沖)하는 것은 자(子)에서 시작해서 7번째에 오(午)가 있기 때문이고, 천간(天干)에서 갑경(甲庚)이 상충(相衝)하는 것은 갑(甲)에서 시작해서 7번째에 경(庚)이 있기 때문이다.

자오충(子午沖)은 자(子) 속의 계수(癸水)가 오(午) 속의 정화(丁火)를 극(剋)하고, 오(午) 속의 기토(己土)가 자(子) 속의 계수(癸水)를 극(剋)하여 충(沖)이 발생하는 것이다.

축미충(丑未沖)은 축(丑) 속의 신금(辛金)이 미(未) 속의 을목(乙木)을 극(剋)하고, 미(未) 속의 정화(丁火)와 기토(己土)가 축(丑) 속의 신금(辛金)과 계수(癸水)를 극(剋)하여 충(沖)이 발생하는 것이다.

인신충(寅申沖)은 인(寅) 속의 갑(甲)이 신(申) 속의 무(戊)를 극(剋)하고, 신(申) 속의 경(庚)과 임(壬)이 인(寅) 속의 갑(甲)과 병(丙)을 극(剋)하여 충(沖)이 발생하는 것이다.

묘유충(卯酉沖)은 유(酉) 속의 신금(辛金)이 묘(卯) 속의 을목(乙木)을 극(剋)하여 충(沖)이 발생하는 것이다.

진술충(辰戌沖)은 진(辰) 속의 계수(癸水)가 술(戌) 속의 정화(丁

火)를 극(剋)하고, 술(戌) 속의 신금(辛金)이 진(辰) 속의 을목(乙木)을 극(剋)하여 충(沖)이 발생하는 것이다.

사해충(巳亥沖)은 사(巳) 속의 경금(庚金)이 해(亥) 속의 갑목(甲木)을 극(剋)하고, 해(亥) 속의 임수(壬水)가 사(巳) 속의 병화(丙火)를 극(剋)하여 충(沖)이 발생하는 것이다.

2. 지지(地支)의 합(合)

1) 지지(地支)의 육합(六合)

子丑合	寅亥合	卯戌合	辰酉合	巳申合	午未合
土	木	火	金	水	不變

자(子)와 축(丑)이 합(合)하여 토(土)가 되고, 인(寅)과 해(亥)가 합(合)하여 목(木)이 되고, 묘(卯)와 술(戌)이 합(合)하여 화(火)가 되고, 진(辰)과 술(戌)이 합(合)하여 금(金)이 되고, 사(巳)와 신(申)이 합(合)하여 수(水)가 되고, 오(午)와 미(未)가 합(合)하여 오(午)는 태양(太陽)이 되고 미(未)는 태음(太陰)이 된다. 합(合)은 화합한다는 뜻이니 음양(陰陽)이 배합한 현상이다. 예를 들면 자인진오신술(子寅辰午申戌)은 양(陽)이고, 축묘사미유해(丑卯巳未酉亥)는 음(陰)에 속한다.

지지(地支)의 육합(六合)은 모두 음(陰)과 양(陽)의 결합으로 태양궁(太陽宮)이 임하는 원리에서 나온 것이다. 인(寅)월에는 태양궁(太陽宮)이 해(亥)에 있으므로 인해합(寅亥合)한다. 다른 육합(六合)의 경우도 이처럼 유추하면 된다.

지지(地支)의 육합(六合)은 점성학의 원리와도 관계가 있다. 황도(黃道) 12궁 가운데 해는 오궁(午宮)을 지배하고, 달은 미궁(未宮)을 지배하고, 토성(土星)은 자축궁(子丑宮)을 지배하고, 목성(木星)은 인해궁(寅亥宮)을 지배하고, 화성(火星)은 묘술궁(卯戌宮)은 지배하고, 금성(金星)은 진유궁(辰酉宮)을 지배하고, 수성(水星)은 사신궁(巳申宮)을 지배한다.

2) 지지(地支)의 삼합(三合)

寅午戌合	申子辰合	巳酉丑合	亥卯未合
火局	水局	金局	木局

지지(地支) 가운데 3개가 모여 하나의 세력을 이루는 것을 삼합(三合) 또는 삼합국(三合局)이라고 한다. 포태법(胞胎法)으로 볼 때 삼합(三合)은 어떤 오행(五行)이 태어나(長生) 왕이 되었다가(帝旺) 무덤에 들어가는(墓庫) 3단계가 모인 것이다.

수(水)는 신(申)에서 장생(長生)하고, 자(子)에서 제왕(帝旺)이 되고, 진(辰)에서 고(庫)로 들어간다. 따라서 신자진(申子辰)이 모이면 수(水)가 매우 왕성해져 수국(水局)을 이루는 것이다.

목(木)은 해(亥)에서 장생(長生)하고, 묘(卯)에서 제왕(帝旺)이 되고, 미(未)에서 고(庫)로 들어간다. 따라서 해묘미(亥卯未)가 모이면 목(木)이 매우 왕성해져 목국(木局)을 이루는 것이다.

화(火)는 인(寅)에서 장생(長生)하고, 오(午)에서 제왕(帝旺)이 되고, 술(戌)에서 고(庫)로 들어간다. 따라서 인오술(寅午戌)이 모이면 화(火)가 매우 왕성해져 화국(火局)을 이루는 것이다.

금(金)은 사(巳)에서 장생(長生)하고, 유(酉)에서 제왕(帝旺)이 되고, 축(丑)에서 고(庫)로 들어간다. 따라서 사유축(巳酉丑)이 모이면 금(金)이 매우 왕성해져 금국(金局)을 이루는 것이다.

진술축미(辰戌丑未)는 무덤과 창고의 역할을 하는 묘고(墓庫)이다. 진(辰)은 수(水)의 고(庫)이고, 술(戌)은 화(火)의 고(庫)이고, 축(丑)은 금(金)의 고(庫)이고, 미(未)는 목(木)의 고(庫)이다. 따라서 진술축미(辰戌丑未)가 3개 이상 모이면 토(土)가 매우 왕성해져서 토국(土局)을 이루는 것이다.

그리고 삼합(三合) 가운데 1개가 빠지면 반합(半合)이라 한다. 예를 들어 신자(申子)나 자진(子辰)만 있으면 반합(半合)을 이루는데 역량과 기세는 삼합(三合)보다 약하다.

3) 지지(地支)의 방합(方合)

寅卯辰合	巳午未合	申酉戌合	亥子丑合
東方木局	南方火局	西方金局	北方水局

삼합(三合) 외에도 지지(地支)가 3개가 모여 하나의 세력을 형성할 수 있는데 이것을 방합(方合)이라고 한다. 방합(方合)에는 4가

지가 있다. 방합(方合)은 삼합국(三合局)보다 역량이 더 강하나 1 개라도 빠지면 성립되지 않는다. 예를 들어 인(寅)과 묘(卯)만 있거나 인(寅)과 진(辰)만 있거나 묘(卯)와 진(辰)만 있으면 동방 목(木)을 이룰 수 없다. 이것이 국(局)과 방(方)의 다른 점이다.

3. 지지(地支)의 해(害)

子未害	丑午害	寅巳害	卯辰害	申亥害	酉戌害

지지(地支)끼리 서로 해치는 것을 지지(地支)의 해(害)라고 하는데 6가지가 있다. 해(害)는 파괴하는 것을 말한다. 지지(地支)의 육합(六合)에는 자축합(子丑合)·인해합(寅亥合)·묘술합(卯戌合)·진유합(辰酉合)·사신합(巳申合)·오미합(午未合)이 있는데 충(沖)을 받으면 합(合)할 수 없고, 합(合)하는 힘이 파괴된다. 그러므로 해(害)라고 하는 것이다.

예를 들면 자(子)가 축(丑)과 합(合)하려고 하는데 미(未)가 있어 축(丑)을 충(沖)하면 축(丑)은 자(子)와 합(合)하는 힘을 잃어버려 합(合)이 되지 않고, 오(午)가 미(未)와 합(合)하려고 하는데 자(子)가 있으면 오(午)를 충(沖)하여 합(合)하지 못하게 한다. 다른 해(害)도 이런 이치로 추리하면 된다.

4. 지지(地支)의 형(刑)

寅巳申三刑(侍勢之刑)	丑戌未三刑(無恩之刑)	子卯相刑(無禮之刑)

지지(地支)의 해(害)는 육합(六合)에서 응용한 것이고, 지지(地支) 형(刑)은 삼합(三合)에서 응용한 것이다.

① 신형인(申刑寅)·인형사(寅刑巳)·사형신(巳刑申) : 시세지형(恃勢之刑)

② 술형미(戌刑未)·미형축(未刑丑)·축형술(丑刑戌) : 무은지형(無恩之刑)

③ 진형진(辰刑辰)·오형오(午刑午)·유형유(酉刑酉)·해형해(亥刑亥) : 자형(自刑)

④ 자형묘(子刑卯)·묘형자(卯刑子) : 무례지형(無禮之刑)

■ 『자평진전평주(子平眞詮評註)』에 다음과 같이 논하였다.

서낙오(徐樂吾)는 『자평진전평주(子平眞詮評註)』에 다음과 같이 논하였다. 삼형(三刑)이란 자묘(子卯)·인사신(寅巳申)·축술미(丑戌未) 상형(相刑)과 진진(辰辰)·오오(午午)·유유(酉酉)·해해(亥亥) 자형(自刑)을 말한다. 형(刑)이란 수(數)가 극에 이른 것이니 가득차면 오히려 손해가 되는 것과 같다.

■ 『음부경(陰符經)』에서는 다음과 같이 논하였다.

삼형(三刑)은 방합(方合 : 三會)에서 나온 것이고, 육해(六害)는 육합(六合)에서 나온 것이다. 인묘진(寅卯辰) 동방의 목(木)은 신자진(申子辰)의 삼합(三合) 수(水)를 만나면 수생목(水生木)이 되어 왕성한 목(木)이 더 강해지고 중화의 도를 잃어버린다. 따라서 인(寅)은 사(巳)를 형(刑)하고, 자(子)는 묘(卯)를 형(刑)하고, 진(辰)은 자신을 형(刑)한다.

 사오미(巳午未) 남방의 화(火)는 인오술(寅午戌)의 삼합(三合) 화(火)를 만나면 화(火)가 더 강해져 중화를 잃어버린다. 따라서 인(寅)은 사(巳)를 형(刑)하고, 오(午)는 오(午)를 형(刑)하고, 술(戌)은 미(未)를 형(刑)한다.

 신유술(申酉戌) 서방의 금(金)은 사유축(巳酉丑) 삼합(三合)의 금(金)을 만나면 금(金)이 더 강해져 중화를 잃어버린다. 따라서 사(巳)는 신(申)을 형(刑)하고, 유(酉)는 유(酉)를 형(刑)하고, 축(丑)은 술(戌)을 형(刑)한다.

 해자축(亥子丑) 북방의 수(水)는 해묘미(亥卯未) 삼합(三合)의 목(木)을 만나면 목(木)이 더 왕해져 중화를 잃어버린다. 따라서 해(亥)는 해(亥)를 형(刑)하고, 자(子)는 묘(卯)를 형(刑)하고, 축(丑)은 술(戌)을 형(刑)한다.

■『적천수(滴天髓)』에서는 다음과 같이 논하였다.

 형(刑)은 채택할 것이 못 된다. 자형(自刑)은 같은 것끼리 형(刑)한다는 것이니 말이 안 되고, 축술미(丑戌未)는 같은 오행(五行)끼리 형(刑)한다는 것이니 말이 안 된다. 인(寅)은 사(巳)를 목생화(木生火)의 원리로 생(生)해주고, 인신(寅申)은 본래 충(沖)인데 다시 형(刑)할 이유가 없고, 사신(巳申)은 합(合)인데 어찌 형(刑)

할 수 있는가. 따라서 형(刑)은 적용할 가치가 없다.

5. 형충회합(刑沖會合)의 예

■『자평진전평주(子平眞詮評註)』에서는 다음과 같이 논하였다.

형(刑)은 삼형(三刑)이니 자묘형(子卯刑)이나 사신형(巳申刑) 등
을 말하고, 충(沖)은 육충(六沖)이니 자오충(子午沖)이나 묘유충
(卯酉沖) 등을 말하고, 회(會)는 방합(方合 : 三會)이니 신자진(申
子辰) 수국(水局) 등을 말하고, 합(合)은 육합(六合)이니 자축합
(子丑合) 등을 말한다. 모두 지지(地支)의 위치에서 나온 학설이다.

충(沖)은 상대방을 격사(擊射)한다는 뜻이고, 회(會)는 삼방(三
方)의 친구들이 모였다는 뜻이고, 합(合)은 이웃과 나란히 합한다
는 뜻이고, 형(刑)은 취한 이유는 잘 모르겠지만 모른다고 해도 명
리를 판단하는 데는 문제가 없다. 팔자에 형충(刑沖)이 있으면 좋
지 않으나 삼합(三合)과 육합(六合)으로 해소할 수 있다.

```
時 日 月 年
○ 甲 ○ ○
戌 卯 酉 辰
```

이 사주는 묘유충(卯酉沖)이 되지만 묘술합(卯戌合)으로 충(沖)을
풀 수도 있고, 진유합(辰酉合)으로 충(沖)을 풀 수도 있다. 만약 술

(戌) 대신 해(亥)나 미(未)가 있어도 해묘미(亥卯未)가 삼합(三合)하여 충(沖)을 풀 수 있다. 또 진(辰) 대신 사(巳)나 유(酉)가 있어도 사유축(巳酉丑)으로 삼합(三合)하여 충(沖)을 풀 수 있다. 이것은 회합(會合)으로 형충(刑沖)을 푸는 경우이다.

또 일간(日干)이 병(丙)이고 월지(月支)가 자(子)인데 지지(地支)에 묘(卯)가 있으면 자묘형(子卯刑)이 된다. 이때 지지(地支)에 술(戌)이 있으면 묘술합(卯戌合)이 되어 형(刑)이 풀리고, 축(丑)이 있으면 자축합(子丑合)이 되어 형(刑)이 풀리고, 해(亥)나 미(未)가 있으면 해묘미(亥卯未) 삼합(三合)이 되어 형(刑)이 풀리고, 진(辰)이나 신(申)이 있어도 신자진(申子辰) 삼합(三合)이 되어 형(刑)이 풀린다. 이것은 회합(會合)으로 형(刑)을 푸는 경우이다.

풀어버려 오히려 형충(刑沖)이 되는 경우가 있다. 예를 들어 갑일주(甲日主)가 자(子)월생인데 지지(地支)에 묘(卯)가 2개 있으면 1개의 자(子)를 형(刑)하지 못한다. 그러나 술(戌)이 있으면 묘술합(卯戌合)이 되어 1개의 묘(卯)가 자(子)를 형(刑)한다. 육합(六合)이 있으면 본래는 형(刑)을 풀 수 있지만 1개를 합거(合去)하니 1개가 남아 형(刑)하는 것이다. 이것이 바로 해소하는 것이 오히려 형충(刑沖)을 유도하는 것이다.

또 회합(會合)이 있어도 형충(刑沖)을 풀지 못하는 경우가 있다. 예를 들어 자(子)년 오(午)월생인데 일지(日支)가 축(丑)이면 자축합(子丑合)이 되어 자오충(子午沖)을 풀어버린다. 그런데 이때 시지(時支)에 사(巳)나 유(酉)가 있으면 사유축(巳酉丑) 삼합(三合)

이 되니 자오충(子午沖)이 다시 살아난다.

또 자(子)년 묘(卯)월 술(戌)일생이면 묘술합(卯戌合)이 되어 자묘형(子卯刑)이 풀린다. 그러나 시지(時支)에 인(寅)이나 오(午)가 있으면 인오술(寅午戌)이 회합(會合)하여 자묘형(子卯刑)이 다시 살아난다.

형충(刑沖)이 다른 형충(刑沖)을 푸는 경우도 있다. 사주에 형충(刑沖)이 있으면 좋지 않은데 월지(月支)의 용신(用神)이나 격국(格局)을 형충(刑沖)하면 격(格)이 깨진다. 설사 다른 지지(地支)에 형충(刑沖)이 있어도 월지(月支)의 형충(刑沖)은 피해야 한다.


```
時 日 月 年
○ 丙 ○ ○
酉 卯 子 ○
```

묘(卯)가 월지(月支)의 정관(正官) 자(子)를 형(刑)하여 흉한데 시지(時支)의 유(酉)가 묘(卯)를 충(沖)하니 묘(卯)가 월령(月令)의 자(子)를 형(刑)하지 못한다.


```
時 日 月 年
○ 甲 ○ ○
子 卯 酉 ○
```

묘(卯)가 월지(月支)의 용신(用神) 유(酉)를 충(沖)하는데 시지(時支)에 자(子)가 있어 자묘형(子卯刑)이 되니 묘유충(卯酉沖)이 무력해졌다. 비록 다른 지지(地支)의 형충(刑沖)이 육친(六親)을 형극(刑剋)하나 월지(月支)의 정관(正官)이 다치지만 않으면 격국(格局)이 깨지지는 않는다. 이것을 형충(刑沖)으로 다른 형충(刑沖)을 푼다고 하는 것이다.

1) 지지(地支)의 회합(會合)

① 희신(喜神)이나 용신(用神)인 지지(地支)가 육합(六合)이 되면 길함이 줄어들고, 흉신(凶神)이나 기신(忌神)인 지지(地支)가 육합(六合)이 되면 흉이 줄어든다. 묘(卯)가 희신(喜神)이나 용신(用神)인데 술(戌)이 있어 묘술합(卯戌合)이 되면 복이 줄어들고, 묘(卯)가 기신(忌神)이나 흉신(凶神)인데 술(戌)과 합(合)하면 흉이 줄어든다.

② 육합(六合)은 형충(刑沖)을 풀어버린다. 묘(卯)가 희신(喜神)인데 유(酉)가 있으면 묘유충(卯酉沖)이 된다. 이때 진(辰)이 있어 유(酉)와 합(合)하면 묘유충(卯酉沖)이 되지 않는다.

③ 삼합국(三合局)은 합(合)하여 하나의 오행(五行)으로 변하는 것이다. 합(合)한 오행(五行)이 희신(喜神)이 되면 길하나 기신(忌神)이 되면 흉하다. 예를 들어 수(水)가 희신(喜神)인데 지지(地支)에서 신자진(申子辰) 수국(水局)을 이루면 길하나 화(火)가 기신(忌神)인데 지지(地支)에서 인오술(寅午戌) 화국(火局)을

이루면 흉하다. 다른 삼합(三合)도 이와 같은 원리로 추리한다.

④ 삼회방(三會方), 즉 방합(方合)은 합(合)한 오행(五行)이 희신(喜神)이 되면 길하나 기신(忌神)이 되면 흉하다. 예를 들어 목(木)이 희신(喜神)인데 지지(地支)에서 인묘진(寅卯辰) 목방(木方)을 이루면 길하나 금(金)이 기신(忌神)인데 지지(地支)에서 신유술(申酉戌) 금방(金方)을 이루면 흉하다.

⑤ 삼합국(三合局)이 완전하면 역량이 매우 크다. 그러나 반합(半合), 즉 인오(寅午)·오술(午戌)·해묘(亥卯)·묘미(卯未)·신자(申子)·자진(子辰)·사유(巳酉)·유축(酉丑)이 되면 역량은 완전한 삼합국(三合局)의 절반 정도가 된다. 자오묘유(子午卯酉)의 왕신(旺神)이 개입하지 않은 삼합국(三合局)은 인술(寅戌)·해미(亥未)·신진(申辰)·사축(巳丑) 반합국(半合局)의 절반이나 완전한 삼합국(三合局)의 4분의 1정도의 역량이 있다. 그러나 천간(天干)에 왕신(旺神)과 같은 오행(五行)이 있으면 같은 역량을 발휘한다. 예를 들어 인술(寅戌)에 병정(丙丁)이 투출(透出)하거나, 해미(亥未)에 갑을(甲乙)이 투출(透出)하거나, 신진(申辰)에 임계(壬癸)가 투출(透出)하거나, 사축(巳丑)에 경신(庚辛)이 투출(透出)하면 반합국(半合局)과 역량이 같다.

⑥ 방합(方合)을 이룬 오행(五行)이 맹월(孟月)인 인신사해(寅申巳亥)를 대동하면 양일간(陽日干)은 일간(日干)이 관성(官星)이면 모두 칠살(七殺)로 논한다. 예를 들어 무(戊)일 인(寅)월생인데 지지(地支)에 인묘진(寅卯辰) 목방(木方)이 있으면 월지(月支)

인(寅) 중의 갑목(甲木)이 일간(日干)의 칠살(七殺)이 되므로 목방(木方) 자체를 칠살(七殺) 역할을 하는 것으로 본다. 또 중월(仲月)인 자오묘유(子午卯酉)월생이 방합(方合)을 이루면서 그것이 양일간(陽日干)의 관성(官星)이면 방합(方合)의 오행(五行) 자체를 정관(正官)으로 본다. 예를 들어 무(戊)일 묘(卯)월생이 인묘진(寅卯辰) 목방(木方)이 있으면 정관(正官)의 방국(方局)이 된다. 이는 월지(月支) 묘(卯) 중의 을목(乙木)이 일간(日干)의 정관(正官)이기 때문이다. 음일간(陰日干)은 이와 반대이다. 예를 들어 기(己)일 인(寅)월생이 지지(地支)에 인묘진(寅卯辰) 목방(木方)을 이루면 정관(正官)으로 논하고, 기(己)일 묘(卯)월생이 지지(地支)에 인묘진(寅卯辰) 목방(木方)을 이루면 목방(木方)을 모두 편관(偏官)으로 본다. 그런데 어떤 사람은 삼합(三合)이나 방합(方合)을 이루었는데 그 오행(五行)이 일간(日干)의 관살(官殺)이 되면 무조건 칠살(七殺)로 보고, 합(合)한 오행(五行)이 일간(日干)의 식상(食傷)이 되면 무조건 상관(傷官)으로 보고, 합(合)한 오행(五行)이 일간(日干)의 재성(財星)이 되면 무조건 편재(偏財)로 보고, 합(合)한 오행(五行)이 일간(日干)의 인성(印星)이 되면 무조건 편인(偏印)으로 보기도 한다. 이는 강한 힘이 모이면 기(氣)가 순수하지 못하고, 일간(日干)이 감당하지 못하는 경향이 있어 흉신(凶神)으로 논하기 때문이라고 하는데 일리가 있는 말이다.

⑦ 방합(方合)은 3개의 지지(地支)를 완벽하게 갖추어야만 성립된

다. 이것이 삼합국(三合局)과 다른 조건이다. 예를 들어 인묘진(寅卯辰)이 모두 있어야 목방(木方)을 이룰 수 있다. 만일 3개 중 1개라도 없으면 목방(木方)을 이루지 못한다. 만일 2개만 있으면 방(方)으로 논하지 않고 단지 그 오행(五行)의 기세가 강한 것으로 판단한다.

⑧ 삼합국(三合局)에서 제왕(帝旺)의 지지(地支)가 빠진 반합(半合)을 이루는데 2개의 지지(地支)만 있으면 가까이 있어야 반합(半合)이 성립된다. 만일 중간에 충(沖)하는 것이 있으면 삼합(三合)이 깨진다. 천간(天干)에 합(合)한 오행(五行)을 대표하는 것이 투출(透出)하면 반합(半合)의 역량이 있는 것으로 본다. 예를 들어 인오(寅午)나 오술(午戌)이 떨어져 있으면서 오(午)와 술(戌)이 좌우의 지지(地支)에게 형(刑)·충(沖)·육합(六合)이 되지 않는데 천간(天干)에 병정(丙丁)이 투출(透出)하면 반합(半合)을 이룬 것으로 본다.

⑨ 반합(半合)의 경우 자오묘유(子午卯酉)의 왕신(旺神)이 있으면 멀리 떨어져 있어도 반합(半合)을 이룬 것으로 본다.

⑩ 삼합국(三合局)은 형충(刑沖)이 되면 국(局)을 이루는데 지장이 있는데 특히 충(沖)이 더 심하다. 삼합국(三合局)의 제왕(帝旺)이 되는 지지(地支)를 바로 옆에서 충(沖)하면 삼합국(三合局)의 역량이 현저히 줄어든다. 특히 충(沖)하는 지지(地支)가 월지(月支)에 있고 삼합국(三合局)의 제왕(帝旺)이 되는 지지(地支)를 바로 옆에서 충(沖)하면 삼합국(三合局)은 완전히 깨진

다. 충(沖)하는 지지(地支)가 삼합국(三合局)을 이루는 3개의 지지(地支) 사이에 끼어 있지 않고 밖에 있으면 국(局)을 깨지는 못하고 역량을 감소시키는데 불과하다. 형(刑)은 삼합국(三合局)의 중간에 끼어 있든 밖에 있든 붙어 있든 떨어져 있든 삼합국(三合局)을 깨지는 못하고 다만 역량을 감소시키는 역할만 한다.

⑪ 육합(六合)은 바로 옆에 붙어 있어야 성립하고, 1개의 지지(地支)를 격하면 합(合)이 될 수 없다. 역량은 방합(方合)이 가장 강하고 그 다음은 삼합(三合)이고 그 다음은 육합(六合)이다.

2) 지지(地支)의 상충(相沖)

① 지지(地支)의 상충(相沖)은 지지(地支)끼리 서로 극(剋)하는 것을 말한다. 그런데 지지(地支)에는 대개 몇 개의 지장간(支藏干)이 있기 때문에 천간(天干)의 상극(相剋)보다 훨씬 복잡하다. 그러므로 지지(地支)의 지장간(支藏干) 중에서 어떤 것이 득시(得時)·득세(得勢)·실시(失時)·실세(失勢)했는지를 먼저 살핀 후 종합하여 지장간(支藏干)의 강약을 판단해야 한다.

② 지지(地支)의 상충(相沖)은 본기(本氣)끼리의 상극(相剋)이 극(剋)하는 작용이 가장 심하다. 예를 들어 인신상충(寅申相沖)은 인(寅)의 본기(本氣)는 갑(甲)이고 신(申)의 본기(本氣)는 경(庚)이니 갑(甲)과 경(庚)의 상극(相剋)이 가장 격렬하다.

③ 지지(地支)의 상충(相沖)에서는 득시(得時)한 것이 쇠약한 것을

충(沖)하면 쇠약한 것은 뿌리째 뽑혀 파괴되나 실시(失時)한 것이 왕성한 것을 충(沖)하면 왕성한 것은 상하지 않는다. 충(沖)하는 힘이 강하면 능히 충(沖)을 받는 것을 충(沖)하여 제거할 수 있기 때문이다. 그러나 충(沖)하는 것이 힘이 없으면 오히려 충(沖)되는 것을 격동시킬 뿐이다. 흉신(凶神)을 충(沖)하여 제거하지 못하고 오히려 화나게 만들면 해롭고, 길신(吉神)을 충(沖)하여 격동시키면 해롭지는 않으나 이로울 것도 없다.『적천수(滴天髓)』에서는 이런 현상을 '왕자충쇠쇠자발(旺者沖衰衰者拔) 쇠자충왕왕신(衰者沖旺旺神發)'이라고 하였다.

④ 이자불충일오(二子不沖一午) 이인불충일신(二寅不沖一申)이라는 말은 틀린 학설이다. 다만 2 : 1의 상황인데 운에서 오는 글자가 섞여 2 : 2가 되면 충(沖)이 더 크게 일어난다.

⑤ 인신사해(寅申巳亥)는 5양간(陽干)의 장생(長生)과 임관(臨官)의 지지(地支)이다. 이들이 지닌 지장간(支藏干)은 매우 복잡하다. 인신사(寅申巳)는 3개가 있고, 해(亥)는 2개가 있으므로 상충(相沖)하면 다방면으로 서로 극(剋)한다. 인신충(寅申沖)은 신(申)의 경금(庚金)이 인(寅)의 갑목(甲木)을 극(剋)하고, 인(寅)의 병화(丙火)가 신(申)의 경금(庚金)을 극(剋)하고, 신(申)의 임수(壬水)가 인(寅)의 병화(丙火)를 극(剋)하고, 인(寅)의 무토(戊土)가 신(申)의 임수(壬水)를 극(剋)한다.

⑥ 자오묘유(子午卯酉)는 양간(陽干)의 제왕(帝旺)과 목욕(沐浴)의 지지(地支)이다. 이들이 지닌 지장간(支藏干)은 비교적 단순하

며 상충(相沖)하면 승패가 쉽게 드러난다. 예를 들어 자오충(子午沖)에서는 자(子)의 계수(癸水)가 오(午)의 정화(丁火)를 극(剋)하고, 오(午)의 기토(己土)가 자(子)의 계수(癸水)를 극(剋)한다. 묘유충(卯酉沖)에서는 유(酉)의 신금(辛金)이 묘(卯)의 을목(乙木)을 극(剋)한다. 그러나 오묘(午卯)가 득시(得時)하거나 득세(得勢)하면 오히려 실시(失時)하거나 실세(失勢)한 자유(子酉)를 극(剋)할 수도 있다. 자오묘유(子午卯酉)의 충(沖)은 본기(本氣)끼리의 극(剋)이기 때문에 대개 자(子)가 오(午)를 이기고, 유(酉)가 묘(卯)를 이긴다.

⑦ 진술축미(辰戌丑未)는 오행(五行)의 묘고(墓庫)이며 여기(餘氣)의 지지(地支)이고, 무기토(戊己土)가 기거하는 곳이므로 본기(本氣)는 모두 토(土)이다. 같은 토(土)끼리는 극(剋)할 수 없으므로 동요하는 정도로 생각하면 된다. 그러나 지장간(支藏干)에는 토(土)만 있는 것이 아니므로 다른 지장간(支藏干)끼리의 극(剋)을 살펴야 할 때는 다른 충(沖)과 같은 원리로 판단한다. 예를 들어 진술충(辰戌沖)에서는 진(辰)의 계수(癸水)가 술(戌)의 정화(丁火)를 극(剋)하고, 술(戌)의 신금(辛金)이 진(辰)의 을목(乙木)을 극(剋)한다. 축미충(丑未沖)에서는 축(丑)의 계수(癸水)가 미(未)의 정화(丁火)를 극(剋)하고, 축(丑)의 신금(辛金)이 미(未)의 을목(乙木)을 극(剋)한다. 또 진(辰)의 을목(乙木)이 술(戌)의 무토(戊土)를 극(剋)하고, 진(辰)의 계수(癸水)가 술(戌)의 무토(戊土)와 합(合)한다. 또 미(未)의 을목(乙木)이

축(丑)의 기토(己土)를 극(剋)한다.

⑧ 두 지지(地支)가 상충(相沖)할 때는 서로 멀리 있는지 가까이 있는지를 보고 강도를 판단한다. 년지(年支)와 월지(月支), 월지(月支)와 일지(日支), 일지(日支)와 시지(時支)는 가까이 있으므로 충(沖)하는 작용이 강하고, 년지(年支)와 일지(日支), 월지(月支)와 시지(時支)는 한 단계 떨어져 있으므로 충(沖)하는 작용이 비교적 약하다. 그리고 년지(年支)와 시지(時支)는 두 단계 떨어져 있어 충(沖)하는 힘이 매우 약하므로 무시해도 좋다.

⑨ 년지(年支) 오(午), 월지(月支) 오(午), 일지(日支) 자(子)의 경우를 예로 들어보면 다음과 같다. 월(月)과 일(日)의 자오충(子午沖)이 형성되고, 년지(年支) 오(午)는 월지(月支) 오(午)를 도와주는 것이지 일지(日支)와 충(沖)한다고 할 수 없다. 또 년지(年支) 오(午), 월지(月支) 자(子), 일지(日支) 오(午)의 경우에는 중간에 자(子)가 끼어 양 옆의 오(午)를 모두 충(沖)한다. 이때는 오(午)가 득세(得勢)한 것이니 득시(得時)한 것과 충(沖)하여 승패를 예측할 수 없다. 이때 천간(天干)과 시지(時支)를 살펴 금수(金水)가 목화(木火)보다 강하면 2개의 약한 오(午)가 강한 자(子)를 만나 깨진다.

3) 지지(地支)의 형해(刑害)

① 지지(地支)의 형충회합(刑沖會合)에서 회합충(會合沖)은 크게 작용하고, 형해(刑害)는 비교적 작용이 미약하다.

② 지지(地支)의 형(刑)은 일정한 원칙이 없다. 『음부경(陰符經)』에
  서는 삼형(三刑)이 삼합(三合)의 원리에서 나왔다고 했으나 충
  (沖)과 같이 일목요연한 원칙은 없다. 대개 금수목화(金水木火)
  의 삼합(三合)과 방합(方合)의 관계에서 삼형(三刑)의 원리를
  도출해낸다. 여기서 수국(水局)과 목방(木方)이 삼형(三刑)을
  만들고, 목국(木局)과 수방(水方)이 삼형(三刑)을 만들고, 화국
  (火局)과 화방(火方)이 삼형(三刑)을 만들고, 금국(金局)과 금방
  (金方)이 삼형(三刑)을 만든다. 삼형(三刑)의 구성원리를 도표
  로 나타내면 다음과 같다.

申 子 辰	亥 卯 未	寅 午 戌	巳 酉 丑
↕ ↕ ↕	↕ ↕ ↕	↕ ↕ ↕	↕ ↕ ↕
寅 卯 辰	亥 子 丑	巳 午 未	申 酉 戌

③ 형(刑)이란 형벌을 집행하거나 당하는 것을 뜻한다. 그러므로
  사주가 좋고 형(刑)에 해당하는 지지(地支)가 용신(用神)이거나
  희신(喜神)인데 공무원이라면 형(刑)이 있으면 좋다. 그러나 반
  대로 사주가 나쁘고 평범한 사람인데 형(刑)에 해당하는 지지
  (地支)가 기신(忌神)이거나 흉신(凶神)이면 형벌을 당하는 등
  나쁜 작용을 한다고 본다.

④ 인형사(寅刑巳)는 목화(木火)가 상생(相生)하는 관계이고, 사형
  신(巳刑申)은 육합(六合)하는 관계이다. 축술형(丑刑戌)과 술형

미(戌刑未)는 모두 같은 토(土)이고, 자묘형(子卯刑)은 수목(水木)이 상생(相生)하는 관계이다.

⑤ 지지(地支)의 육해(六害)는 육합(六合)을 충(沖)하는 것을 말한다. 다시 말해 나에게 합(合)하는 지지(地支)를 충(沖)하여 합(合)하지 못하게 하는 것이다. 그러므로 육친에게 불리한 작용을 한다고 판단한다. 육친은 화목하며 친밀해야 좋은데 방해를 받기 때문이다. 육해(六害) 중에서 유술(酉戌)·신해(申亥)·오축(午丑)·인사(寅巳)는 오행(五行)이 상생(相生)하는 관계이고, 인사(寅巳)는 해(害)와 형(刑)이 겹쳤으나 역시 오행(五行)이 상생(相生)하는 관계이다. 단지 자미(子未)와 묘진(卯辰)은 상극(相剋)하는 관계이므로 부작용이 심하다.

⑥ 자오충(子午沖)에서는 자(子)가 이기고 오(午)가 진다. 이때 축(丑)이 있으면 자(子)와 합(合)이 되고 오(午)와 해(害)가 된다. 이때 자(子)가 희신(喜神)이거나 용신(用神)이고, 오(午)가 흉신(凶神)이거나 기신(忌神)에 해당하면 축(丑)이 자(子)와 합(合)하여 자(子)의 길작용을 감소시킨다. 반면에 오(午)가 미(未)와 합(合)해야 나쁜 작용을 하지 못하는데 축(丑)이 있으면 미(未)를 충(沖)하여 흉신(凶神) 오(午)를 합(合)으로 묶어 둘 수 없으므로 결국 축(丑)은 나쁜 작용을 한다.

4) 형충회합해(刑沖會合害)가 겹치는 경우

① 형충합해(刑沖合害)가 겹칠 때는 가까이 있는 것이 유력하므로

그 관계로 본다. 년지(年支) 축(丑), 월지(月支) 자(子), 일지(日支) 인(寅), 시지(時支) 오(午)이라면 자축(子丑)은 가까이 있고 자오(子午)는 멀리 있으므로 자오충(子午沖)이 아니라 자축합(子丑合)으로 논한다.

② 완전한 삼합국(三合局)을 이루는데 왕지(旺支)인 자오묘유(子午卯酉)의 바로 옆에 왕지(旺支)를 충(沖)하는 지지(地支)가 있으면 충(沖)으로 논하고, 왕지(旺支)를 충(沖)하는 지지(地支)가 왕지(旺支)와 떨어져 있으면 삼합국(三合局)으로 논한다. 반합국(半合局)의 경우도 마찬가지이다.

③ 육합(六合)은 가까이서 합(合)해야 합(合)이 된다. 거리가 한 단계 이상 떨어져 있으면 합(合)으로 보지 않는다.

④ 지지(地支) 3개가 모여 방합(方合)을 이루면 어떤 경우에도 충(沖)이 되지 않는다. 방합(方合)의 역량은 그 무엇으로도 깰 수 없기 때문이다.

⑤ 방합(方合)의 역량은 삼합국(三合局)보다 크다. 따라서 삼합(三合)과 방합(方合)이 겹치면 삼합(三合)으로 보지 않고 방합(方合)으로 논한다.

⑥ 삼합국(三合局)의 역량은 육충(六沖)보다 크다. 따라서 삼합국(三合局)과 충(沖)이 겹치면 왕지(旺支)를 바로 옆에서 충(沖)하는 경우 외에는 충(沖)으로 보지 않고 삼합국(三合局)으로 논한다.

⑦ 육충(六沖)의 역량은 육합(六合)보다 크다. 따라서 육충(六沖)

과 육합(六合)이 겹치면 충(沖)으로 논한다.

⑧ 육합(六合)의 힘은 형해(刑害)보다 크다. 따라서 육합(六合)과 형해(刑害)가 겹치면 합(合)으로 논한다.

⑨ 형충회합해(刑沖會合害)가 겹치면 각각의 지지(地支)가 사주에서 차지하는 역량을 비교한 다음 어떤 것이 남고 어떤 것이 없어지는지를 보아야 한다. 예를 들어 축(丑)년 자(子)월 오(午)일생이면 앞에서 서술한 원칙에 의하여 충(沖)의 역량이 육합(六合)보다 크므로 육합(六合)으로 논하지 않고 충(沖)으로 논한다. 그러나 축(丑)의 기토(己土)가 천간(天干)에 투출(透出)하고 지지(地支)에 많이 있어 힘이 있으면 자오충(子午沖)이 아니라 자축합(子丑合)으로 논한다.

⑩ 삼합(三合)·방합(方合)·충(沖)·합(合)은 작용력이 크고, 형해(刑害)는 작용력이 미약하다.

⑪ 회합(會合)은 형충(刑沖)을 풀어버리는 작용을 한다. 예를 들어 자(子)년 오(午)월 신(申)일 진(辰)시생이면 년월(年月)이 자오충(子午沖)하는 것 같지만 왕지(旺支)를 옆에서 충(沖)해도 왕지(旺支)가 월지(月支)이면 충(沖)을 받지 않는다. 신자진(申子辰) 수국(水局)이 되므로 자오충(子午沖)이 안 되는 것이다.

⑫ 형충(刑沖)도 회합(會合)이나 다른 형충(刑沖)을 풀 수 있다. 예를 들어 술(戌)년, 자(子)월 묘(卯)일 술(戌)시생이라면 일시(日時)가 묘술합(卯戌合)을 하여 자묘형(子卯刑)을 풀어버린다.

⑬ 형충(刑沖)이 회합(會合)을 풀지 못하는 경우도 있다. 예를 들

어 자(子)년 오(午)월 술(戌)일 진(辰)생이라면 오술(午戌)이 반합국(半合局)하여 자오충(子午沖)을 푸는 것이 원칙이나 진술충(辰戌沖)이 되어 반합국(半合局)이 깨지므로 자오충(子午沖)이 다시 살아난다.

⑭ 희신(喜神)과 용신(用神)이 합거(合去)되면 길함이 줄고, 흉신(凶神)과 기신(忌神)이 합거(合去)되면 흉함이 줄어든다.

⑮ 삼합국(三合局)이나 방합(方合)하여 형성된 오행(五行)이 희신(喜神)이나 용신(用神)이 되면 좋고 기신(忌神)이 되면 흉하다.

⑯ 지지(地支)의 형해(刑害)는 영향력이 약하므로 충(沖)과 생(生)과 극(剋)의 관계에서 희기(喜忌)를 구분하는데 그친다.

```
時 日 月 年
甲 庚 壬 壬
申 辰 子 午
```

이 사주는 자오충(子午沖)이 되는 것 같지만 신자진(申子辰) 수국(水局)을 이루어 자오충(子午沖)이 풀렸다.

```
時 日 月 年
丙 乙 辛 戊
戌 卯 酉 午
```

이 사주는 묘술합(卯戌合)이 되어 묘유충(卯酉沖)이 풀렸다. 오화(午火)가 유금(酉金)을 극(剋)하니 유금(酉金)은 주도적으로 충(沖)하지 못한다.

```
時 日 月 年
甲 丁 乙 丁
辰 酉 巳 亥
```

이 사주는 사유(巳酉)가 반합국(半合局)을 이루어 사해충(巳亥沖)을 풀었지만 다시 진유합(辰酉合)이 되어 사해충(巳亥沖)이 다시 살아났다.

```
時 日 月 年
戊 甲 甲 丙
辰 戌 午 子
```

이 사주는 오술(午戌)이 반합국(半合局)을 이루어 자오충(子午沖)을 풀었으나 진술충(辰戌沖)이 되어 자오충(子午沖)이 되살아났다.

```
時 日 月 年
甲 甲 癸 乙
子 午 未 丑
```

이 사주는 오미합(午未合)이 되는 것 같으나 축미충(丑未沖)과 자오충(子午沖)이 되어 오미합(午未合)이 풀렸다.

時 日 月 年
丁 癸 己 丁
巳 卯 酉 巳

이 사주는 사유(巳酉)가 반합국(半合局)을 이루었으나 묘유충(卯酉沖)이 되어 합국(合局)이 깨졌다.

時 日 月 年
丙 庚 丁 辛
子 午 酉 卯

이 사주는 묘유충(卯酉沖)과 자오충(子午沖)이 모두 성립된다.

時 日 月 年
己 丁 甲 戊
酉 卯 寅 辰

이 사주는 목방합(木方合)을 이루어 묘유충(卯酉沖)이 안 된다.

```
時 日 月 年
丙 辛 壬 丁
申 巳 寅 酉
```

이 사주는 인(寅)이 사이에 있어 사유(巳酉)가 반합국(半合局)을 이루지 못하고, 거리가 멀어 인신충(寅申沖)도 안 된다.

```
時 日 月 年
丁 乙 乙 庚
丑 卯 酉 申
```

이 사주는 묘유충(卯酉沖)이 되어 유축(酉丑)이 반합국(半合局)을 이루지 못한다.

```
時 日 月 年
戊 乙 乙 乙
寅 午 酉 丑
```

이 사주는 유축(酉丑) 반합국(半合局)과 인오(寅午) 반합국(半合局)이 모두 성립된다.

時 日 月 年
己 庚 乙 庚
卯 辰 酉 午

이 사주는 진유합(辰酉合)이 되어 묘유충(卯酉沖)은 성립하지 않는다. 인(寅)이 없으니 목방(木方)을 이루지 못하는 것이다.

時 日 月 年
丁 乙 庚 甲
丑 丑 午 午

이 사주는 오오형(午午刑)과 축오해(丑午害)를 이루었으나 사주에는 별 영향을 주지 못한다.

時 日 月 年
甲 甲 壬 庚
子 申 午 午

이 사주는 자오(子午)가 신(申)을 격하여 충(沖)이 되지 않는다. 자신(子申)이 반합국(半合局)을 이루고 오오(午午)가 형(刑)을 이루었다.

```
時  日  月  年
乙  甲  庚  丙
丑  申  寅  午
```

이 사주는 인오(寅午)가 반합국(半合局)을 이루고, 천간(天干)에 을병(乙丙)이 투출(透出)하여 목화(木火)가 득세(得勢) 득시(得時)하였다. 따라서 신(申)의 경금(庚金)과 임수(壬水)가 인(寅)의 병화(丙火)와 갑목(甲木)을 극(剋)하지 못한다. 인신충(寅申沖)은 성립하지 않는다.

```
時  日  月  年
乙  甲  庚  乙
丑  寅  辰  未
```

이 사주는 축미(丑未)가 멀리 떨어져 있어 충(沖)이 되지 않고, 묘(卯)가 없어 목방(木方)을 이루지 못하였다.

```
時  日  月  年
丁  辛  己  乙
酉  未  卯  亥
```

이 사주는 해묘미(亥卯未)가 모두 있으니 완전한 목국(木局)을 이

루었다. 유(酉)가 멀리 떨어져 있으니 묘(卯)를 충(沖)할 수 없고,
더구나 묘(卯)가 월지(月支)에 있으니 가까이 있어도 충(沖)이 되
지 않는다.

時 日 月 年
甲 壬 丁 甲
辰 午 丑 子

이 사주는 자오충(子午沖)은 멀리 떨어져 있어서 안 되고 자축합
(子丑合)이 된다. 그리고 축오해(丑午害)가 있지만 별 영향이 없다.

時 日 月 年
己 壬 庚 丙
酉 申 子 辰

이 사주는 신자진(申子辰)이 모두 있으니 수국(水局)을 이루었고,
술(戌)이 없으니 방합(方合)은 이루지 못한다.

時 日 月 年
辛 壬 丙 丙
丑 子 申 辰

이 사주는 신자진(申子辰)이 모두 있으니 수국(水局)을 이루었다. 자축합(子丑合)은 성립되지 않고, 육합(六合)은 합국(合局)보다 역량이 미약하므로 무시해도 좋다.

```
時 日 月 年
壬 乙 辛 丙
午 未 丑 子
```

이 사주는 멀리 떨어져 있어 자오충(子午沖)이 안 된다. 자축합(子丑合)과 오미합(午未合)은 역량이 작아 월지(月支)의 축미충(丑未沖)을 풀 수 없다.

```
時 日 月 年
辛 甲 辛 丙
未 午 丑 子
```

이 사주는 합(合)의 힘이 해(害)보다 크므로 자축합(子丑合)과 오미합(午未合)이 되므로 축오해(丑午害)는 성립되지 않는다.

```
時 日 月 年
癸 乙 乙 甲
未 卯 亥 寅
```

이 사주는 해묘미(亥卯未)가 삼합국(三合局)을 이루어 인해합(寅亥合)은 성립되지 않는다. 그리고 진(辰)이 없어 목방(木方)은 이루지 못하였다.

7. 12시진(時辰) · 24절기(節氣) · 12월건(月建)

1. 하루의 12시진(時辰)

1) 천문학에서의 24시간

지구는 끊임없이 자전하여 태양이 24시간마다 비추었다가 사라지는 과정을 반복한다. 지구가 1번 자전하는 것이 하루이다. 하루는 보통 24시간으로 나누고, 매 시간은 60분으로 나누고, 매 분은 60초로 나눈다. 이것이 현대인이 시간을 계산하는 단위이나 지구가 365일 자전하는 1년의 시간을 평균하게 나눈 것에 불과하다.

2) 사주학에서의 12시진(時辰)

하루의 시간은 주야가 떨어져 있지 않고 연결되어 있다. 그러나 사주학자들은 하루를 12시진(時辰)으로 나누었는데 1시진(時辰)은 2시간을 말한다. 그리고 각각의 시진(時辰)에 십이지지(十二地支)를 대입하여 자(子)시 · 축(丑)시 · 인(寅)시 등으로 부른다. 엄밀히 말하면 매일의 하루는 날마다 다르지만 편의상 12시진(時辰)이 일정하다고 평균을 내어 정한 것이다. 평균 태양시는 넓은 지역이나 한 국가에 있는 모든 장소에 적용되므로 태양이 남중(南中)하는 정오(正午)는 모든 지역이 각각 다르다. 사주학상의 12시진(時辰) 과 천문학상의 24시간의 관계는 다음과 같다. 낮 12시 정각에 태양 이 남중(南中)한다고 가정한 것이다.

자시(子時) : 23시~01시	오시(午時) : 11시~13시
축시(丑時) : 01시~03시	미시(未時) : 13시~15시
인시(寅時) : 03시~05시	신시(申時) : 15시~17시
묘시(卯時) : 05시~07시	유시(酉時) : 17시~19시
진시(辰時) : 07시~09시	술시(戌時) : 19시~21시
사시(巳時) : 09시~11시	해시(亥時) : 21시~23시

2. 1년의 24절기(節氣)

1) 지구의 공전과 4계절의 관계

지구는 자전할 뿐만 아니라 태양의 주위를 공전한다. 지구의 자전 축은 공전 궤도면에서 23.5도 기울어져 있다. 따라서 지구 표면의 각 지역에 따라 낮과 밤의 길이가 다르고 기후가 다른 것이다. 태양이 정면으로 비추는 지역은 기온이 높아져 몹시 덥고 사계절마다 기후가 달라지는 것이다. 4계절을 구분하는 기준은 다음과 같다.

① 입춘(立春)은 봄의 시작이고, 입하(立夏)는 여름의 시작이고, 입 추(立秋)는 가을의 시작이고, 입동(立冬)은 겨울의 시작이다.

② 음력 1·2·3월은 봄이고, 4·5·6월은 여름이고, 7·8·9월은 가을이고, 10·11·12월은 겨울이다.

③ 사주학에서는 윤달에 관계없이 입춘(立春)부터 봄이 시작되고, 입하(立夏)부터 여름이 시작되고, 입추(立秋)부터 가을이 시작되고, 입동(立冬)부터 겨울이 시작된다고 본다.

2) 24절기(節氣)의 명칭

 1년의 12개월은 각각의 달마다 1절(節)과 1기(氣)가 있다. 따라서 1년은 12절(節)과 12기(氣)가 있는 셈이고, 1년은 24절기(節氣)로 구성되는 것이다. 24절기(節氣)는 순전히 지구가 태양의 둘레를 공전하는 기간을 구분지은 것이고, 달이 지구를 공전하는 관계를 기준으로 삼은 것은 아니다. 1년 12개월은 자(子)·축(丑)·인(寅)·묘(卯)·진(辰)·사(巳)·오(午)·미(未)·신(申)·유(酉)·술(戌)·해(亥)의 12가지 지지(地支)로 표시한다. 보통 1절(節) 1기(氣)는 각각 매월의 절반을 차지하는데 24절기(節氣)의 기간은 다음과 같다.

① 자(子)월 : 대설(大雪)에서 동지(冬至)를 거쳐 소한(小寒)까지
② 축(丑)월 : 소한(小寒)에서 대한(大寒)을 거쳐 입춘(立春)까지
③ 인(寅)월 : 입춘(立春)에서 우수(雨水)를 거쳐 경칩(驚蟄)까지
④ 묘(卯)월 : 경칩(驚蟄)에서 춘분(春分)을 거쳐 청명(淸明)까지
⑤ 진(辰)월 : 청명(淸明)에서 곡우(穀雨)를 거쳐 입하(立夏)까지

⑥ 사(巳)월 : 입하(立夏)에서 소만(小滿)을 거쳐 망종(芒種)까지

⑦ 오(午)월 : 망종(芒種)에서 하지(夏至)를 거쳐 소서(小暑)까지

⑧ 미(未)월 : 소서(小暑)에서 대서(大暑)를 거쳐 입추(立秋)까지

⑨ 신(申)월 : 입추(立秋)에서 처서(處暑)를 거쳐 백로(白露)까지

⑩ 유(酉)월 : 백로(白露)에서 추분(秋分)을 거쳐 한로(寒露)까지

⑪ 술(戌)월 : 한로(寒露)에서 상강(霜降)를 거쳐 입동(立冬)까지

⑫ 해(亥)월 : 입동(立冬)에서 소설(小雪)을 거쳐 대설(大雪)까지

　자(子)월은 대설(大雪)과 동지(冬至)를 포함하고, 축(丑)월은 소한(小寒)과 대한(大寒)을 포함하고, 인(寅)월은 입춘(立春)과 우수(雨水)를 포함하고, 묘(卯)월은 경칩(驚蟄)과 춘분(春分)을 포함하고, 진(辰)월은 청명(淸明)과 곡우(穀雨)를 포함하고, 사(巳)월은 입하(立夏)와 소만(小滿)을 포함하고, 오(午)월은 망종(芒種)과 하지(夏至)를 포함하고, 미(未)월은 소서(小暑)와 대서(大暑)를 포함하고, 신(申)월은 입추(立秋)와 처서(處暑)를 포함하고, 유(酉)월은 백로(白露)와 추분(秋分)을 포함하고, 술(戌)월은 한로(寒露)와 상강(霜降)을 포함하고, 해(亥)월은 입동(立冬)과 대설(大雪)을 포함한다.

　대설(大雪)·소한(小寒)·입춘(立春)·경칩(驚蟄)·청명(淸明)·입하(立夏)·망종(芒種)·소서(小暑)·입추(立秋)·백로(白露)·한로(寒露)·입동(立冬)은 절(節)이라 하고, 동지(冬至)·대한(大寒)·우수(雨水)·춘분(春分)·곡우(穀雨)·소만(小滿)·하지(夏

至)・대서(大署)・처서(處署)・추분(秋分)・상강(霜降)・소설(小雪)은 중기(中氣)라고 한다. 사주학에서 매달은 절(節)이 드는 시각부터 시작하여 그 다음의 절(節)이 드는 시각까지를 말한다.

3. 1년의 12월건(月建)

음력에서는 큰 달과 작은 달로 나눈다. 큰 달은 30일이고 작은 달은 29일이다. 이리하여 12개월을 더하면 1년은 364일이 된다. 양력의 365일보다 1일이 적으므로 옛사람들은 1년을 24절기(節氣)로 나누어 매달에 대입시켰다. 사주학에서는 음력보다 24절기(節氣)를 더 중시한다.

4. 우리나라의 표준시와 서머타임제도

지역마다 태양이 남중(南中)하는 시각이 정오(正午)이다. 어떤 날의 남중(南中)할 때부터 그 다음날 남중(南中)할 때까지의 시간을 1진태양시(眞太陽時)라고 하는데 1진태양시(眞太陽時)는 1진태양일(眞太陽時)을 24절기(節氣)의 24로 나눈 것을 말한다. 인위적인 표준시는 기상학적인 진태양시(眞太陽時)와 다르다.

지구의 경도 기준은 영국의 런던을 지나는 자오선(子午線)이다. 즉 영국 그리니치 천문대의 제1호 망원경의 십자선을 통과하는 자오선(子午線)이 지구 경도의 0도이다. 한 지점의 경도는 각 지점의 자오면(子午面)과 그리니치 자오면(子午面)과의 교각을 말한다. 이 각도는 그리니치 자오면(子午面)의 동쪽과 서쪽으로 각각 180도까지 측정하고, 동경과 서경으로 구별한다.

각 지역마다 평균 태양이 남중(南中)한 시각이 그 지방의 평균시인 정오(正午)가 된다. 그러므로 지표상 같은 경도에 있는 곳은 위도의 차이와 관계없이 같은 시각이 되고, 경도가 달라지면 지방 평균시도 달라진다. 경도 1도는 4분의 차이가 있고, 경도 15도는 1시간의 차이가 있다. 따라서 각 나라에서는 표준시를 정하여 쓴다.

우리나라의 표준시는 그리니치 표준시보다 9시간 빠르다. 서울은 동경 127도 30분이 자오선(子午線)이 통과하는 곳이다. 이 자오선(子午線)을 지방 평균시를 쓴다면 한반도의 이상적인 표준시가 될 것이다. 그러나 조선말기까지 동경 120도의 중국 경선을 표준 자오선(子午線)으로 사용했기 때문에 오전 10시 30분에 오(午)시가 시작되었다. 그러나 1910년 일제가 강제로 합병하자 그해 양력 4월 1일 0시부터 중국의 표준시를 버리고 일본의 동경 135도를 채택하여 오전 11시 30분부터 오(午)시가 시작된 것이다. 동경 135도는 일본 고오베(神戸) 지방의 서쪽 20km 부근을 지나는 자오선(子午線)인데 우리나라의 국토를 지나가는 일은 없다.

그러다가 1954년 양력 3월 21일 0시부터 동경 127도 30분의 지방평균시를 채택하게 되었다. 이로써 우리나라의 독자적인 표준시를 사용하게 되어 오전 11시부터 오(午)시가 시작되어 12시 정각이 정오(正午)가 되고, 밤 0시 정각이 자정(子正)이 되었다. 그러다가 다시

1961년 양력 8월 10일 0시부터 동경 135도의 자오선(子午線)을 표준 자오선(子午線)으로 하고, 0시를 0시 30분으로 정한 것이므로 그때부터 지금까지 오전 11시 30분부터 오(午)시가 시작되어 12시 30분이 정오(正午)가 된 것이다.

　그때부터 우리나라에서는 동경 135도의 경선을 표준 자오선(子午線)으로 정했으나 서울의 경도는 동경의 127도 30분과는 7도 30분의 차이가 나고, 시간으로는 30분의 차이가 난다. 따라서 서울을 기준으로 할 때 현재 우리가 사용하는 시간은 기상학적 진태양시(眞太陽時)로는 30분 빨라진 것이다. 따라서 사주학에서 시간을 계산할 때는 현재 사용하는 시간의 오전 11시 30분부터 오(午)시가 시작되어 12시 30분에 정오(正午)가 되고, 오후 11시 30분부터 자(子)시가 시작되어 0시 30분에 자정(子正)이 되고, 오전 1시 30분부터 축(丑)시가 시작되는 것이다. 우리나라 실정에 맞지 않는 일본의 표준시를 사용하는 일이 하루 빨리 시정되어야 할 것이다.

　서머타임이란 낮이 긴 여름철의 일광시간을 활용하려고 인위적으로 표준시를 고쳐 사용하는 것을 말한다. 따라서 서머타임이 실시되는 기간에 태어난 사람의 사주를 정할 때는 주의해야 한다. 1시간이 빨라지기 때문에 서머타임 기간에는 오전 11시 30분이 되어도 오(午)시가 아니라 사(巳)시인 것이다. 실제 시간은 10시 30분이기 때문이다.

　우리나라의 서머타임은 미군정시절부터 시작하여 정부수립 후에도 실시하였다. 1948년~1960년까지 13년간의 수명으로 끝나는가 했더니 1987년에 다시 시행하였다. 아래에 우리나라의 표준시 변경 사항과 서머타임을 실시한 기간을 기록하니 참고하기 바란다.

1) 우리나라에서 서머타임제도를 실시한 기간(양력)

① 1948년 5월 31일 자정~1948년 9월 22일 자정까지

② 1949년 3월 31일 자정~1949년 9월 30일 자정까지

③ 1950년 4월 1일 자정~1950년 9월 10일 자정까지

④ 1951년 5월 6일 자정~1951년 9월 9일 자정까지

⑤ 1954년 3월 21일 자정~1954년 5월 5일 자정까지

⑥ 1955년 4월 6일 자정~1955년 9월 22일 자정까지

⑦ 1956년 5월 20일 자정~1956년 9월 30일 자정까지

⑧ 1957년 5월 5일 자정~1957년 9월 22일 자정까지

⑨ 1958년 5월 4일 자정~1958년 9월 21일 자정까지

⑩ 1959년 5월 4일 자정~1959년 9월 20일 자정까지

⑪ 1960년 5월 1일 자정~1960년 9월 18일 자정까지

⑫ 1987년 5월 10일 02시~1987년 10월 11일 03시까지

⑬ 1988년 5월 8일 02시~1988년 10월 9일 03시까지

2) 우리나라의 시간 변경

■ 1897년 이전

오전 10시 30분에 오(午)시가 시작되고, 11시 30분을 정오(正午)라고 하였다.

■ 대한제국시대(1897~1909년)

오전 11시부터 오(午)시가 시작되고, 오후 11시부터 자(子)시가 시작되었다.

■ 양력 1910년 4월 1일 0시부터

오전 11시 30분부터 오(午)시가 시작되고, 오후 11시 30분부터 자(子)시가 시작되었다. 일본의 강제 병합으로 일본의 표준시를 쓰기 시작하여 해방후까지 이어졌다.

■ 양력 1954년 3월 21일 0시~1961년 8월 10일 0시까지

오전 11시부터 오(午)시가 시작되어 12시에 정오(正午)가 되고, 오후 11시부터 자(子)시가 시작되어 0시에 자정(子正)이 되었다. 이 기간이야말로 독자적이며 정확한 우리나라의 시간을 썼기 때문에 사주학상의 시간과 일치한다. 이때는 동경 127도 30분을 우리나라의 표준 자오선(子午線)으로 정하였다.

■ 양력 1961년 8월 10일 0시~현재까지

다시 일본의 표준시를 따라 오전 11시 30분부터 오(午)시가 시작되어 12시 30분이 정오(正午)가 되고, 오후 11시 30분부터 자(子)시가 시작되어 12시 30분에 자정(子正)이 되었다.

3) 경도의 차이에 따라 진태양시(眞太陽時) 추산하는 법

태양이 남중(南中)한 시각이 각 지점의 정오(正午)이다. 동경 135도를 표준으로 쓰는 현재의 실정에서는 동경 135도에서 경선이 1도

씩 서쪽으로 이동할 때마다 4분이 빨라진다. 그러므로 동경 128도
가 지나가는 강원도 원주 지방은 동경 135도：128도=7도의 차이
가 생기므로 7도×4분=28분이 빠르다. 따라서 현재의 일본의 표준
시를 쓰는 기간에 원주에서 오전 11시 정각에 태어난 사람은 28분
앞당긴 셈이므로 진정한 기상학적 진태양시(眞太陽時)에서는 오전
10시 32분에 태어난 셈이다. 따라서 오(午)시가 아닌 사(巳)시에 태
어난 것으로 보아야 한다.

이와 같이 태어난 지역의 경도와 동경 135도의 차이로 정확한 출
생시간을 측정하여 출생시를 정해야 한다. 그러므로 지도를 펴놓고
출생지를 알아보아야 하고, 출생 당시의 표준시가 어떤 자오선(子
午線)을 기준으로 했는지, 그리고 서머타임기간에 출생하지는 않았
는지를 정확하게 계산한 후에 사주를 정해야 한다.

그리고 참고로 위도에 대하여 말하면 우리나라와 같은 북반구에
서는 남쪽으로 내려갈수록 기온이 높아지므로 같은 시간, 같은 경
선상에서 태어났어도 북쪽에서 태어난 사람은 한냉한 기(氣)가 많
고 남쪽에서 태어난 사람은 온난한 기(氣)가 많으니 사주를 볼 때
참고해야 한다. 그러나 위도의 차이보다 경도의 차이가 더 중요하
다. 이것은 사주가 달라지기 때문이다.

제2장. 십이운성(十二運星)

1. 사물이 발전하는 과정

태극(太極)은 존재의 본체이고, 음양(陰陽)은 존재가 발전하는 형태이고, 오행(五行)은 발전하는 단계이다. 모든 존재는 시간과 공간 속에서 잠시도 쉬지 않고 단 한 순간도 변하지 않을 때가 없다. 일체의 사물이 변화와 운동과 발전한다는 것은 불변의 진리이지만 변화와 운동과 발전은 항상 필연성을 가지고 나름대로의 발전하는 법칙에 따라 순환한다.

사주학에서는 사물의 발전과 변화가 12단계를 거쳐 발생하고 성장하고 소멸한다고 본다. 존재하는 모든 것은 12단계를 거쳐 존재하다가 사라진다고 보는 사주학의 입장을 정리한 것이 바로 포태법(胞胎法)이며 십이운성(十二運星)이다.

무에서 유가 생기는 것을 생(生)이라 하고, 성장하여 극에 이른 상태를 왕(旺)이라 하고, 점차 힘을 잃어가는 것을 쇠(衰)라 하고,

사라지는 것을 절(絶)이라고 한다. 물론 생왕쇠절(生旺死絶)은 사주학의 용어이고, 포태법(胞胎法)은 천간(天干)이 생왕사절(生旺死絶)하는 원리이다. 이제 사주학에서 사물이 발전하는 각 단계를 표시하고, 포태법(胞胎法)을 순서대로 설명하면 다음과 같다.

1) 장생(長生)

사람이 이 세상에 처음 태어나고, 식물이 싹을 틔우듯이 무에서 유가 생기는 상태를 말한다.

2) 목욕(沐浴)

사람이 태어난 후 첫 목욕을 시키고, 식물의 새싹이 파랗게 돋는 것과 같은 상태를 말한다. 일명 패(敗)라고도 부른다.

3) 관대(冠帶)

사람이 점차 성장하여 사회생활을 시작하며 예복을 입는 것과 같은 상태를 말한다.

4) 임관(臨官)

사람이 장성하여 관리에 임명되어 세상을 다스리는 것과 같이 왕성하게 활동하는 상태를 말한다. 일명 녹(祿)이라고도 한다.

5) 제왕(帝旺)

사람의 체력과 지력과 사업이 최고의 단계에 도달하여 극도로 왕성한 상태를 말한다. 일명 양인(陽刃)이라고도 한다.

6) 쇠(衰)

전성기가 지나 기력이 약해지는 상태를 말한다.

7) 병(病)

쇠약해져 병이 들고 원기가 없는 상태를 말한다.

8) 사(死)

죽은 상태를 말한다.

9) 묘(墓)

물건을 거두어 창고에 들이고, 사람이 죽어 무덤에 들어가는 상태를 말한다. 일명 고(庫)라고도 한다.

10) 절(絶)

앞의 기(氣)가 완전히 끊어지고 뒤의 기(氣)가 뒤를 이으려는 상태를 말한다. 십이운성(十二運星) 중에서 가장 약한 상태이다.

11) 태(胎)

뒤의 기(氣)가 엉켜 어머니의 자궁 속에서 태아가 형성되는 것과 같은 상태를 말한다. 절(絶)과 함께 기(氣)가 가장 약하다.

12) 양(養)

태아가 어머니의 자궁 속에서 영양분을 섭취하며 자라 탄생을 준비하는 상태를 말한다.

포태법(胞胎法)은 사물이 생존·발전·쇠퇴·소멸하는 과정을 풀이한 것인데 어떤 사물이든 이 12단계를 끊임없이 순환한다. 천간(天干)이 장생(長生)·관대(冠帶)·임관(臨官)·제왕(帝旺) 위에 앉으면 역량이 강해지나 절(絶)·태(胎) 위에 앉으면 약해진다. 용신(用神)에 해당하는 천간(天干)은 강해지는 십이운성(十二運星) 위에 앉으면 더 좋고, 기신(忌神)에 해당하는 천간(天干)은 약해지는 절(絶)·태(胎) 위에 앉으면 흉작용이 미약하니 더 좋다.

반대로 용신(用神)에 해당하는 천간(天干)이 절(絶)·태(胎) 위에 앉으면 흉하고, 기신(忌神)에 해당하는 천간(天干)이 장생(長生)·제왕(帝旺)·임관(臨官)·관대(冠帶) 위에 앉으면 나쁜 작용이 강해진다. 그런데 양간(陽干)은 장생(長生)하는 지지(地支)에서부터 지지(地支)의 순서에 따라 앞으로 순행하고, 음간(陰干)은 양간(陽干)이 죽는(死) 곳에서 장생(長生)하여 지지(地支)의 순서를 거슬러 역행한다. 이것을 양생음사(陽生陰死), 음생양사(陰生陽死)라고 한다.

■ 『자평진전(子平眞詮)』에서는 다음과 같이 논하였다.

『자평진전(子平眞詮)』에서는 양생음사(陽生陰死)를 다음과 같이 논하였다. 양(陽)은 모여 앞으로 나아가는 속성이 있으므로 주로 순행(順行)하고, 음(陰)은 흩어져 뒤로 물러나는 속성이 있으므로 주로 역행(逆行)한다. 이것을 설명한 것이 바로 장생(長生)이나 목욕(沐浴) 등의 학설인데 양(陽)은 순행하고 음(陰)은 역행한다.

사계절을 운행하면서 이미 공을 이룬 오행(五行)은 물러가고, 장차 쓰이려고 대기하는 오행(五行)은 앞으로 나온다. 그러므로 각각의 천간(天干)은 십이지지(十二地支)의 월(月)을 운행하면서 생왕묘절(生旺墓絶)을 순환한다. 양(陽)이 출생하는 곳에서 음(陰)이 죽고, 음양(陰陽)이 서로 바뀌는 것은 자연의 이치이다.

예를 들어 갑(甲)과 을(乙)로 논하면 갑(甲)은 목(木) 가운데 양(陽)이므로 하늘의 생기(生氣)인데 만목(萬木)에서 그 기(氣)가 흐르는 것이다. 그러므로 해(亥)에서 생(生)하고 오(午)에서 사(死)한다. 그리고 을(乙)은 목(木) 가운데 음(陰)이므로 목(木)의 지엽이 되는데 하늘의 생기(生氣)를 받아들인 것이다. 그러므로 오(午)에서 생(生)하고 해(亥)에서 사(死)한다. 무릇 나무는 해(亥)월이 되면 잎이 지지만 생기(生氣)는 그 속에 남아 있다가 봄이 오면 다시 피어날 준비를 한다. 그 생기(生氣)는 해(亥)에서 생(生)하는 이치라고 할 수 있다.

나무는 오(午)월이 되면 잎이 무성해지는데 어찌하여 갑(甲)이 죽는다고 하는가. 이것은 겉으로는 잎이 무성하지만 그 속의 생기(生氣)는 이미 밖으로 다 빠져나와 기진맥진한 상태이기 때문이다. 그러므로 오(午)에서 죽는 것이다. 을목(乙木)은 이와는 반대로 오

(午)월이 되면 잎이 무성하니 곧 생(生)하는 것이고, 해(亥)월에는 잎이 지니 곧 죽는 것이다. 이것은 질(質)과 기(氣)의 다른 점을 논한 것이다. 다른 천간(天干)도 이와 같이 유추하면 된다.

■ **『적천수천미(滴天髓闡微)』에서는 다음과 같이 논하였다.**

『적천수천미(滴天髓闡微)』에서는 음간(陰干)의 십이운성(十二運星)을 인정하지 않고 음간(陰干)은 양간(陽干)을 따라 십이운성(十二運星)이 함께 진행한다고 주장하였다. 그리고 다음과 같이 양생음사(陽生陰死)의 포태법(胞胎法)을 비판하였다.

임철초(任鐵樵)는 이렇게 주장하였다. 음양순역(陰陽順逆)의 학설은 낙서(洛書)에서 나온 것으로 오행(五行)이 운행하는 이치를 응용함에 있어 양(陽)은 모여 앞으로 나아가는 것을 주관하고, 음(陰)은 흩어져 뒤로 물러서는 것을 주관하는 것에 불과하다. 명리를 논할 대 순역(順逆)에만 의지하면 안 된다. 반드시 일주(日主)의 쇠왕(衰旺)을 관찰하고, 태어날 때의 기후의 심천(深淺)을 살피고, 용신(用神)을 깊이 연구한 후에 길흉을 논하면 일목요연하게 드러날 것이다.

장생(長生)이니 목욕(沐浴)이니 하는 것은 사물의 형용을 빌어다 쓴 수식어이다. 장생(長生)은 사람이 처음 태어난 것에 비유할 수 있고, 목욕(沐浴)은 태어나 때를 씻는 것에 비유할 수 있고, 관대(冠帶)는 형태와 기질이 점점 자라는 것이니 사람이 성장하여 관을 쓰고 띠를 두르는 것에 비유할 수 있고, 임관(臨官)은 다 성장하여 왕성한 것이니 벼슬하는 것에 비유할 수 있고, 제왕(帝旺)은 장성함이 극에 이른 것이니 임금을 보좌하여 크게 이루는 것에 비유할 수 있다.

쇠(衰)는 왕성함이 극에 이른 후 쇠약해지기 시작하는 것이니 사물의 첫 변화에 비유할 수 있고, 병(病)은 쇠약한 것이 심해지는 것이니 병든 것에 비유할 수 있고, 사(死)는 기(氣)가 끊어져 남음이 없는 것이니 죽음에 비유할 수 있고, 묘(墓)는 조화가 수장(收藏)된 것이니 사람이 죽어 흙 속에 묻히는 것에 비유할 수 있고, 절(絶)은 앞의 기(氣)가 끊어지고 뒤의 기(氣)가 계속 이어지는 상태에 비유할 수 있고, 태(胎)는 뒤의 기(氣)가 계속 이어져 잉태한 상태에 비유할 수 있고, 양(養)은 태아가 어머니의 뱃속에서 자라는 것에 비유할 수 있다.

이로부터 다시 장생(長生)이 시작되어 그 순환이 무궁하게 이어지는 것이다. 일주(日主)가 반드시 월령(月令)에서 녹왕(祿旺)을 만나야 하는 것은 아니다. 월령(月令)에서 휴수(休囚)되어도 년일시(年日時) 가운데 장생(長生)이나 녹왕(祿旺)을 만나면 약하지 않고, 고(庫)를 만나도 역시 뿌리가 있다.

속설에 묘(墓)에 던져지면 반드시 충(沖)해야 한다고 하나 그것은 오류에 지나지 않는다. 옛법에는 인신사해(寅申巳亥)의 사장생(四長生)만 있지 자오묘유(子午卯酉)에서 음(陰)이 장생(長生)한다는 이야기는 없다. 수(水)는 목(木)을 생(生)하는데 신(申)은 천관(天關)이고 해(亥)는 천문(天門)이니 하늘은 제일 먼저 수(水)를 생

(生)한 후 끊임없이 생(生)한다. 그러므로 목(木)은 모두 해(亥)에서 생(生)하고 오(午)에서 사(死)한다. 오(午)는 화(火)가 왕성한 지지(地支)이므로 목(木)이 오(午)에 이르면 모조리 설기(洩氣)되어 죽는다. 다른 오행(五行)도 이렇게 유추하면 된다.

무릇 오양(五陽)은 생방(生方)하는 지지(地支)에서 자라, 본기(本氣)가 있는 지지(地支)인 본방(本方)에서 왕성하다가, 설기(洩氣)하는 지지(地支)인 설방(洩方)에서 피폐해지고, 극(剋)을 당하는 지지(地支)인 극방(剋方)에서 끝이 난다는 말은 이치에 맞는다.

그러나 오음(五陰)이 설방(洩方)에서 장생(長生)하고 생방(生方)에서 죽는다는 말은 이치에 어긋난다. 자오(子午)에서 금(金)과 목(木)이 장생(長生)하는 법이 없고, 인해(寅亥)에서 화(火)와 목(木)이 소멸하는 법이 없다.

옛사람들은 격(格)을 취하면서 정일주(丁日主)가 유(酉)를 만나면 재격(財格)으로 논하였다. 을일주(乙日主)가 오(午)를 만나거나, 기일주(己日主)가 유(酉)를 만나거나, 신일주(辛日主)가 자(子)를 만나거나, 계일주(癸日主)가 묘(卯)를 만나면 식신격(食神格)으로 설기(洩氣)된다고 논했지 장생(長生)한다고 논하지 않았다.

그리고 을일주(乙日主)가 해(亥)를 만나거나 계일주(癸日主)가 신(申)을 만나면 인수격(印綬格)으로 논했지 죽는다고 논하지 않았다. 기일주(己日主)가 인(寅)을 만나면 지장간(支藏干)에 병화(丙火)가 있고, 신일주(辛日主)가 사(巳)를 만나면 지장간(支藏干)에 무토(戊土)가 있으므로 역시 인수(印綬)로 논했지 죽는다고 논하지 않았다.

이것을 보아도 음양(陰陽)은 함께 죽고 함께 산다는 것을 알 수 있다. 만약 음양순역(陰陽順逆)의 학설에 집착하여 양(陽)이 생(生)하는 곳에서 음(陰)이 죽는다고 하면 큰 실수를 하는 것이다.


```
時 日 月 年
丙 乙 己 丙        乙甲癸壬辛庚
子 亥 亥 子        巳辰卯寅丑子
```

본명은 을해(乙亥)가 해(亥)월에 태어났다. 기쁜 것은 천간(天干)에 병화(丙火)가 2개 투출(透出)하여 봄의 따사로운 기운을 잃지 않은 것이다. 겨울나무가 태양을 바라보고 있으니 사주가 순수하며 맑다. 그러나 애석한 것은 화토(火土)의 뿌리가 없고, 수목(水木)이 지나치게 많은 것이다. 따라서 공부를 제대로 하지 못했고, 중년에 대운(大運)이 계속 수목(水木)으로 흐르니 생부(生扶)가 지나쳐 사주의 화토(火土)가 모두 손상되니 재산을 모으지 못했고 뜻도 펼치지 못하였다.

그러나 사주에 금(金)이 없으니 사업은 청고하다. 만일 년지(年支)와 시지(時支)가 일간(日干) 을목(乙木)의 병위(病位)가 되고, 월지(月支)와 일지(日支)가 사지(死地)가 된다면 휴수(休囚)됨이 극에 이르렀으니 일간(日干)을 생부(生扶)하는 것을 용신(用神)으로 삼아 그런 대운(大運)에 발달하지 못하겠는가. 그러나 이제 알

았듯이 해자수(亥子水)는 일간(日干) 을목(乙木)을 생(生)한다고 논하는 것이 옳고, 다시 수목(水木)을 만나는 것은 마땅하지 않다.'

2 십간(十干)의 십이운성(十二運星)

1) 갑목(甲木)의 생왕사절(生旺死絶)

갑목(甲木)은 해(亥)에서 장생(長生), 자(子)에서 목욕(沐浴), 축(丑)에서 관대(冠帶), 인(寅)에서 임관(臨官), 묘(卯)에서 제왕(帝旺), 진(辰)에서 쇠(衰), 사(巳)에서 병(病), 오(午)에서 사(死), 미(未)에서 묘(墓), 신(申)에서 절(絶), 유(酉)에서 태(胎), 술(戌)에서 양(養)이 된다. 갑(甲)은 양(陽)이므로 순행한다.

2) 을목(乙木)의 생왕사절(生旺死絶)

을목(乙木)은 오(午)에서 장생(長生), 사(巳)에서 목욕(沐浴), 진(辰)에서 관대(冠帶), 묘(卯)에서 임관(臨官), 인(寅)에서 제왕(帝旺), 축(丑)에서 쇠(衰), 자(子)에서 병(病), 해(亥)에서 사(死), 술(戌)에서 묘(墓), 유(酉)에서 절(絶), 신(申)에서 태(胎), 미(未)에서 양(養)이 된다. 을목(乙木)은 음(陰)이므로 역행한다.

3) 병화(丙火)와 무토(戊土)의 생왕사절(生旺死絶)

병(丙)과 무(戊)는 인(寅)에서 장생(長生), 묘(卯)에서 목욕(沐浴), 진(辰)에서 관대(冠帶), 사(巳)에서 임관(臨官), 오(午)에서 제왕

(帝旺), 미(未)에서 쇠(衰), 신(申)에서 병(病), 유(酉)에서 사(死), 술(戌)에서 묘(墓), 해(亥)에서 절(絶), 자(子)에서 태(胎), 축(丑)에 서 양(養)이 된다.

4) 정화(丁火)와 기토(己土)의 생왕사절(生旺死絕)

정(丁)과 기(己)는 유(酉)에서 장생(長生), 신(申)에서 목욕(沐浴), 미(未)에서 관대(冠帶), 오(午)에서 임관(臨官), 사(巳)에서 제왕 (帝旺), 진(辰)에서 쇠(衰), 묘(卯)에서 병(病), 인(寅)에서 사(死), 축(丑)에서 묘(墓), 자(子)에서 절(絶), 해(亥)에서 태(胎), 술(戌)에 서 양(養)이 된다.

5) 경금(庚金)의 생왕사절(生旺死絕)

경(庚)은 사(巳)에서 장생(長生), 오(午)에서 목욕(沐浴), 미(未)에 서 관대(冠帶), 신(申)에서 임관(臨官), 유(酉)에서 제왕(帝旺), 술 (戌)에서 쇠(衰), 해(亥)에서 병(病), 자(子)에서 사(死), 축(丑)에서 묘(墓), 인(寅)에서 절(絶), 묘(卯)에서 태(胎), 진(辰)에서 양(養)이 된다.

6) 신금(辛金)의 생왕사절(生旺死絕)

신(辛)은 자(子)에서 장생(長生), 해(亥)에서 목욕(沐浴), 술(戌)에 서 관대(冠帶), 유(酉)에서 임관(臨官), 신(辛)에서 제왕(帝旺), 미 (未)에서 쇠(衰), 오(午)에서 죽을병, 사(巳)에서 사(死), 진(辰)에서 묘(墓), 묘(卯)에서 절(絶), 인(寅)에서 태(胎), 축(丑)에서 양(養)이 된다.

7) 임수(壬水)의 생왕사절(生旺死絕)

임(壬)은 신(申)에서 장생(長生), 유(酉)에서 목욕(沐浴), 술(戌)에서 관대(冠帶), 해(亥)에서 임관(臨官), 자(子)에서 제왕(帝旺), 축(丑)에서 쇠(衰), 인(寅)에서 병(病), 묘(卯)에서 사(死), 진(辰)에서 묘(墓), 사(巳)에서 제왕(帝旺), 오(午)에서 태(胎), 미(未)에서 양(養)이 된다.

8) 계수(癸水)의 생왕사절(生旺死絕)

계수(癸水)는 묘(卯)에서 장생(長生), 인(寅)에서 목욕(沐浴), 축(丑)에서 관대(冠帶), 자(子)에서 임관(臨官), 해(亥)에서 제왕(帝旺), 술(戌)에서 쇠(衰), 유(酉)에서 병(病), 신(申)에서 사(死), 미(未)에서 묘(墓), 오(午)에서 절(絶), 사(巳)에서 태(胎), 진(辰)에서 양(養)이 된다.

오양(五陽)은 인(寅 : 丙戊)·신(申 : 壬)·사(巳 : 庚)·해(亥 : 甲)에서 장생(長生)하여 순행하고, 오음(五陰)은 자(子 : 辛)·오(午 : 乙)·묘(卯 : 癸)·유(酉 : 丁, 己)에서 장생(長生)하여 역행한다.

3. 포태법(胞胎法) 응용하는 법

포태법(胞胎法)은 일본 사주학자들이 주로 응용한다. 중국에서는 거의 쓰지 않고 천간(天干)의 왕상휴수사(旺相休囚死)의 원리로 판단한다. 십이운성(十二運星)으로 성격·운세·체질·직업 등을 판단할 수 있기 때문에 십이운성(十二運星)을 잘 운용하면 적중률이 높아지는 물론이다.

그러나 사주학은 어디까지나 격국(格局)과 용신(用神)으로 판단하는 것이 원칙이므로 십이운성(十二運星)은 보조하는 역할에 국한시켜야 한다. 최근에는 음간(陰干)의 십이운성(十二運星)은 버리고 양간(陽干) 위주로 판단하는 경우가 많다. 십이운성(十二運星)의 속성은 일반적인 경향에 불과하므로 용신(用神)과 기신(忌神)을 판별한 후 응용하는데 사용하는 것이 좋다.

1) 장생(長生) 응용하는 법

장생(長生)은 기름을 가득 채우고 달릴 준비를 하는 자동차에 비유할 수 있으므로 사주에 장생(長生)이 있으면 발전할 가능성이 많다. 장생(長生)은 총명·온화·명랑·계승·장수·발전을 상징한다. 사주에 장생(長生)이 있으면 두뇌가 총명하며 어린아이 같이 순수하고 장수한다. 성격이 온순하며 정의감이 있고 욱일승천하는 기세가 있다. 특히 월지(月支)에 있으면 더 길하다. 그러나 편관(偏官)·편인(偏印)·겁재(劫財)·상관(傷官)과 동주(同柱)하거나 형

십이운성표(十二運星表)

日干 十二運星	甲	乙	丙	丁	戊	己	庚	辛	壬	癸
長生	亥	午	寅	酉	寅	酉	巳	子	申	卯
沐浴	子	巳	卯	申	卯	申	午	亥	酉	寅
帶	丑	辰	辰	未	辰	未	未	戌	戌	丑
祿	寅	卯	巳	午	巳	午	申	酉	亥	子
旺	卯	寅	午	巳	午	巳	酉	申	子	亥
衰	辰	丑	未	辰	未	辰	戌	未	丑	戌
病	巳	子	申	卯	申	卯	亥	午	寅	酉
死	午	亥	酉	寅	酉	寅	子	巳	卯	申
墓	未	戌	戌	丑	戌	丑	丑	辰	辰	未
絶	申	酉	亥	子	亥	子	寅	卯	巳	午
胎	酉	申	子	亥	子	亥	卯	寅	午	巳
養	戌	未	丑	戌	丑	戌	辰	丑	未	辰

충파해(刑冲破害)가 되면 길작용이 줄어든다.

① 장생(長生)이 월지(月支)와 일지(日支)에 있으면 총명·근면·조숙하고, 조상의 업을 계승하고, 샐러리맨은 윗사람의 도움으로 출세한다. 부부가 원만하며 가정이 화평하다.
② 장생(長生)이 년지(年支)에 있으면 조상과 부모가 장수한다. 년간(年干)이 재성(財星)인데 년지(年支)에 일간(日干)의 장생(長生)이 있으면 부귀한 가문에서 태어난 사람이다.
③ 장생(長生)이 월지(月支)에 있으면 부모형제의 도움이 많고, 신망·재능·명성이 있고, 장수한다.
④ 장생(長生)이 일지(日支)에 있으면 현명한 배우자를 만나고, 장수하며 가정이 화평하다.
⑤ 장생(長生)이 시지(時支)에 있으면 훌륭한 자녀와 부하가 두고, 만년이 안락하다.

2) 목욕(沐浴) 응용하는 법

목욕(沐浴)은 막 태어난 갓난아기를 목욕시키는 것과 같으니 서로 고생이다. 목욕(沐浴)은 솔직·호색·경솔·천박·불안정·비승계·학예·기술을 상징한다. 사주에 목욕(沐浴)이 있으면 흉한 것이 원칙이며 직업과 주거가 자주 변하고, 친척과 인연이 없다. 실패·파산·실의·고민이 많이 따르고, 색정으로 고생하며 인륜에 어긋나는 부정과 불의를 저지르고, 주색을 조심하지 않으면 가정이 파탄날 수 있고, 건강이 나쁘며 요절할 수 있다. 여자는 유산이 잘 되고, 호색하며 음란하고, 경솔하며 평생 고민이 많고, 초혼에 실패하고 생활이 안정되기 힘들다. 만일 사주에 천월귀인(天月貴人)이 있거나 정관(正官)·정인(正印)·재성(財星)·식신(食神)과 동주(同柱)하면 흉작용이 줄어든다. 그러나 상관(傷官)·칠살(七殺)·편인(偏印)과 동주(同柱)하거나 형충파해(刑沖破害)가 있으면 더 흉하다. 사주에 목욕(沐浴)이 있으면 예술이나 기술 방면으로 나가는 경우가 많다.

① 목욕(沐浴)이 년지(年支)에 있으면 부모와 함께 살기 힘들고, 아내를 잃을 수 있고, 나이가 들수록 생활고에 시달린다.
② 목욕(沐浴)이 월지(月支)에 있으면 중년에 부모가 돌아가시거나 부부가 이별하고, 생활고에 시달리며 자식을 극(剋)한다.
③ 목욕(沐浴)이 일지(日支)에 있으면 빈곤한 가정 출신으로 재물복이 없다. 부부연이 바뀌며 색을 탐하고 요절한다. 여자는 남편에게 불만을 느끼며 쉽게 이혼하거나 간통한다.
④ 목욕(沐浴)이 시지(時支)에 있으면 말년에 곤경에 처하며 자녀가 속을 썩인다. 여자는 고집불통인데 갑자(甲子)일과 신해(辛亥)일생은 특히 흉하다.

3) 관대(冠帶) 응용하는 법

관대(冠帶)는 스스로 운명을 개척하는 별이며, 고집·충돌·중년

이후의 발전을 상징한다. 사주에 관대(冠帶)가 있으면 초년에 고생해도 중년에 발달한다. 고집이 강하여 타인과 충돌하는 경향이 있으니 조심해야 한다. 발랄하며 패기가 있고 향상심과 노력하는 마음이 있다. 그러나 흉성(凶星)과 동주(同柱)하면 욕심이 많고 속임수와 계략에 능하며 기회주의자가 된다. 교양을 쌓거나 수양하지 않으면 허풍이 세다. 자존심이 지나치게 강하여 평범한 신분에 만족할 줄 모르고 항상 불평불만이 많다.

사주에 관대(冠帶)가 있으면 부부연이 쉽게 바뀌는데 일지(日支)에 있으면 더 그렇다. 여명이 관대(冠帶)가 있는데 사주가 좋으면 교양이 있고 남편에게 내조를 잘 하나 사주가 나쁘면 교양이 없고 고집과 편견이 심하며 가정이 원만하지 못하다. 관대(冠帶)가 있는데 흉살(凶殺)이나 공망(空亡)이 있으면 만사가 순조롭지 못하고, 불만이 쌓여 투쟁하거나 법을 범하거나 도박에 빠진다. 군인·경찰·법조계로 나가면 발달할 수 있다.

① 관대(冠帶)가 년지(年支)에 놓이면 만년이 행복하나 부부연이 바뀔 수 있다.
② 관대(冠帶)가 월지(月支)에 놓이면 중년에 발달한다.
③ 관대(冠帶)가 일지(日支)에 놓이면 인격자이며 사회적인 명망과 지위를 얻고 자비심이 있어 타인의 존경을 받는다. 그러나 부부연이 바뀌며 주거가 자주 바뀐다.
④ 관대(冠帶)가 시지(時支)에 놓이면 자녀가 발달하나 욕심을 너

무 부리면 패가망신한다

4) 임관(臨官) 응용하는 법

임관(臨官)은 녹(祿)이라고도 하며, 활발·진취·온화·선량·자수성가·계승·가정의 화목·실천을 상징한다. 사주에 임관(臨官)이 있으면 친족과의 인연은 박해도 신망이 두텁고 결혼운이 좋고 자녀도 번창한다. 어떠한 곤경도 극복하며 신념이 확고하다. 신체가 건강하여 장수할 수 있다. 40세를 전후하여 크게 발달하며 정력도 충만해진다. 사주에 임관(臨官)이 있으면 40세 이전과 이후의 운세가 달라지는데 한운(限運)과 대운(大運)을 보고 판단한다.

① 임관(臨官)이 년지(年支)에 놓이면 만년에 발달한다.
② 임관(臨官)이 월지(月支)에 놓이면 중년에 발달한다.
③ 임관(臨官)이 일지(日支)에 놓이면 신망이 두텁고 명리를 이룬다. 기업체나 예능 방면에 종사하면 좋다. 그러나 남녀 모두 부부연이 바뀔 수 있다.
④ 임관(臨官)이 시지(時支)에 놓이면 자녀가 발달하며 효도한다.

5) 제왕(帝旺) 응용하는 법

제왕(帝旺)은 십이운성(十二運星) 중에서 운기가 가장 왕성하며, 횡포·절정·독립·명예·권력·운세변화·쇠퇴·낭비·이별을 상징한다. 사주에 제왕(帝旺)이 있으면 인간관계가 능숙하며 치밀

하고 권력욕이 크다. 독립심은 강하나 상속운이 없다. 금전을 낭비하며 운명의 기복이 심하다.

여명이 제왕(帝旺)이 있으면 정처가 되기 어렵고 부부가 불화하며 남편이나 본인의 신체가 허약하다. 그러나 관살(官殺)이 있으면 그렇지 않다. 여명이 병오(丙午)·무오(戊午)·임자(壬子)일생이면 부부연이 쉽게 바뀌고, 기사(己巳)·정사(丁巳)·계해(癸亥)일생이면 결혼하지 못하거나 부부간에 감정이 나빠져 이혼한다. 여명이 제왕(帝旺)이 있는데 편인(偏印)·상관(傷官)·겁재(劫財)·괴강(魁罡)이 있으면 남편을 극(剋)한다.

① 제왕(帝旺)이 년지(年支)에 놓이면 명문가 출생이며 조상이 국가와 사회에 공헌을 많이 한 사람이다. 머리를 쓰는 직업이 적합하다.
② 제왕(帝旺)이 월지(月支)에 놓이면 남의 밑에 들어가거나 굽히는 것을 싫어한다.
③ 제왕(帝旺)이 일지(日支)에 놓이면 유산은 없으나 자신감이 있고 포부가 크며 진취적인 기상이 있다. 그러나 자존심과 고집만 내세우다 소외 당할 수 있으니 조심해야 하고, 금전을 낭비하지 말아야 한다. 만일 관살(官殺)이 있으면 신중하나 없으면 성급하며 고집이 세어 파멸할 수 있다. 남녀 모두 부부연이 박하다.
④ 제왕(帝旺)이 시지(時支)에 놓이면 자녀가 성공하여 가문을 빛낸다.

6) 쇠(衰) 응용하는 법

쇠(衰)는 신중함·보수적·쇠퇴·계승·시기심·학자·종교인을 상징한다. 사주에 쇠(衰)가 있으면 성격이 온순하며 담백하나 의지가 약하며 불안해한다. 인내력이 부족하여 용두사미가 되기 쉽고 동정심이 강하다. 남을 의심하는 경향이 있으나 인정에 끌려 부탁을 거절하지 못하다 피해를 본다. 특히 재정보증을 서주다가 파산할 수 있으니 조심해야 한다. 직업은 학자나 종교가가 적합하다.

① 쇠(衰)가 년지(年支)에 놓이면 쇠퇴한 가정 출심으로 만년이 나쁘고 가족을 많이 잃는다.

② 쇠(衰)가 월지(月支)에 놓이면 중년 이전에는 순탄하나 중년이 이후에는 쇠퇴한다. 남의 일 때문에 파산할 염려가 있으니 보증 등을 조심해야 한다.

③ 쇠(衰)가 일지(日支)에 놓이면 온순하고 내성적이며 사교적이지 못하다. 남의 일에 신경을 너무 쓰면 해로우니 조심해야 한다. 여자는 현모양처이며 가정이 원만하다. 일지(日支)에서 편인 (偏印)과 동주하면 좋은 배우자를 만나기 어렵다. 남녀 모두 학문과 예술에 소질이 많으니 학자·예술가·의사가 되면 재능을 발휘할 수 있다.

④ 쇠(衰)가 월지(月支)와 일지(日支)에 쇠(衰)가 있으면 가정적이며 욕망이 적다.

⑤ 쇠(衰)가 시지(時支)에 놓이면 한 가지 재능으로 출세한다.

7) 병(病) 응용하는 법

병(病)은 온순·허약·피로·쇠퇴·신경질·결벽증·친척과 인연이 없음·질병·취미에 탐닉·오락·우유부단을 상징한다. 사주에 병(病)이 있으면 신체가 허약하며 부모와 이별할 수 있으나 재물복이 있고 취미가 다양하다.

① 병(病)이 년지(年支)에 놓이면 윗사람 때문에 고생이 많고, 사업을 하면 내부의 불화로 지체됨이 많고, 질병으로 고생한다.
② 병(病)이 월지(月支)에 놓이면 중년운이 쇠퇴한다. 질병을 앓고 가정에 근심이 많다.
③ 병(病)이 일지(日支)에 놓이면 어릴 때는 병약하나 청년기가 넘으면 점점 좋아진다. 두뇌는 명석하나 신경질적이며 인내력이 부족하다. 과로하면 병이 생길 수 있으니 조심해야 한다.
④ 병(病)이 시지(時支)에 놓이면 재혼할 수 있는데 무신(戊申)·계유(癸酉)일생은 특히 그렇다. 자녀 때문에 걱정이 많다.

8) 사(死) 응용하는 법

사(死)는 쇠퇴·학예·기술·죽음·신용·대리· 부부연 없음을 상징한다. 사주에 사(死)가 있으면 두뇌가 좋고 선견지명이 있으나 결단력이 없다. 질병과 고뇌와 겁이 많다. 소극적인 성격 때문에 좋은 기회를 놓친다. 학문이나 기예 방면으로 진출하면 좋다. 남자는 부부연이 쉽게 변한다.

① 사(死)가 년지(年支)에 놓이면 부모·자녀와 인연이 없다.

② 사(死)가 월지(月支)에 놓이면 형제의 도움이 없고 형제자매가 분쟁한다.

③ 사(死)가 일지(日支)에 놓이면 어릴 때는 병약하며 부모를 일찍 잃으나 중년 이후에는 운세가 좋아진다. 고집을 버리고 인격수양에 힘쓰면 운세가 열릴 것이다. 예술이나 학술 방면에 종사하면 좋다.

④ 사(死)가 시지(時支)에 놓이면 자녀연이 박하며 대가 끊어질 염려가 있다. 자녀의 봉양을 받지 못하며 양자를 둘 수도 있다.

9) 묘(墓) 응용하는 법

묘(墓)는 욕심·세심·축적·계획·고독·종교·계승·이별·부부연 바뀜을 상징한다. 사주에 묘(墓)가 있으면 부부연이 쉽게 변하며 중년부터 운세가 하강한다. 그러나 경제관념이 강하여 재물을 모을 수 있으니 늙어서 생활의 어려움은 겪지 않으나 인색한 구두쇠가 되기 쉽다.

① 묘(墓)가 년지(年支)에 놓이면 가운이 번창하고 차남이나 삼남으로 태어나도 가산을 상속한다. 고향과 가정을 사랑하며 지역의 발전을 위해 노력한다.

② 묘(墓)가 월지(月支)에 놓이면 부모와 이별할 염려가 있고, 타인을 위해 금전지출을 많이 한다.

③ 묘(墓)가 일지(日支)에 놓이면 부모형제와 인연이 없고, 일찍 생가를 떠나 노력한다. 부부연이 바뀔 위험이 많고, 주거가 일정하지 않고, 중년 이후부터 쇠퇴한다. 그러나 빈곤한 가정에서 태어났으면 중년 이후에 향상되는데 충(沖)이 되면 더 발복한다.

④ 묘(墓)가 시지(時支)에 놓이면 어릴 때 몸이 허약하고, 자녀 때문에 걱정이 많으나 재물복은 많다.

10) 절(絶) 응용하는 법

절(絶)은 소심·격정·불안정·비지속성·변동·단절·색정·이별·고립·파재·경박을 상징한다. 절(絶)은 극도로 쇠약한 운기를 대표하므로 재물과 명예를 감당하기 힘드니 사주에 절(絶)이 있으면 경제적으로 불안하다. 부모형제와 인연이 없고, 심신이 불안하고, 주거와 직업이 변하기 쉽고, 타인의 감언이설에 넘어가 실패하기 쉽다. 남을 비방하고 색을 좋아하다 망신당할 수 있다. 비록 부귀한 집안에서 태어나도 결국은 파산한다. 아내·자녀와 불화하며 아내·자녀의 신체가 허약하다. 그러나 오락업이나 음식업으로 나가면 성과를 거둘 수 있다.

① 절(絶)이 년지(年支)에 놓이면 부모형제와 인연이 없어 어릴 때 부모를 떠나 고난과 좌절이 끊이지 않으나 말년에는 평안하다.

② 절(絶)이 월지(月支)에 놓이면 고립되어 사회생활에 적응하지 못하고 항상 불만이 많으며 고뇌가 끊이지 않는다. 만일 인수

(印綬)와 비견(比肩)이 있으면 재관(財官)은 감당할 수 없다.

③ 절(絶)이 일지(日支)에 놓이면 경솔하며 가족과 화목하지 못하다. 색을 좋아하며 항상 재앙이 따른다. 부부연도 바뀌기 쉽다.

④ 절(絶)이 시지(時支)에 놓이면 아들을 두기 어렵고 자녀덕이 없다. 여자는 조급하고 경솔하며 남편을 극(剋)한다.

11) 태(胎) 응용하는 법

태(胎)는 의존·불안·평화·권태·어릴 때 질병·임신·술주정·수다·운기의 쇠퇴를 상징한다. 사주에 태(胎)가 있으면 어릴 때 몸이 허약하고, 평소에는 과묵하나 술을 먹으면 말이 많아진다.

① 태(胎)가 년지(年支)에 놓이면 부모와 인연이 없으니 스스로 노력해야 한다. 가정이 복잡하고 늙어서는 자녀의 봉양을 받지 못하고 남의 집에 얹혀 산다. 체질이 허약하다.

② 태(胎)가 월지(月支)에 놓이면 싫증을 잘 느껴 한 가지 일에 전념하지 못한다. 중년 이후에 직업을 바꾼다.

③ 태(胎)가 일지(日支)에 놓이면 어릴 때는 허약하나 중년부터는 좋아진다. 부모형제와 인연이 없고, 여러 번 재혼하고, 직업도 자꾸 바꾼다.

④ 태(胎)가 시지(時支)에 놓이면 본인의 산업을 자녀가 변경하거나 자녀와 떨어져 산다. 말이 많고 감정의 기복이 심하다.

12) 양(養) 응용하는 법

 양(養)은 인내·노고·양자·화합·친가와의 인연 부족을 상징한다. 사주에 양(養)이 있으면 생가와 인연이 없어 양자로 가는 수가 많다. 사교성이 좋으나 색정 때문에 실패한다. 대기만성형이며 나이가 들수록 재물복도 좋아진다.

① 양(養)이 년지(年支)에 놓이면 아버지나 본인이 양자로 가고, 연상의 여자와 인연이 있다.

② 양(養)이 월지(月支)에 놓이면 중년 이후에 여색으로 망하고, 자묘형(子卯刑)이 있으면 모자가 심각하게 분쟁한다.

③ 양(養)이 일지(日支)에 놓이면 어릴 때 친어머니가 아닌 사람에게 양육받는 일이 있고, 색을 좋아하며 재혼한다. 그러나 양자로 가면 좋다. 호방하며 의협심이 있고 인격이 원만하며 온정이 있는 사람도 가끔 있다. 여자가 경진(庚辰)일생이면 남편을 극(尅)하거나 남편의 일이 잘 안 풀린다.

④ 양(養)이 시지(時支)에 놓이면 늙어서 자녀의 봉양을 받으나 형충(刑沖)이 되면 그렇지 않다.

제3장. 육신(六神)

1. 육신(六神) 정하는 법

일간(日干)은 사주의 주인이므로 일주(日主) 또는 나(我)라고도 한다. 사주학은 8자의 음양(陰陽)과 오행(五行)이 생(生)·극(剋)·제(制)·화(化)·회(會)·합(合)·형(刑)·충(沖)하는 관계와 구조를 보고 그 사람의 길흉화복과 빈부귀천과 환경을 판단하는 학문이다. 특히 일간(日干)과 나머지 7자의 관계는 매우 중요하다. 따라서 일간(日干)이 나머지 7자와 어떻게 관계있는지를 쉽게 이해할 수 있도록 용어를 만들 필요가 있었다. 그래서 만들어진 것이 바로 육신(六神)이고, 모두 10가지이므로 십신(十神)이라고도 한다. 일본인들은 십성(十星)이라고도 한다.

10개의 천간(天干)과 12개의 지지(地支)는 사주팔자를 구성하는 모든 것이다. 각각의 간지(干支)는 각기 다른 음양(陰陽)과 오행

(五行)을 지닌다. 예를 들어 갑(甲)은 음양(陰陽)으로는 양(陽)이고 오행(五行)으로는 목(木)이며, 을(乙)은 음양(陰陽)으로는 음(陰)이고 오행(五行)으로 목(木)이며, 병(丙)은 음양(陰陽)으로 양(陽)이고 오행(五行)으로는 화(火)이다. 이렇게 다른 속성을 지닌 간지(干支)가 일간(日干)과 어떤 관계를, 즉 일간(日干)과 음양(陰陽)이 같은지 다른지, 오행(五行)이 같은지 다른지를 빨리 판단할 수 있게 하기 위하여 만든 용어가 바로 육신(六神)이다.

육신(六神)은 각각 고유한 특성이 있는데 명칭과 작용을 이해하면 사주를 풀이할 때 매우 편하다. 육신(六神)은 모두 10가지이며 정관(正官)·편관(偏官 : 七殺)·비견(比肩)·겁재(劫財)·편인(偏印)·정인(正印)·편재(偏財)·정재(正財)·식신(食神)·상관(傷官)을 말한다.

① 정관(正官)은 일간(日干)과 음양(陰陽)이 다르고 오행(五行)으로는 일간(日干)을 극(剋)하는 것이다.
② 편관(偏官)은 칠살(七殺)이라고도 하는데 일간(日干)과 음양(陰陽)이 같고 오행(五行)으로는 일간(日干)을 극(剋)하는 것이다.
③ 비견(比肩)은 일간(日干)과 음양(陰陽)이 같고 오행(五行)도 같은 것이다.
④ 겁재(劫財)는 일간(日干)과 음양(陰陽)이 다르고 오행(五行)은 같은 것이다.
⑤ 편인(偏印)은 일간(日干)과 음양(陰陽)이 같고 오행(五行)으로

는 일간(日干)을 생(生)하는 것이다.

⑥ 정인(正印)은 일간(日干)과 음양(陰陽)이 다르고 오행(五行)으로는 일간(日干)을 생(生)하는 것이다.

⑦ 편재(偏財)는 일간(日干)과 음양(陰陽)이 같고 오행(五行)으로는 일간(日干)이 극(剋)하는 것이다.

⑧ 정재(正財)는 일간(日干)과 음양(陰陽)이 다르고 오행(五行)으로는 일간(日干)이 극(剋)하는 것이다.

⑨ 식신(食神)은 일간(日干)과 음양(陰陽)이 같고 오행(五行)으로는 일간(日干)이 생(生)하는 것이다.

⑩ 상관(傷官)은 일간(日干)과 음양(陰陽)이 다르고 오행(五行)으로는 일간(日干)이 생(生)하는 것이다.

편관(偏官)은 칠살(七殺), 정인(正印)은 인수(印綬), 편인(偏印)은 도식(倒食)이라고도 한다. 오행(五行)으로 보아 일간(日干)을 극(剋)하는 것을 관(官 : 正官·偏官)이라 하고, 정관(正官)과 편관(偏官)을 합쳐 관성(官星)이라고 한다. 그러나 상황에 따라 정관(正官)을 지칭할 때도 있다.

일간(日干)이 극(剋)하는 것을 재(財 : 正財·偏財)라 하고, 정재(正財)와 편재(偏財)를 합쳐 재성(財星)이라고 한다. 일간(日干)을 생(生)하는 것을 인(印 : 正印·偏印)이라 하고, 정인(正印)과 편인(偏印)을 합쳐 인성(印星)이라고 한다.

그리고 일간(日干)과 음양(陰陽)이 같은 것에는 편(偏)을 붙이고,

일간(日干)과 음양(陰陽)이 다른 것에는 정(正)을 붙인다. 이것은 일간(日干)과 음양(陰陽)이 다른 것이 더 좋기 때문에 정(正)을 붙이고, 나쁜 것에는 편(偏)을 붙인 것이다. 그러나 정편(正偏)이 붙지 않은 식신(食神)·상관(傷官)·비견(比肩)·겁재(劫財)는 일간(日干)과 음양(陰陽)이 같은 것이 더 좋은 작용하므로 혼동을 피하려고 옛사람들이 각각 다른 용어를 사용한 것이다.

옛사람들은 육신(六神) 가운데 정관(正官)을 가장 좋은 것으로 보았다. 그래서 정관(正官)을 가장 심하게 극(剋)하는 상관(傷官)을 식신(食神)보다 더 흉하다고 보고, 관(官)을 상하게 한다는 뜻에서 상관(傷官)이라고 한 것이다. 그리고 육신(六神) 가운데 편관(偏官)을 가장 흉하다고 보았다. 그래서 칠살(七殺)이라는 흉한 별명을 붙인 것이다.

식신(食神)은 칠살(七殺)을 여지없이 극(剋)하므로 식신(食神)을 좋은 작용을 하는 것으로 보았다. 그런데 편인(偏印)이 식신(食神)을 여지없이 극(剋)하니 나쁘게 보아 식신(食神)을 쓰러뜨린다는 뜻인 도식(倒食)이라는 별명을 붙인 것이다. 상관(傷官)은 정관(正官)을 여지없이 극(剋)하는데 정인(正印)이 그 상관(傷官)을 여지없이 극(剋)하므로 길작용을 한다고 보고 인수(印綬)라는 아름다운 별명을 지어 주었다.

정재(正財)는 정관(正官)을 가장 잘 생(生)해주는 좋은 역할을 하는데 겁재(劫財)가 정재(正財)를 여지없이 파괴하므로 재물을 빼앗는다는 뜻으로 겁재(劫財)라는 흉한 이름을 붙인 것이다. 비견

(比肩)은 일간(日干)과 음양오행(陰陽五行)이 같은 것이므로 환난을 같이 한다고 하여 어깨를 마주대고 있다는 뜻으로 비견(比肩)이라고 한 것이다.

　만일 갑일간(甲日干)이 다른 천간(天干)에 갑(甲)이 있으면 음양오행(陰陽五行)이 일간(日干)과 같으므로 비견(比肩)이 된다. 을(乙)이 있으면 음양(陰陽)은 다르고 오행(五行)이 같으므로 겁재(劫財)가 된다. 다시 말해 을(乙)은 갑일간(甲日干)에게 겁재(劫財)가 되는 것이다.

　병(丙)이 있으면 음양(陰陽)이 같고 일간(日干)이 생(生)하는 것이므로 식신(食神)이 되고, 정(正)이 있으면 음양(陰陽)이 다르고 일간(日干)이 생(生)하는 것이므로 상관(傷官)이 되고, 무(戊)가 있으면 음양(陰陽)이 같고 일간(日干)이 극(剋)하는 것이므로 편재(偏財)가 되고, 기(己)가 있으면 음양(陰陽)이 다르고 일간(日干)이 극(剋)하는 것이므로 정재(正財)가 된다.

　경(庚)이 있으면 음양(陰陽)이 같고 일간(日干)을 극(剋)하는 것이므로 편관(偏官)이 되고, 신(辛)이 있으면 일간(日干)과 음양(陰陽)이 다르고 일간(日干)을 극(剋)하는 것이므로 정관(正官)이 되고, 임(壬)이 있으면 일간(日干)과 음양(陰陽)이 같고 오행(五行)으로는 일간(日干)을 생(生)하는 것이므로 편인(偏印)이 되고, 계(癸)가 있으면 일간(日干)과 음양(陰陽)이 다르고 일간(日干)을 생(生)하는 것이므로 정인(正印)이 된다.

　이상은 일간(日干)이 다른 천간(天干)을 만났을 때 육신(六神) 정하는 방법을 설명한 것이다. 지지(地支) 역시 음양(陰陽)과 오행(五行)에 따라 같은 원리로 정하면 된다. 그런데 지지(地支)에는 지장간(支藏干)이 있다. 각각의 지장간(支藏干)은 천간(天干)의 형태이므로 천간(天干)에 육신(六神)을 붙이는 원리에 따라 각각의 지장간(支藏干)에 육신(六神)을 배정하면 된다. 예를 들어 갑일간(甲日干)이 인(寅)을 만나면 인(寅)의 지장간(支藏干)에는 무병갑(戊丙甲) 3개가 있는데 무(戊)는 편재(偏財), 병(丙)은 식신(食神), 갑(甲)은 비견(比肩)이 된다.

2. 육신(六神)의 생극(生剋)

육신(六神)의 명칭은 사주학의 고유한 용어이다. 육신(六神)은 사주학의 꽃이며 격국(格局)의 초석이고, 부모·형제·배우자·자녀의 사항을 판단하는 척도이다. 따라서 육신(六神)의 특성과 작용을 알지 못하면 사주를 해석할 수 없다.

앞에서 일간(日干)을 다른 간지(干支)와 대조하여 육신(六神)을 정하는 원리를 설명하였다. 이제 육신(六神)끼리 생극(生剋)하는 과정을 살펴볼 것인데 오행(五行)과 오행(五行)이 생극(生剋)하는 과정에 지나지 않는다.

육신(六神)의 상생(相生)은 비견(比肩)·겁재(劫財) → 식신(食神)·상관(傷官) → 정재(正財)·편재(偏財) → 정관(正官)·편관(偏官) → 정인(正印)·편인(偏印) → 비견(比肩)·겁재(劫財)로

이루어진다. 화살표 방향으로 생(生)한다.

　육신(六神)의 상극(相剋)은 비견(比肩)·겁재(劫財) → 정재(正財)·편재(偏財) → 정인(正印)·편인(偏印) → 식신(食神)·상관(傷官) → 정관(正官)·편관(偏官) → 비견(比肩)·겁재(劫財)로 이루어진다. 화살표 방향으로 극(剋)한다.

3. 비견(比肩)·겁재(劫財)·건록(建祿)·양인(陽刃)의 작용

1. 비겁녹인(比劫祿刃)의 관계

　일간(日干)과 오행(五行)이 같고 음양(陰陽)이 같은 천간(天干)이나 지장간(支藏干)을 비견(比肩)이라 하고, 일간(日干)과 오행(五行)이 같고 음양(陰陽)이 다른 천간(天干)이나 지장간(支藏干)을 겁재(劫財)라고 한다. 이것은 일간(日干)을 천간(天干)이나 지지(地支)에 들어 있는 천간(天干)과 대조한 것이다.

　반면에 일간(日干)을 지지(地支)에 대조하여 일간(日干)과 오행(五行)이 같고 음양(陰陽)이 같은 지지(地支)를 녹(祿)이라 하고, 일간(日干)과 오행(五行)이 같고 음양(陰陽)이 다른 지지(地支)를 양인(陽刃) 또는 인(刃)이라고 한다. 예를 들어 일간(日干)이 갑(甲)인데 다른 천간(天干)에 갑(甲)이 있으면 비견(比肩), 을(乙)이 있으면 겁재(劫財), 지지(地支)에 인(寅)이 있으면 녹(祿), 지지(地支)에 묘(卯)가 있으면 양인(陽刃)이 된다.

그런데 양인(陽刃)은 양일간(陽日干)에게만 있다. 갑(甲)의 양인(陽刃)은 묘(卯), 병(丙)의 양인(陽刃)은 오(午), 무(戊)의 양인(陽刃)은 오(午), 경(庚)의 양인(陽刃)은 유(酉), 임(壬)의 양인(陽刃)은 자(子)이다. 을정기신계(乙丁己辛癸)의 음일간(陰日干)에게는 양인(陽刃)이 없다. 음일간(陰日干)이 지지(地支)에서 일간(日干)과 오행(五行)이 같고 음양(陰陽)이 다른 것을 만나면 겁재(劫財)라고 하지 양인(陽刃)이라고 하지 않는다.

예를 들어 을일간(乙日干)이 지지(地支)에 인(寅)이 있으면 양인(陽刃)이 아니라 겁재(劫財)로 보고, 정일간(丁日干)이 지지(地支)에 사(巳)가 있으면 양인(陽刃)이 아니라 겁재(劫財)로 보고, 기일간(己日干)이 지지(地支)에 사(巳)가 있으면 겁재(劫財)나 양인(陽刃)이 아니라 인수(印綬)로 보고, 신일간(辛日干)이 지지(地支)에 신(申)이 있으면 양인(陽刃)이 아니라 겁재(劫財)로 보고, 계일간(癸日干)이 지지(地支)에 해(亥)가 있으면 양인(陽刃)이 아니라 겁재(劫財)로 본다.

그리고 무(戊)와 기(己)는 녹(祿)이 되는 지지(地支)가 일간(日干)의 비견(比肩)이나 겁재(劫財)가 아니라 편인(偏印)으로 본다. 즉 무일간(戊日干)의 녹은 진(辰)이나 술(戌)이 아니라 사(巳)이고, 무일간(戊日干)의 양인(陽刃)은 축(丑)이나 미(未)가 아니라 오(午)이다. 이것은 천간(天干)의 토(土)는 천간(天干)의 화(火)를 따라 장생(長生)하며 녹(祿)이 되기 때문이고, 진술축미(辰戌丑未)는 잡된 기운이 모인 방위이므로 녹(祿)이 되지 않기 때문이다. 기일간(己日干)이 녹(祿)을 축(丑)이나 미(未)에 두지 않고 오(午)에 두는 것도 이 때문이다.

비견(比肩)·겁재(劫財)·건록(建祿)·양인(陽刃)은 상태는 다르나 같은 오행(五行)이고, 내 몸인 일간(日干)을 방조(幫助)하는 육신(六神)이다. 비견(比肩)은 순수하고, 겁재(劫財)는 잡스럽고, 건록(建祿)은 온화하고, 양인(陽刃)은 포악하다.

비견(比肩)과 겁재(劫財)는 일간(日干)이 약하고 관살(官殺)이 왕성하면 용신(用神)이 될 수 있으나 재성(財星)이 많고 일간(日干)이 약하면 용신(用神)이 될 수 있다.

양인(陽刃)은 일간(日干)을 방조(幫助)하는 것 외에도 칠살(七殺)과 합(合)되면 쓸모를 얻는다. 갑(甲)이 경(庚)의 칠살(七殺)을 만났는데 묘(卯)가 있으면 묘(卯)의 지장간(支藏干) 을(乙)이 경(庚)과 합(合)하므로 경(庚)은 합(合)하느라 바빠 일간(日干)을 극(剋)하지 않는다.

양일간(陽日干)은 천간(天干)이나 지장간(支藏干)에 겁재(劫財)가 있으면 양인(陽刃)의 역할을 하여 칠살(七殺)을 합(合)한다. 병일간(丙日干)은 정(丁)이 있으면 칠살(七殺) 임(壬)과 합(合)하고, 무일간(戊日干)은 기(己)가 있으면 칠살(七殺) 갑(甲)과 합(合)하고, 경일간(庚日干)은 신(辛)이 있으면 칠살(七殺) 병(丙)과 합(合)하고, 임일간(壬日干)은 계(癸)의 겁재(劫財)나 자(子)의 양인(陽刃)이 있으면 칠살(七殺) 무(戊)와 계(癸)가 합(合)한다. 무릇 칠살(七殺)과 양인(陽刃)은 모두 흉포한 것인데 2개가 합(合)하여 흉한 짓을 못하고 충성하니 칠살(七殺)과 양인(陽刃)이 합(合)하면 귀격을 이루고 권세를 장악한다.

녹(祿)은 일간(日干)을 돕는 것이다. 녹(祿)이 월(月)에 있으면 건록(建祿), 일지(日支)에 있으면 전록(專祿), 시지(時支)에 있으면 귀록(歸祿), 년지(年支)에 있으면 세록(歲祿)이라고 한다. 옛글에 건록(建祿)이 년월(年月)에 있으면 부모를 떠나고, 일지(日支)에 있으면 아내를 잃는다고 했는데 어느 정도 일리가 있는 말이다. 일간(日干)이 강한데 극설(剋洩)하지 않으면 비견(比肩)과 겁재(劫財)가 흉작용을 하기 때문이다. 그러나 재관(財官)이 득시(得時)득세(得勢)하면 해롭다고 속단하지 말아야 한다.

비견(比肩)·겁재(劫財)·건록(建祿)·양인(陽刃)은 비록 이름은 다르지만 동기간 같다고 볼 수 있다. 지지(地支)에 있으면 녹(祿)이나 인(刃)이 되고, 천간(天干)에 있으면 비견(比肩)이나 겁재(劫財)가 되나 쓰임새는 대개 비슷하다. 비겁녹인(比劫祿刃)의 작용을 항목별로 살펴보면 다음과 같다.

2. 비겁녹인(比劫祿刃)의 작용

1) 일간(日干)을 방조(幫助)한다.

① 일간(日干)이 약한데 극설(剋洩)하는 육신(六神)이 많으면 대개 비겁(比劫)으로 대항한다. 관살(官殺)·재성(財星)·식상(食傷)이 약한 일간(日干)을 심하게 극설(剋洩)하면 일간(日干)은 기

운이 빠지므로 비겁녹인(比劫祿刃)의 방조(幇助)를 받아야 한다. 이때 비겁녹인(比劫祿刃)이 힘이 있어 극설(剋洩)을 감당할 수 있으면 비겁녹인(比劫祿刃)이 용신(用神)이 된다.

② 일간(日干)이 강한데 비겁녹인(比劫祿刃)이 방조(幇助)하면 기운이 더 많아지니 재관(財官)이나 식상(食傷)이 있어도 복이 되지 않는다. 이때는 비겁녹인(比劫祿刃)이 해로운 작용을 한다.

2) 관살(官殺)에 대항한다.

① 일간(日干)이 약한데 관살(官殺)이 왕성하면 일간(日干)을 심하게 압박하니 뜻을 펼 수 없다. 이때 비겁녹인(比劫祿刃)이 있으면 일간(日干)과 함께 관살(官殺)에 대항하고 관살(官殺)의 힘을 빌려 사업에 성공하며 복을 누릴 수 있다.

② 일간(日干)이 강하고 관살(官殺)이 약한데 비겁녹인(比劫祿刃)이 있으면 일간(日干)을 더 강하게 만드니 고집이 세며 구속받기 싫어하고 법도를 지키지 않는다. 따라서 발전하는 길이 막혀 사업을 이루기 어렵다.

3) 재성(財星)을 배앗는다.

① 일간(日干)이 약한데 재성(財星)이 왕성하면 재물을 감당할 수 없다. 이때 비겁녹인(比劫祿刃)이 있어 도움을 받으면 재물을 감당할 수 있으니 다른 사람들의 도움으로 돈을 벌 수 있다.

② 일간(日干)이 강하고 재성(財星)이 쇠약한데 비겁녹인(比劫祿

刃)이 있으면 많지 않은 재물을 서로 차지하려고 다투는 군비쟁재(群比爭財)가 되어 가난한다.

4) 일간(日干)을 대신해서 설기(洩氣)한다.

① 일간(日干)이 약한데 식상(食傷)이 왕성하면 일간(日干)의 기운을 빼앗기니 흉하다. 이때 비겁녹인(比劫祿刃)이 대신 식상(食傷)을 설기(洩氣)하면 일간(日干)이 어느 정도 힘을 유지하여 식상(食傷)이 재성(財星)을 생(生)해도 감당할 수 있으므로 가난을 면할 수 있다. 만일 설기(洩氣)가 심한데 관살(官殺)까지 있어 극설교집(剋洩交集)이 되면 비겁녹인(比劫祿刃)이 대신 설기(洩氣)하고 관살(官殺)에 대항한다.

② 일간(日干)이 약한데 심하게 설기(洩氣)를 당하면 기진맥진해진다. 이때 인수(印綬)가 없으면 비견(比肩)이나 겁재(劫財)에 의지하는데 다시 관살(官殺)을 만나면 감당할 수 없다. 상관견관(傷官見官)이면 백 가지 재앙이 나타난다는 말은 이런 경우를 두고 한 말이다.

③ 금일간(金日干)이 수(水)가 왕성한 겨울에 태어나 금수상관격(金水傷官格)을 이루면 조후(調候)가 필요하므로 화(火)의 관살(官殺)이 있어도 해롭지 않다. 그러나 금수상관격(金水傷官格)도 비겁녹인(比劫祿刃)이 일간(日干) 대신 설기(洩氣)하므로 비겁녹인(比劫祿刃)이 용신(用神)인데 관살(官殺)이 있으면 용신(用神)을 극(剋)하기 때문에 해롭다.

④ 일간(日干)이 심하게 설기(洩氣)당하여 비겁(比劫)에게 의지하는데 관살(官殺)운을 만나면 재앙이 따른다. 그러나 이때 인성(印星)을 용신(用神)으로 삼으면 관살(官殺)이 있어도 인성(印星)을 강하게 만들므로 재앙이 생기지 않는다. 그러나 재성(財星)이 인성(印星)을 파괴하면 흉하다.

⑤ 일간(日干)이 강한데 식상(食傷)이 약하면 식상(食傷)이 좋은 역할을 한다. 이때 비겁녹인(比劫祿刃)이 있으면 서로 설기(洩氣)하려고 다투므로 군겁쟁식(群劫爭食)이 일어나 가난한다. 만일 비겁녹인(比劫祿刃)이 많아 매우 신강(身强)할 때는 식상(食傷)으로 설기(洩氣)하면 좋으나 운에서 비겁녹인(比劫祿刃)을 또 만나면 해롭다.

⑥ 일간(日干)이 약할 때는 비겁녹인(比劫祿刃)과 인성(印星)이 방조(幫助)하거나 생조(生助)하면 길하다. 그러나 관살(官殺)이 비겁(比劫)을 극(剋)하면 흉하다.

⑦ 일간(日干)이 강할 때는 비겁녹인(比劫祿刃)이 흉작용을 하므로 관살(官殺)로 비겁(比劫)을 극(剋)하면 길하다. 그러나 인성(印星)이 있으면 흉하다.

⑧ 일간(日干)이 약하고 관살(官殺)이 왕성한데 비겁(比劫)이 있으면 관살(官殺)에 대항하여 신살양정(身殺兩停)이 되니 길하다. 그러나 재성(財星)이 관살(官殺)을 생(生)하면 흉하다.

⑨ 일간(日干)이 약하고 재성(財星)이 왕성한데 비겁(比劫)과 인성(印星)이 있으면 길하다. 그러나 식상(食傷)이 있으면 일간(日

干)의 힘을 빼고 재성(財星)을 강화시키므로 흉하다.

⑩ 일간(日干)이 강하고 재성(財星)이 약한데 비겁(比劫)이 많으면 군비쟁재(群比爭財)가 된다. 이때 관살(官殺)이 있어 비겁(比劫)을 제압하면 길하나 인성(印星)이 있어 비겁(比劫)을 강화시키면 흉하다.

⑪ 일간(日干)이 약하고 식상(食傷)이 왕성한데 비겁(比劫)이 있으면 설기(洩氣)를 감당할 수 있으니 좋고, 인성(印星)이 있으면 식상(食傷)을 극(剋)하고 일간(日干)을 생조(生助)하니 길하다. 그러나 관살(官殺)이 있으면 용신(用神)인 비겁(比劫)을 칠 수 있으니 해롭다.

⑫ 일간(日干)이 강한데 식상(食傷)이 있으면 식상(食傷)이 일간(日干)을 설기(洩氣)하니 길하다. 그러나 비겁(比劫)이 많으면 서로 설기(洩氣)하려고 다투는데 이때 재관(財官)이 있으면 길하나 인성(印星)이 있어 식상(食傷)을 극(剋)하면 흉하다.

4. 정관(正官)과 칠살(七殺)의 작용

정관(正官)과 칠살(七殺)은 일간(日干)을 극(剋)하는 육신(六神)이다. 그러나 정관(正官)은 일간(日干)과 음양(陰陽)이 달라 서로 화합하며 즐기는 정이 있어 크게 해롭지 않으나 칠살(七殺)은 음양(陰陽)이 같아 일간(日干)을 무정하게 극(剋)한다.

양일간(陽日干)은 정재(正財)와 합(合)하고, 음일간(陰日干)은 정관(正官)과 합(合)하는데 이는 극(剋)이 아니라 정이 있는 것으로 본다. 합(合)하여 화기격(化氣格)이 되면 일간(日干)의 오행(五行)도 변하는 것으로 보지만 화기격(化氣格) 외에는 일간(日干)의 오행(五行)은 변하지 않으니 다만 정이 있다고 본다. 그런데 양일간(陽日干)이든 음일간(陰日干)이든 칠살(七殺)을 만나면 음양(陰陽)이 배합하지 못하므로 무정해진다. 따라서 칠살(七殺)이 용신(用神)이 되는 경우가 드물고 항상 장애가 되는 것이다.

정관(正官)을 보는 법은 먼저 일간(日干)의 강약을 분별하는 것이다. 일간(日干)이 약하면 인성(印星)으로 일간(日干)을 돕고, 일간(日干)이 강하면 재성(財星)으로 정관(正官)을 돕는다. 칠살(七殺)을 보는 법도 먼저 일간(日干)의 강약을 분별하는 것이다. 일간(日干)이 강한데 칠살(七殺)이 1개밖에 없으면 칠살(七殺)을 제압하지 않아도 무방하다. 그러나 일간(日干)이 약하면 칠살(七殺)이 하나이든 많든 식신(食神)으로 제압하거나 겁재(劫財) 양인(陽刃)으로 합(合)하거나 인성(印星)으로 변화시켜야 한다.

만일 격국(格局)을 이룬 육신(六神)이 정관(正官)이어서 정관격(正官格)이 되면 순용(順用)하므로 정관(正官)을 극(剋)하지 않아야 한다. 정관격(正官格)·식신격(食神格)·정인격(正印格)·재격(財格)은 순용(順用)하는데 순용(順用)이란 극(剋)하지 않고 생(生)한다는 뜻으로 격국(格局)을 이루는 육신(六神)을 생(生)하거나 생(生)하게 해야 한다.

일간(日干)과 격국(格局)의 강약을 분별한 후 일간(日干)이 약하면 인수(印綬)를 쓰고, 일간(日干)이 강하면 재성(財星)을 쓴다. 일간(日干)이 약한데 정관(正官)이 강하면 정관(正官)의 힘을 빼고 일간(日干)을 도와야 하니 인성(印星)을 써서 정관(正官)으로 하여금 인성(印星)을 생(生)하게 하고, 인성(印星)이 일간(日干)을 돕도록 하는 것이 원칙이다. 이때는 인성(印星)이 용신(用神)이 된다. 이렇게 격국(格局)을 보고 용신(用神)을 찾는 것을 격국용신(格局用神)이라고 한다. 일간(日干)이 약한데 정관(正官)이 강하다고 해서 정관(正官)을 극(剋)하는 상관(傷官)을 용신(用神)으로 삼지 못하고, 정관(正官)이 극(剋)하는 비겁(比劫)으로 용신(用神)을 삼지 못하는 것이 원칙이다.

이와 반대로 정관격(正官格)인데 일간(日干)이 강하고 정관(正官)이 약하면 재성(財星)으로 정관(正官)을 강화시켜야 한다. 다른 정관(正官)이나 칠살(七殺)로 정관(正官)을 방조(幇助)하게 하지 않는 것이 원칙이다. 정관격(正官格)에도 부득이한 경우에 비겁(比劫)이나 식상(食傷)으로 용신(用神)을 삼는 경우도 있다.

만일 격국(格局)을 구성한 육신(六神)이 칠살(七殺)이어서 칠살격(七殺格)이 되면 역용(逆用)한다. 칠살격(七殺格)·양인격(陽刃格)·편인격(偏印格)·상관격(傷官格)은 역용(逆用)하는데 역용(逆用)이란 격국(格局)을 극(剋)한다는 뜻이다.

칠살격(七殺格)은 칠살(七殺)을 극(剋)하는 식신(食神)을 용신(用神)으로 삼고, 상관격(傷官格)은 상관(傷官)을 극(剋)하는 인수(印綬)를 용신(用神)으로 삼고, 편인격(偏印格)은 편인(偏印)을 극

(剋)하는 편재(偏財)를 용신(用神)으로 삼고, 양인격(陽刃格)은 양인(陽刃)을 극(剋)하는 관살(官殺)을 용신(用神)으로 삼는다. 물론 역용(逆用)하지 않고 순용(順用)하는 경우도 있지만 그렇게 되면 상격이 되지 못한다.

칠살격(七殺格)은 신강(身强)하면 식신(食神)으로 칠살(七殺)을 극(剋)하는 것이 가장 좋고, 신살양정(身殺兩停)이 되어도 식신(食神)으로 칠살(七殺)을 극(剋)하는 것이 원칙이다. 만일 신약(身弱)하면 양인(陽刃) 겁재(劫財)로 합살(合殺)하거나 인수(印綬)로 변하는 것이 원칙이고, 식상(食傷)으로 제살(制殺)해도 좋다. 만일 신강(身强)한데 칠살(七殺)이 약하면 재성(財星)으로 칠살(七殺)을 도와야 한다. 정관(正官)과 칠살(七殺)의 작용을 항목별로 분석하면 다음과 같다.

1. 정관(正官)의 작용

1) 일간(日干)을 구속한다.

① 일간(日干)이 강할 때는 정관(正官)으로 구속하면 경거망동하지 않고 법을 잘 지키기 때문에 좋다. 정관(正官)은 겁재(劫財)를 제압하여 재물을 지켜주고 준법정신과 예의를 갖추게 한다.
② 일간(日干)이 약한데 정관(正官)이 구속하면 감당할 수 없으니 몸이 약하며 정신이 산만해진다. 게다가 관성(官星)까지 많으면 구속이 더 심해지니 좋을 것이 없다.

2) 겁재(劫財)를 극(剋)하여 재성(財星)을 보호한다.

① 일간(日干)이 강한데 재성(財星)이 약하면 신강재약(身强財弱)이 된다. 이때 정관(正官)이 비겁(比劫)을 제압하면 비겁(比劫)이 재성(財星)을 빼앗지 못한다. 신강재약(身强財弱) 사주가 정관(正官)운에 돈을 버는 것은 이 때문이다.

② 일간(日干)이 약한데 재성(財星)이 강하여 재다신약(財多身弱)이 되면 일간(日干)과 비겁(比劫)이 재물을 감당할 수 없다. 이때 정관(正官)이 있으면 일간(日干)과 비겁(比劫)을 극(剋)하니 더 약해져 흉하다. 만일 인성(印星)이나 식상(食傷)이 있어 정관(正官)을 막지 못하면 요절하거나 관재가 따르거나 재물로 인하여 재앙을 당한다.

3) 인성(印星)을 생(生)한다.

① 일간(日干)이 강한데 인성(印星)이 약하면 자왕모쇠(子旺母衰)가 된다. 이때 정관(正官)이 있어 인성(印星)을 생(生)하면서 일간(日干)을 구속하면 좋다.

② 일간(日干)이 약한데 인수(印綬)가 많으면 모왕자쇠(母盛子衰)가 된다. 이때 관성(官星)이 있거나 관성(官星)운을 만나면 일간(日干)을 극(剋)하고 인수(印綬)를 더 강하게 만들어 흉하다.

③ 일간(日干)이 약할 때는 관성(官星)이 있는 것이 좋지 않지만 사주에 인성(印星)이 있어 관성(官星)을 인성(印星)으로 변하게 하면 좋다. 이때 재성(財星)이 인성(印星)을 파괴하면 격(格)이

깨지니 재성(財星)을 극(剋)하는 비겁(比劫)이 있어야 한다.

④ 일간(日干)이 강하면 관성(官星)을 좋아한다. 만일 관성(官星)이 있는데 재성(財星)이 관성(官星)을 생조(生助)하면 금상첨화가 된다. 그러나 식상(食傷)이 있어 관성(官星)을 파괴하면 흉하다. 만일 양일간(陽日干)이 식신(食神)이 있으면 정관(正官)을 합거(合去)하니 흉하고, 상관(傷官)이 있으면 정관(正官)을 극(剋)하니 흉하다. 만일 음일간(陰日干)이 비견(比肩)이 있으면 정관(正官)을 합(合)하니 흉하고, 상관(傷官)이 있으면 정관(正官)을 극(剋)하니 흉하다. 음일간(陰日干)에게 관살(官殺)이 용신(用神)이면 상관(傷官)이 매우 흉하다. 칠살(七殺)을 합(合)하고 정관(正官)을 극(剋)하기 때문이다.

⑤ 일간(日干)이 강한데 인성(印星)이 약하면 정관(正官)을 좋아한다. 관인상생(官印相生)이 되어 관성(官星)이 인성(印星)으로 변하기 때문이다. 이때 식상(食傷)이 관성(官星)을 극(剋)하면 흉하다.

⑥ 일간(日干)이 약한데 인성(印星)이 왕성하면 정관(正官)을 싫어한다. 이때 식상(食傷)으로 관성(官星)을 극(剋)하면 좋다.

2. 칠살(七殺)의 작용

1) 인성(印星)을 생(生)하고 재성(財星)을 약화시킨다.

① 일간(日干)이 약한데 인성(印星)이 쇠약하고 재성(財星)이 강하

면 재다신약(財多身弱)이 되니 재물을 감당할 수 없다. 이때 칠살(七殺)이 있으면 재성(財星)의 힘을 빼앗아 인성(印星)을 강화시켜 결국 일간(日干)을 강화시키므로 일간(日干)이 재성(財星)을 감당할 수 있다.

② 일간(日干)이 강한데 인성(印星)이 중하고 재성(財星)이 약하면 칠살(七殺)이 흉하다. 칠살(七殺)이 재성(財星)을 약화시키고 인성(印星)을 강화시켜 가뜩이나 약한 재성(財星)을 더 약하게 만들어 결국 재물을 빼앗는 역할을 하기 때문이다. 그러나 인성(印星)이 용신(用神)이면 관살(官殺)이 희신(喜神)이 된다.

2) 일간(日干)과 비겁(比劫)을 공격하고 양인(陽刃)과 합(合)한다.

① 일간(日干)이 왕성한데 재성(財星)이 약하고 비겁(比劫)이 있으면 재물을 빼앗는다. 이때 칠살(七殺)이 있으면 강한 일간(日干)과 재성(財星)을 파괴하는 비겁(比劫)을 극(剋)하고 양인(陽刃)과 합하여 재성(財星)을 지켜주기 때문에 좋다.

② 일간(日干)이 약한데 재성(財星)이 강하고 인성(印星)이 없으면 칠살(七殺)이 흉하다. 재성(財星)이 칠살(七殺)을 생조(生助)하여 일간(日干)과 비겁(比劫)을 파괴하기 때문이다. 일간(日干)이 재성(財星)을 극(剋)하느라 힘이 빠졌는데 다시 칠살(七殺)의 극(剋)을 받으니 재(財)와 살(殺)이 연합하여 일간(日干)을 못살게 구는 것이다. 이때 칠살(七殺)운이 오면 재산을 잃거나 병이 든다.

③ 일간(日干)이 강하고 인성(印星)이 적은데 칠살(七殺)이 있으면 좋다. 칠살(七殺)이 인성(印星)으로 변하여 일간(日干)을 적당히 극(剋)하면 조화를 이루기 때문이다. 이때 식상(食傷)으로 칠살(七殺)을 극(剋)하면 흉하다.

④ 일간(日干)이 약한데 인성(印星)이 너무 많으면 칠살(七殺)을 두려워한다. 이때는 식상(食傷)으로 칠살(七殺)을 극(剋)하거나 재성(財星)으로 인성(印星)을 제거해야 한다.

⑤ 일간(日干)이 약한데 인성(印星)이 가볍고 재성(財星)이 강하면 칠살(七殺)이 좋다. 칠살(七殺)이 재성(財星)의 기운을 빼고 인성(印星)을 강화시켜 일간(日干)을 생조(生助)하기 때문이다.

⑥ 일간(日干)이 강한데 인성(印星)이 많고 재성(財星)이 적으면 칠살(七殺)이 흉하다. 이때는 식상(食傷)으로 재성(財星)을 돕고 칠살(七殺)을 극(剋)하여 인성(印星)을 생조(生助)하지 못하게 해야 한다.

⑦ 일간(日干)이 약한데 칠살(七殺)이 있으면 흉하다. 이때는 인성(印星)이 일간(日干)을 생조(生助)하면 길하나 재성(財星)이 인성(印星)을 파괴하면 흉하다.

⑧ 일간(日干)이 강한데 칠살(七殺)이 있으면 좋다. 이때는 재성(財星)으로 칠살(七殺)을 생조(生助)하면 길하나 식상(食傷)으로 칠살(七殺)을 극(剋)하면 흉하다.

⑨ 일간(日干)이 약한데 비겁(比劫)이 방조(幇助)해주면 길하다. 그러나 칠살(七殺)이 있어 비겁(比劫)을 극(剋)하면 흉하다. 이

때는 식상(食傷)으로 칠살(七殺)을 제압하면 길하나 재성(財星)이 칠살(七殺)을 생조(生助)하면 흉하다.

⑩ 일간(日干)이 강하고 비겁(比劫)이 지나치게 왕성한데 칠살(七殺)이 있으면 좋다. 이때는 재성(財星)으로 칠살(七殺)을 도와주면 길하나 식상(食傷)으로 칠살(七殺)을 극(剋)하면 해롭다.

5. 상관(傷官)과 식신(食神)의 작용

상관(傷官)과 식신(食神)은 일간(日干)이 생(生)하는 것이다. 일간(日干)과 음양(陰陽)이 같은 것이 식신(食神)이고, 음양(陰陽)이 다른 것이 상관(傷官)이다. 갑일간(甲日干)에게 병(丙)은 식신(食神)이고, 정(丁)은 상관(傷官)이다. 상관(傷官)은 정관(正官)을 무정하게 극(剋)한다. 여기서 무정하다는 것은 음양(陰陽)이 같아 배합하지 못하는 것을 말한다.

상관(傷官)이 정관(正官)을 극(剋)하면 일간(日干)이 정관(正官)의 구속에서 벗어나 제멋대로 하므로 오만하며 방자하고 법을 지키려 하지 않는다. 그래서 상관(傷官)을 흉한 육신(六神)으로 보는 것이다.

그러나 식신(食神)은 칠살(七殺)을 극(剋)하여 꼼짝 못하게 만든다. 칠살(七殺)은 일간(日干)을 무정하게 극(剋)하는 흉신(凶神)인데 식신(食神)이 있으면 감히 일간(日干)을 괴롭히지 못한다. 또 식신(食神)은 재성(財星)을 생조(生助)하여 재물을 풍성하게 만들므로 식신(食神)을 대개 좋은 역할을 하는 육신(六神)으로 본다.

　그러나 식신(食神)은 양일간(陽日干)에서는 정관(正官)과 합(合)하여 정관(正官)의 길작용을 방해하기도 한다. 물론 가까이서 합(合)하는 경우이므로 일반적인 형태는 아니다. 그런데 상관(傷官)이 흉하지 않을 때도 있고, 식신(食神)이 좋지 않을 때도 있다.

　만일 일간(日干)이 강한데 비겁(比劫)이 많고 재성(財星)이나 관성(官星)이 없거나 미약하면 상관(傷官)을 용신(用神)으로 삼아 왕성한 일간(日干)의 기운을 설기(洩氣)해야 한다.

　만일 일간(日干)이 강한데 재성(財星)이 약하면 상관(傷官)으로 일간(日干)이나 비견(比肩)의 기운을 빼앗아 재성(財星)을 생조(生助)해야 한다.

　만일 일간(日干)이 강하여 칠살(七殺)을 써야 하는데 식신(食神)이 있으면 칠살(七殺)을 파괴하므로 흉하다. 이때는 인성(印星)으로 식신(食神)을 제거해야 한다.

　만일 일간(日干)이 약한데 식신(食神)이 있으면 일간(日干)은 설기(洩氣)하느라 더 약해진다. 이때는 인성(印星)으로 식신(食神)을 제압하고 일간(日干)을 생조(生助)해야 한다.

　이상에서 살펴본 것처럼 상관(傷官)이 비록 흉신(凶神)이지만 용신(用神)이 되는 경우도 있고, 식신(食神)이 비록 길신(吉神)이지만 제거해야 하는 경우도 있다.

　식신(食神)은 대개 칠살(七殺)을 제합하는데 쓴다. 식신(食神)과 칠살(七殺)을 비교하여 칠살(七殺)이 중하고 식신(食神)이 가벼우면 마땅히 식신(食神)을 강화시키고 칠살(七殺)을 약화시켜야 하고, 식신(食神)이 중하고 칠살(七殺)이 가벼우면 마땅히 식신(食神)을 억제하고 칠살(七殺)을 도와야 한다.

만일 칠살(七殺)은 없고 식신(食神)만 있을 때는 식신(食神)의 당령(當令)·득세(得勢)·득지(得支)를 살피고, 국(局)을 이루어 세력이 강한지를 살펴야 한다. 특히 재성(財星)이 있는지를 살펴야 하는데 사주에 재성(財星)이 있거나 재성(財星)운을 만나면 식신(食神)이 효용을 발휘한다.

식신(食神)은 정관(正官)과 비슷하여 성정이 화순하다. 식신(食神)은 제살생재(制殺生財)하니 비록 부귀격을 이루지는 못해도 요절·아사·횡액을 당하지 않는다. 식신(食神)은 흉작용은 적고 길작용을 많이 한다.

상관(傷官)을 보는 법은 득시(得時)하든 안하든 국(局)을 이루어 다른 오행(五行)으로 변하면 상관(傷官)의 해로움이 줄어든다. 이는 상관(傷官)의 작용이 감소하기 때문이다. 비록 월지(月支)에 상관(傷官)이 있어도 칠살(七殺)을 대항하는데 쓰면 흉하지 않을 수도 있다.

사주에 용신(用神)으로 취할 것이 마땅하지 않을 때는 상관(傷官)을 쓸 수 있다. 일간(日干)이 매우 왕성하여 의지할 데가 없을 때는 상관(傷官)이 득시(得時) 득세(得勢)하지 못하고 1~2개가 모여 간신히 모양을 이루었어도 상관(傷官)을 용신(用神)으로 삼는다.

상관(傷官) 역시 일간(日干)이 생(生)한 것으로 비록 식신(食神)

처럼 순수하지는 않으나 그래도 나의 정기를 유통시켜주므로 용신(用神)으로 쓰는 것이다. 그러나 재성(財星)이 있어야 상관(傷官)의 효용이 나타난다. 만일 재성(財星)이 없으면 나의 정기를 훔쳐가므로 좋지 않다. 식신(食神)과 상관(傷官)의 작용을 각각 살펴보면 다음과 같다.

1. 식신(食神)의 작용

1) 일간(日干)을 설기(洩氣)하고 재성(財星)을 생(生)한다.

① 일간(日干)이 강한데 재관(財官)이 없거나 있어도 힘이 없으면 신강(身强)사주이니 식신(食神)으로 일간(日干)을 설기(洩氣)해야 한다. 재성(財星)이 약할 때는 식신(食神)으로 생(生)하고 일간(日干)의 힘을 빼면 좋다. 이런 사주는 재물의 원천이 마르지 않다.

② 일간(日干)이 약한데 식신(食神)이 있으면 일간(日干)을 더 약화시키므로 흉하다. 이때 재성(財星)이 많으면 감당할 수 없는데 식신(食神)이 있으면 일간(日干)을 약화시키고 재성(財星)을 강하게 하므로 흉하다.

2) 칠살(七殺)을 제(制)하고 정관(正官)을 합(合)하거나 극(剋)한다.

① 일간(日干)이 약한데 칠살(七殺)이 많으면 칠살(七殺)이 일간(日干)을 괴롭힌다. 이때 식신(食神)으로 칠살(七殺)을 제압하

면 일간(日干)이 자유를 찾을 수 있다.

② 일간(日干)이 약한데 정관(正官)이 강하면 일간(日干)이 정관(正官)의 구속을 받아 발전할 수 없다. 이때는 식신(食神)으로 정관(正官)을 합(合)하거나 극(剋)하면 일간(日干)이 자유를 찾을 수 있다.

③ 일간(日干)이 강한데 칠살(七殺)이 약하여 용신(用神)으로 쓰는데 식신(食神)이 칠살(七殺)을 극(剋)하면 흉하다.

④ 일간(日干)이 강한데 관살(官殺)이 약하면 정관(正官)으로 구속하는 것이 좋다. 이때 칠살(七殺)이 정관(正官)의 역량을 감소시키면 법을 무시하며 예의를 지키지 않고 이기적인 사람이 되므로 흉하다. 관살(官殺)은 권력·준법정신·극기심을 나타내는데 관살(官殺)이 약하면 방종하고, 정관(正官)이 지나치게 많으면 종살격(從殺格) 외에는 단명·관재·손재가 따른다.

⑤ 일간(日干)이 약한데 식신(食神)이 있으면 흉하다. 이때 인수(印綬)로 식신(食神)을 합거(合去)하면 길하나 다시 재성(財星)이 있으면 인수(印綬)를 파괴하므로 흉하다. 만일 식신(食神)이 있는데 재성(財星)이 있으면 일간(日干)의 설기(洩氣)는 더 심해진다. 식신(食神)이 재성(財星)을 생(生)하느라 기운이 빠져 일간(日干)의 기운을 흡수해서 스스로의 약화를 막으려고 하기 때문이다.

⑥ 일간(日干)이 약한데 식상(食傷)이 재성(財星)을 생(生)하면 흉한데 여기다 관살(官殺)까지 겹치면 더 흉하다. 그러나 일간(日

干)이 재성(財星)을 감당할수 있을 정도로 신왕(身旺)하면 상관 없다. 만일 식상(食傷)과 재성(財星)과 관살(官殺)이 모두 있을 때는 인성(印星)과 비겁(比劫)이 필요하다. 이때 일간(日干)이 강하면 식신(食神)을 좋아하고, 식신(食神)과 재성(財星)이 모두 있으면 금상첨화가 된다.

⑦ 일간(日干)이 강한데 편인(偏印)이 식신(食神)을 극(剋)하면 해롭고, 일간(日干)이 약한데 재성(財星)이 많고 식신(食神)이 있으면 식신(食神)은 흉한 작용을 하니 인성(印星)으로 제압해야 한다.

⑧ 일간(日干)이 약한데 관살(官殺)이 지나치게 많으면 식상(食傷)과 비겁(比劫)은 길작용을 하나 재성(財星)은 흉작용을 한다.

⑨ 일간(日干)이 강한데 관살(官殺)이 약하면 식신(食神)은 흉작용을 하나 재성(財星)은 식신(食神)을 설기(洩氣)시켜 관살(官殺)을 생조(生助)하므로 길하다.

2. 상관(傷官)의 작용

1) 일간(日干)을 설기(洩氣)하고 재성(財星)을 생(生)한다.

① 일간(日干)이 강한데 재관(財官)이 힘이 없으면 지나치게 신강(身强)하여 흉하다. 이때 상관(傷官)이 있으면 왕성한 일간(日干)을 설기(洩氣)시키므로 길하다.

② 일간(日干)이 강한데 재성(財星)이 쇠약하면 식상(食傷)으로 통

관시켜 재성(財星)을 생(生)하면 재물이 사라지지 않는다. 그러나 신약(身弱)하면 상관(傷官)이 해롭다.

③ 일간(日干)이 약한데 재성(財星)이 많으면 상관(傷官)이 더 해로운 작용을 하니 재물을 감당하기는커녕 재물 때문에 고생한다. 운에서 만나도 마찬가지이다.

2) 정관(正官)을 극(剋)하고 칠살(七殺)을 합(合)하거나 극(剋)한다.

① 일간(日干)이 약한데 관성(官星)이 강하면 심하게 관성(官星)이 심하니 발달하기 어렵다. 이때 상관(傷官)으로 관성(官星)을 제압하면 자유를 찾을 수 있다.

② 일간(日干)이 약한데 칠살(七殺)이 강하면 상관(傷官)이 있어 칠살(七殺)과 합(合)하거나 칠살(七殺)을 극(剋)하면 칠살(七殺)의 억압에서 벗어날 수 있다. 그러나 신강(身强)한데 관성(官星)이 약하면 그렇지 않아도 자제심이 없고 법을 어기는데 상관(傷官)이 관성(官星)을 무력하게 만들면 더 방종해진다. 상관격(傷官格)이 정관(正官)을 만나면 재앙이 닥친다고 한 것이 이런 경우를 두고 한 말이다. 만일 월지(月支)에 상관(傷官)이 통근(通根)하면 정관(正官)은 무력해져 방자하며 법을 어겨 타인의 미움을 산다.

③ 일간(日干)이 약한데 상관(傷官)이 있으면 흉하다. 이때 인수(印綬)가 상관(傷官)을 극(剋)하고 일간(日干)을 생조(生助)하면 길하나 재성(財星)이 있으면 인수(印綬)를 파괴하니 해롭다.

④ 일간(日干)이 강하면 상관(傷官)이 있어도 해롭지 않다. 이때 재성(財星)은 기를 유통시켜주니 길하나 인성(印星)은 흉하다.

⑤ 일간(日干)이 약한데 재성(財星)이 많으면 상관(傷官)이 있는 것이 흉하니 인수(印綬)로 상관(傷官)을 제압하고 일간(日干)을 생조(生助)해야 한다. 그러나 재성(財星)운을 만나면 흉하다.

⑥ 일간(日干)이 강한데 재성(財星)이 약하고 상관(傷官)이 있으면 길하나 인수(印綬)가 상관(傷官)을 극(剋)하면 흉하다.

⑦ 일간(日干)이 약하고 칠살(七殺)이 왕한데 상관(傷官)·비겁(比劫)·식신(食神)이 있으면 길하나 재성(財星)이 있으면 흉하다.

⑧ 일간(日干)이 강하고 칠살(七殺)이 약한데 상관(傷官)이 있으면 흉하다. 이때는 재성(財星)으로 통관시켜 상관(傷官)과 칠살(七殺)의 싸움을 말려야 하는데 비겁(比劫)이나 식상(食傷)이 있으면 흉하다.

⑨ 일간(日干)과 관성(官星)이 모두 약한데 상관(傷官)이 있으면 비겁(比劫)이나 식상(食傷)운은 길하나 재성(財星)운은 흉하다.

⑩ 일간(日干)이 강하고 관성(官星)이 약한데 상관(傷官)이 있으면 재성(財星)으로 관성(官星)을 생(生)하면 길하나 비겁(比劫)이나 식상(食傷)운을 만나면 흉하다.

6. 정인(正印)과 편인(偏印)의 작용

정인(正印)은 일간(日干)을 생(生)한다. 따라서 일간(日干)의 근원·생기·부모가 되고, 상관(傷官)을 극제(剋制)하여 정관(正官)을 해치지 못하게 만들어 복을 내린다. 편인(偏印)은 도식(倒食) 또는 효신(梟神)이라고도 한다. 편인(偏印)은 식신(食神)을 파괴하므로 식신(食神)이 가장 두려워한다. 식신(食神)은 칠살(七殺)을 제압하며 재성(財星)을 생(生)하여 양명(養命)하는 중요한 일을 하는데 편인(偏印)을 만나면 길작용을 하지 못한다.

갑일간(甲日干)에게 병(丙)은 식신(食神)인데 병화(丙火)는 토(土)를 생(生)하고, 토(土)는 갑(甲)의 재성(財星)인데 재성(財星)은 갑(甲)의 관성(官星)을 생(生)한다. 이때 편인(偏印) 임(壬)이 있으면 식신(食神) 병(丙)을 파괴하므로 병(丙)은 토(土)를 생(生)하지 못하니 재성(財星)이 무력해진다. 이때 정(丁)이 임(壬)과 합(合)하여 상관(傷官)과 편인(偏印)의 흉을 모두 제거하면 좋다.

경(庚) 칠살(七殺)이 있는데 병(丙) 식신(食神)으로 칠살(七殺)을 제어하는 용신(用神)을 삼을 때 임(壬)이 있으면 식신(食神)이 무력해져 칠살(七殺)이 기승을 부리니 흉하다. 옛글에서 정인(正印)은 좋고 편인(偏印)은 흉하다고 했으나 이것은 천간(天干)에 있을 때만 해당한다.

양간(陽干)이 인신사해(寅申巳亥)를 만나면 편인(偏印)이 되므로 효신(梟神)으로 논하면 안 되고, 자오묘유(子午卯酉)를 만나면 정인(正印)이 되므로 목욕(沐浴)으로 논하면 안 된다. 그리고 음간(陰干)이 인신사해(寅申巳亥)를 만나면 정인(正印)이 되므로 사(死)로 논하면 안 되고, 자오묘유(子午卯酉)를 만나면 편인(偏印)

으로 논해야 한다. 자(子)는 을(乙)의 천을귀인(天乙貴人)이고 오(午)는 기(己)의 녹(祿)인데 어찌 효신(梟神)으로 논하겠는가.

인성(印星)은 정인(正印)과 편인(偏印)으로 구분할 필요가 별로 없다. 편인(偏印)도 용신(用神)이 될 수 있고, 정인(正印)도 기신(忌神)이 될 수 있기 때문이다. 술사들은 흔히 재관(財官)을 중시하나 인성(印星)도 용신(用神)이 될 수 있다.

정인(正印)이 용신(用神)이면 정재(正財)가 나쁘고, 편인(偏印)이 용신(用神)이면 편재(偏財)가 나쁘고, 상관(傷官)이 용신(用神)이면 정인(正印)이 나쁘고, 정관(正官)이 용신(用神)이면 상관(傷官)이 나쁘고, 편관(偏官)이 용신(用神)이면 식신(食神)이 나쁘다. 따라서 편인(偏印)을 무조건 흉한 것으로 보면 안 된다.

인성(印星)이 용신(用神)이면 재성(財星)의 극(剋)을 받지 않아야 좋고, 천간(天干)의 인성(印星)이 지지(地支)에 뿌리를 내리면 좋다. 인성(印星)은 신약(身弱)할 때 가장 필요한 육신(六神)이다. 이때 재성(財星)이 인성(印星)을 파괴하면 해롭고, 관살(官殺)이 인성(印星)을 도와 강하게 하면 이롭다. 그러나 신강(身强)할 때는 인성(印星)이 해롭다. 이때 재성(財星)이 인성(印星)을 극(剋)하면 길하나 관살(官殺)이 인성(印星)을 생조(生助)하면 흉하다. 인성(印星)의 작용을 분석하면 다음과 같다.

1) 관살(官殺)을 설기(洩氣)하고 일간(日干)을 돕는다.

① 일간(日干)이 약한데 식상(食傷)·재성(財星)·관살(官殺)이 많

으면 일간(日干)은 극설(剋洩)을 감당하지 못하므로 인성(印星)에게 의지해야 한다. 예를 들어 일간(日干)이 쇠약한데 관살(官殺)이 매우 강하면 반드시 정인(正印)과 편인(偏印)에 의지하여 관살(官殺)을 설기(洩氣)시켜 일간(日干)을 도와야 한다. 이것이 통관(通關)과 화해의 법칙이다. 그러나 인성(印星)이 없으면 부득이 식상(食傷)으로 관살(官殺)을 제압해야 한다. 이때 관살(官殺)이 많으면 인성(印星)을 용신(用神)으로 삼는 것이 식상(食傷)으로 관살(官殺)을 제압하는 것보다 더 좋다.

② 일간(日干)이 강한데 재관(財官)이 약하면 인성(印星)으로 일간(日干)을 강하게 하면 흉하다. 사주에서 관살(官殺)의 역량이 약한데 일간(日干)이 강하면 인성(印星)이 관살(官殺)을 설기(洩氣)시켜 일간(日干)을 더 강하게 하므로 나쁜 작용을 하는 것이다. 이런 사주는 출세하지 못한다. 이때는 재관(財官)운이 오면 발달할 수 있다.

2) 식상(食傷)을 극제(剋制)한다.

① 일간(日干)이 약한데 식상(食傷)이 강하면 인성(印星)으로 식상(食傷)을 제압하고 일간(日干)을 강화시켜야 한다. 신약(身弱)한데 식상(食傷)이 왕성하면 설기(洩氣)가 지나쳐 정신적으로 예민하며 피로하여 마음의 안정을 찾지 못하니 복을 받기 어렵다. 따라서 인성(印星)으로 설기(洩氣)를 막아야 한다.

② 일간(日干)이 약한데 관살(官殺)이 왕하면 인성(印星)을 용신

(用神)으로 삼아야 한다. 이때 인성(印星)운이나 비겁(比劫)운을 만나면 길하나 재성(財星)운을 만나면 인성(印星)을 파괴하므로 흉하다.

③ 일간(日干)이 강한데 관살(官殺)이 약하면 재성(財星)운은 좋으나 인성(印星)운은 흉하다. 재성(財星)이 인성(印星)은 약화시키고 관성(官星)은 강화시키기 때문이다.

④ 일간(日干)이 약하고 인성(印星)이 있는데 관살(官殺)운을 만나면 인성(印星)을 강화시키기 때문에 길하나 재성(財星)운을 만나며 흉하다.

⑤ 일간(日干)이 강한데 인성(印星)이 있으면 일간(日干)을 더 강하게 하므로 재성(財星)이 용신(用神)이 된다. 인성(印星)을 약화시키기 때문인데 이때는 인성(印星)운을 만나면 흉하다.

⑥ 일간(日干)이 약하고 식상(食傷)이 강한데 인성(印星)운을 만나면 길하나 재성(財星)운을 만나면 흉하다.

⑦ 일간(日干)이 강하고 식상(食傷)이 약한데 인성(印星)이 있으면 재성(財星)이 용신(用神)이 된다. 재성(財星)이 인성(印星)을 극(剋)하여 식상(食傷)을 보호하기 때문인데 이때 인성(印星)운을 만나면 흉하다.

⑧ 일간(日干)이 약하고 식신(食神)이 강한데 인수(印綬)가 식상(食傷)을 제압하면 인성(印星)이 용신(用神)이 되므로 인성(印星)운을 만나면 길하나 재성(財星)운을 만나면 흉하다.

⑨ 일간(日干)이 강하고 식신(食神)이 약한데 인성(印星)이 있으면

식신(食神)을 제압한다. 이때 재성(財星)운을 만나면 인성(印星)을 극(剋)하고 식신(食神)을 구해주므로 길하나 인성(印星)운을 만나면 흉하다.

7. 정재(正財)와 편재(偏財)의 작용

정재(正財)와 편재(偏財)는 일간(日干)이 극(剋)하는 오행(五行)이다. 정재(正財)는 갑(甲)이 기(己)를 만나고, 을(乙)이 무(戊)를 만나는 것처럼 일간(日干)이 극(剋)하면서 음양(陰陽)이 다른 것이다. 또 일간(日干)이 극(剋)하며 제어하는 것이니 아내가 된다.

혼인하면 아내가 재산을 갖고 시집오는데 나의 정신과 육체가 건강하면 아내복과 재물복을 누릴 수 있으나 쇠약하면 누릴 수 없다. 그리고 재성(財星)이 득시(得時)하고 왕성하면 길하나 정재(正財)와 편재(偏財)가 혼잡되거나 많으면 흉하다.

일간(日干)이 약한데 재성(財星)이 많으면 일간(日干)을 생조(生助)하는 운을 만나야 부를 이룬다. 재다신약(財多身弱)하면서 사주에 인성(印星)이 없거나, 재쇠신강(身强)하면서 사주에 비겁(比劫)이 많으면 모두 지나치거나 부족한 것이니 복이 되지 않는다.

편재(偏財)는 갑(甲)일이 무(戊)를 만나고, 을(乙)일이 기(己)를 만나는 것처럼 나의 전유물이 아니라 여러 사람의 재물을 말한다. 따라서 비겁(比劫)이 있으면 재물을 빼앗기게 되는데 이때 관성(官星)이 없으면 재앙이 나타난다.

편재(偏財)는 천간(天干)에 있어도 좋고 지장지(地藏干)에 있어도 좋으나 분탈이나 공망(空亡)되면 벼슬은 물론 재물도 오래가지 못한다. 만일 재성(財星)이 약하면 운에서 재성(財星)이 왕성해지기를 기다려야 한다. 그러나 재성(財星)이 왕성해도 신약(身弱)하면 재성(財星)을 감당할 수 없다.

재성(財星)을 보는 법은 정재(正財)와 편재(偏財) 모두 득시(得時)와 득세(得勢)를 먼저 살펴야 한다. 월지(月支)와 기(氣)가 통하면 득시(得時)한 것이고, 월지(月支)의 도움이 없지만 무리를 지었으면 득세(得勢)한 것이다.

그리고 재성(財星)을 볼 때는 일간(日干)의 강약이 매우 중요하다. 일간(日干)이 강하면 재성(財星)을 도와주고, 일간(日干)이 약하면 일간(日干)을 도와야 하기 때문이다. 재성(財星)은 정재(正財)와 편재(偏財)를 막론하고 반드시 일간(日干)이 강해야 감당할 수 있다. 그렇지 않으면 재성(財星)이 많아도 복이 되지 않는다. 이런 재왕신약(財旺身弱)한 사주를 부옥빈인(富屋貧人)이라고 하는데 이런 사주는 주로 은행이나 상점에서 금전출납을 맡는다.

일간(日干)이 매우 약하면 재물 때문에 재앙이 생긴다. 만일 재성(財星)이 왕성하면 사주에 녹(祿)이 있어야 한다. 년월일시지(年月日時支) 어디든 건록임관(建祿臨官)이 있어야 한다. 재성(財星)이 용신(用神)이고 지지(地支)의 녹(祿)이 충(沖)되지 않으면 반드시 부격을 이루거나 귀격을 이룬다. 그러나 양인(陽刃)이나 겁재(劫財)가 있어 신왕(身旺)한데 재성(財星)이 있으면 반드시 식상(食

傷)으로 통관(通關)시켜야 한다. 재성(財星)의 작용을 항목별로 살펴보면 다음과 같다.

1) 식상(食傷)을 흡수하고 관살(官殺)을 생(生)한다.

① 일간(日干)이 강한데 식상(食傷)도 강하면 일간(日干)의 기운이 빠져나가므로 쓸모가 없다. 이때는 재성(財星)으로 식상(食傷)의 기운을 흡수하여 재성(財星)으로 변하게 해야 좋다.

② 일간(日干)이 약한데 식상(食傷)이 있으면 인성(印星)으로 식상(食傷)을 제어하고 일간(日干)을 도와야 한다. 이때 재성(財星)이 있으면 인성(印星)을 파괴하고 관살(官殺)을 강화시켜 일간(日干)을 극(剋)하니 오히려 재앙을 부른다.

③ 일간(日干)이 강한데 관살(官殺)이 약하면 재성(財星)으로 관살(官殺)을 강화시켜야 좋다.

④ 일간(日干)이 약하고 관살(官殺)이 왕성한데 재성(財星)이 있으면 관살(官殺)이 더 강해져 일간(日干)을 극(剋)하니 재앙이 끝이 없다.

2) 편인(偏印)을 제압하고 인수(印綬)를 파괴한다.

① 일간(日干)이 강한데 편인(偏印)이 강하거나 인수(印綬)가 왕성하면 재성(財星)으로 인성(印星)을 극(剋)해야 한다.

② 일간(日干)이 약한데 재성(財星)이 편인(偏印)을 파괴하면 흉하다. 양일간(陽日干)은 편재(偏財)가 인수(印綬)와 합(合)하여 인

수(印綬)를 파괴하고, 음일간(陰日干)은 정재(正財)가 편인(偏印)과 합(合)하여 편인(偏印)을 무력하게 만든다.

③ 일간(日干)이 약한데 재성(財星)이 관살(官殺)을 생(生)하면 흉하다. 이때는 인성(印星)이 비겁(比劫)을 생조(生助)하여 재성(財星)을 극(剋)하면 길하나 관살(官殺)운을 만나 비겁(比劫)을 극(剋)하면 흉하다.

④ 일간(日干)이 강할 때는 재성(財星)이 관살(官殺)을 생조(生助)하여 일간(日干)을 구속하면 길하나 비겁(比劫)이 있으면 재성(財星)을 파괴하므로 흉하다.

⑤ 일간(日干)과 식상(食傷)이 약하고 재성(財星)이 있는데 비겁(比劫)이 있으면 재성(財星)을 극(剋)하니 길하다.

⑥ 일간(日干)이 강하고 식상(食傷)도 왕성할 때는 재성(財星)이 왕성할수록 좋으나 비겁(比劫)운을 만나면 흉하다.

⑦ 일간(日干)이 약하고 재성(財星)으로 인성(印星)을 극(剋)하는데 비겁(比劫)으로 재성(財星)을 극(剋)하면 길하나 식신(食神)이 재성(財星)을 생(生)하면 흉하다.

⑧ 일간(日干)이 강하면 인성(印星)이 필요없다. 이때 재성(財星)이 인성(印星)을 극(剋)하면 좋으나 비겁(比劫)이 재성(財星)을 극(剋)하면 흉하다.

⑨ 일간(日干)이 약하고 재성(財星)이 인성(印星)을 극(剋)하는데 비겁(比劫)으로 재성(財星)을 극(剋)하고 인성(印星)을 구하면 길하나 식상(食傷)이 재성(財星)을 생(生)하면 흉하다.

⑩ 일간(日干)이 강하고 인성(印星)과 재성(財星)이 있는데 식상 (食傷)이 있으면 좋으나 비겁(比劫)이 있으면 흉하다.

8. 육신(六神)과 용신(用神)의 관계

특별한 격국(格局)이 아닌 사주에서는 중화와 유통이 중요하다. 만일 오행(五行)이 편고하거나 폐색되어 유통되지 못하면 흉하다. 생극제화(生剋制化)는 사주를 중화와 유통시키는 수단일 뿐이다. 예를 들어 일간(日干)이 약한데 관살(官殺)이 강하면 인성(印星)으로 일간(日干)을 돕고 관살(官殺)을 약하게 만들어 유통시켜야 일간(日干)과 관살(官殺)의 균형이 맞는다. 이것을 화(化)라고 한다. 관살(官殺)을 인성(印星)으로 변하게 만들었다는 뜻이다.

일간(日干)이 극도로 약하지 않고 관살(官殺)이 일간(日干)보다 조금 강한 정도인데 인성(印星)이 없어 변하지 못하면 식상(食傷)으로 관살(官殺)을 제압하여 중화시켜야 한다. 이것을 제(制)라고 한다. 일간(日干)이 강하여 관살(官殺)이 있어야 하는데 관살(官殺)이 약하면 재성(財星)으로 관살(官殺)을 생조(生助)해야 한다. 이것을 생(生)이라고 한다.

또 일간(日干)이 매우 왕성하여 관살(官殺)로 극(剋)해도 효과가 없을 정도이면 식상생재(食傷生財)하여 오행(五行)을 유통시켜야 한다. 이것이 사주를 감정할 때 생극제화(生剋制化)를 중요시하는 이유이다. 앞에서 설명한 것은 모두 일반 격국(格局)에서 중화와 유통의 원리를 응용하는데 필요한 것들이다. 대부분의 사주는 일반 격국(格局)에 해당하므로 일반적인 중화와 유통의 법칙이 쓰임새가 가장 많다.

보통 사주에서 지나친 것은 극제(剋制)하고, 부족한 것은 생부(生扶)한다. 그러나 지나치게 왕성한 것을 극제(剋制)하면 오히려 격노하므로 그 기세를 따라 설기(洩氣)해야 한다. 또 지나치게 부족한 것은 보충하기보다는 버리는 것이 좋다. 다시 말해 지나치게 강하거나 약하면 중화와 유통의 법칙을 따르지 않고 '왕극즉의설(旺極則宜洩) 쇠극즉의극(衰極則宜剋)'의 법칙을 적용하는 것이 좋다.

■ 『적천수(滴天髓)』에서는 다음과 같이 논하였다.

마땅히 설기(洩氣)해야 할 것은 설기(洩氣)하고, 극(剋)해야 할 것은 극(剋)해야 한다. 설(洩)과 극(剋)은 모두 왕성할 때 쓰는 것이다. 설기(洩氣)하는 것은 식상(食傷)이고, 극(剋)하는 것은 관살(官殺)이다. 설기(洩氣)하면 나쁘고 극(剋)하면 좋은 경우가 있고, 설기(洩氣)하면 좋고 극(剋)하면 나쁜 경우가 있다. 따라서 설(洩)과 극(剋)은 그 쓰임을 분별할 줄 알아야 한다.

그리고 방(幫)과 조(助)라는 것이 있다. 방(幫)하는 것은 비겁(比劫)이고, 조(助)하는 것은 인성(印星)인데 방조(幫助)가 필요한 것은 쇠약하기 때문이다. 그런데 같은 쇠약이라 해도 방(幫)해야 하는 것이 있고, 조(助)해야 하는 것이 있다. 방(幫)과 조(助) 두 원칙 역시 그 쓰임을 분별할 줄 알아야 한다.

일간(日干)이 왕상(旺相)하고 무력하지만 쓸만한 재관(財官)이 있으면 식상(食傷)으로 설기(洩氣)하면 안 된다. 일간(日干)이 왕상(旺相)하고 재관(財官)이 없는데 비겁(比劫)이 많으면 식상(食傷)으로 용신(用神)을 삼아야 한다. 만일 신약(身弱)한데 재성(財星)이 많으면 인성(印星)이 힘을 쓰지 못하니 비겁(比劫)을 용신(用神)으로 삼아야 한다.

만일 신약(身弱)한데 관살(官殺)이 많으면 비겁(比劫)으로 방(幇)하고 싶어도 비겁(比劫)이 관살(官殺)의 극(剋)을 받아 힘이 없으니 인성(印星)으로 조(助)하는 것이 더 좋다. 이것은 설(洩)과 극(剋), 방(幇)과 조(助)의 쓰임새를 분별한 것이다.

이상은 '왕극즉의설(旺極則宜洩)'의 원리를 설명한 것이다. '쇠극즉의극(衰極則宜剋)'은 쇠약하여 용신(用神)이 될 수 없으면 오히려 없애는 것이 좋다는 것이다.

제4장. 신살(神殺)

　신살(神殺)은 오성술(五星術)에서 나온 것이고, 사주학은 사주의
음양오행(陰陽五行)의 생극제화(生剋制化)를 보고 격국(格局)과
용신(用神)을 정하여 판단하는 학문이므로 신살(神殺)에 치중하면
오류를 범할 수 있다. 신살(神殺)은 용신(用神)을 보조하는데 참고
하고 너무 의지할 필요는 없다.

　이 책에서는 여러 가지 신살(神殺) 가운데 비교적 중요하다고 생
각하는 공망(空亡)·천월덕귀인(天月德貴人)·금신귀(金神貴)·괴
강귀(魁罡貴)·천을귀인(天乙貴人)·화개(華蓋)·역마(驛馬)·고
신(孤辰)·과수(寡宿)·겁살(劫殺)·망신(亡身)·도화(桃花)·양
인(陽刃)에 대해서만 살펴볼 것이다.

1. 공망(空亡) 보는 법

공망(空亡)은 모든 것을 무(無)로 만드는 작용을 하는데 길한 경우도 있고 흉한 경우도 있다. 공망(空亡)이 되면 고유한 작용을 잃어버리므로 길한 것이 공망(空亡)되면 길하지 않고, 흉한 것이 공망(空亡)되면 흉하지 않다. 만일 공망(空亡)이 충(沖)되면 공망(空亡)도 충(沖)도 성립하지 않는다.

공망(空亡)은 일주(日柱)를 위주로 본다. 본인의 일주(日柱)에서 보아 상대방의 일지(日支)가 공망(空亡)되면 두 사람의 관계는 결실이 없고 피해를 본다. 따라서 부부나 동업자는 일주(日柱)끼리 공망(空亡)되면 안 된다. 그러나 일주(日柱)가 같은 순(旬)인 사람끼리는 융합이 잘 된다. 이것은 공망(空亡)이 같은 사람끼리 부부나 동업자가 되면 좋다는 뜻이며 고부관계에서도 응용한다.

① 인성(印星)은 어머니를 뜻하는데 공망(空亡)되면 어머니와 불

공망표(空亡表)

甲子	乙丑	丙寅	丁卯	戊辰	己巳	庚午	辛未	壬申	癸酉	戌亥
甲戌	乙亥	丙子	丁丑	戊寅	己卯	庚辰	辛巳	壬午	癸未	申酉
甲申	乙酉	丙戌	丁亥	戊子	己丑	庚寅	辛卯	壬辰	癸巳	午未
甲午	乙未	丙申	丁酉	戊戌	己亥	庚子	辛丑	壬寅	癸卯	辰巳
甲辰	乙巳	丙午	丁未	戊申	己酉	庚戌	辛亥	壬子	癸丑	寅卯
甲寅	乙卯	丙辰	丁巳	戊午	己未	庚申	辛酉	壬戌	癸亥	子丑

화하고 어머니가 오래 살지 못한다. 인성(印星)은 문서나 권리를 대표하므로 인성(印星)이 공망(空亡)되면 문서와 권리를 잃을 수 있다. 월주(月柱)나 년주(年柱)에 인성(印星)이 1개 있는데 공망(空亡)되면 어머니가 일찍 돌아가신다. 그러나 동주(同柱)하거나 공망(空亡)이 합(合)되면 작용하지 않는다.

② 편재(偏財)는 아버지를 뜻하는데 공망(空亡)되면 아버지와 인연이 없거나 아버지가 일찍 돌아가신다. 편재(偏財)는 또 재정을 대표하므로 공망(空亡)되면 경제적으로 궁핍하다. 이런 사람은 평생 큰 돈을 벌지 못하며 파산하고, 직업이나 사업을 자주 바꾼다. 편재(偏財)가 년주(年柱)나 월주(月柱)에 1개 있으면 아버지가 일찍 돌아가신다. 그러나 귀인(貴人)과 동주(同柱)하거나 합(合)되면 면할 수 있다. 신살(神殺)에서는 동궁(同宮)이라고 명시하지 않으면 동주(同柱)를 뜻한다. 예를 들어 년지(年支)가 공망(空亡)되면 년간(年干) 역시 공망(空亡)된 것이다.

③ 남명에게 정재(正財)는 아내를 뜻하는데 공망(空亡)되면 아내와 화목하지 못하고 별거하거나 이혼한다. 만일 재성(財星)이 2개 이상 있는데 1개만 공망(空亡)되면 이혼한 후 재혼하고, 파산이나 개업을 자주 한다. 정재(正財)가 월지(月支)나 일지(日支)에 1개밖에 없는데 공망(空亡)되면 아내를 일찍 잃고, 편재(偏財)가 일지(日支)나 월지(月支)에 1개밖에 없는데 공망(空亡)되면 아내가 질병을 앓는다. 그러나 귀인(貴人)과 동주(同柱)하거나 합(合)되면 그렇지 않다.

④ 여명에게 정관(正官)은 남편을 뜻하는데 공망(空亡)되면 남편과 별거하거나 이혼하고, 정관(正官)이 2개 이상 있는데 1개가 공망(空亡)되면 이혼한 후 재혼하고, 정관(正官)이 월지(月支)나 일지(日支)에 1개밖에 없는데 공망(空亡)되면 반드시 남편과 이혼하거나 사별하고, 정관(正官)이 없고 칠살(七殺)만 있는데 공망(空亡)되면 남편과 이별한다. 남녀 모두 정관(正官)이 공망(空亡)되면 학업이 좌절되고, 정치계로 나가면 불길하고, 관직을 얻어도 오래가지 못한다. 그러나 귀인(貴人)과 동주(同柱)하거나 공망(空亡)된 지지(地支)가 합(合)되면 그렇지 않다. 여기서 귀인(貴人)이란 천을귀인(天乙貴人)·천덕귀인(天德貴人)·천월귀인(天月貴人)·문창귀인(文昌貴人)을 말한다.

⑤ 식신(食神)이 용신(用神)인데 공망(空亡)되면 남명은 요절하거나 수명이 길지 않다. 여명은 식신(食神)이 공망(空亡)되면 자녀를 키우기 어렵고, 식신(食神)이 용신(用神)인데 공망(空亡)되면 유산하거나 자녀가 요절할 수 있다.

⑥ 남명이 칠살(七殺)이 공망(空亡)되면 아들을 극(剋)한다.

⑦ 남명이 상관(傷官)이 공망(空亡)되면 딸과 불화하거나 양자를 들인다. 사주를 말할 때 남명은 양일간(陽日干)을 전제로 하고, 여명은 음일간(陰日干)을 전제로 한다. 자녀를 판단할 때는 해당하는 육신(六神)이 양(陽)이면 아들로 보고, 음(陰)이면 딸로 본다.

⑧ 여명이 상관(傷官)이 공망(空亡)되면 혼인에 풍파가 있고, 아들

과 불화하거나 아들이 없다. 그러나 귀인(貴人)과 동주(同柱)하거나 합(合)되면 그렇지 않다.

⑨ 비견(比肩)이 공망(空亡)되면 동성의 동기간이 적고, 형제와 이별하고, 형제가 일찍 죽는다.

⑩ 겁재(劫財)가 공망(空亡)되면 이성의 남매가 적거나 이별하거나 요절한다.

⑪ 년주(年柱)가 공망(空亡)되면 할아버지나 할머니가 요절한 것으로 보는데 년주(年柱)에 상관(傷官)이 있으면 더 확실하다.

⑫ 월주(月柱)가 공망(空亡)되면 부모 중에 한 분이 일찍 돌아가시는데 월주(月柱)에 편재(偏財)가 있으면 아버지이고, 인수(印綬)가 있으면 어머니이다.

⑬ 일주(日柱)가 공망(空亡)되면 배우자나 본인이 요절한다.

⑭ 시주(時柱)가 공망(空亡)되면 자녀가 먼저 죽을 수 있다.

⑮ 흉신(凶神)이 공망(空亡)되면 흉이 풀린다.

⑯ 귀인(貴人)이 공망(空亡)되면 복이 줄고 공망(空亡)도 풀린다.

⑰ 투합(妬合)하거나 가까운 지지(地支)가 공망(空亡)된 주(柱)를 충(沖)하면 공망(空亡)의 흉이 더 심해진다.

⑱ 공망(空亡)과 귀인(貴人)이 동주(同柱)하는데 공망(空亡)이 합(合)되면 공망(空亡)의 흉이 완전히 풀린다.

⑲ 유년(流年)이나 대운(大運)이 공망(空亡)되면 길작용도 흉작용도 하지 않는다. 운에서 만나는 공망(空亡)은 무시해도 좋다. 다시 말하면 길운을 만났는데 공망(空亡)되면 별로 길하지 않고,

흥운을 만났는데 공망(空亡)되면 별로 흥하지 않다.

⑳ 년주(年柱)가 공망(空亡)되면 조심성이 많다.

㉑ 년주(年柱)와 월주(月柱)가 모두 공망(空亡)되면 아내·자녀와 이별하기 쉽다.

㉒ 년주(年柱)와 일주(日柱)가 공망(空亡)되면 파산할 수 있다.

㉓ 시주(時柱)가 공망(空亡)되면 자식의 도움이 없다.

㉔ 사주의 3주(柱)가 공망(空亡)되면 오히려 대귀격을 이룬다.

㉕ 충(沖)된 지지(地支)가 1개라도 공망(空亡)되면 충(沖)으로 보지 않는다.

㉖ 년주(年柱)와 일주(日柱)가 서로 공망(空亡)되면 평생 고생이 많다. 서로 공망(空亡)은 예를 들어 년주(年柱)가 갑자(甲子)이고 일주(日柱)가 임술(壬戌)인 경우를 말한다.

㉗ 공망(空亡)된 주(柱)의 납음오행(納音五行)이 목(木)이면 신체가 약하며 질병과 재앙이 많고, 화(火)이면 부유하며 발달하고, 토(土)이면 되는 일이 없고, 금(金)이면 길하고, 수(水)이면 길하지도 흉하지도 않다.

2. 천덕귀인(天德貴人)과 월덕귀인(月德貴人)

月支	寅	卯	辰	巳	午	未	申	酉	戌	亥	子	丑
天德	丁	申	壬	辛	亥	甲	癸	寅	丙	乙	巳	庚
月德	丙	甲	壬	庚	丙	甲	壬	庚	丙	甲	壬	庚

① 사주에 천덕귀인(天德貴人)이나 월덕귀인(月德貴人)이 있는데 극충형(剋沖刑)이 되지 않으면 흉이 길로 변한다.

② 사주에 천덕귀인(天德貴人)이나 월덕귀인(月德貴人)이 있으면 평생 평안무사하며 재앙이 있어도 많이 풀린다.

③ 사주에 천덕귀인(天德貴人)이나 월덕귀인(月德貴人)이 있는데 다른 귀인(貴人)이 또 있으면 금상첨화가 된다.

④ 용신(用神)이 천덕귀인(天德貴人)이나 월덕귀인(月德貴人)을 겸하면 더 좋다. 예를 들면 정관(正官)이 용신(用神)인데 천덕(天德)이나 월덕귀인(月德貴人)과 동주(同柱)하는 것을 말한다.

⑤ 대운(大運)이나 유년(流年)에서 천덕귀인(天德貴人)이나 월덕귀인(月德貴人)을 만나면 흉한 일은 줄어들고 좋은 일은 더 좋아진다.

⑥ 천덕합(天德合)과 월덕합(月德合)은 천덕귀인(天德貴人)과 월덕귀인(月德貴人)이 합하는 글자인데 작용은 그와 비슷하다.

3. 금신귀인(金神貴人) 보는 법

금신(金神)이란 일주(日柱)나 시주(時柱)에 을축(乙丑)・기사(己巳)・계유(癸酉) 중에서 1개라도 있는 것을 말한다. 사주에 화(火)가 왕성하면 좋은데 특히 월지(月支)에 있으면 부귀격을 이루고, 화(火)운을 만나도 부귀격을 이룬다. 화(火)가 월간(月干)이나 시간(時干)에 있어도 좋다.

① 시주(時柱)에 금신귀인(金神貴人)이 있으면 반드시 일간(日干)이 갑(甲)이나 기(己)여야 좋다. 그렇지 않으면 효과가 없다.

② 사주에 금신귀인(金神貴人)이 있어도 화(火)가 왕성하지 않으면 쓸모가 없다.

③ 사주에 금신귀인(金神貴人)이 있으면 영리하며 꾀가 많고 결단력이 있다. 타인의 말을 잘 듣지 않으며 굴복하지 않고 자신의 신념을 관철시킨다.

④ 사주에 금신귀인(金神貴人)이 있으면 화(火)운에 풍운의 영웅이 되나 임계수(壬癸水)운을 만나면 나쁘다.

⑤ 병정(丙丁) 일간(日干)이 월주(月柱)에 금신귀인(金神貴人)이 있으면 귀격을 이룬다. 이때는 반드시 화(火)가 용신(用神)이어야 하는 것은 아니니 사주의 형국을 살펴서 정한다.

4. 괴강(魁罡) 보는 법

괴강(魁罡)은 강렬하며 극단적으로 작용하는데 경진(庚辰)·경술(庚戌)·임진(壬辰)·임술(壬戌)일생이면 해당한다. 괴강(魁罡)은 일지(日支)가 월지(月支)나 시지(時支)와 충(沖)하는 것이 가장 흉한데 반드시 재앙이 따른다.

庚辰日	庚戌日	壬辰日	壬戌日	戊戌日

① 사주가 좋은데 괴강(魁罡)에 해당하면 대중을 제압하며 영도하

고, 불굴의 의지로 큰 뜻을 관철시켜 대부대귀격을 이루고, 총명하며 결단력이 있고 문학적인 소질이 있다. 그러나 사주가 나쁘면 포악하며 살생을 즐기고 매우 가난하다.

② 여명이 괴강(魁罡)에 해당하면 성격이 거칠고, 대개 남편이 일찍 죽거나 이혼하고, 질병으로 신음한다. 특히 사주가 나쁘면 일찍 재혼하거나 소실이 되고, 관재와 구설이 따른다.

③ 남명이 괴강(魁罡)에 해당하면 공격적이며 논쟁을 즐기나 괴강(魁罡)이 2개 이상 있으면 부귀격을 이룬다. 경진(庚辰)과 경술(庚戌)일생은 칠살(七殺)이 있으면 격(格)이 깨져 빈한하고, 무술(戊戌)과 임진(壬辰)일생은 정재(正財)나 편재(偏財)가 있으면 격(格)이 깨져 빈천하다.

5. 천을귀인(天乙貴人) 보는 법

천을귀인(天乙貴人)은 나쁜 일을 좋은 일로 바꾸는 최고의 길신(吉神)이다. 천을귀인(天乙貴人)은 귀인(貴人)이 있는 지지(地支)가 합(合)이 되고, 귀인(貴人)이 있는 주(柱)의 천간(天干)이 합(合)이 되고, 2개 이상의 주(柱)가 서로 귀인(貴人)이 되고, 갑자(甲子)가 기축(己丑)을 만나면 해당한다.

日干	甲	乙	丙	丁	戊	己	庚	辛	壬	癸
天乙	丑未	子申	亥酉	亥酉	丑未	子申	丑未	午寅	巳卯	巳卯

① 천을귀인(天乙貴人)이 장생(長生)이나 제왕(帝旺)에 놓이면 용모가 뛰어나며 총명하고, 덕망이 높은 큰 인물이 되고, 질병이 없다.

② 천을귀인(天乙貴人)이 일간(日干)이나 납음오행(納音五行)의 사절(死絶)에 놓이면 자만심이 강하며 고집이 세다.

③ 천을귀인(天乙貴人)이 겁살(劫殺)과 동주(同柱)하면 모사에 능하며 위엄이 있다.

④ 천을귀인(天乙貴人)이 임관(臨官)에 놓이면 학문이 깊고 베풀기를 좋아하며, 교우관계가 좋고 문학적인 소질이 많다.

⑤ 천을귀인(天乙貴人)을 유년(流年)이나 대운(大運)에서 만나면 귀인(貴人)의 도움으로 승진·발재·명리를 이룬다.

⑥ 천을귀인(天乙貴人)이 사절쇠패(死絶衰敗)에 해당하거나 형(刑)·충(沖)·공망(空亡)이 되면 복이 줄어 평생 곤고하다.

⑦ 천을귀인(天乙貴人)이 식신(食神)과 동주(同柱)하면 식복이 있다.

⑧ 천을귀인(天乙貴人)이 문창귀인(文昌貴人)과 동주(同柱)하면 지혜가 출중하며 흉한 일을 당하지 않는다.

⑨ 천을귀인(天乙貴人)이 간합(干合)이나 지합(支合)이 되면 신용이 있고 부유하며 평생 죄를 범하지 않는다.

⑩ 용신(用神)이 있는 주(柱)가 일주(日柱)와 천을귀인(天乙貴人)이 되면 길하다.

⑪ 천을귀인(天乙貴人)이 있는 주(柱)의 납음오행(納音五行)이 생왕(生旺)하면 복이 매우 많다.

■ 『이허중명서(李虛中命書)』에서는 다음과 같이 논하였다.

천을귀인(天乙貴人)은 3가지 등급으로 나눌 수 있다. 상격은 천을귀인(天乙貴人)이 있는 주(柱)의 천간(天干)이 합(合)하는 것인데 예를 들면 사주에 갑자(甲子)와 기미(己未)가 있는 것이다. 중격은 천을귀인(天乙貴人)이 있는 지지(地支)가 합(合)하는 것인데 예를 들면 사주에 무자(戊子)와 기축(己丑)이 있는 것이다. 하격은 간지(干支)에 합(合)이 전혀 없는 것으로 다만 흉이 줄어들 뿐이다. 예를 들면 사주에 신미(辛未)와 경인(庚寅)이 있는 것이다.

가장 중요한 것은 월일시(月日時)의 간지(干支)에 합(合)이 있어야 하고, 년주(年柱)도 합(合)이 되면 좋다. 일간(日干)이 생왕(生旺)하고, 사절(死絶)·충파(沖破)·공망(空亡)이 없고, 귀인(貴人)이 있는 주(柱)가 서로 간지합(干支合)되면서 용신(用神)의 배합이 적당하면 상격이 되어 귀를 누린다. 만일 천을귀인(天乙貴人)이 있어도 합(合)이 없고, 두 천간(天干)이 서로 천을귀인(天乙貴人)이 되지 않으면 흉을 해소하는 역할을 할뿐 평범하다.

```
時 日 月 年
辛 甲 甲 辛
未 午 午 未
```

이 사주는 갑(甲)과 신(辛)이 천을귀인(天乙貴人)을 교환하였다. 귀인(貴人)이 있는 지지(地支)끼리 오미합(午未合)이 되니 중격이다. 그러나 사주에 수(水)가 없어 정관(正官) 신금(辛金)이 뜨거워 힘을 쓰지 못하니 평생 큰 어려움은 없으나 대귀격은 이루지 못한다. 이 사주는 천을귀인(天乙貴人)이 있어도 격국(格局)과 용신(用神)이 더 중요하다는 것을 증명해주는 경우이다.

6. 문창귀인(文昌貴人) 보는 법

문창귀인(文昌貴人)은 흉한 일을 길한 일로 바꿔주는 길신으로 해당하면 총명하다. 작용은 천을귀인(天乙貴人)이나 천월덕귀인(天月德貴人)과 비슷하다.

日干	甲	乙	丙	丁	戊	己	庚	辛	壬	癸
文昌	巳	午	申	酉	申	酉	亥	子	寅	卯

7. 월장(月將) 보는 법

월장(月將) 역시 흉한 일을 길한 일로 바꿔주는 길신으로 천을귀인(天乙貴人)이나 천월귀인(天月貴人)과 작용이 비슷하다. 월장(月將)은 공망(空亡)되어도 작용을 잃지 않는다.

月支	寅	卯	辰	巳	午	未	申	酉	戌	亥	子	丑
月將	亥	戌	酉	申	未	午	巳	辰	卯	寅	丑	子

8. 장성(將星) 보는 법

年支	寅午戌	申子辰	巳酉丑	亥卯未
將星	午	子	酉	卯

① 사주에 장성(將星)이 있는데 충극(沖剋)되지 않으면 정치계에
　 서 성공하고, 사주가 중화되면 대권을 장악할 수 있다.
② 장성(將星)에 해당하는 지지(地支)가 일간(日干)의 정관(正官)
　 이 되면 상당한 지위에 오르고, 칠살(七殺)이나 양인(陽刃)이
　 되면 생사여탈권을 쥔 군인이나 법관이 된다.
③ 장성(將星)에 해당하는 지지(地支)가 일간(日干)의 재성(財星)
　 이 되면 반드시 재정권을 쥐는 공무원이 된다. 예를 들면 재무
　 부장관이나 한국은행총재를 말한다.

9. 화개(華蓋) 보는 법

화개(華蓋)는 예술을 뜻하는데 해당하면 기예·예술·학술 방면
에 소질이 많다. 그러나 조용한 것을 좋아하며 욕망이 작고 고독
한 것을 좋아하므로 평생 경제적으로 궁핍할 수 있다.

月支	寅	卯	辰	巳	午	未	申	酉	戌	亥	子	丑
華蓋	戌	未	辰	丑	戌	未	辰	丑	戌	未	辰	丑

① 화개(華蓋)에 해당하는 지지(地支)가 일간(日干)의 인성(印星)인데 신강(身强)하면 사회적인 지위가 높다.

② 화개(華蓋)가 공망(空亡)이나 충(沖)되면 평생 고독하며 승려·도사·목사·철학가·종교가·예술가가 된다.

③ 여명이 화개(華蓋)와 도화(桃花)가 있는데 귀인(貴人)이나 장성(將星)이 있으면 반드시 가수나 배우가 된다.

④ 화개(華蓋)가 시지(時支)에 있으면 양자의 명이다.

10. 역마(驛馬) 보는 법

역마(驛馬)는 이동과 변동을 뜻하며, 재성(財星)과 비슷한 작용을 한다. 따라서 이동하여 돈을 벌거나, 변동하여 재산을 잃는 2가지 현상이 나타난다. 역마(驛馬)가 흉살(凶殺)과 동주(同柱)한 것을 역마살(驛馬殺)이라고 한다.

역마(驛馬)가 발동하는 것은 역마(驛馬)가 되는 오행(五行)이 삼합(三合)할 때이다. 경인(庚寅)일생이 사주에 사(巳)가 있는데 기축(己丑)년 유(酉)월 신(申)일을 만나면 사유축신(巳酉丑申)이 구성되어 역마(驛馬)가 발동하고, 기축(己丑)년 신(申)월 유(酉)일생, 병신(丙申)년 사(巳)월 축(丑)일생, 병신(丙申)년 축(丑)월 사(巳)일생도 역마(驛馬)가 발동한다. 그리고 유년(流年)의 역마(驛馬)는 대운(大運)의 역마(驛馬)보다 작용이 약하다. 역마(驛馬)는 다음과 같이 나눌 수 있다.

年支	寅午戌	申子辰	巳酉丑	亥卯未
驛馬	申	寅	亥	巳

1) 천마(天馬)

천마(天馬)는 삼합(三合)의 왕신(旺神)이 역마(驛馬)의 지지(地支) 바로 위의 천간(天干)에 있는 것을 말한다. 예를 들어 인오술(寅午戌) 삼합(三合) 화국(火局)의 왕신(旺神) 화(火)가 인오술(寅午戌)의 역마(驛馬)인 신(申) 위에 있으면 해당한다. 다시 말해 년지(年支)나 일지(日支)에 인오술(寅午戌)이 있는데 사주에 병신(丙申)이 있는 주(柱)가 있으면 천마(天馬)가 된다. 같은 이치로 신자진(申子辰)에 임인(壬寅)이 있고, 사유축(巳酉丑)에 신해(辛亥)가 있고, 해묘미(亥卯未)에 을사(乙巳)가 있으면 천마(天馬)가 된다.

2) 활마(活馬)

활마(活馬)는 역마(驛馬) 위의 천간(天干)이 일간(日干)과 오행(五行)이 같은 것을 말한다. 예를 들어 갑자(甲子)일생이 갑인(甲寅)이 있으면 인(寅)은 갑일간(甲日干)의 역마(驛馬)이면서 인(寅) 위의 천간(天干) 갑(甲)이 일간(日干)과 오행(五行)이 같으므로 활마(活馬)가 된다. 이와 같은 원리로 다른 경우도 추리하면 된다.

3) 녹마동향(祿馬同鄕)

녹마동향(祿馬同鄕)은 역마(驛馬)가 있는 지지(地支)가 일간(日干)의 녹(祿)이 되는 것을 말한다. 예를 들어 갑일간(甲日干)의 녹

(祿)은 인(寅)인데 갑진(甲辰)일생이 인(寅)시를 만나면 인(寅)은 역마(驛馬)이면서 일간(日干)의 녹(祿)이 된다.

여기서 주의할 것은 지금 말하는 녹마동향(祿馬同鄕)은 임오(壬午)일과 계사(癸巳)일의 녹마동향(祿馬同鄕)과는 다르다는 것이다. 녹(祿)은 일간(日干)의 임관(臨官)을 뜻할 때도 있고 일간(日干)의 정관(正官)을 뜻할 때도 있다. 그러나 여기서 말하는 녹(祿)은 일간(日干)의 건록임관(建祿臨官)이 되는 지지(地支)라는 뜻이고, 마(馬)는 일간(日干)의 재성(財星)을 뜻할 때도 있고 역마(驛馬)를 뜻할 때도 있으나 여기서 말하는 마(馬)는 역마(驛馬)라는 뜻이다. 반면에 임오(壬午)일과 계사(癸巳)일의 녹마(祿馬)는 재관(財官)을 의미한다.

4) 마득재향(馬得財鄕)

마득재향(馬得財鄕)은 역마(驛馬)가 있는 지지(地支)가 일간(日干)의 재성(財星)이 되는 것을 말한다. 예를 들어 병오(丙午)일생이 시주(時柱)가 병신(丙申)이면 시지(時支) 신(申)이 일간(日干)의 편재(偏財)가 되므로 역마(驛馬)가 재성(財星)을 겸한다. 마득재향(馬得財鄕)은 재마(財馬)라고도 한다.

이상에서 설명한 천마(天馬)·활마(活馬)·녹마(祿馬)·재마(財馬)는 대귀한 역마(驛馬)이므로 진마(眞馬)라고 하며, 진마(眞馬)가 아닌 역마(驛馬)는 길작용을 하지 않는다고 본다. 이중에서 녹마(祿馬)가 가장 좋고, 그 다음은 활마(活馬), 그 다음은 천마(天馬)이다.

평범한 사주에 진마(眞馬)가 아닌 다른 역마(驛馬)가 있으면 재물을 구하려고 동분서주해도 약간은 성취할지 모르나 관직은 높지 않다. 사주에 진마(眞馬)가 있으면 청운의 뜻을 이루어 관직이 공후에 이른다. 진마(眞馬)가 동(動)하면 재물을 얻으나 진마(眞馬)가 아닌 것이 동(動)하면 고생해도 소득이 없다.

① 사주에 역마(驛馬)가 있으면 다니는 것을 좋아하며 여행을 자주 한다.

② 사주에 역마(驛馬)가 있으면 재성(財星)운에 명리를 이룬다.

③ 역마(驛馬)가 공망(空亡)되거나 충(沖)되면 거주지와 직업이 자주 바뀐다.

④ 평범한 사람이 역마(驛馬)가 주거가 일정하지 않고, 역마(驛馬)가 공망(空亡)되면 명리를 이루지 못한다.

⑤ 역마(驛馬)에 해당하는 지지(地支)가 납음오행(納音五行)이나 일간(日干)의 장생(長生)이나 제왕(帝旺)이 되는데 용신(用神)이나 희신(喜神)에 해당하면 총명하며 임기응변에 능하고 덕망이 높은 지위에 오른다.

⑥ 역마(驛馬)에 해당하는 지지(地支)가 사절(死絶)에 놓였는데 기신(忌神)에 해당하면 변덕이 심하여 평생 이루는 일이 없다.

⑦ 역마(驛馬)에 해당하는 지지(地支)가 일간(日干)의 칠살(七殺)

이거나 고신(孤辰)·조객(弔客)·상문(喪門)이 되면 고향과 육친을 떠나 유람하거나 승려나 상인이 된다.

⑧ 역마(驛馬)에 해당하는 지지(地支)가 일간(日干)의 재성(財星)이 되면 돈버는 수단이 좋다.

⑨ 역마(驛馬)가 일간(日干)의 칠살(七殺)인데 칠살(七殺)이 용신(用神)이면서 사주가 좋으면 외교관으로 출세하거나 국외에서 무공을 세워 무관이 된다.

⑩ 역마(驛馬)에 해당하는 지지(地支)가 충(沖)되면 동(動)하므로 역마(驛馬) 작용을 한다. 말에 채찍을 가한 것과 같기 때문이다.

⑪ 역마(驛馬)에 해당하는 지지(地支)가 합(合)되면 말의 고삐를 말뚝에 매놓은 것 같아 역마(驛馬)의 작용을 하지 못한다.

⑫ 역마(驛馬)가 충(沖)되면 길한 역마(驛馬)는 더 길작용을 하고, 흉한 역마(驛馬)는 더 흉작용을 한다.

⑬ 역마(驛馬)가 합(合)되면 운이 늦게 열린다.

⑭ 역마(驛馬)가 대운(大運)이나 유년(流年)의 지지(地支)와 충(沖)되면 지위·직업·재산에 변동이 있는데 길흉은 역마(驛馬)의 작용과 운의 희기(喜忌)에 따라 다르다.

⑮ 역마(驛馬)가 양인(陽刃)이나 칠살(七殺)인데 충(沖)되면 길을 가다 교통사고를 당하거나 죽을 수 있다.

11. 고신(孤辰)과 과수(寡宿) 보는 법

年日支	寅卯辰	巳午未	申酉戌	亥子丑
孤辰	巳	申	亥	寅
寡宿	丑	辰	未	戌

① 사주에 고신(孤辰)이나 과수(寡宿)가 있으면 홀아비나 과부가 되고, 성생활이 만족스럽지 못하고, 자녀가 불효한다.

② 사주에 고신(孤辰)이나 과수(寡宿)가 있으면 표정에 화기가 없고 육친에게 불리하며 배우자를 극(剋)한다.

③ 고신(孤辰)이나 과수(寡宿)가 되는 지지(地支)가 납음오행(納音五行)의 생왕(生旺)이 되면 해로움을 면하나 사절(死絶)이 되면 더 흉하다.

④ 고신(孤辰)이나 과수(寡宿)가 역마(驛馬)와 동주(同柱)하면 타향에서 방탕하고, 상문(喪門)이나 조객(弔客)과 동주(同柱)하면 부모를 연달아 잃고, 공망(空亡)되면 고아가 되거나 어릴 때 고생을 많이 한다.

⑤ 일주(日柱)나 시주(時柱)에 고신(孤辰)과 화개(華蓋)가 있으면 고아나 승려가 된다.

⑥ 고신(孤辰)이나 과수(寡宿)가 관성(官星)이나 인성(印星)에 해당하면 사찰의 주지나 방장이 된다. 남자는 고신(孤辰)이 있고 여자는 과수(寡宿)가 있으면 더 확실하다.

⑦ 고신(孤辰)이나 과수(寡宿)가 겁살(劫殺)과 동궁(同宮)하면 매

우 흉하다. 예를 들어 축(丑)년생이 인(寅)이 있으면 인(寅)은 고신(孤辰)이면서 겁살(劫殺)이므로 대흉하다. 진(辰)이 년지(年支)나 일지(日支)에 있는데 사(巳)가 있을 때, 술(戌)과 해(亥)가 있을 때, 미(未)와 신(申)이 있을 때는 모두 고신(孤辰)과 겁살(劫殺)이 동주(同柱)한 것이므로 부귀한 가문에서 태어나도 중년에 형벌을 받고 가난하며 고독하다.

12. 겁살(劫殺)과 망신(亡身) 보는 법

겁살(劫殺)과 망신(亡身)은 최악의 흉성(凶星)이다. 겁살(劫殺)은 심성을 분석하는데 활용하고, 망신(亡身)은 심성이나 정치성을 분석하는데 활용한다.

年日支	申子辰	寅午戌	巳酉丑	亥卯未
劫殺	巳	亥	寅	申
亡身	亥	巳	申	寅

① 겁살(劫殺)과 망신(亡身)이 충(沖)되면 흉작용이 줄고, 합(合)되면 더 흉폭해진다.
② 겁살(劫殺)이 있으면 작은창자·귀·인후에 병이 걸릴 수 있다.
③ 겁살(劫殺)이 되는 지지(地支)가 일간(日干)이나 그 주(柱)의 납음오행(納音五行)이 장생(長生)이나 제왕(帝旺)이 되면 지혜가 있고, 사절(死絶)이 되면 고집이 세며 우매하다.

④ 겁살(劫殺)이 천을귀인(天乙貴人)·천덕귀인(天德貴人)·월덕귀인(月德貴人)과 동주(同柱)하면 위엄이 있고 모사에 능하다.

⑤ 겁살(劫殺)이 칠살(七殺)과 동주(同柱)하면 불의의 재난을 당하거나 수명이 위태롭다.

⑥ 겁살(劫殺)이 화개(華蓋)와 동주(同柱)하면 지혜가 뛰어나며 적극적이므로 큰 일을 이룬다.

⑦ 겁살(劫殺)이 경신(庚辛)과 동주(同柱)하면 무관이 되거나 철을 다루는 사람이 되고, 공망(空亡)되거나 병정(丙丁) 등의 화신(火神)과 동주(同柱)하면 대장장이나 백정이 된다.

⑧ 겁살(劫殺)이 일주(日柱)나 시주(時柱)에 있는데 합(合)되면 주색을 탐한다.

⑨ 겁살(劫殺)이 시지(時支)에 있으면 우매한 자손을 둔다.

⑩ 겁살(劫殺)은 일주(日柱)에서 일으키는데 월지(月支)와 시지(時支)에 있으면 더 흉하다. 예를 들어 일지(日支)가 인오술(寅午戌)인데 다른 지지(地支)에 해(亥)가 있으면 겁살(劫殺)이 된다.

⑪ 겁살(劫殺)이 2개 있는데 칠살(七殺)이 있으면 난폭한 강도이고 형벌을 받거나 요절한다.

⑫ 겁살(劫殺)이 정관(正官)이면 무관이나 과단성 있는 직업에 종사하는데 얼굴이 길고 위엄이 있어 사람들이 경외시한다.

⑬ 겁살(劫殺)이 공망(空亡)되거나 원진(怨嗔) 등의 흉살(凶殺)이 되면 강도가 된다.

⑭ 겁살(劫殺)이 일간(日干)의 칠살(七殺)인데 경신금(庚辛金)이

겁살(劫殺)을 생조(生助)하거나 사주에 양인(陽刃)이 있으면 교통사고를 당한다.

⑮ 겁살(劫殺)이 있어도 격국(格局)이 좋고 용신(用神)이나 희신(喜神)에 해당하면 대귀격을 이루는데 생왕(生旺)에 놓이면 더 확실하다.

⑯ 사주에 망신(亡身)이 있으면 배우자와 자식을 극(剋)하는데 2~3개 이상 있으면 본인이 흉사하고, 유년(流年)에서 만나면 두통이 따른다.

⑰ 망신(亡身)이 용신(用神)이며 생왕(生旺)하면 사려가 깊고 결단력이 있으며 승부욕이 강하고 설득력이 뛰어나다. 그러나 자기 꾀에 자기가 넘어갈 수도 있다.

⑱ 망신(亡身)이 기신(忌神)에 해당하는 지지(地支)에 있으면 성격이 급하며 도량이 좁고, 경박하며 사기성이 있고, 방탕하며 시비를 좋아하고, 주색을 좋아하다 재앙을 만나고, 관재·투옥·상해 등이 따른다.

⑲ 망신(亡身)이 되는 지지(地支)가 그 주(柱)의 납음오행(納音五行)인데 일간(日干)이 생왕사절(生旺死絶)에 놓이면 영리하다. 생왕(生旺)에 놓이면 지능을 옳은 일에 쓰나 사절(死絶)에 놓이면 나쁜 일에 쓴다.

13. 도화(桃花) 보는 법

年支	申子辰	寅午戌	巳酉丑	亥卯未
桃花	酉	卯	午	子

1) 나체도화(裸體桃花)

나체도화(裸體桃花)는 갑자(甲子)·경오(庚午)·정묘(丁卯)·계유(癸酉)일생이면 해당한다. 여자가 나체도화(裸體桃花)가 되면 남편이 바람기가 있다.

2) 목욕도화(沐浴桃花)

목욕도화(沐浴桃花)는 사주에 일간(日干)의 목욕(沐浴)이 있는 것을 말하는데 합형충(合沖刑)이 되면 색을 좋아하며 음란하다.

3) 편야도야(遍野桃花)

편야도야(遍野桃花)는 사주에 자오묘유(子午卯酉)가 모두 있는 것을 말하는데 남자는 부귀격을 이루나 색을 좋아하며 음란하고, 여자는 대흉하다. 대운(大運)과 유년(流年)에서 성립되어도 흉하다.

4) 외도화(外桃花)

외도화(外桃花)는 일지(日支)나 시지(時支)에 자오묘유(子午卯酉)가 있는 것을 말한다.

5) 함지도화(咸地桃花)

함지도화(咸地桃花)는 삼합국(三合局)을 이루는 첫 글자의 다음 글자를 말한다. 예를 들어 신자진(申子辰)생은 유(酉)가 함지도화(咸地桃花)이다.

6) 도삽도화(跳揷桃花)

도삽도화(跳揷桃花)는 년지(年支)가 자(子)인데 다른 지지(地支)에 해묘미(亥卯未)가 1개 이상 있거나 년지(年支)가 오(午)인데 다른 지지(地支)에 사유축(巳酉丑)이 1개 이상 있거나 년지(年支)가 묘(卯)인데 다른 지지(地支)에 인오술(寅午戌)이 1개 이상 있거나 년지(年支)가 유(酉)인데 다른 지지(地支)에 신자진(申子辰)이 1개 이상 있으면 성립한다.

7) 홍염도화(紅艶桃花)

홍염도화(紅艶桃花)는 신분과 귀천에 구애받지 않고 사랑하는 속성이 있다.

8) 곤랑도화(滾浪桃花)

곤랑도화(滾浪桃花)는 도화(桃花)인 지지(地支)가 지지(地支)끼리 형(刑)하고, 도화(桃花)가 있는 천간(天干)이 다른 천간(天干)과 합(合)하는 것을 말한다.

9) 나형도화(裸刑桃花)

나형도화(裸刑桃花)는 곤랑도화(滾浪桃花)와 같이 도화(桃花)가 형(刑)하고 천간(天干)이 합(合)하는 것을 말한다.

10) 진도화(眞桃花)

진도화(眞桃花)가 있으면 매우 흉하며 음란하다. 인오술(寅午戌)이 정묘(丁卯)를 만나거나 신자진(申子辰)이 계유(癸酉)를 만나거나 사유축(巳酉丑)이 경오(庚午)를 만나거나 해묘미(亥卯未)가 갑자(甲子)를 만나면 해당한다.

① 모든 도화(桃花)는 칠살(七殺)과 동주(同柱)하면 도화살(桃花殺)이라고 한다.

② 사주에 도화(桃花)가 있으면 성격이 급하며 약삭빠르고, 풍류을 좋아하며 재능이 많고 예술에 능하다.

③ 도화(桃花)가 일지(日支)에 있으면 아내가 불량하며 하천하고, 아내 때문에 치욕을 당하거나 망한다.

④ 여명이 도화(桃花)가 시지(時支)에 있으면 바람끼가 있다.

⑤ 도화(桃花)가 있는데 천간(天干)에 정관(正官)이나 정인(正印)이 있으면 흉이 풀린다.

⑥ 도화(桃花)가 칠살(七殺)과 합(合)하면 혼인이 늦어진다.

⑦ 도화(桃花)가 비견(比肩)이나 겁재(劫財)와 동주(同柱)하면 색을 좋아하다 망신을 당한다.

⑧ 도화(桃花)가 상관(傷官)과 동주(同柱)하면 성병에 걸린다.

⑨ 도화(桃花)가 겁재(劫財)나 칠살(七殺)과 동주(同柱)하면 음탕하고, 여기다 양인(陽刃)까지 겹치면 참사한다. 그러나 공망(空亡)되면 흉이 줄어든다.

⑩ 도화(桃花)가 귀인(貴人)이나 녹(祿)과 동궁(同宮)하면 부정한 방법으로 재물을 모은다.

⑪ 도화(桃花)가 칠살(七殺)이나 양인(陽刃)과 동주(同柱)하면 종말이 흉하다.

⑫ 목욕도화(沐浴桃花)가 진신(進神)이면 경국지색의 용모를 지닌다. 진신(進神)이란 갑자(甲子)·갑오(甲午)·기묘(己卯)·기유(己酉)를 말한다.

⑬ 사주에 곤랑도화살(滾浪桃花殺)이나 나형도화살(裸刑桃花殺)이 있으면 색정사건으로 죽는다.

⑭ 사주에 함지도화(咸池桃花)가 있으면 총명하며 기예가 뛰어나나 색을 밝힌다. 그 주의 납음(納音)이 생왕(生旺)하면 예술적 재능이 있고, 사절(死絶)되거나 공망(空亡)되거나 흉살(凶殺)이 겹치면 무당이나 막노동을 하는 사람이 된다.

⑮ 함지도화(咸池桃花)가 있는데 그 주의 납음(納音)이 수(水)이면 매우 음란한데 진신(進神)이 겹치면 용모가 경국지색이다. 진신(進神)이 겹친다는 말은 진도화(眞桃花)가 된다는 뜻이다.

⑯ 함지도화(咸池桃花)가 일지(日支)에 있는데 일주(日柱)가 음차양착살(陰差陽錯殺)이거나 화개(華蓋)나 파쇄살(破碎殺)과 동

주(同柱)하면 불량한 아내 때문에 재앙을 만난다.

⑰ 함지도화(咸地桃花)와 화개(華蓋)가 일지(日支)와 시지(時支)에 있으면 아내가 추악한 짓을 하다 재물을 없애고 외간남자와 사통한다.

⑱ 함지양인(咸地陽刃)이라는 것이 있는데 해당하면 질병이 많다. 예를 들어 년주(年柱)가 갑술(甲戌)인데 다른 지지(地支)에 묘(卯)가 있으면 묘(卯)는 도화(桃花)가 되며 년간(年干) 갑(甲)의 양인(陽刃)이 된다. 경신(庚申)이나 경진(庚辰)이 유(酉)를 만나도 그렇다.

14. 양인(陽刃) 보는 법

양인(陽刃)은 신강(身強)함이 극에 이르러 재앙을 초래하는 것인데 양간(陽干)에는 있으나 음간(陰干)에는 없다. 일간(日干)을 위주로 보는데 갑일간(甲日干)이 사주의 지지(地支) 중 한 군데 이상 묘(卯)가 있으면 묘(卯)는 갑(甲)의 양인(陽刃)이 된다. 경(庚)이 유(酉)를 만나거나, 병(丙)이 오(午)를 만나거나, 무(戊)가 오(午)를 만나거나, 임(壬)이 자(子)를 만나도 양인(陽刃)이 된다.

양인(陽刃)은 형벌을 집행하는 별이므로 해당하면 성질이 강렬하며 포악하고 성급하여 형벌을 받는 경우가 많고, 평생 장애가 많다. 그러나 양인(陽刃)이 있다고 무조건 흉한 것으로 단정하면 안 된다. 유명한 호걸과 열사들 중에는 양인(陽刃)이 있는 사람이 많다.

예를 들어 장군이나 사법관들 경우에 생사여탈권을 주관하는 양인(陽刃)이 있는 경우가 많다. 양인(陽刃)이 일간(日干)에게 쓸모가 있으면 권력이 되고, 일간(日干)에게 해악을 끼치면 형벌이 된다. 살인양정(殺刃兩停)이면 위지공후(位至王候)라고 하였다.

① 양인(陽刃)이 년지(年支)에 있으면 조상의 유업을 파하고 은혜를 원수로 갚는다.

② 양인(陽刃)이 3~4개 있으면 장님이나 벙어리가 될 수 있다.

③ 양인(陽刃)이 형충(刑沖)이나 합(合)되면 흉하고, 삼합(三合)이나 방합(方合)을 이루면 고향을 떠난다.

④ 여명이 양인(陽刃)이 2개 있으면 불손하고, 3개 이상 있으면 매우 음란하며 악사한다. 운에서 만나면 더 확실하다.

⑤ 여명이 양인(陽刃)·상관(傷官)·인성(印星)이 모두 있으면 자식을 두기 어렵다.

⑥ 남명이 양인(陽刃)이 많으면 아내를 극(剋)한다.

⑦ 양인(陽刃)이 일지(日支)에 있는데 시주(時柱)에 편인(偏印)이 있으면 아내가 난산하고, 여명이 일지(日支)에 양인(陽刃)이 있거나 상관(傷官)이 있으면 악사한다.

⑧ 양인(陽刃)이 시지(時支)에 있으면 아내·자녀를 극(剋)하고 만년에 재앙을 당하나 편관(偏官)이 있어 양인(陽刃)을 제압하면 무사하다.

⑨ 양인(陽刃)은 일지(日支)와 시주(時柱)에 있는 것이 가장 흉한

데 반드시 아내를 극(剋)한다. 그 주(柱)의 납음오행(納音五行)이 생왕(生旺)이 되며 년주(年柱)를 극(剋)하면 한 명의 아내와 이별하지만 사절(死絶)이 되면 두 명의 아내를 극(剋)한다. 예를 들면 갑오(甲午)년생이 갑오(甲午)를 만나면 해당한다. 년간(年干) 병(丙)이 일주(日柱)나 시주(時柱)에서 갑오(甲午)를 만나면 오(午)는 병(丙)의 양인(陽刃)이 되고, 갑오(甲午)는 금(金)이니 납음오행(納音五行)이 저절로 패하여 힘이 없어진다.

⑩ 양인(陽刃)이나 겁재(劫財)가 상관(傷官)과 동주(同柱)하면 만년에 큰 재앙을 당하고 가정이 깨지거나 실직당하여 궁핍하다.

⑪ 양인(陽刃)이 정재(正財)와 동주(同柱)하면 재물이 소멸될 징조이고 사회적으로 지탄받는 일이 생긴다.

⑫ 양인(陽刃)이 겁재(劫財)와 동주(同柱)하면 조상과 함께 살기 어렵고, 겉으로는 겸손하며 유순한 것 같으나 잔인하며 동정심이 없고 가정이 적막하다.

⑬ 양인(陽刃)이 있는 주의 납음오행(納音五行)이 스스로 사절(死絶)이면 성격이 성급하고 포악하며 파괴적이다. 만약 목욕(沐浴)과 동주(同柱)하면 질병으로 고생한다.

⑭ 사주에 칠살(七殺)이 강한데 양인(陽刃)이 있으면 길하고, 칠살(七殺)만 있고 양인(陽刃)이 없으면 현달할 수 없고, 양인(陽刃)만 있고 칠살(七殺)이 없으면 위엄이 없다.

⑮ 신양인(身陽刃)은 년월시간(年月時干)의 양인(陽刃)이 일지(日支)에 집중된 것을 말하는데 해당하면 형벌을 받거나 요절하거

나 자살한다. 귀인(貴人)이 있어도 면하지 못한다.

時	日	月	年
戊	壬	丙	丙
申	午	申	寅

본명은 년간(年干)과 월간(月干)의 양인(陽刃)이 일지(日支) 오(午)에 집중되어 18세에 요절하였다.

時	日	月	年
庚	丁	甲	丙
午	亥	午	寅

이 사주처럼 월지(月支)와 시지(時支)에 자오묘유(子午卯酉)가 있는 것을 세살(歲殺)이라고 하는데 악사한다. 일지(日支) 해(亥)가 병(丙)의 천을귀인(天乙貴人)이 되지만 흉을 풀지 못하여 아이를 낳다가 죽었다.

時	日	月	年
乙	乙	乙	庚
酉	酉	酉	戌

이 사주는 비록 경(庚)의 양인(陽刃)이 3개 있지만 화개(華蓋)·함지(咸地)·현침(懸針) 등의 흉살(凶殺)이 없고, 순수하며 왕성한 기운을 띠어 승상에 올랐다.

```
時 日 月 年
丁 丁 丁 甲
巳 卯 卯 戌
```

이 사주에서 묘(卯)는 년간(年干)의 양인(陽刃)이 되고, 사(巳)는 망신(亡身)이 되므로 기(氣)가 분산되었다. 합(合)이 없어 기(氣)는 분산되었으나 양인(陽刃)의 흉을 풀지 못하여 50세를 넘기지 못하였고 아들도 두지 못하였다. 신살(神殺)을 볼 때는 기(氣)가 응집되었는지 분산되었는지를 살펴야 한다. 분산되면 화복도 분산되고 응집되면 화복도 응집되므로 길한 것은 응집시키고 흉한 것은 분산시켜야 한다.

```
時 日 月 年
甲 丙 壬 丙
午 子 辰 寅
```

이 사주에서 병자(丙子)는 음양차착살(陰陽差錯殺)이고, 자(子)는 상문(喪門)이고, 오(午)는 양인(陽刃)이고, 갑오(甲午)는 진신(進

神)이다. 진신(進神)이 있으니 기(氣)가 응집되어 흉하므로 빈천하며 요절하였다.

이상의 예는 『삼명통회(三命通會)』에 있는 것을 옮긴 것이다. 그런데 옛법이 현대의 사주학과 다른 것은 년주(年柱)를 위주로 한 것이다. 타당성이 완전히 입증되지는 않았으나 참고할 가치는 있다고 본다. 다음은 일간(日干) 별로 나누어 살펴보기로 한다.

1) 갑일간(甲日干)

갑일간(甲日干)이 묘양인(卯陽刃)이 있으면 경무정(庚戊丁)을 용신(用神)으로 삼아야 한다. 만일 경(庚) 칠살(七殺) 1개만 있으면 귀가 작고, 경무(庚戊)가 모두 천간(天干)에 있으면 대길하고, 무(戊)가 없고 기(己)가 있으면 경(庚) 1개만 있는 것으로 보고 작은 귀는 이루나 부유하지는 못하다고 판단하고, 경(庚)이 있는데 정(丁)이나 병(丙)이 있어 극(剋)하면 평범하고, 경(庚)이 있는데 임(壬)이나 계(癸)가 있어 살인상생(殺印相生)이 되면 하격을 이루고, 경(庚)은 중첩해도 흉하지 않으나 묘(卯)가 중첩되면 흉하다. 만일 경(庚)이 없으면 정무(丁戊)를 용신(用神)으로 삼는다.

2) 병일간(丙日干)

병일간(丙日干)이 오양인(午陽刃)이 있으면 임경(壬庚)을 용신(用神)으로 삼아야 한다. 인(寅 : 午) 1개와 살(殺 : 壬) 1개가 있으면

평범하고, 오(午) 1개와 임(壬) 2개가 있으면 길하고, 오(午) 1개와
임(壬) 2개와 경(庚)이 있으면 대길하고, 경(庚)이 없고 신(申)이
있으면 일간(日干)과 합(合)하므로 흉하고, 임(壬)이 2개 경(庚)이
1개 있는데 지지(地支)에 신(申)이 있으면 귀격을 이루고, 천간(天
干)에 무기정(戊己丁)이 투출(透出)하면 부귀를 이루지 못한다. 따
라서 병(丙)일 오(午)월생이 천간(天干)에 식신제살(食神制殺)이
있으면 평범하다. 임(壬)은 중첩해도 흉하지 않으나 오(午)가 중첩
되면 흉하다. 염상격(炎上格)은 사주에서 금수(金水)가 없어야 한
다. 금수(金水)가 있으면 염상격(炎上格)이 아니다.

3) 무일간(戊日干)

무일간(戊日干)이 오양인(午陽刃)이 있으면 임갑병(壬甲丙)을 용
신(用神)으로 삼아야 한다. 칠살(七殺) 갑(甲) 1개로는 용신(用神)
이 될 수 없으니 반드시 임(壬)이 있어 갑(甲)을 도와야 하고, 수
(水)가 없어도 염상격(炎上格)이 되어 길하나 종격(從格)이 될 수
없으므로 수(水)로 조후(調候)하지 못하면 흉하고, 갑(甲)이 없고
임(壬)만 있어도 귀격을 이루나 갑(甲)과 임(壬)이 모두 있으면 더
좋다. 즉 갑(甲)은 없어도 되지만 임(壬)은 없으면 안 된다. 만일
임(壬)과 갑(甲)이 모두 있는데 기(己)운을 만나면 기(己)가 갑
(甲)과 합(合)하고 임(壬)을 극(剋)하기 때문에 흉하다. 무(戊)일
오(午)월생은 겁재(劫財)인 기(己)를 제일 싫어한다. 년간(年干)에
신(辛)이 있거나 신(辛)운을 만나면 좋다. 임(壬)이 없고 계(癸)가

있을 때는 사주에 신(辛)이나 자(子)가 있어야 계(癸)가 효용을 발휘할 수 있다.

4) 경일간(庚日干)

경일간(庚日干)이 유양인(酉陽刃)을 만나면 병정(丙丁)을 용신(用神)으로 삼아야 한다. 다른 일간(日干)은 양인가살(陽刃駕殺)이면 칠살(七殺)을 쓴다. 그러나 경일간(庚日干)은 정(丁)이 더 일간(日干)을 극(剋)하므로 병(丙)이 중첩되거나 갑을인묘(甲乙寅卯)가 병(丙)을 생조(生助)하거나 정(丁)이 도와주어야 한다. 따라서 병(丙) 칠살(七殺) 1개만 있으면 부귀를 이루지 못하고 병정(丙丁)이 모두 있어야 상격을 이룬다. 이것이 경(庚)이 관살(官殺)이 혼잡된 것을 좋아하는 이유이다.

만일 임(壬)이 병(丙)을 극(剋)하면 식신제살(食神制殺)이 되나 오히려 흉하고, 무기(戊己)가 있어 살인상생(殺刃相生)이 되어도 더 흉하다고 본다. 종혁격(從革格)을 이루었을 때는 사주에 수(水)가 있으면 좋으나 화(火)가 있으면 오히려 흉하다. 지지(地支)에 유묘사오(酉卯巳午)가 모두 있으면 천간(天干)이 무엇이든 상격이 된다. 지지(地支)에 묘(卯)가 있으면 천간(天干)에 병(丙)이 있는 것과 같고, 오(午)가 있으면 정(丁)이 있는 것과 같기 때문이다.

5) 임일간(壬日干)

임일간(壬日干)이 자양인(子陽刃)이 있으면 무병(戊丙)을 용신(用

神)으로 삼아야 한다. 만일 무(戊) 칠살(七殺) 1개만 있고 병(丙)이 없어 양인가살격(陽刃駕殺格)이 되면 평범하고, 병정(丙丁)이 모두 있으면 상격이 된다. 그런데 무(戊)가 약하면 병(丙)으로 강화시켜 야지 무(戊)가 2개 이상 있으면 좋지 않다. 갑(甲)이 있는데 무(戊) 도 있으면 식신제살(食神制殺)이 되어 흉하다. 지지(地支)에 화 (火)가 많으면 무(戊)가 없어도 부자가 된다. 병오(丙午)시나 정미 (丁未)시생은 무(戊)가 없어도 상격이 된다.

양간(陽干)의 양인격(陽刃格)은 이외에도 일간(日干)이 합(合)되면 흉하다. 특히 투합(妬合)하면 비록 조후(調候)에 적합해도 명리를 얻지 못하고, 얻어도 오래가지 못한다. 투합(妬合)이란 1갑(甲) 2기(己), 1병(丙) 신(辛), 1무(戊) 2계(癸), 1경(庚) 2을(乙), 1임(壬1 정(丁)을 사주나 운에서 만나는 것을 말한다.

제5장. 간명요결(看命要訣)

1. 사주팔자(四柱八字)

1. 년주(年柱)와 월주(月柱) 정하는 법

정월은 입춘(立春)부터 시작된다. 그러나 음력 1월 1일이 항상 입춘(立春)이 되는 것은 아니므로 만세력에서 찾아 입춘(立春)이 드는 날과 시각을 기준으로 그 이전에 태어난 사람은 전년의 년주(年柱)와 전년의 12월 월주(月柱)를 써야 한다. 입춘(立春)이 드는 시각 이후에 태어나야 금년의 년주(年柱)와 정월의 월주(月柱)를 사용할 수 있다는 말이다.

예를 들어 1960년 경자(庚子)년이라면 음력 1월 9일 해(亥)시에 입춘(立春)이 든다. 따라서 1960년 음력 1월 9일 축(丑)시에 태어났으면 경자(庚子)년 무인(戊寅)월이 아니라 기해(己亥)년 정축(丁

丑)월이 된다. 다른 월건(月建)도 역시 절입시각을 기준으로 정한다. 예를 들면 경칩(驚蟄)이 드는 시각부터 2월이 시작되고, 청명(淸明)이 드는 시각부터 3월이 시작되는 것이다.

최근 중국에서 동지(冬至)를 기준으로 년주(年柱)를 정해야 한다고 주장하는 사람이 등장하였다. 동지(冬至)에서 일양(一陽)이 처음 발생하고, 동지(冬至)는 육십사괘(六十四卦) 중에서 양효(陽爻)가 처음으로 1개 발생하는 괘(卦)이므로 동지(冬至)가 그 다음 해의 시작이 되어야 한다는 것이다.

동지(冬至)부터 낮의 길이가 점점 길어져 하지(夏至)까지 이어지는 것은 천문학의 원리이기도 하다. 이리하여 갑자(甲子)월부터 갑기(甲己)년이 시작되고, 병자(丙子)월부터 을경(乙庚)년이 시작되고, 무자(戊子)월부터 병신(丙辛)년이 시작되고, 경자(庚子)월부터 정임(丁壬)년이 시작되고, 임자(壬子)월부터 무계(戊癸)년이 시작된다고 주장한다.

그러나 사주학은 응용학문이며 서자평(徐子平)이 사주학을 창시할 때 년(年)의 기준을 입춘(立春)으로 정했기 때문에 입춘(立春)을 년(年)의 기준으로 삼는 것이 옳다고 본다. 중국에서도 이 한 사람을 제외하면 누구도 동지(冬至) 기준설을 쓰지 않는다. 그러므로 입춘(立春)을 기준으로 년주(年柱)를 정하는 것이 맞다. 매년의 월건(月建)은 다음의 월간지표(月干支表)와 같다.

월간지표(月干支表)

生月 \ 出生年 節名		甲己年	乙庚年	丙辛年	丁壬年	戊癸年
정월	立春	丙寅	戊寅	庚寅	壬寅	甲寅
2월	驚蟄	丁卯	己卯	辛卯	癸卯	乙卯
3월	淸明	戊辰	庚辰	壬辰	甲辰	丙辰
4월	立夏	己巳	辛巳	癸巳	乙巳	丁巳
5월	芒種	庚午	壬午	甲午	丙午	戊午
6월	小暑	辛未	癸未	乙未	丁未	己未
7월	立秋	壬申	甲申	丙申	戊申	庚申
8월	白露	癸酉	乙酉	丁酉	己酉	辛酉
9월	寒露	甲戌	丙戌	戊戌	庚戌	壬戌
10월	立冬	乙亥	丁亥	己亥	辛亥	癸亥
11월	大雪	丙子	戊子	庚子	壬子	甲子
12월	小寒	丁丑	己丑	辛丑	癸丑	乙丑

2. 일주(日柱)와 시주(時柱) 정하는 법

매일의 간지(干支)는 황제(黃帝)가 개국한 갑자(甲子)년, 갑자(甲子)월, 갑자(甲子)일부터 육십갑자(六十甲子)의 순서대로 배정하여 오늘날까지 이어져 왔다. 우리는 만세력을 보면 태어난 날의 간지(干支)를 간단하게 알 수 있다. 일주(日柱)의 간지(干支)는 만세력을 보면 되고, 시주(時柱)의 간지(干支)는 태어난 시간을 보고 일주(日柱)의 간지(干支)에 따라 정한다.

하루는 자(子)시에서 시작하여 해(亥)시에서 끝난다. 시(時)의 간지(干支) 역시 황제(黃帝)가 개국한 갑자(甲子)년 갑자(甲子)월 갑자(甲子)일 갑자(甲子)시에서 시작하여 을축(乙丑)시·병인(丙寅)시로 육십갑자(六十甲子)의 순서대로 이어져 지금에 이른 것이다. 하루는 자(子)시에서 시작하여 축(丑)·인(寅)·묘(卯)·진(辰)·사(巳)·오(午)·미(未)·신(申)·유(酉)·술(戌)·해(亥)시로 이어지고, 다시 다음날 자(子)시로 이어져 축(丑)·인(寅)·묘(卯)시로 순환한다.

그럼 몇 시부터 몇 시까지가 자(子)시이고, 몇 시부터 몇 시까지가 축(丑)시인지 그 과정을 설명하기로 하겠다. 각 지역의 태양이 남중(南中)하는 시각을 정오(正午)로 하고, 정오(正午)를 12시라고 하면 다음과 같이 시간을 정할 수 있다.

자시(子時) : 23시~01시	오시(午時) : 11시~13시
축시(丑時) : 01시~03시	미시(未時) : 13시~15시
인시(寅時) : 03시~05시	신시(申時) : 15시~17시
묘시(卯時) : 05시~07시	유시(酉時) : 17시~19시
진시(辰時) : 07시~09시	술시(戌時) : 19시~21시
사시(巳時) : 09시~11시	해시(亥時) : 21시~23시

야자시(夜子時) : 오늘 23시부터 오늘 23시 59분 59초를 말한다. 일주(日柱)는 오늘의 일주(日柱)를 쓰고, 시주(時柱)는 내일 자(子)시의 시주(時柱)를 쓴다.

조자시(早子時) : 오늘 0시부터 오늘 새벽 1시까지를 말한다. 일주(日柱)와 시주(時柱) 모두 오늘의 일주(日柱)와 오늘의 자(子)시를 쓴다.

만일 09시 30분에 태어났으면 09~11시까지는 사(巳)시이니 사(巳)시생이다. 시지(時支)는 시간(時干)에 따라 정하고 시간(時干)은 어떻게 정하나. 같은 인(寅)시라도 갑(甲)일의 인(寅)시와 을(乙)일의 인(寅)시와 병(丙)일의 인(寅)시는 다르다. 갑(甲)일과 기(己)일은 갑자(甲子)시에서 시작하여 을축(乙丑) 병인(丙寅)으로 진행되고, 을(乙)일과 경(庚)일은 병자(丙子)시에서 시작하고, 병(丙)일과 신(辛)일은 무자(戊子)시에서 시작하고, 정(丁)일과 임(壬)일은 경자(庚子)시에서 시작하고, 무(戊)일과 계(癸)일은 임자(壬子)시에서 시작한다. 시간지표(時干支表)는 다음과 같다.

시간지표(時干支表)

生時 \ 生日	甲己日	乙庚日	丙辛日	丁壬日	戊癸日
子	甲子	丙子	戊子	庚子	壬子
丑	乙丑	丁丑	己丑	辛丑	癸丑
寅	丙寅	戊寅	庚寅	壬寅	甲寅
卯	丁卯	己卯	辛卯	癸卯	乙卯
辰	戊辰	庚辰	壬辰	甲辰	丙辰
巳	己巳	辛巳	癸巳	乙巳	丁巳
午	庚午	壬午	甲午	丙午	戊午
未	辛未	癸未	乙未	丁未	己未
申	壬申	甲申	丙申	戊申	庚申
酉	癸酉	乙酉	丁酉	己酉	辛酉
戌	甲戌	丙戌	戊戌	庚戌	壬戌
亥	乙亥	丁亥	己亥	辛亥	癸亥

　그런데 위에서 23~1시까지가 자(子)시라고 한 것은 태어난 지역의 태양이 남중(南中)하는 시간이 12시 정오라는 전제하에 정한 것이다. 우리나라는 동경 135도 자오선(子午線)을 기준으로 표준시를 사용한다. 그러므로 동경 127도 30분인 서울출생의 경우 진태양시(眞太陽時)보다 30분 빠르므로 11시 30분에 오(午)시가 시작되고, 12시 30분에 정오가 된다.

■ 조자시(早子時)와 야자시(夜子時)

　야자시(夜子時)는 자(子)시를 둘로 나누어 23시부터 0시까지를 말하고, 조자시(早子時)는 0시부터 1시까지를 말한다. 원수산(袁繡珊)은 '생일의 간지(干支)는 오늘에 속하고, 생시의 간지(干支)는 내일에 속하는 것이 야자시(夜子時)'라고 정의하였다. 야자시(夜子時)의 이론을 채택한 사람으로는 이석영(李晳英)이 있었고, 부정한 사람으로는 박재완(朴在琓)이 있었다.

2. 대운(大運)과 유년(流年)

대운(大運)은 10년 동안의 운을 주관하고, 유년(流年)은 1년 동안의 운을 주관한다. 대운(大運)은 큰 틀이 변하는 환경이고, 유년(流年)은 큰 틀 안에서 작은 틀이 변하는 환경이다. 따라서 성패는 대운(大運)에 달려있고, 길흉은 유년(流年)에 달려있다고 할 수 있다.

대운(大運)은 원국(元局)과 대조하고, 유년(流年)은 원국(元局)과 대운(大運)을 함께 대조한다. 유년(流年)은 대운(大運)을 거쳐 원국(元局)에 작용하는 것이 원칙이지만 회합형충(會合刑沖)이 될 때는 원국(元局)에 직접 작용하기도 한다. 인생의 중대한 사건인 사망·직업변동·재물운·이혼운 등은 대운(大運)이 주관하고, 사소한 일은 유년(流年)이 주관한다.

사주팔자는 근본이고 대운(大運)과 유년(流年)은 길흉화복이 작용하는 변화의 관건이다. 사주는 나무와 같고 운은 봄과 같으니 나무는 봄을 만나지 않으면 발전할 수 없다. 근본이 천박하면 잡초와 같으니 봄바람이 불면 잠시 피었다가 곧 시들어 영화가 오래갈 수 없으나 근기가 튼튼하면 소나무와 같으니 봄은 물론 겨울이 와도 절개를 지키며 굳게 버틸 수 있다. 따라서 먼저 근본을 고려한 후 운의 변화를 논해야 한다.

■ 『적천수천미(滴天髓闡微)』에서는 다음과 같이 논하였다.

```
時 日 月 年
癸 丁 壬 庚      戊丁丙乙甲癸
卯 卯 午 寅      子亥戌酉申未
```

이 사주는 재관(財官)이 허공에 떠 있어 뿌리가 없다. 편인(偏印)과 비견(比肩)이 당령(當令)하여 세력을 잡았다. 재관(財官)이 휴수(休囚)되어 마치 가난하며 요절할 명조처럼 보이나 이 사람은 사업을 세우고 오래 살았다. 수(水)가 있어 화(火)의 겁재(劫財)를 만나도 구제되었기 때문이고, 갑신(甲申)과 을유(乙酉) 대운(大運)에 경금(庚金)이 녹(祿)과 제왕(帝旺)을 만나 임계(壬癸)를 생조(生助)하며 인묘목(寅卯木)을 충(沖)하여 제거했기 때문이다. 소위 쇠신충왕왕신발(衰身沖旺旺神發)이 되어 수만 냥의 돈을 벌었던 것이니 사주 좋은 것이 운 좋은 것만 못하다는 말이 정말 옳다.

여기서 쇠신충왕왕신발(衰身沖旺旺神發)은 쇠약한 것이 왕성한 것을 충(沖)하면 왕성한 것이 발한다는 뜻이다.

1. 대운(大運) 정하는 법

 대운(大運)은 10년 동안의 길흉을 주관하고, 유년(流年)은 1년 동안의 길흉을 주관한다. 그렇다면 인생의 10년씩을 좌우하는 대운(大運)을 어떻게 알아내고 배열할 것인가. 옛사람들이 한 대운(大運)으로 10년을 판단하고, 3일을 1년으로 환산한 이유는 무엇인가. 절입일에서 다음 절입일 사이의 평균적인 기간인 30일을 10년으로 계산하기 때문이다.

 양남음녀(陽男陰女)는 출생일부터 돌아오는 절기(節氣)까지의 일수를 3으로 나누고, 음남양녀(陰男陽女)는 출생일부터 지나간 절기(節氣)까지의 일수를 3으로 나눈다. 양남음녀(陽男陰女)의 대운(大運)은 순행하고, 음남양녀(陰男陽女)의 대운(大運)은 역행한다. 월주(月柱)의 간지(干支)를 육십갑자(六十甲子)의 순서에 따라 순행시키거나 역행시키는 것이다.

 즉 대운(大運)은 양남음녀(陽男陰女)이면 월주(月柱)의 간지(干支)가 육십갑자(六十甲子)의 순서대로 진행하고, 음남양녀(陰男陽女)이면 거꾸로 진행하는 것이다. 출생일부터 과거절이나 미래절까지의 일수를 3으로 나눈 수가 1이면 1대운(大運), 2이면 2대운(大運), 3이면 3대운(大運), 9이면 9대운(大運), 10이면 10대운(大運)이라 한다. 10대운(大運)은 순운(旬運)이라고도 한다. 일본인 아부태산은 순운(旬運)을 1운으로 보아야 한다고 했지만 틀린 말이다.

 대운수(大運數)를 계산하는 방법은 출생일시부터 미래절이나 과

거절이 드는 시각까지의 일수를 3으로 나눈다. 나머지가 1이면 버리고 2이면 나눈 답에 1을 더한다. 대운(大運)은 10년 단위로 바뀌는 운기의 변화인데 인생의 도로와 같다고 해서 운로(運路)라고도 하고, 운기는 기후의 연장이다. 사주에서 기후를 대표하는 것은 월주(月柱)이므로 대운(大運)은 월주(月柱)의 진행인 것이다. 다음은 예를 들어 설명할 것인데 음력이나 양력을 별도로 표기하지 않은 것은 음력이다.

■ 남명, 1918년 음력 5월 3일 인(寅)시생

時 日 月 年	49 39 29 19 9
丙 己 戊 戊	癸 壬 辛 庚 己
寅 丑 午 午	亥 戌 酉 申 未
	54 44 34 24 14

본명은 망종(芒種) 5일 후에 태어났다. 양(陽)년생 남자이므로 출생시부터 다음 절입시각까지의 일수를 계산해야 한다. 6월 1일 진(辰)시는 소서(小署)이므로 출생시부터 소서(小署)까지 27일 2시진이다. 3일이 1년, 1일이 4개월, 1시진이 10일, 1시간은 5일이므로 태어난 시각부터 9년 20일에 최초의 대운(大運) 기(己)에 들어간다.

다시 말하면 1927년 정묘(丁卯)년 망종(芒種) 후 5일이면 정확히 출생 후 9년이 되는데 여기에 20일을 더한 망종(芒種) 후 25일에 대운(大運)이 바뀌고, 첫 번째 대운(大運)인 기미(己未)의 기대운(己大運)에 들어가는 것이다. 따라서 정(丁)년의 망종(芒種) 후 25일에 대운(大運)이 바뀌어 다른 대운(大運)의 천간(天干)에 진입하고, 임(壬)년 망종(芒種) 후 25일에 대운(大運)의 지지(地支)로 운이 들어간다. 대운(大運)의 간지(干支)에 각각 5년씩 운이 머물기 때문이다. 그렇다고 해도 대운(大運)의 간지(干支)를 같이 보아야지 하나라도 무시하면 안 된다.

출생 후 몇년 몇월 며칠이 흐른 것은 절입일을 기준으로 계산한다. 망종(芒種) 후 5일에 태어난 사람은 다음해 망종(芒種) 후 5일이 되면 1년이 되는 것이다. 그 사람이 출생 후 2년 1개월 10일이 흐르면 운이 바뀐다고 하면 2년 후의 망종(芒種) 다음 절기(節氣)인 소서(小暑)에서 10일을 더하면 된다. 달마다 길이가 다르고 윤달이 드는 경우도 있으므로 태어난 해의 절기(節氣)에서 며칠 후, 또는 며칠 전을 기준으로 년월일(年月日)을 정한다. 최근에는 이렇게 복잡하게 계산하지 않고 대운(大運)이 드는 나이에서 생일이 지나면 운이 바뀐다고 보는 것이 일반적이다. 만세력에 대운수(大運數)가 표시되어 있으니 참고하기 바란다.

2. 대운(大運) 보는 법

■ 『삼명통회(三命通會)』에서는 다음과 같이 논하였다.

대운(大運)과 사주팔자는 표리의 관계에 있다. 운이 대운(大運)의 천간(天干)에 들 때는 대운(大運)의 지지(地支)를 참작하여 보고, 운이 대운(大運)의 지지(地支)에 들 때는 대운(大運)의 천간(天干)은 무시하고 대운(大運)의 지지(地支)만을 본다. 모든 대운(大運)은 지지(地支)를 중요시한다. 그렇기 때문에 동방·남방·서방·북방으로 분류한다. 사주에 용신(用神)을 손상시키는 것이 있으면 운에서 제거해야 하고, 용신(用神)에게 도움을 주는 것이 있으면 운에서 생(生)해야 한다.

■ 『명리정종(命理正宗)』에서는 다음과 같이 논하였다.

『명리정종(命理正宗)』에서는 대운(大運)의 간지(干支)를 보는 법을 개두설(盖頭說)과 동정설(動靜說)로 나누어 다음과 같이 논하였다. 무엇를 개두(盖頭)라고 하는가. 비유하면 얼굴이 그 사람의 모든 것을 단적으로 표시하는 것과 같다. 사지와 동체는 다소 결점이 있어도 의복으로 가릴 수 있지만 머리 위의 이목구비는 밖으로 드러나 가릴 수 없으니 머리 위에 드러난 것이 중요하다.

팔자에서 4개의 천간(天干)은 사람의 얼굴과 같고, 4개의 지지(地支)는 사지와 동체와 같고, 지장간(支藏干)은 오장육부와 같다. 그러므로 뱃속의 수기(秀氣)가 머리 위로 발출되면 영화가 드러난 것과 같다. 지장간(支藏干)이 천간(天干)에 투출(透出)했으면 영화로운 것이니 일생의 부귀빈천이 얼굴 위에 나타나는 것과 같다. 예를 들어 팔자에 상관(傷官)이 있으면 두렵지만 상관(傷官)이 지지(地支)에 감추어져 있으면 두려울 것이 없다. 오직 천간(天干)에 투출(透出)해야 두려운 것이다.

지지(地支)는 정지하려는 속성이 있고 천간(天干)은 작동하려는 속성이 있으니 해로운 것이 천간(天干)에 있으면 해를 끼친다. 예를 들어 경신일간(庚辛日干)이 갑을병정(甲乙丙丁) 4자가 복신(福神)이 되면 경신임계(庚辛壬癸) 4자는 병신(病神)이 된다. 이 경우에 대운(大運)의 천간(天干)에 갑을병정(甲乙丙丁)이 오면 개두(盖頭)한 것이니 좋고, 경신임계(庚辛壬癸)가 오면 흉하다. 비록 대운(大運)의 지지(地支)에 갑을병정(甲乙丙丁)이 저장되어 있어도 경신임계(庚辛壬癸)가 개두(盖頭)하였으므로 복이 되지 못한다. 왜냐하면 경신임계(庚辛壬癸)가 지지(地支) 속의 갑을병정(甲乙丙丁)을 덮고 있기 때문이다. 이렇게 되면 지지(地支) 속의 갑을병정(甲乙丙丁)이 얼굴 위로 드러나기 힘든 것이다. 그러므로 팔자를 볼 때 개두(盖頭)한 천간(天干)을 볼지니 천간(天干)에서 희신(喜神)이나 용신(用神)을 얻으면 일생 좋은 것이다. 이것이 비결이다.

개두(盖頭)란 사주나 운에서의 천간(天干)을 뜻한다. 『삼명통회(三命通會)』에서 대운(大運)의 지지(地支)를 중시한 것과는 반대로 『명리정종(命理正宗)』에서는 사주와 대운(大運)의 천간(天干)을 중시했으니 학설이 정반대인 셈이다.

■ 『명리약언(命理約言)』에서는 다음과 같이 논하였다.
장신봉(張神峯)은 사주와 대운(大運)의 천간(天干)을 중시하여 개두설(盖頭說)을 주장하면서 천간(天干)을 사람의 얼굴에 비유하고, 지지(地支)를 장부에 비유하고, 밑에 감추어진 것과 위로 발출된 것으로 구별하였다. 감추어진 것은 엄폐할 수 있어도 위에 드러난 것은 엄폐할 수 없으므로 일생의 부귀빈천이 얼굴에 드러난 그대로 따르므로 화복은 천간(天干)의 이해에 따라 가장 확실히 적중된다고 하였다.

대운(大運)의 지지(地支)가 희신(喜神)이나 용신(用神)에 해당하여도 대운(大運)의 천간(天干)이 해로우면 길하지 않고, 대운(大運)의 지지(地支)가 해로운 것이라도 대운(大運)의 천간(天干)이 이로우면 흉하지 않다. 목화(木火)가 희신(喜神)이라고 할 때 운에서 갑을병정(甲乙丙丁)이 오면 좋으나 경신임계(庚辛壬癸)가 오면 흉하다.

그러나 장신봉(張神峯)의 견해는 편파적이다. 사주와 운을 볼 때는 간지(干支)를 모두 중시하여 종합적으로 고찰해야 한다. 예를 들어 갑을(甲乙)이 희신(喜神)이라고 해도 지지(地支)가 신유(申酉)이면 손상을 입는다. 또 병정(丙丁)이 기신(忌神)인데 해자(亥子) 위에 있으면 흉하기만 한 것은 아니다.

요컨대 사주의 천간(天干)은 월령(月令)과의 관계를 중시해야 하니 사주의 갑을(甲乙)이 인묘(寅卯)의 도움을 받아 왕성한데 가을생이라면 대운(大運)은 방(方)으로 논하니 인묘진(寅卯辰) 목방(木方)으로 대운(大運)이 행한다고 할 경우에는 비록 천간(天干)에 경신(庚辛)이 개두(盖頭)했어도 동방 목(木) 위에 실린 금(金)이니 그 역량이 서방 대운(大運)에 실린 금(金)보다 훨씬 미약하므로 개두(蓋頭)했다고 해서 흥하다고만 논하면 안 된다.

 사주의 용신(用神)이 천간(天干)에 있을 때는 대운(大運)의 천간(天干)을 중요하게 보고, 지지(地支)에 있을 때는 대운(大運)의 지지(地支)를 중요하게 보아야 한다.

■ 『자평진전(子平眞詮)』에서는 다음과 같이 논하였다.
 팔자를 입수하면 반드시 간지(干支)를 모두 살펴본 후에 천간(天干)이 지지(地支)의 투출(透出)인지를 분별해야 한다. 예를 들어 사주에 갑(甲) 1개가 천간(天干)에 있으면 4개의 지지(地支)를 살펴 인묘해미(寅卯亥未) 등에 통근(通根)했는지를 가려야 한다. 만일 1개라도 있으면 갑(甲)의 뿌리가 되는 것이다. 그리고 해(亥) 1개가 지지(地支)에 있을 때는 사주의 천간(天干)을 살펴 갑(甲)이나 임(壬)이 투출(透出)했는지를 보아야 한다. 만일 갑임(甲壬)이 해(亥)에 통근(通根)하면 용신(用神)이 될 역량이 있기 때문이다. 임신(壬甲)이 모두 투출(透出)했으면 모두 쓴다. 운을 보는 법 역시 이와 다르지 않다.

 『명리약언(命理約言)』과 『자평진전(子平眞詮)』의 이론은 사주와 대운(大運)을 볼 때 천간지지(天干地支)를 모두 중요하게 생각해야지 어느 한쪽으로 치중하면 안 된다는 것이다. 대운(大運)의 간지(干支)는 상하가 서로 붙어 있으므로 운이 대운(大運)의 천간(天干)에 와 있을 때도 대운(大運)의 지지(地支)를 겸하여 보고, 운이 대운(大運)의 지지(地支)에 와 있을 때도 역시 천간(天干)을 참작해야 한다는 것이다.

■ 『명리약언(命理約言)』에서는 다음과 같이 논하였다.

옛책에서 대운(大運)의 간지(干支)가 각각 5년씩 주관한다 하기도 하고, 또 어떤 책은 지지(地支)를 중요하게 여겨야 한다고 하고, 또 어떤 책은 천간(天干)을 4, 지지(地支)를 6의 비율로 보아야 한다고 하고, 또 어떤 책은 천간(天干)을 3, 지지(地支)를 7의 비율로 보아야 한다고 한다.

대운(大運)은 월주(月柱)에서 일으킨 것이니 순행하면 미래의 월건(月建)으로 행하고, 역행하면 과거의 월건(月建)으로 진행하는데, 월건(月建)의 간지(干支)는 함께 한 달을 주관하는 것이지 천간(天干)이 상반월을 주관하고 지지(地支)가 하반월을 주관하는 것이 아니다. 따라서 대운(大運) 역시 간지(干支)를 나누어 각각 몇 년씩 주관한다고 할 수는 없다.

그러므로 천간(干支)과 지지(地支)가 모두 함께 10년을 주관한다고 보되, 간지(干支)의 생극비화(生剋比化)하는 원리로 그 역량을 정해야 한다. 예를 들어 대운(大運)의 간지(干支)가 같은 오행(五行)이면 그 힘이 전일하므로 10년을 그 오행(五行)이 주관하고, 천간(天干)이 지지(地支)를 극(剋)하면 천간(天干)의 역량이 지지(地

支)보다 더 크고, 지지(地支)가 천간(天干)을 극(剋)하면 지지(地支)의 역량이 천간(天干)보다 더 큰 것이다.

간지(干支)가 모두 희신(喜神)이나 용신(用神)이면 10년 동안이 모두 길하고, 간지(干支)가 모두 기신(忌神)이면 10년 동안이 모두 흉하고, 천간(干支)과 지지(地支)가 하나는 희신(喜神)이고 하나는 기신(忌神)이면 10년 동안 길흉이 섞일 것이다. 이렇게 보는 것이 가장 정확하다.

그런데 천간(天干)은 비교적 판단하기 쉬우나 지지(地支)는 복잡하여 어렵다. 예를 들어 천간(天干)은 갑(甲)이면 갑(甲), 을(乙)이면 을(乙)로 끝나지만 지지(地支)는 지장간(支藏干)이 있어 지장간(支藏干) 하나하나를 일일이 분석해야 한다. 예를 들어 대운(大運)의 지지(地支)가 인(寅)이면 사주 가운데 대운(大運)의 지장간(支藏干) 갑(甲)이나 무(戊)나 병(丙)이 있는지 없는지를 살펴 인대운(寅大運)에 어떤 천간(天干)이 득기하는지를 살펴야 하고, 그 다음으로 대운(大運)의 천간(天干)이 대운(大運)의 지지(地支) 인(寅)과 어떤 관계를 맺고 있는지 살펴야 한다.

이것은 대운(大運)의 천간(天干)이 갑(甲)이면 갑인(甲寅)대운이니 순수한 목(木)으로 작용하고, 대운(大運)의 천간(天干)이 병(丙)이면 병인(丙寅)대운이니 태반이 화(火)로 작용하고, 대운(大運)의 천간(天干)이 무(戊)이면 무인(戊寅) 대운(大運)이니 태반이 토(土)로 작용한다. 모두 이렇게 유추한다.

또 대운(大運)의 천간(天干)과 사주의 천간(天干)이 서로 생극(生

剋)하는 것은 알기 쉽지만 대운(大運)의 지지(地支)는 사주의 간지(干支)와 생극(生剋)하는 것 외에도 충합형해(沖合刑害) 등의 여러 가지 작용을 일으키므로 판단하기가 쉽지 않다.

사주를 볼 때 년주(年柱)는 초년운, 월주(月柱)와 일주(日柱)는 중년운, 시주(時柱)는 만년운을 본다는 한운설(限運說)이 있으니 이를 참고하기 바란다. 만약 년주(年柱)에 희신(喜神)이 있으면 소년기에 발달하나 기신(忌神)이 있으면 지체되고, 월주(月柱)와 일주(日柱)가 희신(喜神)이면 중년에 형통하나 기신(忌神)이면 지체되고, 시주(時柱)가 희신(喜神)이면 말년이 안녕하나 기신(忌神)이면 쓸쓸하다. 그러나 대운(大運)이 더 정확하다.

■ 『삼명통회(三命通會)』에서는 다음과 같이 논하였다.

년주(年柱)에 일간(日干)의 정관(正官)이 있으면 복이 많으나 칠살(七殺)이 있으면 그 반대가 된다. 정관(正官)은 녹(祿)이고 재성(財星)은 마(馬)이니 관운에 관직에 오르고, 재성(財星)운에 돈을 번다. 재관(財官)은 불가결한 것이므로 각각의 쓰임새가 다르다.

년주(年柱)나 월주(月柱)에 재관(財官)이 있으면 부귀한 가문에서 태어난 사람이고, 조부와 아버지의 지위가 상당하다고 할 수 있다. 초년운에 관운이 들어오면 일찍 공명을 떨친다. 년주(年柱)나 월주(月柱)에 재관(財官)이 없고, 일주(日柱)나 시주(時柱)에 재관(財官)이 있으면 자수성가한다. 사주에서는 재관(財官)을 위주로 하니 그 중 하나라도 있으면 역시 복이 있다.

만약 사주에 정관(正官)이 없어 다른 격국(格局)이 되었는데 년월일시(年月日時)의 간지(干支)에 재성(財星)이 많으면 재성(財星)이 왕성해지는 운에 공명을 이룬다. 재성(財星)이 왕성하면 스스로 정관(正官)을 생(生)하기 때문이다. 그러나 반드시 신강(身强)해야 한다.

 년월(年月)에 재관(財官)이 없는데 초년운도 나쁘면 출신이 보잘 것없고 아버지를 일찍 여의며 조업을 파하고 복을 얻지 못한다. 무릇 사주에 관살(官殺)이 혼잡하거나 상관(傷官)이나 식신(食神)이 태과하면 남자는 주색을 탐하고 여자는 일부종사하지 못한다.

■ 『명리약언(命理約言)』에서는 다음과 같이 논하였다.

 격국(格局)이 정해졌으면 영고성쇠의 비밀은 그 속에 있으니 운을 참작하여 확실하게 결정짓는다. 월주(月柱)에서 시작해서 양(陽)년생 남자와 음(陰)년생 여자는 순행하고, 음(陰)년생 남자와 양(陽)년생 여자는 역행한다.

 태어나 얼마가 지나야 최초의 대운(大運)에 들어가는가. 월주(月柱)에서 과거절로 역행하거나 미래절로 순행하는 날짜를 계산할 때 하루는 4개월을 의미하고 3일은 1년을 의미하며 한 시진(時辰)은 10일의 차이를 가져오니 계산하여 대운(大運)에 드는 시각을 정확하게 측정한다.

 1개의 대운(大運)이 10년을 좌우하고, 그 기간 동안의 길흉과 영고성쇠를 주관하니 이를 사주의 원국(元局)과 배합하여 응용한다.

운의 좋고 나쁨은 오직 사주의 격국(格局)으로 판단하는 것이다. 운에서 격국(格局)을 도와주면 좋으나 파괴하면 흉하다. 신약(身弱)하면 운에서 도와야 하고, 신강(身强)하면 억제해야 좋다. 신강(身强)한 사주가 더 신강(身强)해지는 대운(大運)을 만나면 반드시 지장이 생기고, 신약(身弱)한 사주가 더 신약(身弱)해지는 대운(大運)을 만나면 위험하다.

육신(六神)의 용어에 얽매이지 말라. 재관인식(財官印食)의 운이라고 다 좋은 것이 아니고, 살상겁인(殺傷劫刃)의 운이라고 다 흉한 것이 아니다. 오직 희신(喜神)이나 용신(用神)에 해당하는지 기신(忌神)에 해당하는지를 분별해야 한다. 대운(大運)은 지지(地支)를 중시하되 반드시 대운(大運)의 천간(天干)을 참작해야 한다.

예를 들어 천간(天干)이 화(火)이고 지지(地支)가 수(水)이면 화(火)가 미약한 것이고, 천간(天干)이 화(火)이고 지지(地支)가 금(金)이면 금(金)이 힘이 없는 것이다. 대운(大運)의 간지(干支)가 목화(木火)이면 10년 동안 따뜻한 운이고, 금수(金水)이면 10년이 차가운 운이다.

접목운(接木運), 즉 진술축미(辰戌丑未)라고 해서 흉하다고 단정하지 말라. 접목운(接木運)에는 흉운이 지나갔는데 흉함이 생길 수 있고, 길운이 오기 전인데도 길함이 발생할 수 있다. 이는 기(氣)가 교차하는 기간이기 때문이다. 사주는 좋은데 나쁜 운이 왔다면 좋은 마차가 험한 도로에 들어선 것이고, 사주는 흉한데 좋은 운이 왔다면 난파된 배가 순풍을 만난 격이다. 행운을 보는 법이 대강

이러하나 통변에 능해야 적중할 수 있다.

■ 임철초(任鐵樵)는 다음과 같이 논하였다.

부귀는 이미 격국(格局)에 정해져 있으나 운에서 실현된다. 소위 사주가 좋은 것이 운이 좋은 것만 못하다는 말은 그래서 생긴 것이다. 일주(日主)는 내 몸과 같으니 원국(元局)의 희신(喜神)이나 용신(用神)은 내가 좋아하며 부려먹는 사람이고, 운은 내가 다니는 길과 같으니 운의 간지(干支)가 상생상부(相生相扶)하면 좋다.

그러므로 하나의 대운(大運)으로 10년 동안의 길흉을 판단하되 간지(干支)를 떼어서 보지 말고, 머리와 다리를 분리시키지 말라. 그리되면 개두(蓋頭)와 절각(截脚)을 무시한 것으로 길흉을 정확하게 알수 없다.

목(木)운이 좋으면 갑인(甲寅)·을묘(乙卯)가 제일 좋고, 그 다음은 갑진(甲辰)·을해(乙亥)·임인(壬寅)·계묘(癸卯)이다. 화(火)운이 좋으면 병오(丙午)·정미(丁未)가 제일 좋고, 그 다음은 병인(丙寅)·정묘(丁卯)·병술(丙戌)·정사(丁巳)이다. 토(土)운이 좋으면 무오(戊午)·기미(己未)·무술(戊戌)·기사(己巳)가 제일 좋고, 그 다음은 무진(戊辰)·기축(己丑)이다. 금(金)운이 좋으면 경신(庚申)·신유(辛酉)가 제일 좋고, 그 다음으로 무신(戊申)·기유(己酉)·경진(庚辰)·신사(辛巳)이다. 수(水)운이 좋으면 임자(壬子)·계해(癸亥)가 제일 좋고, 임신(壬申)·계유(癸酉)·신해(辛亥)·경자(庚子)는 그 다음이다.

이는 천간(天干)이 지지(地支)를 생(生)하는 것이 지지(地支)가 천간(天干)을 생(生)하는 것보다 좋기 때문이다. 천간(天干)이 지지(地支)를 생(生)하면 충실하고, 지지(地支)가 천간(天干)을 생(生)하면 지지(地支)의 기(氣)가 설기(洩氣)되기 때문이다.

무엇을 개두(盖頭)라고 하는가. 목(木)운을 좋아할 때 경인(庚寅)·신묘(辛卯) 대운(大運)을 만나고, 화(火)운을 좋아할 때 임오(壬午)·계사(癸巳) 대운(大運)을 만나고, 토(土)운을 좋아할 때 갑술(甲戌)·갑진(甲辰)·을축(乙丑)·을미(乙未) 대운(大運)을 만나고, 금(金)운을 좋아할 때 병신(丙申)·정유(丁酉) 대운(大運)을 만나고, 수(水)운을 좋아할 때 무자(戊子)·기해(己亥) 대운(大運)을 만나는 것이다.

무엇을 절각(截脚)이라고 하는가. 예를 들면 목(木)운을 좋아할 때 갑신(甲申)·을유(乙酉)·을축(乙丑)·을사(乙巳) 대운(大運)을 만나고, 화(火)운을 좋아할 때 병자(丙子)·정축(丁丑)·병신(丙申)·정유(丁酉)·정해(丁亥)를 만나고, 토(土)운을 좋아할 때 무인(戊寅)·기묘(己卯)·무자(戊子)·기유(己酉)·무신(戊申) 대운(大運)을 만나고, 금(金)운을 좋아할 때 경오(庚午)·신해(辛亥)·경인(庚寅)·신묘(辛卯)·경자(庚子) 대운(大運)을 만나고, 수(水)운을 좋아할 때 임인(壬寅)·계묘(癸卯)·임오(壬午)·계미(癸未)·임술(壬戌)·계사(癸巳) 대운(大運)을 만나는 것이다.

개두(盖頭)라는 것은 지지(地支)가 희신(喜神)일 때 천간(天干)이 방해하는 것이고, 절각(截脚)이란 천간(天干)이 희신(喜神)일 때 지지(地支)가 돕지 않는 것이다. 흉신(凶神)이 개두(盖頭)하면 길흉이 반반이고, 흉신(凶神)이 절각(截脚)하면 10년 동안 흉하다.

예를 들어 목(木)운을 좋아하는데 경인(庚寅)·신묘(辛卯) 대운(大運)을 만나면 경신(庚辛)은 비록 흉신(凶神)이나 금(金)이 인묘(寅卯)에서 절(絶)하므로 지지(地支)에 통근(通根)하지 못한 것이니 흉함이 줄어든다. 이때 사주 천간(天干)에 병정(丙丁)이 있으면 금(金)을 극(剋)하니 흉이 더 줄어들고, 게다가 그 대운(大運) 동안에 유년(流年)에서 병정(丙丁)을 만나 경신(庚辛)을 극(剋)하면 흉이 거의 사라진다. 운이 인묘(寅卯)에 이르면 목(木)이 길신(吉神)일 때 경신(庚辛)이 개두(盖頭)했으니 완전한 길운은 아니므로 길함이 줄어드는데 만약 원국(元局)의 지지(地支)에 신유(申酉)가 있어 4충(沖)하면 흉할 뿐이다.

또 목(木)운이 좋은데 갑신(甲申)이나 을유(乙酉) 대운(大運)을 만나면 갑을(甲乙)은 신유(申酉)에서 절(絶)하므로 갑을(甲乙)운이라도 길하지 않다. 게다가 사주에 경신(庚辛)이 있거나 유년(流年)의 천간(天干)에서 경신(庚辛)을 만나면 10년 동안이 모두 흉하다. 이때 사주의 천간(天干)에 임계(壬癸)가 있거나 유년(流年)의 천간(天干)이 임계(壬癸)이면 금(金)을 설기(洩氣)하여 목(木)을 생(生)하므로 화평하며 흉하지 않다. 그러므로 대운(大運)에서 길운이 왔다고 길하다고 속단하면 안 되고, 흉운이 왔다고 흉하다고 속단하면 안 된다. 왜냐하면 개두(盖頭)와 절각(截脚)의 원리가 있기 때문이다.

■ 『자평진전(子平眞詮)』에서는 다음과 같이 논하였다.

'대운(大運)을 논하는 것은 원국(元局)을 논하는 것과 다르지 않다. 원국(元局)을 볼 때는 사주의 간지(干支)를 월령(月令)과 배합해서 희기(喜忌)를 정하고, 대운(大運)의 희기(喜忌)를 정할 때는 대운(大運)의 간지(干支)를 팔자의 희기(喜忌)와 배합하여 정한다. 그러므로 대운(大運)의 한 글자마다 반드시 원국(元局)의 간지(干支)와 배합하여 종합적으로 관찰하면 희기(喜忌)와 길흉을 분명하게 판단할 수 있다.

희(喜)란 원국(元局)에서 좋아하는 신으로 나를 돕는 것이다. 예를 들어 정관(正官)이 있어 인수(印綬)를 용신(用神)으로 삼아 상관(傷官)을 제압할 때는 운에서 인성(印星)을 도와야 하고, 재성(財星)이 관성(官星)을 생(生)하는데 신약(身弱)하면 대운(大運)에서 신을 도와야 하고, 인성(印星)이 용신(用神)인데 사주에 재성(財星)이 있어 병이 들었으면 대운(大運)에서 겁재(劫財)를 만나야 하고, 식신(食神)과 칠살(七殺)이 있어 격(格)을 이루었는데 신약(身弱)하면 운에서 인성(印星)을 만나야 하고, 칠살(七殺)이 중하면 식신(食神)운을 만나야 하고, 상관용인격(傷官用印格)이면 관살(官殺)운을 만나야 하고, 양인용관(陽刃用官)이면 재성(財星)운을 만나야 하고, 월겁용재격(月劫用財格)이면 식상(食傷)운을 만나야 한다. 이렇게 되면 모두 길하다.

기(忌)란 원국(元局)에서 나에게 거역하는 것이다. 예를 들어 정관격(正官格)이 일간(日干)이 강하여 정관(正官)이 용신(用神)인데 사주에 인성(印星)이 없고 상관(傷官)운으로 간다면 상관(傷官)을 극(剋)할 인성(印星)이 원국(元局)에 없으니 정관(正官)이 상하므로 용신(用神)이 파괴되고, 사주에 재성(財星)은 있으나 식신(食神)이 없는데 칠살(七殺)운을 만나고, 인수용관격(印綬用官格)이 관성(官星)을 합(合)하는 운을 만나고, 상관용인격(傷官用印格)이 재성(財星)운을 만나고, 양인용살격(陽刃用殺格)이 식신(食神)운을 만나고, 겁녹용관격(劫祿用官格)이 상관(傷官)운을 만나는 것이다. 이렇게 되면 모두 패(敗)운이다.

희(喜) 같으나 기(忌)가 되는 경우가 있다. 예를 들면 정관격(正官格)이 신약(身弱)한데 인수(印綬)운이 오면 인수(印綬)가 원국(元局)의 간지(干支)와 합(合)되어 상관(傷官)으로 변하는 것이다. 또 인수격(印綬格)이 신약(身弱)한데 칠살(七殺)이 중하여 인수(印綬)를 용신(用神)으로 삼아 화살(化殺)하는데 정관(正官)운이 오면 칠살(七殺)을 돕고 일간(日干)을 신약(身弱)하게 하므로 비록 정관(正官)운이 와도 희(喜)로 논하지 않는다.

또 기(忌)인 것 같으나 희(喜)인 경우가 있다. 예를 들어 정관격(正官格)이 신강(身强)하며 정관(正官)을 용신(用神)으로 삼는데 상관(傷官)운을 만나 원국(元局)의 인수(印綬)가 천투지장(天透支藏)하여 강력하면 인수(印綬)가 운에서 오는 상관(傷官)을 극(剋)하므로 흉하지 않다. 재격(財格)이 신약(身弱)한데 칠살(七殺)운이 오면 본래 흉하나 원국(元局)에 식신(食神)이 있으면 운에서 오는 칠살(七殺)을 극(剋)하므로 흉하지 않다.

대운(大運)의 천간(天干)은 오행(五行)이 지닌 작용을 하지만 대운(大運)의 지지(地支)는 그렇지 않다. 예를 들어 병일주(丙日主)가 월지(月支)가 자(子)이고 년지(年支)가 해(亥)인데 대운(大運)에서 병정(丙丁)을 만나면 일주(日主)를 도와주지만 사오(巳午) 대운(大運)이 오면 충(沖)되므로 좋지 않다.

　또 대운(大運)의 지지(地支)는 오행(五行)이 지닌 고유한 효과를 나타내나 대운(大運)의 천간(天干)은 그렇지 않다. 예를 들어 갑일주(甲日主)가 신유(辛酉)월에 태어나고 신강(身强)하여 정관(正官)을 용신(用神)으로 삼는데 대운(大運)에서 신유(申酉)를 만나면 천간(天干)의 정관(正官)이 대운(大運)의 지지(地支)에 뿌리를 박아 유력해지므로 좋지만 대운(大運)의 천간(天干)에 경(庚)이 오면 관살(官殺)이 혼잡되어 좋지 않다.

　같은 오행(五行)이 천간(天干)에 있어도 음양(陰陽)이 다르면 큰 차이가 난다. 예를 들어 정일주(丁日主)가 해(亥)월에 태어났고 천간(天干)에 임(壬) 정관(正官)이 투출(透出)했을 때 운에서 병(丙)을 만나면 방신(幇身)하는 효과가 있으나 대운(大運)에서 정(丁)이 오면 임(壬)을 합(合)하여 탐합망관(貪合忘官)이 된다.

　또 같은 오행(五行)의 지지(地支)인데도 음양(陰陽)이 다르면 희기(喜忌)가 달라진다. 예를 들어 무일주(戊日主)가 묘(卯)월에 태어났는데 년지(年支)에 자(子)가 있으면 운에서 신(申)을 만나도 신(申)이 묘(卯)를 직접 극(剋)하지 않고 신자(申子) 수국(水局)을 이루어 금생수(金生水) 수생목(水生木)이 되니 정관(正官)을 상하게 하지 않는다. 그러나 유(酉)운이 오면 묘유(卯酉)가 충(沖)하여 상관(傷官)이 정관(正官)을 극(剋)한다.

■ 『적천수보주(滴天髓補註)』에서는 다음과 같이 논하였다.

년월(年月)의 충(沖)은 급하고 일시(日時)의 충(沖)은 완만하다는 말은 믿을 수 없다. 오직 월지(月支) 제강(提綱)을 충(沖)하는 것은 무겁고 다른 지지(地支)는 가볍다. 지지(地支)에 있는 희용신(喜(用神)을 충(沖)하면 중대하고 희신(喜神)이나 용신(用神)이 아닌 지지(地支)를 충(沖)하는 것은 소홀히 보아도 좋다.

그리고 지지(地支)의 성질을 분별해야 한다. 인신사해(寅申巳亥)는 사생(四生)의 지지(地支)이므로 충(沖)을 받으면 작용이 크니 기(氣)가 미약한 것은 파괴된다. 자오묘유(子午卯酉)는 기(氣)가 전일하며 왕성하니 어떤 것이 이기고 어떤 것이 지는지는 사주 전체의 세력에 의하여 좌우된다. 진술축미(辰戌丑未)는 형제끼리의 충(沖)이니 긴급한 것이 없다. 『적천수(滴天髓)』에서 생방(生方)은 동(動)하는 것을 무서워하고, 묘고(墓庫)는 마땅히 충(沖)하여 열어야 하고, 패지(敗支 : 子午卯酉)는 충(沖)되면 자세히 추리하라고 한 말은 이것을 뜻한다.

■ 『자평진전(子平眞詮)』에서는 다음과 같이 논하였다.

같은 충(沖)이라도 흉의 대소가 다르다. 운의 본래 기능이 희신(喜神)이면 사주의 지지(地支)와 충(沖)되어도 별로 흉하지 않고,

운이 본래 기신(忌神)인데 그것이 와서 충(沖)하면 크게 흉하다.

■ 『삼명통회(三命通會)』에서는 다음과 같이 논하였다.

『삼명통회(三命通會)』「간명구결」에서는 다음과 같이 논하였다. 충(沖)하지만 충(沖)이 아닌 것이 있다. 예를 들어 갑일주(甲日主) 가 유(酉)의 정관(正官)을 용신(用神)으로 삼는데 운에서 묘(卯)가 오면 용신(用神) 유(酉)를 충(沖)한다. 그러나 사주에 사축(巳丑) 이 있어 사유축(巳酉丑) 금국(金局)을 이루면 국(局)은 충(沖)을 해소하므로 충(沖)하는 힘이 약하다. 이때 사주의 지지(地支)에 해 미(亥未)가 또 있으면 묘(卯)는 해묘미(亥卯未) 목국(木局)을 이루 느라 바빠 월지(月支) 유(酉)를 충(沖)하지 않는다.

■ 『명리정종(命理正宗)』에서는 다음과 같이 논하였다.

『명리정종(命理正宗)』에서는 동정설(動靜說)을 이렇게 논하였다. 사주팔자의 천간(天干)은 동(動)하는 것이다. 예를 들어 갑목(甲 木)은 대운(大運) 천간(天干)의 무토(戊土)는 극(剋)할 수 있어도 대운(大運) 지지(地支) 사(巳) 중의 지장간(支藏干) 무토(戊土)는 극(剋)할 수 없다. 또 대운(大運) 지지(地支) 신(申)의 지장간(支藏 干) 경금(庚金)은 원국(元局)의 천간(天干)에 있는 갑목(甲木)을 극(剋)할 수 없다. 그러므로 천간(天干)은 천간(天干)에서 동(動) 하는 것만 극(剋)할 수 있고 지지(地支)에 있는 고요한 것은 극 (剋)하지 못한다.

고요하다는 것은 지지(地支)에 숨어 있는 것을 말한다. 예를 들어 사주의 지지(地支)에 숨어 있는 경금(庚金)은 운로의 지지(地支)에 숨어 있는 갑목(甲木)을 극(剋)할 수 있어도 운의 천간(天干)에 있는 갑목(甲木)은 극(剋)할 수 없다. 대운(大運)의 지지(地支) 속의 경금(庚金)은 원국(元局)의 천간(天干)에 있는 갑목(甲木)을 극(剋)할 수 없다.

진술축미(辰戌丑未)의 묘고(墓庫)는 저장하는 힘이 매우 강하여 감옥과 같다. 팔자의 지지(地支)에 진(辰)이 있으면 지장간(支藏干)에는 을계무(乙癸戊) 3개가 있는데 운에서 인(寅)이 오면 인(寅) 중의 갑목(甲木)이 진(辰) 중의 무토(戊土)를 극(剋)하지 못한다. 또 유(酉)운이 와도 유(酉) 중 신금(辛金)이 진(辰) 중의 을목(乙木)을 파괴시키지 못한다. 또 오(午)운이 와도 오(午) 중의 기토(己土)가 진(辰) 중의 계수(癸水)를 파괴하지 못한다.

무릇 묘고(墓庫)란 열쇠가 없으면 열 수 없는 감옥과 같으니 술(戌)운이 와서 진(辰)을 충(沖)해야 비로소 열리는 것이다. 그래야 진(辰) 중 을계무(乙癸戊)가 방출된다. 또 축(丑)은 미(未)를 만나야 지장간(支藏干)을 방출할 수 있다. 그외에 다른 방법은 없다. 그러므로 잡기재관(雜氣財官格)은 충(沖)되면 좋다고 한 것이다.

■ 『자평진전평주(子平眞詮評註)』에서는 다음과 같이 논하였다.
부귀는 명에 정해져 있고 궁통(窮通)은 운에 달려 있다. 명이란 식물의 씨앗과 같고 운은 씨를 뿌리는 계절과 같다. 비록 좋은 씨

앗이 있어도 계절을 만나지 못하면 쓸모가 없으니 영웅이 때를 만나지 못한 것과 같다. 이와 반대로 평범한 팔자라도 운에서 그 결함을 제거하면 돌연 발달한다. 이른바 '명호불여운호(命好不如運好)'가 이것이다.

용신법(用神法)은 억부(抑扶)·병약(病藥)·통관(通關)·조후(調候)·전왕(專旺)의 원칙에서 벗어날 수 없다. 대운(大運)을 배합하여 희신(喜神)이나 용신(用神)을 돕고 그 결함을 제거하면 파격(破格)이 성격(成格)으로 변한다. 특히 대운(大運)은 방(方)을 중요시하여 인묘진(寅卯辰) 동방, 사오미(巳午未) 남방, 신유술(申酉戌) 서방, 해자축(亥子丑) 북방으로 나누는 것이다.

경신(庚申)·신유(辛酉)·갑인(甲寅)·을묘(乙卯)는 천간(干支)과 지지(地支)의 오행(五行)이 같으니 쉽게 알아 볼 수 있다. 갑오(甲午)·을미(乙未)·병인(丙寅)·정묘(丁卯)는 목화(木火)가 동기이고, 경자(庚子)·신축(辛丑)·임신(壬申)·계유(癸酉)는 금수(金水)가 동기이니 희기(喜忌)가 비슷하다. 병자(丙子)·병신(丙申)은 화(火)가 통근(通根)하지 못하고, 경인(庚寅)·신묘(辛卯)는 금(金)이 통근(通根)하지 못하니 대운(大運) 천간(天干)의 역량은 약하고 대운(大運) 지지(地支)는 강한 것이므로 천간(天干)이 희신(喜神)이라 해도 복이 크지 않고 천간(天干)이 기신(忌神)이라 해도 재앙이 크지 않다.

그러므로 대운(大運)은 반드시 10년을 함께 보아야 하고, 천간(干支)과 지지(地支)를 모두 관찰해야 하니 한 글자의 희기(喜忌)로 길흉을 속단하면 안 된다. 사주의 희신(喜神)과 용신(用神)을 운에서 도와주면 길하고, 사주에서 너무 왕성한 것은 운에서 억제해주면 길하다. 무릇 대운(大運)은 사주와 배합한 후 희기(喜忌)를 판단하고, 대운(大運)의 한 글자를 사주의 간지(干支)와 배합해야 길흉을 알 수 있다.

3. 대운(大運)과 유년(流年) 배합하는 법

태세(太歲)는 매년의 간지(干支)를 말한다. 예를 들어 1984년의 태세(太歲)는 갑자(甲子)이다. 태세(太歲)는 1년을 주관하고, 대운(大運)과 유년(流年)의 태세(太歲)는 길흉화복과 생사를 좌우한다. 따라서 길흉화복은 반드시 사주와 대운(大運)과 유년(流年)을 배합하여 종합적으로 판단해야 한다. 사람마다 대운(大運)에 드는 나이가 다른 것은 앞에서 설명하였다. 이제부터는 대운(大運)과 유년(流年)을 배합하는 방법을 좀더 상세하게 설명하기로 한다.

■ 남명, 1918년 5월 3일 인(寅)시생

시	일	월	년		49	39	29	19	9
丙	己	戊	戊		癸	壬	辛	庚	己
寅	丑	午	午		亥	戌	酉	申	未
					54	44	34	24	14

본명은 망종(芒種) 후 5일에 태어났다. 출생 후 9년 20일에 대운(大運)으로 들어가 정(丁)년이나 임(壬)년의 망종(芒種) 후 25일이면 대운(大運)이 또 바뀐다. 무오(戊午)년 5월 3일, 즉 망종(芒種) 후 5일에서 계산하여 정묘(丁卯)년 망종(芒種) 후 25일이 출생 후 9년 20일이 되는 날이다. 정묘(丁卯)년 망종(芒種) 후 25일부터 대운(大運) 기미(己未)에 들어간다.

대운(大運)의 간지(干支)는 각각 5년씩 주관하므로 정묘(丁卯)년 망종(芒種) 후 25일부터 임신(壬申)년 망종(芒種) 후 25일까지의 5년은 대운(大運)의 천간(天干)인 기(己)의 지배를 받는다. 그런데 9세가 되는 정묘(丁卯)년 망종(芒種) 후 25일부터 정묘(丁卯)·무진(戊辰)·기사(己巳)·경오(庚午)·신미(辛未)년을 지나 임신(壬申)년 망종(芒種) 후 25일까지 6개의 유년(流年) 간지(干支) 중에서 정묘(丁卯)년과 임신(壬申)년은 일년내내 대운(大運)의 기(己)의 지배를 받는 것은 아니다.

즉 정묘(丁卯)년 망종(芒種) 후 25일 이전에는 같은 정묘(丁卯)년이라도 대운(大運) 기(己)가 지배하기 이전이고, 14세가 되는 임신(壬申)년에는 망종(芒種) 후 25일 이전까지는 대운(大運) 기(己)가 지배하지만 임신(壬申)년 망종(芒種) 후 25일 이후에는 미대운(未大運)의 지배를 받는다. 그 중간의 유년(流年) 간지(干支) 무진(戊辰)·기사(己巳)·경오(庚午)·신미(辛未) 4년은 온전히 대운(大運) 기(己)의 지배를 받는다.

그러므로 6개의 유년(流年)이 흐르는 동안 5년의 기간에 대운(大

運) 기(己)의 지배를 받는 것이다. 임신(壬申)년의 망종(芒種) 후 25일 이후부터 계유(癸酉)·갑술(甲戌)·을해(乙亥)·병자(丙子)를 지나 정축(丁丑)년 망종(芒種) 후 25일 이전까지는 대운(大運)의 지지(地支)인 미(未)의 지배를 받는다. 그리하여 정축(丁丑)년 망종(芒種) 후 25일 이후부터 경대운(庚大運)으로 들어가는 것이다. 이렇게 계산하면 된다.

4. 유년(流年) 보는 법

■ 『삼명통회(三命通會)』에서는 다음과 같이 논하였다.

태세(太歲)는 1년의 주인이며 여러 신(神)의 영수이다. 태세(太歲)에는 2가지가 있는데 하나는 당생태세(當生太歲 : 年柱)이고, 또 하나는 유행태세(遊行太歲 : 流年)이다. 당생태세(當生太歲)는 죽을 때까지의 주인이고, 유행태세(遊行太歲)는 12궁을 유행하면서 1년의 화복과 사계절의 길흉을 주관한다.

모든 태세(太歲)는 군왕과 같고 대운(大運)은 신하와 같아 군신이 화해하면 그 해는 길하고, 형극(刑剋)이 되면 그 해는 흉하다. 유년(流年)의 천간(天干)이 일주(日主)의 천간(天干)을 극(剋)하면 재앙이 가벼우나 일주(日主)의 천간(天干)이 유년(流年)의 천간(天干)을 극(剋)하면 반드시 무거운 재앙이 따른다.

만약 오행(五行)의 구원함이 있거나 사주가 유정하면 그 재앙을 면할 수 있다. 예를 들어 갑일간(甲日干)이 무(戊)년을 만났어도 사주나 대운(大運)에 경금(庚金)이 있으면 갑목(甲木)을 제압하므로 무토(戊土)를 극(剋)할 수 없어 구원함이 있는 것이 된다. 사주가 유정하다는 것은 대운(大運)이나 원국(元局)에 계(癸)가 있어 유년(流年)의 무(戊)와 합(合)하는 것이다. 만약 두 글자가 모두 있으면 그 해에는 흉이 변하여 길이 되고, 한 글자만 있으면 흉이 줄어들고, 두 글자가 모두 없으면 흉을 피할 길이 없다.

그래서 경(經)에서 '오행(五行)의 구원함이 있으면 그 해에는 오히려 재물을 얻는다'고 했던 것이다. 갑자(甲子) 유년(流年)과 갑자(甲子) 대운(大運)이 겹치면 세운병림(歲運倂臨)이라고 하는데 양인(陽刃)이나 칠살(七殺)운은 흉하나 재관인(財官印)운은 길하다. 또 갑자(甲子) 일주(日主)가 갑자(甲子) 태세(太歲)를 만나면 일년상병(日年相倂)이 되어 공무원이나 군자가 이 운을 만나면 군신경회(君臣慶會)가 되어 경사가 있다. 일년상병(日年相倂)이란 일주(日柱)의 간지(干支)와 유년(流年)의 간지(干支)가 같은 것으로 복음(伏吟) 또는 천지동(天地同)이라고도 한다.

대운(大運)이 좋은 것 같으면서도 복이 되지 않는 경우가 있는데 유년(流年)과 화합하지 못하기 때문이다. 유년(流年)의 태세(太歲)가 생왕(生旺)하며 대운(大運)과 화합해야 복이 된다. 비록 대운(大運)이 좋아도 유년(流年)의 태세(太歲)나 소운(小運)이 형해(刑害)되면 재앙을 만나는데 무겁지는 않다. 만약 대운(大運)이 흉한데 유년(流年)의 태세(太歲) 역시 형충(刑沖)되고 소운(小運)과 충극(沖剋)하고 사절(死絶)이 되면 큰 재앙이 따른다. 만약 소운(小

運)과 유년(流年)의 태세(太歲)에서 생왕(生旺)·녹마(祿馬)·귀신 등의 길신(吉神)을 만나면 그 해에는 약간의 경사가 있다.

■ 『연해자평(淵海子平)』에서는 다음과 같이 논하였다.

재관(財官)이 삼합(三合)하고 대운(大運)이 재관(財官)으로 가면 청운의 뜻을 이루며 재물과 과거급제와 혼인의 경사가 있다. 비겁(比劫)의 유년(流年)이 오면 반드시 소송과 관재로 감옥에 들어간다. 형제나 친우들과 금전거래를 삼가하라. 처음에는 좋은 일 같아도 결국은 시비와 손재가 생기거나 질병으로 신음한다. 만약 재물손실이 없으면 아내가 죽거나 관재구설이 따른다. 겁재(劫財)와 양인(陽刃)이 출현하는 운에는 겉으로는 화려하며 영광스러워 보여도 내면은 공허하다. 이때는 관살(官殺)로 겁재(劫財) 양인(陽刃)을 제복하지 않으면 소년시절에 요절한다.

■ 『명리약언(命理約言)』에서는 다음과 같이 논하였다.

태어난 해부터 죽을 때까지 해마다 바뀌는 유년(流年)은 대운(大運)만큼 중요하지는 않으나 원국(元局)과 대운(大運)을 능히 억부(抑扶)한다. 유년(流年)은 간지(干支)를 함께 보는데 먼저 원국(元局)의 간지(干支)와 유년(流年)의 간지(干支)가 서로 만나 어떻게 생(生)하며 극(剋)하는지를 보아야 한다.

그 다음은 유년(流年)의 간지(干支)가 대운(大運)의 간지(干支)와 만나 어떤 생극(生剋) 현상이 나타나는지를 본다. 사주나 대운(大

運)의 희신(喜神)과 부합하면 길함이 늘어나고 사주나 대운(大運)의 희신(喜神)을 손상시키거나 사주나 대운(大運)의 기신(忌神)을 도와주면 흉하다. 그러나 기신(忌神)의 유년(流年)이 와도 길하게 변할 수 있고, 희신(喜神)의 유년(流年)이 와도 흉하게 변할 수 있다는 것을 간과하면 안 된다.

또 유년(流年)의 간지(干支)가 사주와 대운(大運)의 싸움을 조장할 수도 있고 말릴 수도 있다. 또 사주와 대운(大運)의 어느 쪽에 편승하여 그 힘을 증가시킬 수도 있다. 비록 사주와 대운(大運)의 희기(喜忌)가 비슷하다고는 하나 사주·대운(大運)·유년(流年)의 간지(干支)가 얽혀 생극(生剋)하므로 복잡다단하다.

유년(流年)의 간지(干支)가 원국(元局)의 희신(喜神)이지만 대운(大運)과 상극(相剋)이나 상충(相沖)이 될 때도 있다. 대운(大運)은 10년 동안의 길흉을 주관하고, 유년(流年)은 1년 동안의 궁통(窮通)을 결정한다. 유년(流年)의 천간(天干)은 임금과 같으니 마땅히 중요시하는데 유년(流年)의 지지(地支)로 보조한다.

그러나 유년(流年)의 간지(干支)는 같은 중요성이 있다. 먼저 유년(流年)과 일간(日干)의 관계에서 길흉을 정하고, 그 다음은 대운(大運)과 유년(流年)의 상생상극(相生相剋)을 구별하고, 회합형충(會合刑沖)의 좋고 나쁨을 구별해야 한다. 대운(大運)과 유년(流年)이 상극(相剋)이나 상충(相沖)하면 반드시 원국(元局)에 구제하는 신이 있는지 살펴야 한다. 대운(大運)과 유년(流年)이 화목할 때는 둘 다 일주(日主)의 희신(喜神)이면 더 좋다.

일간(日干)이 세군(歲君)을 범하면 재앙이 무겁고, 일간(日干)이 세군(歲君)과 합(合)하면 흉하다. 일간(日干)이 세군(歲君)을 극(剋)하는 재성(財星)의 해에는 정재(正財)와 편재(偏財)를 불문하고 모두 흉하다는 이론은 일간(日干)이 쇠약하여 재관(財官)을 감당할 수 없는 경우에만 해당한다.

일간(日干)과 세군(歲君)이 합(合)하는 것은 음일간(陰日干)은 정관(正官)과 합(合)하고, 양일간(陽日干)은 정재(正財)와 합(合)하는데 신약(身弱)하여 재관(財官)을 감당할 수 없는 경우에만 흉하다. 따라서 신강(身强)하고 재관(財官)이 용신(用神)이면 일범세군(日犯歲君)이나 회기(晦氣)가 되는 유년(流年)이나 모두 길하다.

유년(流年)을 볼 때는 간지(干支)의 배합을 보아야 한다. 천간(天干)은 희신(喜神)인데 지지(地支)는 기신(忌神)인 경우가 있고, 천간(天干)은 희신(喜神)인데 지지(地支)가 천간(天干)을 생조(生助)하는 경우도 있고, 유년(流年)의 지지(地支)가 희신(喜神)인데 유년(流年)의 천간(天干)이 유년(流年)의 지지(地支)를 생조(生助)하는 경우도 있고, 유년(流年)의 지지(地支)가 희신(喜神)인데 유년(流年)의 천간(天干)은 기신(忌神)인 경우도 있다. 따라서 대운(大運)을 보는 법처럼 개두(盖頭)와 절각(截脚)으로 희신(喜神)과 기신(忌神)의 역량과 영향을 측정해야 한다.

예를 들어 정관격(正官格)에 정관(正官)이 용신(用神)인데 유년(流年)의 천간(天干)이 정관(正官)이고 유년(流年)의 지지(地支)가 재성(財星)이면 재생관(財生官)이 되어 관성(官星)이 왕성한 것이므로 복이 되고, 유년(流年)의 천간(天干)이 정관(正官)인데 유년(流年)의 지지(地支)가 상관(傷官)이면 정관(正官)이 힘이 없으니 크게 길하지는 않고, 유년(流年)의 천간(天干)이 상관(傷官)인데 유년(流年)의 지지(地支)가 인성(印星)이면 천간(天干)의 기신(忌神) 상관(傷官)은 지지(地支) 인성(印星)의 제지를 받으므로 그 해는 흉하나 대흉하지는 않다. 정관(正官)이 용신(用神)일 때 유년(流年)의 천간(天干)이 정관(正官)이라도 유년(流年)의 지지(地支)가 상관(傷官)이면 재앙이 있다.

목(木)의 유년(流年)이라도 금(金)이 왕성한 신유(申酉)월에는 약해지고, 수(水)가 왕성한 해자(亥子)월에는 강해지고, 목(木)이 왕성한 인묘(寅卯)월에는 최대로 강해진다. 세운병림(歲運倂臨)이면 길흉이 더 현저하다.

칠살(七殺)의 유년(流年)이 와도 원국(元局)에 강력한 식신(食神)이 있으면 어찌 재앙이 있겠는가. 겁재(劫財) 유년(流年)이 온다고 해도 재성(財星)이 강한 대운(大運)이라면 중화를 이룬다. 월운(月運)을 볼 때도 이와 같고, 소운(小運)은 헛된 학설이니 연구할 필요가 없다.

좋은 대운(大運)이 30~40년 동안 계속되어도 20세 이후부터 들어와야지 태어나자마자 들어오면 중년부터 흉하므로 좋지 않다. 만일 좋은 대운(大運)이 10년이나 20년 계속되는 사주라면 30세 이후에 들어와야 중년과 말년이 평안하다. 좋은 대운(大運)이 너무 어릴 때부터 들어오면 어린아이가 아무리 발달해봤자 지위가 얼마나 높고 부귀해지겠는가. 오직 부모를 잘 만나 호강할 뿐이니 좋은 운이 지나가면 앞날이 캄캄할 것이다.

사주 자체가 상격이면 4~5분의 악운이 와도 큰 해는 없고, 六沖 七分의 악운이 오면 비로소 재앙이 생기는데 이는 근본이 좋기 때문이다. 사주가 하격이면 1분의 악운이 오면 만사가 순조롭지 못하고, 3분의 악운이 오면 반드시 큰 재앙이 생기고, 4~5분의 악운이 오면 죽는다. 이는 근본이 견실하지 못하기 때문이다.

일간(日干)이 매우 왕성하면 극제(剋制)의 재관(財官)운을 만나면 반드시 이로워야 하는데 간혹 흉하거나 죽는 일이 생기는 경우가 있다. 비유하면 흉폭한 자가 좌절하여 자결하는 것과 같다. 일간(日干)이 매우 쇠약하면 생조(生助)받는 대운(大運)에 반드시 형통해야 하나 재앙이 있거나 죽는 것은 빈천한 사람이 졸지에 부귀한 지위에 오르면 오히려 감당하지 못하는 것과 같다.

오늘은 죄인이 되었는데 내일은 홀연히 귀하게 되고, 지난 달에는 과거에 급제했는데 다음 달에 갑자기 죽는 것은 그 대운(大運)에 길흉에 섞여 있기 때문이다. 길운 속에 미세한 위기가 잠복해 있고, 흉운 중에도 귀기가 서려 이런 현상이 생기는 것이다.

■ 『적천수(滴天髓)』에서는 다음과 같이 논하였다.

길흉은 운에 달려 있는데 대운(大運)과 세운(歲運)에 달려 있다. 극충(剋沖)이 되면 누가 항복하는지를 보아야 하고, 화해되면 누구에게 절실한가를 보아야 한다.

■ 『적천수천미(滴天髓闡微)』에서는 다음과 같이 논하였다.

부귀는 격국(格局)에 달려 있지만 궁통은 운에 달려 있다. 따라서 명 좋은 것이 운 좋은 것만 못하다는 말이 있는 것이다. 일주(日主)는 내 몸과 같고, 희신(喜神)이나 용신(用神)은 내가 부리는 사람과 같고, 대운(大運)은 내가 부임하는 장소와 같다. 그러므로 대운(大運)은 지지(地支)가 중요하다. 천간(天干)이 위배되지 않아야 하고, 간지(干支)가 상생(相生)하고 상부하면 아름답게 된다. 그러므로 하나의 대운(大運)으로 10년을 보는데 절대로 상하를 끊어 보지 말아야 한다.

병대운(丙大運)에 경(庚)년을 만나면 대운(大運)이 유년(流年)을 극(剋)하니 경(庚)이 희신(喜神)이면 흉하다. 그러나 대운(大運)의 천간(天干) 병(丙)이 자(子)나 진(辰) 위에 있거나, 유년(流年)의 천간(天干) 경(庚)이 신(申)이나 진(辰) 위에 있거나, 사주에 무기(戊己)가 있어 병(丙)을 설기(洩氣)하여 경(庚)을 생조(生助)하거나, 사주에 임계(壬癸)가 있어 병(丙)을 극(剋)하면 오히려 길하다.

반대로 기신(忌神)인 병대운(丙大運)이 대운(大運) 지지(地支)에 인오(午寅)를 깔고앉았거나 사주에 수토(水土)가 없어 병(丙)을 제화(制化)하지 못하면 반드시 흉하다. 또 경대운(庚大運)에 병(丙)년을 만나면 유년(流年)이 대운(大運)을 극(剋)하는 것이니 경(庚)이 희신(喜神)이면 흉하나 병(丙)이 희신(喜神)이라면 길하다. 경(庚)이 희신(喜神)인데 경신(庚申)이나 경진(庚辰) 대운이고, 병자(丙子)나 병진(丙辰) 유년(流年)이거나, 사주에 수토(水土)가 있어

제화(制化)하면 길하나 반대이면 반드시 흉하다. 병(丙)이 희신(喜神)일 때도 이와 같은 이치로 추리하면 된다.

충(沖)이란 무엇인가. 예를 들면 자대운(子大運)에 오년(午)년을 만난 것이므로 대운(大運)이 유년(流年)을 충(沖)한다. 자(子)가 희신(喜神)이면 자(子)를 도와야 하고, 유년(流年)의 천간(天干)이 오(午)를 제하면 좋다. 이때 사주에 오(午)의 무리가 많고, 유년(流年)의 천간(天干)에 무갑(戊甲)이 있어 무오(戊午)년이나 갑오(甲午)년을 만나면 반드시 흉하다.

또 오대운(午大運) 자(子)년을 만나면 대운(大運)이 유년(流年)을 충(沖)하는 것이다. 만일 오(午)가 희신(喜神)이고, 사주에 자(子)의 무리가 많고, 대운(大運)의 천간(天干)이 자(子)를 도우면 반드시 흉하다. 반대로 자(子)가 희신(喜神)인데 사주에 오(午)의 무리가 적고, 대운(大運)의 천간(天干)에 자(子)를 돕는 것이 있으면 반드시 길하다. 이때 자(子)가 강하고 오(午)가 약하면 역시 흉하지 않다.

■ 『명학강의(命學講義)』에서는 다음과 같이 논하였다.

위천리는 『명학강의(命學講義)』에서 다음과 같이 논하였다. 유년(流年)의 간지(干支)가 용신(用神)에게 이로우면 길하나 불리하면 흉하고, 유년(流年)의 간지(干支)가 용신(用神)에게 이로워도 원국(元局)의 다른 글자가 극거(剋去)하거나 합거(合去)하면 평범하고, 유년(流年)의 간지(干支)가 용신(用神)에게 불리해도 원국(元局)의 다른 글자가 극거(剋去)하거나 합거(合去)하면 평범하다. 유년(流年)의 간지(干支)가 용신(用神)에게 모두 이로우면 대길하고, 유년(流年)의 간지(干支)가 용신(用神)에게 모두 불리하면 대흉하다.

유년(流年)의 천간(天干)은 용신(用神)에게 이로우나 유년(流年)의 지지(地支)는 용신(用神)에게 해로우면 길흉이 반반이고, 유년(流年)의 천간(天干)은 용신(用神)에게 불리하나 유년(流年)의 지지(地支)는 용신(用神)에게 이로우면 길흉이 반반이고, 유년(流年)의 천간(天干)이 용신(用神)에게 이로운데 유년(流年)의 지지(地支)가 보조해주면 대길하고, 유년(流年)의 천간(天干)이 용신(用神)에게 불리한데 유년(流年)의 지지(地支)가 그것을 도와주면 대흉하다.

유년(流年)의 천간(天干)이 용신(用神)에게 이로운데 유년(流年)의 지지(地支)가 그 유년(流年)의 천간(天干)을 극(剋)하면 길함이 줄어들고, 유년(流年)의 천간(天干)이 용신(用神)에게 불리한데 유년(流年)의 지지(地支)가 그 천간(天干)을 극(剋)하면 흉함이 줄어들고, 유년(流年)의 지지(地支)가 용신(用神)에게 이로운데 유년(流年)의 천간(天干)이 그 지지(地支)를 극(剋)하면 길함이 줄어들고, 유년(流年)의 지지(地支)가 용신(用神)에게 해로워도 유년(流年)의 천간(天干)이 그 지지(地支)를 극(剋)하면 흉함이 줄어든다.

대운(大運)과 유년(流年)이 모두 좋으면 더 좋고, 대운(大運)과 유년(流年)이 모두 흉하면 더 흉하다. 유년(流年)은 길한데 대운(大運)은 흉하거나 유년(流年)은 흉한데 대운(大運)은 길하면 길흉이 반반이다.

좋은 유년(流年)인데 원국(元局)의 어떤 신에게 극합(剋合)이 되면 대운(大運)에서 그 극합(剋合)하는 신을 제압하거나 무력하게 만들거나 합거(合去)하면 더 좋다. 나쁜 유년(流年)인데 원국(元局)의 어떤 신이 그 유년(流年)을 극합(剋合)하면 좋고, 이때 만약 대운(大運)이 그 극합(剋合)하는 작용을 파괴하면 흉하다.

좋은 유년(流年)인데 원국(元局)에서 극합(剋合)이 되고 대운(大運)이 극합(剋合)하는 신을 도와주면 흉다길소하고, 흉한 유년(流年)인데 원국(元局)에서 극합(剋合)하면 좋은데 만약 대운(大運)이 극합(剋合)하는 것을 도와주면 길다흉소하다. 유년(流年)이 좋은데 대운(大運)이 그 유년(流年)을 생조(生助)하면 금상첨화이고, 유년(流年)이 흉한데 대운(大運)이 그 유년(流年)을 생조(生助)하면 설상가상이 된다. 유년(流年)이 좋은데 대운(大運)이 그 유년(流年)을 극(剋)하면 길작용이 줄어들고, 유년(流年)이 흉한데 대운(大運)이 그 유년(流年)을 극(剋)하면 흉작용이 줄어든다.

월운(月運)을 볼 때 혹자는 월간(月干)으로 상반월을 보고 월지(月支)로 하반월을 보는데 믿을 바가 못 된다. 마땅히 간지(干支)를 함께 보아야 한다. 그리고 월지(月支)의 지장간(支藏干) 중에서 분일용사(分日用司)하는 법으로 며칠에서 며칠까지는 길하고 며칠부터 며칠까지는 흉하다는 학설도 있으나 역시 믿을 바가 못 된다. 이것은 월지(月支)에 편중하여 유월(流月)의 길흉을 판단하는 학설이므로 맞지 않는다.

이와 반대로 월간(月干)만을 보는 학설도 있는데 이 역시 믿을 바가 못된다. 월건(月建)의 간지(干支)가 모두 용신(用神)에게 이로우면 길하고 불리하면 흉하다. 월건(月建)의 간지(干支)가 용신(用神)에게 이로워도 원국(元局)의 다른 신에게 극거(剋去)되거나 합주(合住)되면 좋지도 나쁘지도 않아 평범해진다. 월건(月建)의 간지(干支)가 모두 용신(用神)에게 해로워도 원국(元局)의 타신에게 극거(剋去)되거나 합거(合去)되면 좋지도 나쁘지도 않아 평범하다.

월건(月建)도 좋고 유년(流年)도 좋으면 금상첨화이고, 월건(月建)도 흉한데 유년(流年)마저 나쁘면 그 달은 설상가상으로 흉하다. 월건(月建)은 좋은데 유년(流年)이 흉하면 좋은 일 가운데 나쁜 일이 있고, 월건(月建)은 흉한데 유년(流年)이 좋으면 그 달에는 나쁜 일 가운데 좋은 일이 있다.

월건(月建)이 좋은데 원국(元局)의 어떤 신이 극합(剋合)하면 만약 유년(流年)이 극합(剋合)하는 신을 제합(制合)하면 길하고, 월건(月建)이 흉한데 원국(元局)의 타신에 의하여 극합(剋合)이 되었을 때 만약 유년(流年)이 그 극합(剋合)하는 신을 제합(制合)하면 좋을 것이 없다. 월건(月建)이 좋고 원국(元局)의 어떤 신에 의하여 극합(剋合)되었는데 유년(流年)이 그 극합(剋合)하는 신을 생조(生助)하면 흉다길소하다. 월건(月建)이 흉한데 원국(元局)의 타신에 의하여 극합(剋合)이 되었을 때 만약 유년(流年)이 그 극합(剋合)하는 신을 생조(生助)하면 길다흉소하다. 월건(月建)이 좋은데 유년(流年)이 월건(月建)을 극(剋)하면 길작용이 줄어들고, 월건

(月建)이 흉한데 유년(流年)이 월건(月建)을 극(剋)하면 흉작용이 줄어든다.

■ 『삼명통회(三命通會)』에서는 다음과 같이 논하였다.

세운(歲運)은 천간(天干)이 중하고, 대운(大運)은 지지(地支)가 중하다. 세운(歲運)이 충극(沖剋)하면 불길한데 중하면 죽고 가벼우면 되는 일이 없다. 태세(太歲)가 대운(大運)을 충(沖)하면 중하고, 대운(大運)이 태세(太歲)를 극(剋)하면 가볍다. 예를 들어 정사(丁巳) 대운 계해(癸亥) 유년(流年)이면 계(癸)가 정(丁)을 극(剋)하고 해(亥)가 사(巳)를 충(沖)하니 유년(流年)이 대운(大運)을 충(沖)한다. 그 주인공이 그 해에 파직되고 어머니가 돌아가시는 참변을 겪었으니 다른 경우도 이처럼 추리하라.

■ 임철초(任鐵樵)는 다음과 같이 논하였다.

세운(歲運) 충극(沖剋)이 되어도 일주(日主)가 왕상(旺相)하면 비록 흉해도 큰 장애는 없다. 그러나 일주(日主)가 휴수(休囚)하면 반드시 흉하다.

5. 대운(大運)과 유년(流年) 판단하는 법

이상으로 역대 사주학자들의 학설로 대운(大運)과 유년(流年)을 배합하는 방법을 살펴보았다. 대운(大運)과 유년(流年)과 원국(元

局)의 간지(干支)가 형충회합(刑沖會合)하는 현상은 매우 복잡하다. 그러나 결국은 그 사주의 희신(喜神)이나 용신(用神)에게 이로운 결과가 되면 길하고, 희신(喜神)이나 용신(用神)에게 불리하고 기신(忌神)에게 유리한 결과가 되면 흉한 것이다. 형충회합(刑沖會合)을 한 결과가 본래의 대운(大運)이나 유년(流年)의 길신(吉神)이 변하여 흉신(凶神)이 될 수도 있고, 본래의 대운(大運)이나 유년(流年)의 기신(忌神)이 희신(喜神)이나 용신(用神)으로 변할 수도 있다.

유년(流年)은 어떤 대운(大運)의 기간에 있고, 대운(大運)은 어떤 한운(限運)의 기간에 있다. 한운(限運)이란 년주(年柱)가 소년기의 길흉을 주관하고, 월주(月柱)가 청년기의 길흉을 주관하고, 일주(日柱)가 장년기의 길흉을 주관하고, 시주(時柱)가 노년기의 길흉을 주관한다는 학설이다. 그런데 한운(限運)이 드는 나이는 학자에 따라 약간씩 다르다. 그리고 간지(干支)를 나누는 학자도 있고, 함께 보는 학자도 있고, 명궁(命宮)과 태원(胎元)까지의 운을 볼 때 참조해야 한다는 학자도 있다. 대운(大運)과 유년(流年)을 배합하여 길흉을 판단하는 방법을 정리하면 다음과 같다.

— 원국(元局)·한운(限運)·대운(大運)·유년(流年)·유월(流月)의 배합에서 형충극합(刑沖剋合)이 나타나면 우선 그 상태에 주의를 기울여야 한다. 막연히 용신(用神)운이니까 좋고 기신(忌神)운이니까 흉하다고 속단하면 안 된다. 사주학은 변화를

연구하는 학문이므로 아무리 좋은 용신(用神)운이라도 변하여 흉해지면 흉한 결과가 생기고, 아무리 흉한 기신(忌神)운이라도 변하여 길해지면 길한 결과가 생긴다. 사주학에서의 모든 변화는 생극합화(生剋合化) 4글자에서 벗어나지 못한다.

― 대운(大運)과 유년(流年)이 그 나이의 한운(限運)과 형충극합(刑沖剋合)하지 않으면 길흉의 정도가 비교적 경미하다. 예를 들어 소년기에는 대운(大運)과 유년(流年)이 년주(年柱)를 형충극합(刑沖剋合)하면 그 작용이 절실하나 월주(月柱)·일주(日柱)·시주(時柱)를 형충극합(刑沖剋合)하면 그 작용이 비교적 약하다.

― 원국(元局)의 간지(干支)에 합(合)이 있는데 대운(大運)이나 유년(流年)의 간지(干支)가 1~2가지를 충극(沖剋)하면 원국(元局)의 합(合)은 풀려 각기 고유한 작용을 하므로 그에 따라 각각의 간지(干支)는 길흉이 달라진다.

時 日 月 年
戊 己 甲 己
辰 亥 戌 卯

이 사주는 갑(甲) 1개와 기(己) 2개가 투합(妬合)한다. 만약 대운(大運)이나 유년(流年)의 천간(天干)에서 경신금(庚辛金)을 만나면 합(合)하는 갑(甲)을 극(剋)하므로 원국(元局)의 투합(妬合)이 풀린다. 또 대운(大運)이나 유년(流年)의 천간(天干)에서 을목(乙木)을 만나면 합(合)하는 기토(己土)를 극(剋)하므로 투합(妬合)이 풀린다. 만약 대운(大運)이나 유년(流年)의 천간(天干)에서 갑목(甲木)을 만나면 갑기합(甲己合)이 2쌍이 되어 원앙합(鴛鴦合)이 된다. 이 사주는 지지(地支)에 묘술합(卯戌合)이 있는데 대운(大運)이나 유년(流年)에서 진(辰)을 만나 합(合)하는 원국(元局)의 술(戌)을 충(沖)하거나, 유(酉)를 만나 합(合)하는 원국(元局)의 묘(卯)를 충(沖)하면 육합(六合)이 풀린다.

— 원국(元局)에서 충극(沖剋)된 것을 유년(流年)이나 대운(大運)에서 합(合)하면 충극(沖剋)이 풀린다.
— 원국(元局)에 합국(合局)이 없어도 대운(大運)이나 유년(流年)에 합국(合局)을 풀 수 있다.
— 원국(元局)에 충극(沖剋)이 없어도 유년(流年)이나 대운(大運)에서 충극(沖剋)될 수 있다.
— 원국(元局)이 대운(大運)과 합(合)할 때는 화신(化神)의 도움이 있어야 변한다. 화신(化神)의 유무는 유년(流年)에 의존한다.
— 대운(大運)과 유년(流年)이 원국(元局)을 합국(合局)하면서 충극(沖剋)할 때는 합국(合局)으로 논한다. 합국(合局)은 충극(沖剋)보다 강하다.
— 대운(大運)이 원국(元局)과 합국(合局)할 때 유년(流年)에 화신(化神)이 있으면 그 화신(化神)이 합거(合去)되는지를 보아야

한다. 만일 합거(合去)되면 인도하는 역량이 사라져 합(合)이 될 뿐 변하지는 않는다.

— 원국(元局)에 합국(合局)이 있는데 운에서 또 합국(合局)이 될 때는 원국(元局)의 합국(合局)은 소멸되므로 운과 원국(元局)의 합국(合局)으로 본다.

— 원국(元局)에 충극(沖剋)이 있는데 운에서 또 충극(沖剋)이 될 때는 원국(元局)의 충극(沖剋)은 소멸되므로 운과 원국(元局)의 충극(沖剋)으로 본다.

— 원국(元局)에 형(刑)이 없어도 운에서 원국(元局)과 형(刑)이 되면 형(刑)으로 본다.

— 원국(元局)에 충국(沖局)이나 합국(合局)이 있는데 운에서 형(刑)이 되면 원국(元局)의 충국(沖局)과 합국(合局)은 풀리므로 운과 형(刑)하는 것으로 본다.

— 대운(大運)과 유년(流年)이 합국(合局)하면 변하지 못한다. 모든 것은 원국(元局)과 관련되어야 비로소 변하는 것이다.

— 운이 원국(元局)의 기신(忌神)을 극제(剋制)하면 길하나 희신(喜神)이나 용신(用神)을 극제(剋制)하면 흉하다.

— 운이 원국(元局)의 기신(忌神)을 충거(沖去)하면 길하나 희신(喜神)이나 용신(用神)을 충거(沖去)하면 흉하다.

— 운이 원국(元局)의 기신(忌神)을 합거(合去)하면 길하나 희신(喜神)이나 용신(用神)을 합거(合去)하면 흉하다.

— 운에서 희신(喜神)이나 용신(用神)을 만났는데 원국(元局)에서

극제(剋制)·충거(沖去)·합거(合去)하면 평범해진다.

— 운에서 기신(忌神)을 만나도 원국(元局)에서 극제(剋制)·충거(沖去)·합거(合去)하면 평범해진다.

— 운과 원국(元局)이 합화(合化)하는데 화신(化神)이 희신(喜神)이나 용신(用神)이면 길하나 기신(忌神)이면 흉하고, 한신(閑神)이면 평범하다.

— 운에서 기신(忌神)을 만났는데 원국(元局)에서 통관(通關)시켜 용신(用神)을 생조(生助)하면 오히려 길하다.

— 운이 원국(元局)과 형(刑)되면 흉하다.

— 원국(元局)과 대운(大運)과 유년(流年)의 세 지지(地支)가 방합(方合)이나 삼합(三合)을 이루었는데 화신(化神)이 원국(元局)이나 유년(流年)의 천간(天干)에 있어 합화(合化)에 성공하면 그 해에 가장 큰 영향이 있다. 해당하는 지지(地支)의 본래 오행(五行)은 완전히 소멸되고 화신(化神)만 왕성하므로 화신(化神)이 희신(喜神)이나 용신(用神)이면 대길하나 기신(忌神)이면 대흉하여 죽음·중상·수술·파산·가정파탄이 따른다.

— 대운(大運)의 간지(干支)와 유년(流年)의 간지(干支)가 천극지충(天剋支沖)하면 그 해는 흉하다.

— 유년(流年)의 간지(干支)와 원국(元局)의 간지(干支)가 천극지충(天剋支沖)하면 그 해는 흉하다. 천극지충(天剋支沖)하는 주가 한운(限運)이면 더 그렇다.

— 원국(元局)과 대운(大運)과 유년(流年)의 3지(支)가 1지(支)를

충(沖)하거나 3간(干)이 1간(干)을 극(剋)하면 의외의 재앙이
따르고, 2지(支)가 1지(支)를 충(沖)하거나 2간(干)이 1간(干)을
극(剋)하면 재앙이 가볍다.

— 원국(元局)과 대운(大運)과 유년(流年)의 1지(支)가 3지(支)를
형(刑)하거나 3지(支)가 1지(支)를 형(刑)하거나 용신(用神)이
형(刑)을 중첩하여 받거나 한운(限運)을 형(刑)하면 의외의 재
앙이 따르는데 심하면 죽음에 이른다.

— 원국(元局)과 대운(大運)과 유년(流年)의 4지(支)가 1지(支)를
합(合)하거나 4간(干)이 1간(干)을 합(合)하거나 1지(支)가 4지
(支)를 합(合)하거나 1간(干)이 4간(干)을 합(合)하면 재앙이
계속 생긴다. 주로 개인적인 감정의 풍파가 있거나 질병이나 손
재가 따른다.

— 상관(傷官)이 용신(用神)인데 운에서 칠살(七殺)을 만나거나 정
관(正官)이 용신(用神)인데 운에서 상관(傷官)을 만나면 관재가
따르고, 여자는 부부연이 깨진다.

— 대운(大運)과 유년(流年)의 2지(支)가 1지(支)를 충(沖)하면 아
내에게 흉하다.

— 원국(元局)과 대운(大運)과 유년(流年)을 배합하여 방국(方局)
이 2쌍이거나 삼합국(三合局)이 2쌍이거나 육충(六沖)이 2쌍이
되면 그 해는 큰 재앙이 다르는데 사망할 위험이 있다.

— 운이 명궁(命宮)과 천극지충(天剋支沖)하면 생명이 위험하다.

— 원국(元局)에 목욕(沐浴)이 있는데 유년(流年)에서 또 만나면

흥하다.

— 유년(流年)과 대운(大運)이 서로 공망(空亡)되는 해에는 되는 일이 없다.

— 원국(元局)과 대운(大運)과 유년(流年)이 삼형(三刑)이 되는데 식신(食神)에 해당하거나 자형(自刑)이 2쌍이 있는데 식신(食神)에 해당하면 자식을 잃을 수 있다.

— 원국(元局)과 대운(大運)과 유년(流年)의 배합에서 정인(正印)이 삼형(三刑)이 되거나 두 쌍의 자형(自刑)이 되는 것이 정인(正印)에 해당하면 어머니를 잃을 수 있다.

— 위의 사항이 편재(偏財)에 해당하면 아버지를 잃을 수 있다.

— 위의 사항이 정재(正財)에 해당하면 아내를 잃을 수 있다.

— 한운(限運)이 일주(日柱)에 왔을 때 유년(流年)이 일주(日柱)를 천극지충(天剋支沖)하거나 천간(天干)이 비겁(比劫)인데 지지(地支)가 충(沖)하거나 천간(天干)이 극(剋)하는데 지지(地支)가 같으면 그 해에 재앙이 있다.

— 일주(日柱)와 유년(流年)이 천간(天干)이 같은데 지지(地支)가 충(沖)하면 그 해에는 사업이 안 되어 가난으로 고생한다.

— 일주(日柱)와 유년(流年)의 천간(天干)이 같은데 지지(地支)가 형(刑)하면 배우자를 극(剋)한다.

— 편재(偏財)의 유년(流年)에는 재앙이 있는데 구제되면 오히려 돈을 번다. 구제된다는 것은 사주나 대운(大運)에 관살(官殺)이 있거나, 사주나 대운(大運)의 천간(天干)이 유년(流年)의 천간

(天干)과 합(合)하거나, 사주나 대운(大運)에 일주(日主)의 식신
(食神)이나 상관(傷官)이 투출(透出)하거나, 일주(日主)가 천덕
귀인(天德貴人)이나 월덕귀인(月德貴人)이거나, 유년(流年)의
천간(天干)이 용신(用神)이거나 일간(日干)이 약하지 않은 경우
를 말한다.

— 원국(元局)과 대운(大運)과 유년(流年)을 배합하여 3쌍의 형
(刑)이 생기는데 년지(年支)나 월지(月支)가 2쌍의 형(刑)이 되
면 부모에게 재앙이 있고, 일지(日支)를 2쌍이 형(刑)하면 배우
자에게 재앙이 있고, 시지(時支)를 2쌍으로 형(刑)하면 자식에
게 재앙이 있다. 그러나 형(刑)이 되는 주(柱)가 천덕귀인(天德
貴人)·월덕귀인(月德貴人)·천을귀인(天乙貴人)이거나 일간
(日干)의 녹(祿)이면 재앙이 가볍고, 형(刑)이 되는 지지(地支)
가 다른 지지(地支)와 합(合)하면 변하든 변하지 않든 재앙이
가볍거나 없다.

— 원국(元局)과 대운(大運)과 유년(流年)을 배합하여 3쌍의 형
(刑)이 있는데 2쌍의 형(刑)이 본한(本限)을 형(刑)하면 본인에
게 재앙이 있다. 여기다 충(沖)까지 겹치면 큰 병을 앓거나 죽
음에 이른다. 그러나 형(刑)이 되는 주(柱)가 천덕귀인(天德貴
人)·월덕귀인(月德貴人)·천을귀인(天乙貴人)이거나 일간(日
干)의 녹(祿)이거나 합(合)이 되면 재앙이 가볍거나 없다.

— 원국(元局)에 삼형(三刑) 중 2글자가 있는데 유년(流年)에서 나
머지 1글자가 와서 완전한 삼형(三刑)을 이루면 위의 사항과 같

은 현상이 생긴다.

─ 대운(大運)과 원국(元局)을 배합하여 자오묘유(子午卯酉)가 모두 있으면 흉하다.

─ 원국(元局)에 목욕(沐浴)이 있는데 대운(大運)에서 또 만나면 곤고함이 따른다.

─ 원국(元局)의 한운(限運)을 대운(大運)이 천극지충(天剋支沖)·천비지충(天比支沖)·천극지비(天剋支比)하면 그 한운(限運)과 대운(大運)이 겹치는 기간에 재앙이 따르고, 유년(流年) 역시 그렇다.

─ 원국(元局)과 대운(大運)과 유년(流年)을 배합하여 방합(方合)이나 삼합(三合)이나 충(沖)이 2쌍 있으면 그 해에는 큰 재앙이 따르는데 심하면 생명을 잃을 수 있다.

3. 명궁(命宮)

1. 명궁(命宮) 정하는 법

명궁(命宮)은 출생월시로 태양의 위치를 추산하는 것이다. 명궁(命宮)에서 보는 월(月)은 출생한 달을 뜻하고, 시(時)는 출생한 시간을 뜻한다. 그런데 여기서 주의할 점은 사주를 세울 때 12절기(節氣)를 기준으로 월건(月建)을 정하는 것과 차이가 있다는 것이다. 사주에서는 입춘(立春)이 지나면 인(寅)월, 경칩(驚蟄)이 지나면 묘(卯)월, 청명(淸明)이 지나면 진(辰)월로 계산하지만 명궁(命宮)은 그렇지 않다. 사주에서 12절기(絶氣)를 기준으로 월(月)을 정하는 것과는 달리 명궁(命宮)에서는 12중기(中氣)를 기준으로 월(月)을 정한다.

① 인(寅)월 : 대한(大寒)에서 우수(雨水)까지
② 묘(卯)월 : 우수(雨水)에서 춘분(春分)까지
③ 진(辰)월 : 춘분(春分)에서 곡우(穀雨)까지
④ 사(巳)월 : 곡우(穀雨)에서 소만(小滿)까지
⑤ 오(午)월 : 소만(小滿)에서 하지(夏至)까지
⑥ 미(未)월 : 하지(夏至)에서 대서(大署)까지
⑦ 신(申)월 : 대서(大署)부터 처서(處署)까지
⑧ 유(酉)월 : 처서(處署)부터 추분(秋分)까지
⑨ 술(戌)월 : 추분(秋分)에서 상강(霜降)까지
⑩ 해(亥)월 : 상강(霜降)부터 소설(小雪)까지
⑪ 자(子)월 : 소설(小雪)부터 동지(冬至)까지
⑫ 축(丑)월 : 동지(冬至)에서 대한(大寒)까지

　명궁(命宮)은 오성술(五星術)에서 나온 것이나 자미두수(紫微斗數)의 명궁(命宮)은 태음력에 근거한 것이므로 태양력에 근거하여 추산하는 명궁(命宮)과는 다르다. 그러므로 지금 논하는 명궁(命宮)은 자미두수(紫微斗數)의 명궁(命宮)과는 전혀 관계가 없다.
　다음은 명궁표(命宮表)를 보면서 갑자(甲子)년인 1984년 양력 5월

명궁표(命宮表)

宮 \ 月 (中氣)	1월 대한후 우수전	2월 우수후 춘분전	3월 춘분후 곡우전	4월 곡우후 소만전	5월 소만후 하지전	6월 하지후 대서전	7월 대서후 처서전	8월 처서후 추분전	9월 추분후 상강전	10월 상강후 소설전	11월 소설후 동지전	12월 동지후 대한전
辰	亥	戌	酉	申	未	午	巳	辰	卯	寅	丑	子
巳	戌	酉	申	未	午	巳	辰	卯	寅	丑	子	亥
午	酉	申	未	午	巳	辰	卯	寅	丑	子	亥	戌
未	申	未	午	巳	辰	卯	寅	丑	子	亥	戌	酉
申	未	午	巳	辰	卯	寅	丑	子	亥	戌	酉	申
酉	午	巳	辰	卯	寅	丑	子	亥	戌	酉	申	未
戌	巳	辰	卯	寅	丑	子	亥	戌	酉	申	未	午
亥	辰	卯	寅	丑	子	亥	戌	酉	申	未	午	巳
子	卯	寅	丑	子	亥	戌	酉	申	未	午	巳	辰
丑	寅	丑	子	亥	戌	酉	申	未	午	巳	辰	卯
寅	丑	子	亥	戌	酉	申	未	午	巳	辰	卯	寅
卯	子	亥	戌	酉	申	未	午	巳	辰	卯	寅	丑

28일 인(寅)시생의 명궁(命宮)을 알아보기로 한다. 소만(小滿) 후 하지(夏至) 전에 태어났으니 명궁(命宮)의 월(月)은 오(午)월이다. 오(午)월은 5월이니 명궁(命宮) 조견표의 월(月)은 5월이다. 그리고 인(寅)시에 태어났으니 명궁(命宮)은 유궁(酉宮)이 된다.

그럼 이 사주는 명궁(命宮)의 천간(天干)은 무엇이 되는가. 명궁(命宮)의 지지(地支)를 태어난 해의 월건(月建)으로 가정하고 천간(天干)을 정하면 된다. 이 사람은 갑(甲)년에 태어났다. 갑기(甲己)년은 병인(丙寅)·정묘(丁卯)·무진(戊辰)·기사(己巳)·경오(庚午)·신미(辛未)·임신(壬申)·계유(癸酉)·갑술(甲戌)·을해(乙亥)·병자(丙子)·정축(丁丑)월이다. 즉 유(酉)월은 월간(月干)이 계(癸)인 것처럼 갑(甲)년생이 유(酉)가 명궁(命宮)의 지지(地支)이면 명궁(命宮)의 천간(天干)은 계(癸)가 된다. 따라서 이 사람의 명궁(命宮)은 계유(癸酉)이다.

2. 명궁(命宮) 보는 법

사주팔자와 명궁(命宮)과 태원(胎元)은 선천적인 명이므로 평생 변함이 없고 죽을 때까지 영향을 미친다. 만일 명궁(命宮)의 간지(干支)로 사주팔자의 결함을 제거하면 길하나 명궁(命宮)이 사주의 기신(忌神)이 되면 흉하다. 명궁(命宮)의 작용을 살펴보면 다음과 같다.

— 명궁(命宮)에 양인(陽刃)이 있는데 일간(日干)이 신강(身强)하여 의지할 데가 없으면 성격이 거칠며 회노가 무상하고 쉽게 충동되어 감정을 억제하지 못하므로 환경의 변화에 따라 극단적인 변모를 드러낸다. 주위 사람들에게 걱정을 끼치고 고삐풀린 말처럼 날뛰다가 재앙을 부른다. 잔인하며 악랄하여 살인을 하거나 자살하거나 급사한다.

— 명궁(命宮)의 지지(地支)를 유년(流年)이 충극(沖剋)하면 위엄이 있고, 칠살(七殺)이 있어 양인(陽刃)의 흉폭함을 억제하면 영웅호걸이 된다. 이런 사주는 오만하나 용감하며 적성에 맞는 직업을 선택하면 크게 발달할 수 있다.

— 명궁(命宮)의 지지(地支)를 대운(大運)의 지지(地支)가 충(沖)하는데 귀인(貴人)이 구해주지 않으면 실직이나 파산할 수 있다. 명궁(命宮)과 사주가 충(沖)하면 흉하다.

— 명궁(命宮)과 대운(大運)이 천극지충(天剋支沖)이 되면 재앙이 심한데 격국(格局)까지 나쁘면 목숨이 위태롭다.

— 명궁(命宮)을 대운(大運)과 유년(流年)이 모두 극(剋)하면 목숨이 위태롭다.

— 명궁(命宮)을 대운(大運)이나 유년(流年)이 충극(沖剋)하면 생명을 잃거나 타향에서 뜻밖의 고통을 당한다.

— 명궁(命宮)이 자오인사해(子午寅巳亥)이면 길하고, 축미신유(丑未申酉)이면 불길하고, 술진묘(戌辰卯)이면 평범하다.

— 명궁(命宮)이 해(亥)인데 년지(年支)나 일지(日支)에 유(酉)가

있으면 형제간에 불화한다.

— 명궁(命宮)과 일지(日支)가 충(沖)하면 부부연이 바뀌고, 형충
파해(刑沖破害)되면 빈천하거나 요절한다.

— 명궁(命宮)이 일주(日柱)나 년주(年柱)와 육해(六害)가 되면 고
독하며 모든 일에 실패가 많다.

— 낮에 태어났는데 명궁(命宮)이 목토수(木土水)이고, 밤에 태어
났는데 명궁(命宮)이 화금(火金)이면 복이 증가하나 반대가 되
면 복이 줄어든다.

— 명궁(命宮)에 진(辰)이 있으면 술을 좋아하고, 남명의 명궁(命
宮)이 자오(子午)이거나 여명의 명궁(命宮)이 사해(巳亥)이면
음란하다.

— 명궁(命宮)에 재성(財星)이 있는데 형충파해(刑沖破害)나 공망
(空亡)되지 않으면 반드시 부자가 된다.

— 명궁(命宮)의 지지(地支)에 재성(財星)이 있는데 사주의 용신
(用神)이 되면 사업으로 성공하여 재물을 모은다.

— 명궁(命宮)에 정관(正官)이나 정인(正印)이 있으면 귀명을 이루
나 칠살(七殺)이 있으면 파란이 많다. 그러나 칠살(七殺)이 공
망(空亡)되면 오히려 좋고, 제화(制化)가 되면 복이 많다.

— 명궁(命宮)의 천간(天干)에 비겁(比劫)이 있고 지지(地支)에 인
성(印星)이 있으면 사주에 있는 형제의 수에 1~2명을 더한다.

— 명궁(命宮)의 천간(天干)이나 지지(地支)에 정관(正官)이나 칠
살(七殺)이 있으면 사주에 있는 형제의 수에서 1~2명을 뺀다.

― 명궁(命宮)의 간지(干支)가 모두 관살(官殺)이면 형제가 요절하거나 적다. 그러나 명궁(命宮)의 천간(天干)이 일간(日干)과 합(合)하면 그렇지 않고 다정하다.

― 명궁(命宮)과 시주(時柱)가 공망(空亡)되면 명예를 얻기 어렵다.

― 명궁(命宮)이 공망(空亡)되면 불리하나 명궁(命宮)에 흉신(凶神)이 있으면 오히려 흉이 줄어든다. 명궁(命宮)이 공망(空亡)되면 소심하며 눈병이 자주 생긴다.

― 명궁(命宮)이 유묘(酉卯)이며 흉신(凶神)인데 사주에 흉신(凶神)이 있으면 이혼할 수 있다.

― 명궁(命宮)이 길신(吉神)이거나 길신(吉神)이 명궁(命宮)을 수호하면 총명하며 부귀하다.

― 명궁(命宮)이 협록(夾祿)·협귀(夾貴)·녹마(祿馬) 등의 길신(吉神)에 해당하면 장수하며 복이 많다.

― 명궁(命宮)이 역마(驛馬)에 해당하면 타향에서 발달하나 평생 거주지의 변화가 많다.

― 여명의 명궁(命宮)이 역마(驛馬)이며 관대(冠帶)이면 소실이 되거나 음천하다.

― 여명의 명궁(命宮)이 역마(驛馬)나 도화(桃花)와 동궁(同宮)하면 생식기에 질병이 있거나 산액이 따른다.

― 명궁(命宮)이 역마(驛馬)이며 칠살(七殺)인데 칠살(七殺)이 사주의 희신(喜神)이나 용신(用神)이 되면 외교관이나 장교가 되어 멀리 출정을 떠나 공을 세운다.

― 명궁(命宮)이 역마(驛馬)・목욕(沐浴)・도화(桃花)와 동주(同柱)하는데 사주에 금수(金水)가 많으면서 사주의 짜임새가 나쁘면 의지가 굳지 못하다. 정조관념이 없고 음란하며 나쁜 습관이 있다.

― 명궁(命宮)이 겁살(劫殺)・양인(陽刃)・천모살(天耗殺)에 해당하면 평생 재앙・구설・관재가 따른다. 여기다 칠살(七殺)의 기세까지 왕성하면 요절한다.

― 명궁(命宮)이 망신(亡身)이나 대모살(大耗殺)에 해당하면 단명하거나 불구가 된다.

― 명궁(命宮)이 도화(桃花)에 해당하면 음란하며 술을 좋아하나 공망(空亡)되면 그렇지 않다.

― 명궁(命宮)이 고신(孤辰)이나 과수(寡宿)에 해당하면 승려가 되거나 고독하다.

― 명궁(命宮)이 사주의 월지(月支)나 년지(年支)와 고신(孤辰)이나 과수(寡宿)가 되면 혼인이 늦어지거나 승려가 된다. 여명은 기생이나 소실이 된다.

― 명궁(命宮)에 백호살(白虎殺)이나 망신살(亡身殺) 등의 흉살(凶殺)이 있으면 관재・소송・흉사・질병이 있다. 여자는 제왕절개수술을 한다.

― 명궁(命宮)에 망신(亡身)・겁살(劫殺)・칠살(七殺)・백호(白虎)・원진(怨嗔)이 있으면 빈천하고 질병에 시달리며 흉사한다.

4. 태원(胎元)

태원(胎元)이란 잉태한 달을 말한다. 사주의 월주(月柱)에서 천간
(天干)은 한 자리를 앞으로 가고, 지지(地支)는 세 자리를 앞으로
가면 태원(胎元)이 된다. 예를 들어 병인(丙寅)월생이면 천간(天
干)은 한 자리 앞으로 가면 정(丁)이고, 지지(地支)는 세 자리 앞
으로 가면 사(巳)이므로 태원(胎元)은 정사(丁巳)가 된다. 태원(胎
元)은 잉태한 때의 기후를 보는데 지지(地支)를 중시한다. 태원(胎
元)이 사주에서 필요한 용신(用神)이 되면 사주가 더 좋아지고, 태
원(胎元)이 사주의 기신(忌神)이 되면 사주가 더 나빠진다.

5. 한운(限運)

운에는 대운(大運)·유년(流年)·유월(流月)·한운(限運)이 있다.
한운(限運)이란 사주의 4기둥인 년주(年柱)·월주(月柱)·일주(日
柱)·시주(時柱)가 각각 초년·중년·장년·말년의 운을 주관한다
는 학설이다. 『적천수(滴天髓)』에서는 년주(年柱)를 원(元), 월주
(月柱)를 형(亨), 일주(日柱)를 이(利), 시주(時柱)를 정(貞)이라 하
면서 용신(用神)이 원형(元亨)에 있으면 초년부터 중년까지 발달
하고, 이정(利貞)에 있으면 중년부터 말년에 발달한다고 하였다. 한
운(限運)은 대개 다음과 같이 구분한다.

① 년주(年柱)는 1세~20세까지 주관하는데 년간(年干)이 1세~10세까지, 년지(年支)가 11세~20세까지 주관한다.

② 월주(月柱)는 21세~40세까지를 주관하는데 월간(月干)이 21세~30세까지, 월지(月支)가 31세~40세까지 주관한다.

③ 일주(日柱)는 41세~60세까지를 주관하는데 일간(日干)이 41세~50세까지, 일지(日支)가 51세~60세까지 주관한다.

④ 시주(時柱)는 61세부터 죽을 때까지의 운을 주관하는데 언제 죽을지 모르므로 천간(天干)과 지지(地支)를 나누지 않는다. 다만 시간(時干)이 61세~70세까지, 시지(時支)가 71세부터 죽을 때까지를 주관한다고 볼 수 있다.

이렇게 각각의 주(柱)가 주관하는 기간을 본한(本限)이라고 한다. 예를 들면 25세 때는 월간(月干)이 본한(本限)이다. 그런데 사람들마다 한운(限運)의 기간을 조금씩 다르게 잡는다. 예전에는 년주(年柱)가 15세까지, 월주(月柱)가 30세까지, 일주(日柱)가 45세까지, 시주(時柱)가 46세부터 죽을 때까지였다. 그러나 지금은 수명이 길어져 한운(限運)의 기간도 늘어난 것이다.

6. 십간(十干)

1. 십간(十干)의 위치

장요문(張曜文)은 『오술신론(五術新論)』에서 천간(天干)의 위치에 따라 작용의 크기가 달라진다고 주장하며, 여기에는 군측(君側)·영협(靈驗)·정위(正位)의 3가지 기준이 있다고 하였다. 요약하면 다음과 같다.

군측(君側)은 군주인 일간(日干)의 곁에 있는 것이 작용력이 크므로 우선으로 취한다는 원칙이다. 월간(月干)과 시간(時干)이 일간(日干) 곁에 있으므로 우선 격국(格局)이나 용신(用神)으로 정한다는 것이다.

영협(靈驗)은 정위(正位)를 기준으로 작용력을 판단하기 어려울 때 육신(六神)의 종류에 따라 작용력의 크기를 구분하여 적용하는데 순서는 ① 칠살(七殺)·정관(正官)·상관(傷官)·편인(偏印) ② 인수(印綬)·정재(正財)·식신(食神) ③ 편재(偏財)·겁재(劫財) ④ 비견(比肩)이다. 만약 월간(月干)에 정관(正官)이 있고 시간(時干)에 정재(正財)가 있으면 정관(正官)의 힘이 강하므로 정관격(正官格)이 되거나 정관(正官)이 용신(用神)이 된다는 것이다.

정위(正位)는 군측(君側)과 영협(靈驗)으로 판단하기 곤란할 때에 적용하는 것인데 ① 병계(丙癸)가 월간(月干)에 있는 것 ② 무기임(戊己壬)이 시간(時干)에 있는 것이다.

정위(正位)를 더 자세히 분류하면 월간(月干)을 상주(上注)라 하고, 시간(時干)을 하고(下固)라 하는데 일간(日干)에 따라 상주(上注)와 하고(下固)가 달라진다.

日干	上注	下固
甲	丙・癸	己・癸
乙	丙・癸	戊・己・壬・癸
丙	-	壬
丁	癸	戊・己
戊	甲・丙・癸	庚・辛
己	甲・乙・丙・癸	戊・庚・癸
庚	丙・癸	戊・己
辛	甲・丙・庚	戊・己
壬	乙・丙・癸	戊・庚
癸	丙	-

투파(透派)에서는 이와 같은 원칙으로 천간(天干)의 작용력을 구별하는 방법을 일목요연하게 논하였다. 이 역시 일반적인 명리학에는 없는 이론이다. 더 자세한 것은 『오술신론(五術新論)』을 참고하기 바란다.

2. 십간(十干)의 배합

투파(透派) 명리학은 천간(天干)과 천간(天干)의 배합으로 사주의 길흉과 등급을 판단하는 것이다. 이것이 격국(格局)과 용신(用神)을 위주로 길흉과 등급을 판단하는 일반 명리학과 다른 점이다. 『궁통보감(窮通寶鑑)』이 일간(日干)을 월령(月令)에 대조하여 필요한 글자를 정하는 것과 달리 투파(透派) 명리학은 글자 자체의 조합을 중요시한다. 천간(天干)의 배합에 대한 자세한 내용은 장요문(張曜文)의 『완전풀이 십간론(十干論)』을 참고하기 바란다. 투파(透派)의 천간(天干) 배합이론을 간단하게 살펴보면 다음과 같다.

① 갑갑(甲甲) : 나무가 숲을 이루어 길하다. 경쟁에 강하다.
② 갑갑갑(甲甲甲) : 경쟁에서 이기고 귀를 이룬다.
③ 을을(乙乙) : 잡초가 뒤엉킨 형세로 흉하다. 형제와 친구의 덕이 없다.
④ 병병(丙丙) : 태양이 둘이니 경쟁이 심하며 성공하기 어렵다.
⑤ 정정(丁丁) : 두 불길이 연합하여 기선을 제압하니 성공한다.
⑥ 무무(戊戊) : 산 너머 산이니 고생만 하고 실속이 없다.
⑦ 기기(己己) : 일의 진척이 느려 흉하다.
⑧ 경경(庚庚) : 살기가 충천하니 크게 다친다.
⑨ 신신(辛辛) : 복수심이 강하며 잔인하다.
⑩ 임임(壬壬) : 홍수가 나는 형상이니 과욕으로 실패한다.
⑪ 계계(癸癸) : 장애가 생기고 진척이 느리다.

천간(天干) 2개가 중첩하는 것은 갑갑(甲甲)과 정정(丁丁)만 좋고 나머지는 모두 흉하다.

1) 갑목(甲木)

① 갑을(甲乙) : 갑일간(甲日干)이 을(乙)이 있으면 주위에 귀찮게 하는 사람이 있고, 을일간(乙日干)이 갑(甲)이 있으면 귀인(貴人)의 도움을 받는다.

② 갑병(甲丙) : 햇빛을 받은 소나무 형상으로 실력과 권위가 있고, 뜻하지 않은 행운이 있다.

③ 갑정(甲丁) : 두뇌가 명석하며 학문과 예술에 재능이 있고 경쟁에서 이긴다.

④ 갑무(甲戊) : 민둥산의 고목 형상으로 재물을 지키지 못하며 출세하기 어렵다.

⑤ 갑기(甲己) : 옥토에서 자라는 나무 형상으로 부자가 된다.

⑥ 갑경(甲庚) : 도끼로 쪼갠 장작 형상으로 충성심과 지조가 있다.

⑦ 갑신(甲辛) : 거목을 자르려고 덤비는 면도칼 형상으로 고위직에 오르기 어렵다.

⑧ 갑임(甲壬) : 연못가의 수양버들 형상으로 인기가 좋다.

⑩ 갑계(甲癸) : 비에 젖은 수양버들 형상으로 두루 좋은 평을 받는다.

2) 을목(乙木)

① 을갑(乙甲) : 소나무를 타고 올라가는 담쟁이의 형상으로 귀인(貴人)의 도움을 받는다.

② 을을(乙乙) : 형제자매의 덕이 없다.

③ 을병(乙丙) : 햇빛을 받은 화초의 형상으로 윗사람의 도움으로 재물이 들어오며 재물복이 좋다.

④ 을정(乙丁) : 불에 타는 화초의 형상으로 학문이 불리하다.

⑤ 을무(乙戊) : 산에 핀 꽃의 형상으로 수완이 좋아 부자가 되며 윗사람의 복이 있다.

⑥ 을기(乙己) : 화분에 있는 화초의 형상으로 예능으로 성공하며 재물복 있다. 그러나 기(己)가 기신(忌神)이면 밭의 잡초가 된다.

⑦ 을경(乙庚) : 낫에 잘린 화초 형상으로 갑자기 재앙을 당한다.

⑧ 을신(乙辛) : 가위에 잘린 화초의 형상으로 직장운과 재물운이 약하다.

⑨ 을임(乙壬) : 호수에 핀 연꽃의 형상으로 상류층이 된다. 그러나 임수(壬水)가 기신(忌神)이면 음탕하며 고통이 따른다.

⑩ 을계(乙癸) : 이슬을 머금은 연꽃의 형상으로 성공한다. 그러나 계(癸)가 기신(忌神)이면 비에 젖은 화초가 되어 보잘것이 없다.

3) 병화(丙火)

① 병갑(丙甲) : 햇빛을 받은 소나무의 형상으로 뜻하지 않는 행운이 있다.

② 병을(丙乙) : 화초를 비추는 찬란한 태양의 형상으로 재물복과
　　　　　　　남다른 기술이 있다.

③ 병병(丙丙) : 하늘에 태양이 2개인 형상으로 실력을 발휘하기
　　　　　　　어렵다.

④ 병정(丙丁) : 역경을 극복하며 신속한 행동으로 성과를 거둔다.

⑤ 병무(丙戊) : 초년 고생을 극복하고 좋아하는 일로 성공한다.

⑥ 병기(丙己) : 대지를 비추는 태양의 형상으로 표현력이 뛰어나
　　　　　　　며 학술이나 종교 방면에서 성공한다.

⑦ 병경(丙庚) : 심성이 사납고 높은 자리에 오르기 어려우며 직장
　　　　　　　생활에 적합하지 않다.

⑧ 병신(丙辛) : 보석을 비추는 태양의 형상으로 실력 이상으로 인
　　　　　　　정받아 성공하며 위엄과 권위가 있다.

⑨ 병임(丙壬) : 연못을 비추는 태양의 형상으로 충성심이 있고 직
　　　　　　　장생활에 적합하며 일확천금의 복이 있다.

⑩ 병계(丙癸) : 구름에 가린 태양의 형상으로 직장생활에 실패하
　　　　　　　며 재물이 모이지 않고 손실이 많다.

4) 정화(丁火)

① 정갑(丁甲) : 훨훨타는 장작불의 형상으로 두뇌가 명석하며 이
　　　　　　　해력이 뛰어나고 경쟁에 강하며 학문과 예술에 재
　　　　　　　능이 있다. 그러나 갑목(甲木)이 기신(忌神)이면
　　　　　　　장작을 안고 불에 뛰어드는 격이 되어 흉하다.

② 정을(丁乙) : 성실함보다 요령이 앞서니 학문을 이루기 어렵고 재능을 인정받기 어렵다.

③ 정병(丁丙) : 역경을 이기고 빠르게 성과가 나타난다.

④ 정무(丁戊) : 공산명월의 형상으로 재능을 충분히 발휘하여 성공한다.

⑤ 정기(丁己) : 의지대로 되지 않으나 기(己)가 용신(用神)이면 시간이 지나 성과가 나타난다.

⑥ 정경(丁庚) : 능력을 충분히 발휘하여 성공한다.

⑦ 정신(丁辛) : 불에 태우는 보석의 형상으로 세상물정을 모르며 무기력하다.

⑧ 정임(丁壬) : 상사나 귀인(貴人)의 도움이 있고 재물운이 좋으며 인기가 있다.

⑨ 정계(丁癸) : 조직생활에 적응하지 못하니 승진이 어렵고 재물운도 약하다.

5) 무토(戊土)

① 무갑(戊甲) : 소신이 없고 만년 하위직이며 재물운이 없다.

② 무을(戊乙) : 윗사람의 복이 많고 수완이 좋아 부자가 된다.

③ 무병(戊丙) : 일출동산의 형상으로 처음에는 고생하나 나중에는 대성한다. 적성에 맞는 직업에 종사한다.

④ 무정(戊丁) : 재능을 충분히 발휘하여 성공한다.

⑤ 무무(戊戊) : 산 너머 산으로 꿈은 크나 실속이 없고 고집이 강

하여 인기가 없다.

⑤ 무기(戊己) : 다른 사람과 융합하지 못한다.

⑥ 무경(戊庚) : 남의 일에 쓸데없이 참견하다 손해보고, 타인의 도움이 오히려 해가 된다.

⑦ 무신(戊辛) : 인복이 없다.

⑧ 무임(戊壬) : 우수한 두뇌로 성공하나 임(壬)이 기신(忌神)이면 인색하며 옹졸하다.

⑨ 무계(戊癸) : 인색하며 그릇이 작으나 무(戊)가 희신(喜神)이면 직장생활로 성공한다.

6) 기토(己土)

① 기갑(己甲) : 갑(甲)이 희신(喜神)이면 부자가 되나 위장병을 조심해야 한다.

② 기을(己乙) : 일처리가 야무지지 못하나 을(乙)이 희신(喜神)이면 예능이나 경영 방면에서 성공한다.

③ 기병(己丙) : 뜻밖의 귀인(貴人)을 만나 성공한다. 병(丙)이 희신(喜神)이면 학술·종교·서비스업으로 성공하나 기신(忌神)이면 인기도 없고 성공도 없다.

④ 기정(己丁) : 시간이 흐르면 성과가 나타나나 정(丁)이 기신(忌神)이면 진로가 막힌다.

⑤ 기무(己戊) : 대인관계가 원만하며 성공하나 무(戊)가 기신(忌神)이면 타인과 융합하지 못한다.

⑥ 기기(己己) : 일에 장애가 생겨 지체된다.

⑦ 기경(己庚) : 남의 일에 참견하다 손해보고 타인의 도움이 오히려 해가 된다.

⑧ 기신(己辛) : 타인의 도움이 없고 인복도 없다.

⑨ 기임(己壬) : 재물운이 박하고 이성의 덕이 없고 애정문제가 생긴다.

⑩ 기계(己癸) : 큰 부자가 되며 관청이나 대기업에도 적합하다.

7) 경금(庚金)

① 경갑(庚甲) : 실속이 없고 부실하나 갑(甲)이 희신(喜神)이면 주군에게 한결같이 충성한다.

② 을경(乙庚) : 갑자기 재앙을 당한다.

③ 경병(庚丙) : 재능이 부족하며 인기가 없고 직장생활에 적합하지 않으니 높은 지위에 오르기 어렵다.

④ 경정(庚丁) : 재능을 발휘하여 크게 성공하나 정(丁)이 기신(忌神)이면 과욕 때문에 실패한다.

⑤ 경무(庚戊) : 타인의 도움이 없고 남의 일로 손해를 본다.

⑥ 경기(庚己) : 남의 일로 손해를 보고, 타인의 도움이 오히려 해가 된다.

⑦ 경경(庚庚) : 평생에 한 번은 크게 다친다.

⑧ 경신(庚辛) : 화가 나면 큰 사고를 친다.

⑨ 경임(庚壬) : 기획력과 창조력이 있어 성공하나 임(壬)이 기신

(忌神)이면 남의 일로 망한다.

⑩ 경계(庚癸) : 윗사람의 덕이 없으나 자수성가한다.

8) 신금(辛金)

① 신갑(辛甲) : 노력하나 재물운이 약하며 높은 자리에 오르기 어렵다.

② 신을(辛乙) : 재물이 빨리 흩어지며 직장생활에 적합하지 않다.

③ 신병(辛丙) : 빛을 발하는 보석의 형상으로 위엄과 권위가 있고 실력 이상으로 인정받는다.

④ 신정(辛丁) : 불에 그슬린 보석의 형상으로 고생이 많으며 세상 물정에 어둡다.

⑤ 신무(辛戊) : 인복이 없으며 남의 일로 손해본다.

⑥ 신기(辛己) : 타인의 도움을 받지 못하며 인복이 없다.

⑦ 신경(辛庚) : 화가 나면 대형사고를 친다.

⑧ 신신(辛辛) : 복수심이 강하며 잔인하다.

⑨ 신임(辛壬) : 총명하며 재능이 있고 학업이 우수하다.

⑩ 신계(辛癸) : 재능을 발휘하지 못하고 윗사람의 덕이 없으나 자수성가한다.

9) 임수(壬水)

① 임갑(壬甲) : 성실하며 재능을 충분히 발휘할 수 있고 인기가 많다.

② 임을(壬乙) : 능력 이상으로 인정받고 남의 도움으로 성공하나 을(乙)이 기신(忌神)이면 추문에 휘말린다.

③ 임병(壬丙) : 일확천금의 복이 있고 충성심과 복종심으로 직장에서 성공한다.

④ 임정(壬丁) : 재물이 잘 모이며 인기가 있고 상사와 귀인(貴人)의 도움을 받는다.

⑤ 임무(壬戊) : 조직생활에 잘 적응하므로 직장에서 성공하고 두뇌가 우수하다.

⑥ 임기(壬己) : 재물운이 박하며 이성의 덕이 없고 색정문제를 일으킨다.

⑦ 임경(壬庚) : 타인의 도움을 많으며 창조력과 기획력이 뛰어나 성공한다.

⑧ 임신(壬辛) : 총명하고 학업이 우수하며 매사가 순조롭다

⑨ 임임(壬壬) : 지나친 욕심 때문에 실패한다.

⑩ 임계(壬癸) : 경쟁에 강하나 임계(壬癸)가 기신(忌神)이면 맹진하다 실패한다.

10) 계수(癸水)

① 계갑(癸甲) : 표현력이 뛰어나며 지능이 높아 성공하고 두루 호평을 받는다.

② 계을(癸乙) : 대인관계가 좋으며 다른 사람의 도움을 받아 성공한다.

③ 계병(癸丙) : 햇빛을 가리는 구름의 형상으로 재물이 모이지 않고 직장생활에 적합하지 않다.

④ 계정(癸丁) : 재물운이 약하며 조직생활에 적응하지 못하고 승진하기 어렵다.

⑤ 계무(癸戊) : 직장생활로 성공하나 무(戊)가 기신(忌神)이면 인색하며 그릇이 작아 성공하기 어렵다.

⑥ 계기(癸己) : 직장생활·관청·대기업에 적합하며 큰 부자가 된다.

⑦ 계경(癸庚) : 부모와 윗사람의 덕이 없으나 자수성가한다. 그러나 남의 일에 참견하다 실패한다.

⑧ 계신(癸辛) : 윗사람의 덕이 없으나 스스로의 힘으로 일어난다.

⑨ 계임(癸壬) : 맹진하다 실패하며 건강과 재산에 타격을 입는다. 그러나 임(壬)이 희신(喜神)이면 경쟁에 강하며 매사가 순조롭다.

⑩ 계계(癸癸) : 장애가 생겨 일이 지체된다.

7. 육신(六神)의 이로움과 해로움

사주학은 자평학(子平學)이라고도 하는데 명을 논할 때는 오행(五行)의 중화를 가장 중요하게 삼았다. 다음에 서술하는 것은 『연해자평(淵海子平)』에 있는 오행(五行)의 상생상극(相生相剋) 핵심원리이다. 격국(格局)을 정하고 용신(用神)을 취하고 희기(喜忌)를 판단하는데 절대적으로 필요한 원리이다.

1) 정관(正官)과 칠살(七殺)의 이로움

① 금(金)이 왕성한데 화(火)를 얻으면 비로소 기물을 이룬다.

② 화(火)가 왕성한데 수(水)를 얻으면 비로소 서로 돕는다.

③ 수(水)가 왕성한데 토(土)를 얻으면 비로소 연못을 이룬다.

④ 토(土)가 왕성한데 목(木)을 얻으면 비로소 소통이 된다.

⑤ 목(木)이 왕성한데 금(金)을 얻으면 비로소 동량이 된다.

2) 정인(正印)과 편인(偏印)의 해로움

① 금(金)은 토(土)가 생조(生助)해주나 토(土)가 많으면 묻힌다.

② 토(土)는 화(火)가 생조(生助)해주나 화(火)가 많으면 메마른다.

③ 화(火)는 목(木)이 생조(生助)해주나 목(木)이 많으면 꺼진다.

④ 목(木)은 수(水)가 생조(生助)해주나 수(水)가 많으면 떠다닌다.

⑤ 수(水)는 금(金)이 생조(生助)해주나 금(金)이 많으면 탁해진다.

3) 식신(食神)과 상관(傷官)의 해로움

① 금(金)은 수(水)를 생(生)하나 수(水)가 많으면 가라앉는다.

② 수(水)는 목(木)을 생(生)하나 목(木)이 많으면 줄어든다.

③ 목(木)은 화(火)를 생(生)하나 화(火)가 많으면 타버린다.

④ 화(火)는 토(土)를 생(生)하나 토(土)가 많으면 빛을 잃는다.

⑤ 토(土)는 금(金)을 생(生)하나 금(金)이 많으면 변질된다.

4) 정재(正財)와 편재(偏財)의 해로움

① 금(金)은 목(木)을 극(剋)하나 목(木)이 많으면 이그러진다.

② 목(木)은 토(土)를 극(剋)하나 토(土)가 많으면 부러진다.

③ 토(土)는 수(水)를 극(剋)하나 수(水)가 많으면 떠내려간다.

④ 수(水)는 화(火)를 극(剋)하나 화(火)가 많으면 고갈된다.

⑤ 화(火)는 금(金)을 극(剋)하나 금(金)이 많으면 꺼진다.

5) 정관(正官)과 칠살(七殺)의 해로움

① 약한 금(金)이 화(火)를 만나면 녹아버린다.

② 약한 화(火)가 수(水)를 만나면 꺼져버린다.

③ 약한 수(水)가 토(土)를 만나면 막혀버린다.

④ 약한 토(土)가 목(木)을 만나면 무너져버린다.

⑤ 약한 목(木)이 금(金)을 만나면 부러져버린다.

6) 식신(食神)과 상관(傷官)의 이로움

① 강한 금(金)이 수(水)를 만나면 부드러워진다.

② 강한 수(水)가 목(木)을 만나면 기세가 유통된다.

③ 강한 목(木)이 화(火)를 만나면 완고함이 없어진다.

④ 강한 화(火)가 토(土)를 만나면 뜨거움이 식는다.

⑤ 강한 토(土)가 금(金)을 만나면 막힘이 풀린다.

8. 일간(日干)의 왕쇠강약(旺衰强弱)

사주학은 사주의 8자로 인생의 제반사항을 판단하는 학문인데 용신(用神)을 이용하여 해석하므로 용신(用神)을 찾아야 비로소 모든 사항을 추리할 수 있다. 그리고 용신(用神)을 찾으려면 먼저 일간(日干)의 왕쇠강약(旺衰强弱)을 정확히 판단해야 한다. 일간 (日干)의 왕쇠강약(旺衰强弱)은 용신(用神)을 정할 때 항상 절대적 인 영향력을 행사하기 때문이다. 일간(日干)의 힘이 강한 것을 신 강(身强)이라 하고, 일간(日干)의 힘이 약한 것을 신약(身弱)이라 한다. 사주가 신강(身强)한지 신약(身弱)한지를 알아야 용신(用神) 을 정할 수 있고, 용신(用神)을 알아야 길흉을 알 수 있다.

1. 일간(日干)의 왕쇠강약(旺衰强弱) 판단하는 법

먼저 신강(身强) 사주의 조건은
① 월령(月令)이 왕상(旺相)해야 한다. 예를 들어 갑(甲)일생이 봄
   이나 겨울에 태어나면 해당한다.
② 방조(幇助)가 많아야 한다. 사주에 비겁(比劫)이나 인성(印星)
   이 많은 것을 말한다.

①은 월지(月支)에 비겁(比劫)이나 인성(印星)이 있는 것인데 신 강(身强) 사주가 되는 가장 중요한 조건이다. 월령(月令)이 비겁

(比劫)에 해당하는 것을 득시(得時)·득령(得令)·당령(當令)이라고 한다. 만일 ①에 해당하지 않아도 ②를 갖추면 약간 신강(身强)한 것으로 본다.

신약(身弱) 사주는
① 월령(月令)이 쇠약한 것을 말한다. 예를 들어 갑(甲)일생이 여름이나 가을에 태어나면 해당한다.
② 재관(財官)을 극(剋)하는 것이 많거나 식상(食傷)을 설(洩)하는 것이 많으면 해당한다.

일간(日干)의 왕쇠강약(旺衰强弱)은 간지(干支)의 생극합화(生剋合化), 형충파해(刑沖破害), 그리고 각 오행(五行)의 득시(得時)·득세(得勢)·실시(失時)·실세(失勢)를 살펴야 하므로 매우 복잡하다. 『적천수(滴天髓)』에서는 '쇠왕의 진정한 작용을 알면 명의 절반을 터득한 것'이라고 하였다. 일간(日干)의 왕쇠(旺衰)와 강약(强弱)을 구별하는 방법은 다음과 같다.

일간(日干)이 득시(得時)하면 왕(旺)이라고 한다. 예를 들면 월지(月支)에 갑을(甲乙)일생은 인묘(寅卯)가 있고, 병정(丙丁)일생은 사오(巳午)가 있고, 무기(戊己)일생은 사오진술축미(巳午辰戌丑未)가 있고, 경신(庚辛)일생은 신유(申酉)가 있고, 임계(壬癸)일생은 해자(亥子)가 있으면 득시(得時)한 것이므로 왕(旺)이 된다. 그리고 이와 반대이면 일간(日干)이 실시(失時)했다고 하여 쇠(衰)라고 한다. 다시 말해 왕쇠(旺衰)는 월령(月令)을 얻었으면 왕(旺)이라 하고, 얻지 못했으면 쇠(衰)라 한다.

그러나 강약(强弱)은 월령(月令)과 무관하게 득지(得支)나 득세(得勢)하여 일간(日干)이 강하면 강(强)이라 하고, 실지(失支)나 실세(失勢)하여 일간(日干)이 약하면 약(弱)이라고 한다. 득지(得支)는 년일시지(年日時支)에 갑을(甲乙)일생은 해인묘미진(亥寅卯未辰)가 있고, 병정(丙丁)일생은 인사오미술(寅巳午未戌)이 있고, 무기(戊己)일생은 진술축미사오(辰戌丑未寅巳午)가 있고, 경신(庚辛)일생은 사신유술축(巳辛酉戌丑)이 있고, 임계(壬癸)일생은 신해자축진(亥子丑辰)이 있는 것을 말한다. 득지(得支)는 뿌리가 있다는 뜻으로 통근(通根)이라고도 하는데 지지(地支)에 장생(長生)·임관(臨官)·제왕(帝旺)·묘고(墓庫)·여기(餘氣) 있는 것이다. 그러나 음일간(陰日干)은 장생(長生)에서 통근(通根)하지 못한다.

득세(得勢)는 비록 득시(得時)하지 못했어도 간지(干支)에 갑을(甲乙)일생은 수목(水木)이 많고, 병정(丙丁)일생은 목화(木火)가 많고, 무기(戊己)일생은 화토(火土)가 많고, 경신(庚辛)일생은 토금(土金)이 많은 것을 말한다. 다시 말해 강약(强弱)은 사주가 전체적으로 강한가 약한가의 문제이므로 득시(得時)하여 왕한 것이 약해질 때도 있고, 실시(失時)하여 쇠한 것이라도 강해질 때도 있다.

일간(日干)을 강하게 만드는 우리편에는 인성(印星)·비겁(比劫)·임관(臨官)·제왕(帝旺)·묘(墓)·고(庫)·여기(餘氣)·장생(長生)이 있고, 일간(日干)을 약하게 만드는 상대편에는 식신(食

神)・상관(傷官)・정관(正官)・편관(偏官)・정재(正財)・편재(偏財)가 있다. 우리편과 상대편의 역량을 비교하여 우리편이 강하면 강(強)이나 왕(旺)이 되고, 상대편이 강하면 쇠(衰)나 약(弱)이 되는 것이다. 그리고 우리편과 상대편의 역량이 비슷한 경우도 있다.

2. 일간(日干)의 왕쇠강약(旺衰強弱) 예

일반적으로 일간(日干)이 득시(得時)하면 왕(旺)으로 보고, 일간(日干)이 실시(失時)하면 쇠(衰)로 본다. 그러나 득시(得時)하고도 약할 수 있고, 실시(失時)하고도 강할 수 있다. 따라서 득시(得時)・득지(得支)・득세(得勢) 3가지를 종합적으로 살펴야 한다. 실례를 들어 설명하기로 하겠다.

1) 신강(身強)한 경우

일간(日干)이 득시(得時)하면서 득세(得勢)하거나, 득시(得時)하면서 득지(得支)하거나, 득세(得勢)하면서 득지(得支)하거나, 득시(得時)・득지(得支)・득세(得勢)를 모두 갖추면 신강(身強)한 것으로 본다.

時 日 月 年
乙 庚 戊 壬
酉 辰 申 申

이 사주는 일간(日干) 경금(庚金)이 월지(月支) 신(申)에서 건록(建祿)이 되므로 득시(得時)하였고, 년지(年支)와 시지(時支)에도 양인(陽刃)이 있으니 통근(通根)하여 득지(得支)하였다. 따라서 득시(得時)하면서 득지(得支)했으니 신강(身强)한 것으로 본다. 뿐만 아니라 무토(戊土)가 천간(天干)에 있어 일주(日柱)를 생조(生助)하고, 사주에 일주(日柱)를 극(剋)하는 관살(官殺) 병정(丙丁)이 없으니 아주 강하다.

2) 신약(身弱)한 경우

일간(日干)이 실시(失時)하면서 실세(失勢)하고, 실시(失時)하면서 실지(失支)하고, 실지(失支)하면서 실세(失勢)하고, 실시(失時)·실지(失支)·실세(失勢)를 모두 갖추면 신약(身弱)하다고 판단한다.

時	日	月	年
庚	丁	丁	辛
子	酉	酉	巳

이 사주는 정화(丁火)가 유(酉)월에 태어났으니 실시(失時)하였다. 년지(年支) 사(巳)에 제왕(帝旺)이 있어 통근(通根)하나 사유축(巳酉丑) 금국(金局)으로 변하여 도움이 되지 않는다. 년간(年干)과 시간(時干)의 경신금(庚辛金)이 월지(月支)에 임관(臨官)이

있고, 일지(日支)에 임관(臨官)과 제왕(帝旺)이 있으니 왕성하다. 월간(月干)의 정화(丁火)가 일간(日干)을 방조(幇助)하나 미약하니 실세(失勢)한 상태이다. 따라서 실시(失時)·시지(時支)·실세(失勢)를 모두 갖추어 신약(身弱)하다.

9. 지장간(支藏干)

지지(地支)에는 천간(天干)의 기운이 들어 있는데 이것을 지장간(支藏干)이라 하고, 이 지장간(支藏干)이 천간(天干)에 나온 것을 지지(地支)의 인원(人元)이 투출(透出)했다고 한다. 각각의 지지(地支) 속에는 다음과 같은 천간(天干)이 들어 있다.

① 자(子)에는 계수(癸水)가 있다.
② 축(丑)에는 계수(癸水)·신금(辛金)·기토(己土)가 있다.
③ 인(寅)에는 무토(戊土)·병화(丙火)·갑목(甲木)이 있다.
④ 묘(卯)에는 을목(乙木)이 있다.
⑤ 진(辰)에는 을목(乙木)·계수(癸水)·기토(己土)가 있다.
⑥ 사(巳)에는 무토(戊土)·경금(庚金)·병화(丙火)가 있다.
⑦ 오(午)에는 기토(己土)·정화(丁火)가 있다.
⑧ 미(未)에는 정화(丁火)·을목(乙木)·기토(己土)가 있다.
⑨ 신(申)에는 무토(戊土)·임수(壬水)·경금(庚金)이 있다.
⑩ 유(酉)에는 신금(辛金)이 있다.

⑪ 술(戌)에는 신금(辛金) · 정화(丁火)가 있다.

⑫ 해(亥)에는 갑목(甲木) · 임수(壬水)가 있다.

지장간(支藏干)에 관한 이론들을 종합해보면 다음과 같다.

① 자(子)는 계수(癸水)의 건록지(建祿地)이므로 계(癸)가 들어 있다. 자(子)는 체(體)는 양(陽)이고 용(用)은 음(陰)이다.

② 축(丑)은 음토(陰土)이며 금고(金庫)이고 계수(癸水)의 여기(餘氣)가 있으므로 계신기(癸辛己)가 들어 있다.

③ 인(寅)은 갑목(甲木)의 건록지(建祿地)이며 병무(丙戊)의 장생지(長生地)이므로 갑병무(甲丙戊)가 들어 있다.

④ 묘(卯)는 을목(乙木)의 건록지(建祿地)이니 을(乙)이 들어 있다.

⑤ 진(辰)은 양토(陽土)이며 수고(水庫)이고 을목(乙木)의 여기(餘氣)가 있으므로 을계무(乙癸戊)가 들어 있다.

⑥ 사(巳)는 병무(丙戊)의 건록지(建祿地)이며 경(庚)의 장생지(長生地)이므로 무경병(戊庚丙)이 들어 있다. 사(巳)는 체(體)는 음(陰)이고 용(用)은 양(陽)이다.

⑦ 오(午)는 정기(丁己)의 건록지(建祿地)이므로 정기(丁己)가 들어 있다. 오(午)는 체(體)는 양(陽)이고 용(用)은 음(陰)이다.

⑧ 미(未)는 음토(陰土)이며 목고(木庫)이고 정화(丁火)의 여기(餘氣)가 있으므로 정을기(丁乙己)가 들어 있다.

⑨ 신(申)은 경(庚)의 건록지(建祿地)이며 임(壬)의 장생지(長生地)이므로 경임무(庚壬戊)가 들어 있다.

⑩ 유(酉)는 신금(辛金)의 건록지(建祿地)이니 신(辛)이 들어 있다.

⑪ 술(戌)은 양토(陽土)이며 화고(火庫)이고 신금(辛金)의 여기(餘氣)가 있으므로 무정신(戊丁辛)이 들어 있다.

⑫ 해(亥)는 임(壬)의 건록지(建祿地)이며 갑(甲)의 장생지(長生地)이므로 갑임(甲壬)이 들어 있다. 해(亥)는 체(體)는 음(陰)이고 용(用)은 양(陽)이다.

지장간(支藏干)과 포태법(胞胎法)에서는 무토(戊土)의 녹(祿)은 사(巳)에 있고, 기토(己土)의 녹(祿)은 오(午)에 있다고 본다. 이것은 토(土)가 화(火)에게 기생하는 것으로 보는 입장에서 생긴 이론이다. 다시 말해 무(戊)는 병(丙)을 좇아 인(寅)에서 장생(長生)하여 사(巳)에서 녹(祿)이 되고, 기(己)는 정(丁)을 좇아 오(午)가 녹(祿)이 된다는 것이다. 이것을 화토동궁설(火土同宮說)이라고 한다.

이와 반대로 토(土)가 수(水)를 좇아 장생(長生)하는 지지(地支)에서 함께 장생(長生)하고, 수(水)가 녹(祿)을 얻는 지지(地支)에서 함께 녹(祿)을 얻는다는 주장이 있다. 이것을 수토동궁설(水土同宮說)이라고 하는데 한나라 때 동중서(董仲舒)가 『춘추번로(春秋繁露)』를 지어 화토동궁설(火土同宮說)을 주장하기 전에 유행한 이론이다. 사주명리학에서는 이 2가지 학설이 혼합되어 있는데 대개 화토동궁설(火土同宮說)을 따른다. 신해(申亥)의 지장간(支藏干)에 무토(戊土)가 있다는 설은 수토동궁설(水土同宮說)의 흔적이라고 볼 수 있다.

1. 지장간(支藏干) 응용하는 법

십이운성(十二運星)과 지장간(支藏干)은 천간(天干)과 지지(地支)의 관계를 규명하는 이론이다. 지장간(支藏干)을 공부하는 이유는 천간(天干)과 지지(地支)의 관계를 알아야 사주를 풀 수 있기 때문이다. 아직 월령용사(月令用事)와 월(月)에 따른 오행(五行)의 왕상휴수사(旺相休囚死)를 설명하지 않아 천간(天干)과 지지(地支)의 관계를 완벽하게 알 수는 없겠지만 지금까지 설명한 지장간(支藏干)의 이론을 응용하여 오행(五行)의 강약을 알아보기로 한다.

경신(庚申)과 임신(壬申)을 예로 들어보자. 신(申) 속에는 무임경(戊壬庚)의 3가지 천간(天干)이 들어 있다는 것은 앞에서 설명하였다. 그러므로 경신(庚申)은 경(庚)이 천간(天干)에 투출(透出)하고 지지(地支)에도 있는 것이다. 상하가 금기(金氣)로 일관되어 있으므로 경(庚)의 역량은 최대가 된다.

금생수(金生水)의 원리에 따라 신(申) 속의 임수(壬水) 역량이 그 다음이고, 토생금(土生金)의 원리에 따라 무토(戊土)는 금(金)을 생(生)하느라 힘이 빠져 최소가 된다. 다시 말해 신(申) 속의 무임경(戊壬庚) 3개의 지장간(支藏干) 가운데 경(庚)의 역량이 제일 강하고, 그 다음은 임(壬)이고, 무(戊)가 제일 약하는 것이다. 이와 같은 요령으로 지장간(支藏干)의 역량을 측정한다.

2. 지장간(支藏干)과 체용(體用)

자오사해(子午巳亥)의 4가지 지지(地支)는 체(體)와 용(用)이 다른데 그 이유는 바로 지장간(支藏干)에 있다. 지지(地支)는 체(體), 지장간(支藏干)은 용(用)이 된다. 그러므로 자(子)라는 지지(地支)는 체(體)는 양(陽)이지만 자(子)의 지장간(支藏干) 계수(癸水)는 음(陰)이며 계수(癸水)가 용(用)이 되니 자(子)의 용(用)은 음(陰)이 되는 것이다.

오(午)는 원래 양(陽)이지만 용(用)을 따질 때 오(午)의 지장간(支藏干) 기정(己丁)은 음(陰)이므로 지장간(支藏干)이 용(用)이 되는 법칙에 의하여 오(午)는 음(陰)이 용(用)이 되는 것이다. 사(巳)는 본래 음(陰)이지만 지장간(支藏干) 무경병(戊庚丙)은 양(陽)이므로 용(用)은 양(陽)이 된다. 해(亥)는 본래 음(陰)의 체(體)이지만 지장간(支藏干)이 갑임(甲壬)의 양간(陽干)이므로 용(用)은 양(陽)이 된다.

10. 월령용사(月令用事)

월령용사(月令用事)란 각각의 월이 시작되는 절입일부터 시작하여 그 달이 끝날 때까지 가장 왕성하며 주도적인 역할을 하는 천간(天干)이 날짜에 따라 바뀌는 것을 말한다. 1년은 12개월이고 각각의 달은 날짜의 경과에 따라 몇 개 천간(天干)의 지배를 받는다.

옛글에 있는 월령용사(月令用事)에 관한 설명은 다음과 같다.

여기서 지장간(支藏干)과 월령용사(月令用事)하는 월률분야지장간(月律分野地藏干)은 별개이다. 예를 들어 자(子)월에 임(壬)과 계(癸)가 월령용사(月令用事)하지만 자(子)의 지장간(支藏干)에 임(壬)이 있는 것은 아니다. 오(午)월의 월령용사(月令用事)에서 병(丙)이 사령(司令)하지만 병(丙)이 오(午)의 지장간(支藏干)은 아니다. 해(亥)월에 무(戊)가 월령용사(月令用事)하지만 그것이 해(亥)의 지장간(支藏干)에 무(戊)가 있다는 뜻은 아니다. 묘(卯)월에 갑(甲)이 월령용사(月令用事)하지만 갑(甲)이 묘(卯)의 지장간(支藏干)은 아니다. 유(酉)월에 경(庚)이 사령(司令)하지만 경(庚)이 유(酉)의 지장간(支藏干)은 아니다.

① 인(寅)월 : 입춘(立春)부터 인(寅)월이 시작되므로 입춘(立春)부터 계산하여 7일 동안은 무(戊)가 주관하고, 무(戊)가 사령(司令)하는 기간이 끝나는 시간부터 7일 동안은 병(丙)이 주관하고, 병(丙)이 주관하는 시간이 끝나는 시간부터 16일 동안은 갑(甲)이 주관한다. 나머지 달도 이와 같은 이치로 분석하면 된다.

② 묘(卯)월 : 갑(甲)이 10일, 을(乙)이 20일을 주관한다.

③ 진(辰)월 : 을(乙)이 9일, 계(癸)가 3일, 무(戊)가 18일을 주관한다.

④ 사(巳)월 : 무(戊)가 7일, 경(庚)이 7일, 병(丙)이 16일을 주관한다.

⑤ 오(午)월 : 병(丙)이 10일, 기(己)가 10일, 정(丁)이 10일을 주관한다.

⑥ 미(未)월 : 정(丁)이 9일, 을(乙)이 3일, 기(己)가 18일을 주관한다.

⑦ 신(申)월 : 무(戊)가 7일, 임(壬)이 7일, 庚 16일을 주관한다.

⑧ 유(酉)월 : 경(庚)이 10일, 신(辛)이 20일을 주관한다.

⑨ 술(戌)월 : 신(辛)이 9일, 정(丁)이 3일, 무(戊)가 18일을 주관한다.

⑩ 해(亥)월 : 무(戊)가 7일, 갑(甲)이 7일, 임(壬)이 16일을 주관한다.

⑪ 자(子)월 : 임(壬)이 10일 , 계(癸)가 20일을 주관한다.

⑫ 축(丑)월 : 계(癸)가 9일, 신(辛)이 3일, 기(己)가 18일을 주관한다.

월령용사(月令用事)의 필요성과 기간에 대해서는 옛날부터 의견이 분분했는데 오행(五行)의 역량을 측정할 때 참고하면 된다. 월령용사(月令用事)에서 날짜별로 힘을 쓰는 천간(天干)을 사령지신(司令之神)이라 하는데, 사령지신(司令之神)은 다른 글자보다 힘이 강한 것으로 생각하면 된다. 월령용사(月令用事)는 월지(月支)에서 나온 것이다. 매월 처음을 주관하는 천간(天干)을 여기(餘氣)라 하고, 중간을 주관하는 천간(天干)을 중기(中氣)라 하고, 마지막을 주관하는 천간(天干)을 정기(正氣)라고 한다.

11. 오행용사(五行用事)

십이운성(十二運星)과 지장간(支藏干) 그리고 월령용사(月令用事)에 대해서는 앞에서 설명하였다. 오행용사(五行用事)란 금수목화토(金木水火土)의 오행(五行)이 각각 일정한 계절에 처하여 위력을 발휘하며 효과를 드러내는 현상을 말한다.

갑을인묘(甲乙寅卯)의 목(木)은 봄에 득시(得時) 득세(得勢)하여 봄에 최대한의 능력을 발휘하고, 병정사오(丙丁巳午)의 화(火)는 여름에 득시(得時) 득세(得勢)하여 여름에 최대한의 능력을 발휘하고, 경신신유(庚辛申酉)의 금(金)은 가을에 득시(得時) 득세(得勢)하여 겨울에 최대한의 능력을 발휘하고, 무기진술축미(戊己辰戌丑未)의 토(土)는 해마다 입춘(立春)·입하(立夏)·입추(立秋)·입동(立冬)이 되기 전 18일 동안 득시(得時) 득세(得勢)하여 최대한의 능력을 발휘한다.

입춘(立春)부터 72일 동안 목(木)이 왕성하고, 입하(立夏)부터 72일 동안 화(火)가 왕성하고, 입추(立秋)부터 72일 동안 금(金)이 왕성하고, 입동(立冬)부터 72일 동안 수(水)가 왕성하다. 토(土)는 사립(四立)인 입춘(立春)·입하(立夏)·입추(立秋)·입동(立冬)이 시작되기 전의 18일 동안씩 왕성하므로 1년 동안을 계산하면 토(土) 역시 72일 동안 왕성하다. 72×5는 360일이 되는데 1년은 365일이니 착오가 있고 사계절의 날짜 역시 똑같지 않다. 그러나 이것은 평균을 낸 것이지 완전히 일치하지는 않는다. 결론을 말하면 목(木)은 봄에 왕성하고, 화(火)는 여름에 왕성하고, 금(金)은 가을에 왕성하고, 수(水)는 겨울에 왕성하고, 토(土)는 사계에 왕성하다.

12. 왕상휴수사(旺相休囚死)

오행(五行)은 계절에 따라 각각 왕성하다는 것은 이미 설명하였다. 봄에는 목(木)이 왕성하다고 했는데 그러면 다른 오행(五行)인 수화금토(水火金土)의 위치는 어디인지 살펴보겠다.

봄에 가장 왕성한 목(木)이 생(生)하는 화(火)는 상(相)이 된다. 화(火)는 목(木)에서 이어지는 오행(五行)이며 봄이 가면 화(火)가 왕성한 여름이 온다. 그러므로 봄에는 목(木)이 가장 왕성하고, 그 다음에 화(火)가 왕성하다.

한 계절에서 2번째로 왕성한 오행(五行)을 상(相)이라고 한다. 봄에 가장 왕성한 목(木)을 생(生)하는 수(水)는 휴(休)가 된다. 수(水)의 겨울철은 임무를 마치고 봄이 되면 휴식하는 것이다. 그러므로 이미 퇴진한 계절의 오행(五行)을 휴(休)라고 하는데 이것은 쇠(衰)와 뜻이 같다.

봄에는 목극토(木剋土)하므로 토(土)는 사(死)한다. 따라서 실시(失時)한 것을 사(死)라고 하니 사(死)는 가장 약하다. 봄에는 금(金)은 수(囚)가 된다. 금(金)은 비록 목(木)을 극(剋)하지만 봄에는 2번째로 왕성한 화(火)의 극(剋)을 받으므로 쇠약한 것이다. 목(木)의 아들인 화(火)는 부모인 목(木)을 위하여 목(木)을 극(剋)하는 금(金)을 제압하는데 이것을 아능구모(兒能救母)라고 한다.

이상에서 목(木)이 왕성한 봄에 나머지 오행(五行)의 왕상휴수사(旺相休囚死)를 알아보았다. 다시 말해 왕성한 계절의 오행(五行)이 생(生)하는 오행(五行)을 상(相)이라 하고, 왕성한 계절의 오행(五行)을 생(生)하는 오행(五行)을 휴(休)라 하고, 왕성한 오행(五行)이 극(剋)하는 오행(五行)을 사(死)라 하고, 왕성한 오행(五行)

을 극(剋)하는 오행(五行)을 수(囚)라고 한다. 다른 계절도 이와 같이 추리하면 된다. 사시의 오행(五行) 왕상사휴수(休囚)를 도표로 표시하면 다음과 같다.

왕상휴수사표(旺相休囚死表)

日干	春	夏	秋	冬	四季
木	旺	休	死	相	囚
火	相	旺	囚	死	休
土	死	相	休	囚	旺
金	囚	死	旺	休	相
水	休	囚	相	旺	死

13. 사주를 감정하는 방법과 순서

사주를 보는 것은 한 사람의 육친·혼인·질병·성격·직업·부귀·빈천·수명 등 일생의 중대한 일과 길흉을 파악하여 흉은 피하고 길은 추구하기 위해서이다. 그러려면 사주를 감정해야 하는데 순서는 다음과 같이 ① 격국(格局)을 하고 ② 용신(用神)을 정하고 ③ 운의 희기(喜忌)를 밝히고 ④ 종합하여 판단한다.사주학의 이론은 모두 이 4가지 과정을 판단하기 위하여 보조하는 것이다.

1) 격국(格局)을 정한다.

사주에서 년주(年柱)로는 조상을 보고, 월주(月柱)로는 부모와 형제를 보고, 일주(日柱)로는 자신과 배우자를 보고, 시주(時柱)로는 자식을 본다. 세상의 사주는 모두 518,400가지나 되는데 일일이 설명하려면 수천 권의 책이 있어도 모자랄 것이다. 그래서 선현들은 몇 가지 공식을 만들어 응용하며 해석했는데 대표적인 공식이 격국(格局)이다.

격국(格局)은 크게 일반 격국(格局)과 특별 격국(格局)으로 나누고, 각각의 격국(格局)은 다시 공식에 따라 성격(成格)과 파격(破格)으로 나눈다. 성격(成格)이 되면 부귀를 누리고, 파격(破格)이 되면 빈천에 허덕이게 된다. 격국(格局)으로는 그 사람의 그릇을 알고, 용신(用神)으로는 그 사람의 운세를 아는 것이다. 격국(格局)의 종류와 작용에 대해서는 나중에 자세히 설명하기로 하고, 여기서는 사주를 해석하는 첫 과정인 격국(格局) 정하는 법을 예를 들어 설명하기로 한다.

일반 격국(格局)은 정격(正格)이라고도 한다. 정격(正格)에서 격국(格局)을 정할 때는 월지(月支)의 지장간(支藏干) 중에서 정기(正氣)를 취한다. 그런데 월지(月支)의 지장간(支藏干)이 투출(透出)해도 다른 천간(天干)이 극(剋)이나 합(合)하여 작용하지 못하게 하면 투출(透出)한 것을 버리고 다른 것으로 격(格)을 잡는다. 또 지지(地支)에 삼합국(三合局)이나 방합(方合)이 있으면 그것으로 격국(格局)을 정하기도 한다.

다시 말해 격국(格局)을 정한다는 것은 사주에서 가장 세력이 강한 오행(五行)을 찾는 것이다. 격(格)은 보통 월지(月支)의 지장간

(支藏干) 가운데 정기(正氣)를 말하고, 국(局)은 격(格)과 관계를 맺은 여러 오행(五行)을 말한다. 예를 들어 월지(月支)의 정기(正氣)가 정재(正財)이면 정재격(正財格)이 되는데 사주에 정관(正官)이 있으면 재격(財格)에 정관(正官)의 국(局)을 이룬 것이므로 재관격국(財官格局)이라고 한다.

```
時 日 月 年
壬 甲 庚 戊
申 子 申 辰
```

본명은 갑목(甲木)이 신(申)월에 태어났고, 월지(月支)의 지장간(支藏干) 경무임(庚戊壬) 중에서 경(庚)과 무(戊)가 투출(透出)하였고, 투출(透出)한 경무(庚戊) 중에서 경금(庚金)의 역량이 더 강하다. 왜냐하면 경금(庚金)은 월지(月支)의 정기(正氣)인데 무진토(戊辰土)가 생조(生助)하기 때문이다. 따라서 갑목(甲木)의 칠살(七殺)인 경금(庚金)이 투출(透出)했으니 이 사주는 칠살격(七殺格)이다.

그런데 지지(地支)에 신자진(申子辰) 수국(水局)이 있으니 경금(庚金)을 금생수(金生水)로 받아들여 다시 수생목(水生木)을 해주니 칠살(七殺)의 기(氣)가 목(木)을 생(生)하는 형세가 되어 오행(五行)이 상생(相生)하니 유정하다. 따라서 이 사주는 살중용인격(殺重用印格)이다. 살(殺)이 중한데 인성(印星)을 용신(用神)으로 삼는다는 뜻이니 인성(印星)인 수(水)가 용신(用神)이다.

```
時 日 月 年
戊 戊 辛 戊
午 午 酉 子
```

본명은 일간(日干) 무토(戊土)가 유(酉)월에 태어났고, 월지(月支) 유(酉)의 지장간(支藏干) 신금(辛金)이 천간(天干)에 투출(透出)하여 신금(辛金)이 강하다. 무토(戊土)에서 보면 신금(辛金)이 상관(傷官)이므로 상관격(傷官格)이다.

그런데 무토(戊土)는 지지(地支)의 사오(巳午)에 통근(通根)하였다. 통근(通根)이란 같은 오행(五行)이 지지(地支)에 있는 것을 말하는데 여기서는 오(午)의 지장간(支藏干) 기토(己土)에 통근(通根)하였다. 년간(年干)과 시간(時干)에 무토(戊土)가 있고 오화(午火)가 생조(生助)하니 일간(日干) 역시 강하다. 따라서 년지(年支)의 자수(子水)인 재성(財星)이 용신(用神)이고, 재성(財星)이 상관(傷官)의 힘을 흡수하면서 인성(印星)을 극제(剋制)하니 상관용재격(傷官用財格)이다.

나중에 설명하겠지만 상관격(傷官格)은 대개 인성(印星)이나 재성(財星)이 용신(用神)이 된다. 신왕(身旺)하면 재성(財星)을 용신(用神)으로 삼고, 신약(身弱)하면 인성(印星)을 용신(用神)으로 삼기 때문이다. 상관격(傷官格)이 관성(官星)을 용신(用神)으로 삼는 경우는 금수상관격(金水傷官格)인데 이때는 격국용신(格局用神)이 아니라 조후용신(調候用神)이다. 특별법이 일반법에 우선하는 것과 같은 이치이다.

```
時 日 月 年
丙 丙 丁 辛
申 寅 酉 巳
```

본명은 병화(丙火)가 유(酉)월에 태어났고, 월지(月支) 유(酉)의 지장간(支藏干) 신금(辛金) 정재(正財)가 년간(年干)에 투출(透出)하고, 사유(巳酉)가 반삼합(半三合)을 이루어 금기(金氣)가 왕성하다. 천간(天干)의 신금(辛金)은 정화(丁火)의 극(剋)을 받아 쓸 수 없어 유(酉)의 신금(辛金)을 취하니 정재격(正財格)이다. 그러나 정재(正財)가 극(剋)을 당하여 좋은 사주가 아니다.

2) 용신(用神)을 정한다.

격국(格局)이란 사주의 명칭으로 사주가 지닌 특성의 일부를 표현한 것에 불과하다. 따라서 격국(格局)만으로는 그 사주가 좋은지 나쁜지를 판단할 수 없다. 사주에 용신(用神)이 있고 강하면 격(格)을 이루어 부귀와 장수를 누리고, 용신(用神)이 없거나 있어도 미약하면 빈천하며 요절한다. 따라서 길흉과 성패는 용신(用神)의 유무에 달려 있다.

그럼 용신(用神)은 어떻게 찾는가. 사주학에서 중요한 이론은 용신(用神)을 찾으려고 개발한 것이나 용신(用神)을 찾는 것은 쉬운 일이 아니다. 용신(用神)을 찾는 가장 좋은 방법이 바로 격국론(格局論)이다. 용신(用神)을 정하려면 대개 먼저 격국(格局)을 분석하고, 격국(格局)을 분석하려면 일간(日干)의 왕쇠강약(旺衰强弱)과 천간(天干)의 생극합화(生剋合化)와 지지(地支)의 충합회형(冲合會刑)을 살펴야 한다. 그런 후에 일반 격국(格局)인지 특별 격국(格局)인지를 분별해야 한다. 만일 일반 격국(格局)이라면 일반법칙에 의하고, 특별격국(格局)이면 특별법칙에 의하여 용신(用神)을 찾아야 한다.

일반 격국(格局)에서 용신(用神)을 찾는 방법은 약자는 도와주고 강자는 억제하는 억부법(抑扶法)·격국(格局)의 순용(順用)과 역용(逆用)·조후용신(調候用神)이 주축이고, 이외에 통관(通關)·병약(病藥)·종왕(從旺) 등의 법칙이 있다. 특별 격국(格局)에서 용신(用神)을 찾는 방법은 일행득기격(一行得氣格)·양신성상격(兩神成象格)·화기격(化氣格)·종격(從格) 등이 있다.

사주에서 용신(用神)이 힘이 있으면 상격이 되어 부귀를 누리고, 용신(用神)이 힘이 없으면 하격이 되어 빈천하고, 용신(用神)이 없으면 더 천격이 되어 빈천하며 요절한다. 격국(格局)은 인체에 비유하고 용신(用神)을 정신에 비유하는데 누구나 신체는 있어도 정신은 각자 다른 것과 같다. 일반적으로 용신(用神)을 찾는 방법을 예를 들어 설명하기로 하겠다.

時 日 月 年
壬 辛 丁 丙
辰 巳 酉 午

　본명은 신금(辛金)이 유(酉)월에 태어나 건록격(建祿格)이 되었다. 지지(地支)에 사유(巳酉) 반금국(半金局)이 있으니 일간(日干)이 약하지 않다. 그러나 년월(年月)에 병정(丙丁) 관살(官殺)이 섞여 있고, 관살(官殺)이 사오(巳午)에 통근(通根)하여 일간(日干)보다 더 강하다. 화(火)가 왕성하고 금(金)이 쇠약하므로 시간(時干)의 임수(壬水) 식상(食傷)으로 정화(丁火) 칠살(七殺)을 제어하니 식신제살격(食神制殺格)이 되었다. 따라서 이 사주의 용신(用神)은 임수(壬水)이니 가을의 금(金)이 수(水)를 생(生)하여 수원이 마르지 않으니 능히 칠살(七殺)을 제압할 수 있다. 이 사람은 금수(金水)운에 한 나라의 참모총장이 되었다. 식신(食神)이나 상관(傷官)으로 제살(制殺)하는 사주는 대개 무관으로 출세한다.

時 日 月 年
己 丙 甲 癸
亥 子 子 未

　본명은 병화(丙火)가 자(子)월에 태어났고, 자(子)의 지장간(支藏干) 계수(癸水) 정관(正官)이 년간(年干)에 투출(透出)했으니 정관격(正官格)이다. 계수(癸水)가 지지(地支)에 뿌리가 있는데 해수(亥水)까지 있으니 수(水)가 무리를 이루어 왕성하다. 일주(日主) 병화(丙火)가 비록 미(未)의 지장간(支藏干) 정화(丁火)의 도움을 받으나 수(水)가 더 왕성하다. 따라서 월간(月干)의 갑목(甲木) 편인(偏印)이 수(水)를 흡수하는 한편 화(火)를 생조(生助)하므로 용신(用神)이 된다.

```
時 日 月 年
辛 丁 丁 丙
亥 丑 酉 子
```

본명은 정화(丁火)가 유(酉)월에 태어났고, 유(酉)의 지장간(支藏干) 신금(辛金) 편재(偏財)가 시간(時干)에 투출(透出)했으니 편재격(偏財格)이다. 병정화(丙丁火)가 천간(天干)에 무리지어 있으나 지지(地支)에는 금수(金水)가 무리지어 있으니 강하다. 비록 월지(月支)가 장생지(長生地)이나 편재(偏財)이니 도움이 되지 않고, 금수(金水)보다 화(火)가 약하니 재관(財官)이 왕성한 형세이다. 따라서 해(亥)의 지장간(支藏干) 갑목(甲木)과 천간(天干)의 병정화(丙丁火)가 용신(用神)이다.

이상으로 격국(格局)과 용신(用神)의 관계를 살펴보았다. 정관격(正官格)이 재성(財星)이 용신(用神)이면 정관용재격(正官用財格)

이라 하고, 인성(印星)이 용신(用神)이면 정관용인격(正官用印格)이라 한다. 이 격(格)들은 신약(身弱)하면 인성(印星)을 쓰고, 신왕(身旺)하면 재성(財星)을 쓴다. 그리고 상관격(傷官格)이 인성(印星)이 용신(用神)이면 상관용인격(傷官用印格)이라 하고, 재성(財星)이 용신(用神)이면 상관생재격(傷官生財格)이라 한다. 다른 격국(格局)도 이와 같은 원리로 응용하면 된다.

3) 운의 희기(喜忌)를 밝힌다.

운의 희기(喜忌)란 용신(用神)을 도와주는 것을 희(喜)라 하고, 극제(剋制)하는 것을 기(忌)라고 한다. 분별하는 방법은 두 가지로 나눌 수 있는데 사주의 희기(喜忌)와 운의 희기(喜忌)가 그것이다.

```
時 日 月 年
己 丙 甲 癸
亥 子 子 未
```

본명은 월간(月干)의 갑목(甲木)이 용신(用神)이다. 일주(日主) 병화(丙火)가 신약(身弱)한데 관살(官殺) 임계수(壬癸水)가 왕성하니 반드시 목화(木火)로 도와야 하기 때문이다. 갑목(甲木)을 용신(用神)으로 삼으면 수생목(水生木) 목생화(木生火)하여 수(水)가 화(火)를 직접 극(剋)하지 못한다. 년지(年支)의 정화(丁火)와 을목(乙木), 그리고 시지(時支) 해(亥)의 갑목(甲木)이 희신(喜神)이다. 이 사주에서 가장 꺼리는 것은 금수(金水)가 용신(用神)과 희신(喜神)과 일주(日主)를 극(剋)하는 것이므로 금수(金水)가 기신(忌神)이다. 따라서 동남 목화(木火)운은 대길하나 서북 금수(金水)운은 불리하다.

사주에서 희신(喜神)과 기신(忌神)을 찾으려면 먼저 용신(用神)을 정해야 한다. 운을 보는 방법도 사주에서 희기(喜忌)를 밝히는 것과 같은데 사주보다 더 복잡한 것이 다르다. 희기(喜忌)를 밝히는 것은 용신(用神)을 찾는 것보다는 쉽다.

```
時 日 月 年
己 甲 庚 庚
巳 子 辰 子
```

본명은 갑목(甲木)이 진(辰)월에 태어났는데 진(辰)의 본기(本氣)인 무토(戊土)가 시간(時干)에 투출(透出)하였고, 무토(戊土)는 시지(時支)에 통근(通根)했으니 편재격(偏財格)이다. 무토(戊土)는 일주(日主) 갑목(甲木)의 편재(偏財)이기 때문이다. 습토(濕土)인 진토(辰土)가 경금(庚金)을 생조(生助)하니 경금(庚金) 역시 왕성하여 재성(財星)과 칠살(七殺)이 모두 왕성하다. 다행히 지지(地支)에서 자진(子辰)이 반합(半合)으로 수국(水局)을 이루어 금생수(金生水)로 경금(庚金) 칠살(七殺)의 왕성한 기세를 수생목(水生木)하니 살인상생(殺印相生)이 되었다. 따라서 자수(子水)가 용신

(用神)이다.

다시 말해 이 사주의 용신(用神)은 자(子)의 지장간(支藏干) 계수(癸水)이므로 수(水)와 목(木)이 희신(喜神)이고, 토(土)는 용신(用神) 수(水)를 극(剋)하니 가장 흉한 기신(忌神)이고, 금(金)도 목(木)을 극(剋)하니 기신(忌神)이다. 오직 수(水)와 목(木)으로 일주(日主)를 생조(生助)해야 한다.


```
時 日 月 年
丙 乙 乙 甲
子 卯 亥 午
```


본명은 을목(乙木)이 해(亥)월에 태어났는데 천간(天干)에 갑을(甲乙)이 있고 지지(地支)의 해(亥)에 갑목(甲木)이 2개 들어 있다. 해자수(亥子水)가 왕성하여 목(木)을 생조(生助)하니 목(木)과 수(水)가 지나치게 많아지는데 금(金)은 전혀 없으니 당연히 시간(時干)의 병화(丙火)가 년지(年支)의 오화(午火)에 통근(通根)하여 용신(用神)이 된다. 병화(丙火)는 강한 목(木)의 기운을 빼앗기 때문이다. 게다가 한겨울이라 추우니 따뜻한 병화(丙火)가 있어야 하므로 병화(丙火)는 조후용신(調候用神)도 겸한다. 이 사주는 남방은 이로우나 동북방은 해롭다.

용신(用神)과 기신(忌神)과 희신(喜神)의 관계에서 주의할 점이 있다. 일반 학설에서는 용신(用神)을 극(剋)하는 것을 기신(忌神),

용신(用神)을 생조(生助)하는 것을 희신(喜神), 기신(忌神)을 생조(生助)하는 것을 구신(仇神), 용신(用神)도 한신(閑神)도 기신(忌神)도 구신(仇神)도 아닌 것을 한신(閑神)이라고 한다.

그러나 기신(忌神)이 있어야 그 기신(忌神)을 처리하기 위하여 용신(用神)이 있는 것이고, 용신(用神)을 극(剋)하는 병신(病神)이 있어야 그 병신(病神)을 처리하기 위하여 약신(藥神)이 있는 것이고, 용신(用神)이 있어야 도와주기 위해서 희신(喜神)이 있는 것이다. 용신(用神)이 생(生)하는 것은 용신(用神)의 힘을 빼앗기 때문에 흉작용을 하는 것이 원칙이다.

그러나 경우에 따라서는 용신(用神)을 극(剋)하는 기신(忌神)을 제거하기도 하므로 약신(藥神)이 되어 길작용을 할 때도 있다. 살인상생격(殺印相生格)에서는 칠살(七殺)이 기신(忌神)이고 인성(印星)이 용신(用神)이다. 칠살(七殺)은 용신(用神)인 인성(印星)을 생조(生助)하므로 용신(用神)으로 볼 수 없다.

4) 판단한다.

사주에서 격국(格局)과 용신(用神)을 정하고 희기(喜忌)를 밝힌 후에는 판단을 내려야 한다. 육친·개성·체격·지위 등을 판단하고, 운과 대조하여 언제 길하고 언제 흉한지를 조목조목 살펴야 한다. 사주를 판단할 때는 사주의 간지(干支) 위치와 오행(五行)의 희기(喜忌)를 위주로 한다.

희신(喜神)이나 용신(用神)이 년주(年柱)에 있으면 조상의 음덕이 있는 것으로 보고, 월주(月柱)에 있으면 부모와 형제의 도움이 있는 것으로 보고, 일지(日支)에 있으면 배우자의 덕이 있는 것으로 보고, 시주(時柱)에 있으면 자녀의 덕이 있는 것으로 본다.

육친을 볼 때는 비겁(比劫)·식상(食傷)·재성(財星)·인성(印星)·관성(官星)·관살(官殺)의 육신(六神)으로 판단한다. 재성(財星)은 돈과 아내를 뜻하므로 재성(財星)이 희신(喜神)이나 용신(用神)이면 아버지덕·아내덕·돈복이 많고, 관살(官殺)은 권력과 귀를 뜻하므로 관살(官殺)이 희신(喜神)이나 용신(用神)이면 지도자가 된다.

사주로 육친·개성·체격·지위 등을 어느 정도 알 수 있다고 해도 사주에만 의지하지 말고 대운(大運)과 세운(歲運), 그리고 시간과 공간등을 참작하여 결론을 내려야 한다. 특히 대운(大運)·세운(歲運)·월운(月運)을 보아야 어떤 일이 언제 발생하는지를 정확하게 알 수 있다.

제6장. 격국(格局)과 용신(用神)

　격국(格局)은 사람의 이름과 같아 격국(格局)만 보아서는 그 사주가 좋은지 나쁜지 알 수 없다. 사주의 구성을 보고 격(格)이 이루어졌는지 깨졌는지를 알아야 부귀와 빈천을 판단할 수 있다.

　격국(格局)은 크게 일반 격국(格局)과 특별 격국(格局) 2가지로 나눌 수 있다. 일반 격국(格局)에는 정격(正格)·정팔격(正八格)·십정격(十正格) 등이 있고, 특별 격국(格局)에는 외격(外格)·변격(變格)·잡격(雜格) 등이 있다.

　격국(格局)을 정할 때는 먼저 특별 격국(格局)인지를 살펴보고 해당하면 거기에 맞는 용신(用神)을 정하고, 특별 격국(格局)이 아니면 일반 격국(格局)으로 판단한 후 일반 격국(格局)에 맞는 용신(用神)을 정해야 한다.

1. 일반 격국(格局)

1. 일반 격국(格局) 정하는 법

일반 격국(格局)을 정할 때는 먼저 월지(月支)를 살펴야 한다.

1) 월지(月支)의 본기(本氣)가 투출(透出)한 경우

투출(透出)한 오행(五行)이 일주(日主)에게 어떤 육신(六神)인가를 판단하고, 해당하는 육신(六神)의 이름으로 격국(格局)을 정한다. 예를 들어 을목(乙木)이 진(辰)월에 태어났고, 진(辰) 중의 무토(戊土)가 년월시간(年月時干)에 투출(透出)했으면 무토(戊土)는 갑목(甲木)의 정재(正財)이므로 정재격(正財格)이 된다.

각각의 월지(月支)가 지닌 본기(本氣)는 다음과 같다. 인(寅)월은 갑목(甲木), 묘(卯)월은 을목(乙木), 진(辰)월은 무토(戊土), 사(巳)월은 병화(丙火), 오(午)월은 정화(丁火), 미(未)월은 기토(己土), 신(申)월은 경금(庚金), 유(酉)월은 신금(辛金), 술(戌)월은 무토(戊土), 해(亥)월은 임수(壬水), 자(子)월은 계수(癸水), 축(丑)월은 기토(己土)이다.

그런데 일간(日干)과 같은 오행(五行)은 투출(透出)해도 격국(格局)이 성립되지 않는다. 다시 말해 비견(比肩)과 겁재(劫財)는 격(格)을 구성하지 못하므로 비견격(比肩格)이나 겁재격(劫財格)은 없다. 다만 월지(月支)가 일간(日干)의 건록(建祿)이 되면 건록격

(建祿格), 월지(月支)가 일간(日干)의 양인(陽刃)이 되면 양인격(陽刃格)이 될 뿐이다. 그리고 건록격(建祿格)과 양인격(陽刃格)은 일반 격국(格局)이 아니라 특별 격국(格局)이므로 용신(用神)을 정하는 특별한 법이 따로 있으니 그 원칙에 입각하여 정해야 한다.

2) 월지(月支)의 본기(本氣)가 투출(透出)하지 않은 경우

월지(月支)의 여기(餘氣)나 중기(中氣)의 지장간(支藏干)이 천간(天干)에 투출(透出)한 것으로 격(格)을 정한다. 예를 들어 인(寅)월생이 갑목(甲木)이 투출(透出)하지 않았을 때는 인(寅)의 지장간(支藏干)인 병(丙)이나 무(戊) 중에서 투출(透出)한 것이 있으면 그것과 일간(日干)의 육신(六神)으로 격국(格局)을 정한다. 만일 지장간(支藏干) 2개가 동시에 투출(透出)했을 때는 2가지 중에서 강한 것으로 격(格)을 정한다.

3) 월지(月支)의 본기(本氣)도 투출(透出)하지 않고, 지장간(支藏干)에서도 투출(透出)한 것이 없는 경우

월지(月支)의 지장간(支藏干)들을 각각 사주 전체와 비교하여 그 중에서 역량이 가장 강한 것으로 격(格)을 정한다.

4) 월지(月支)가 일간(日干)의 비견(比肩) · 겁재(劫財) · 건록(建祿) · 양인(陽刃)이 된 경우

이때는 격국(格局)이 성립하지 않고 다만 일간(日干)을 보강할 뿐이다. 예를 들어 설명하면 다음과 같다.

① 을목(乙木)이 신(申)월에 태어났는데 경금(庚金)이 투출(透出)했으면 경금(庚金)은 갑목(甲木)의 정관(正官)이 되므로 정관격(正官格)이 된다. 만일 경금(庚金)이 아니라 무토(戊土)가 투출(透出)했으면 정재격(正財格)이 되고, 신(申)의 지장간(支藏干) 임수(壬水)가 투출(透出)했으면 정인격(正印格)이 된다. 만일 경임무(庚壬戊)가 모두 투출(透出)했으면 사주를 보아 세력이 가장 강한 것으로 격(格)을 정하고, 아무것도 투출(透出)하지 않았으면 각각의 지장간(支藏干)의 역량을 살펴 가장 강한 것으로 격(格)을 삼는다.

② 갑목(甲木)이 유(酉)월에 태어났는데 천간(天干)에 신금(辛金)이 투출(透出)했으면 신금(辛金)은 일간(日干) 갑목(甲木)의 정관(正官)이 되므로 정관격(正官格)이 된다. 만일 신금(辛金)이 투출(透出)하지 않았으면 유(酉)의 지장간(支藏干)에 신금(辛金) 1개밖에 없으니 칠살격(七殺格)이 된다.

③ 갑목(甲木)이 묘(卯)월에 태어났으면 묘(卯)는 갑(甲)의 양인(陽刃)이며 겁재(劫財)가 된다. 비견(比肩)과 겁재(劫財)는 격(格)이 될 수 없으니 일반 격국(格局)으로 논하지 않는다.

④ 정화(丁火)가 인(寅)월에 태어났는데 천간(天干)에 갑(甲)이 투출(透出)했으면 정인격(正印格)이 되고, 무토(戊土)가 투출(透出)했으면 상관격(傷官格)이 된다. 만일 무갑(戊甲)이 모두 투출(透出)하지 않았으면 사주의 상황을 보아 인(寅)의 지장간(支藏干) 무갑(戊甲) 가운데 더 강한 것으로 격국(格局)을 정한다.

그리고 병화(丙火)가 투출(透出)했으면 겁재(劫財)가 투출(透出)한 것이니 격(格)으로 논하지 않는다.

⑤ 정화(丁火)가 오(午)월에 태어났으면 오(午)는 일간(日干)의 건록(建祿)이 되므로 일반 격국(格局)으로 논하지 않는다. 만일 기(己)가 투간(透干)했으면 식신격(食神格)이 된다.

⑥ 병화(丙火)가 미(未)월에 태어났는데 기토(己土)가 투출(透出)했으면 상관격(傷官格)이 되고, 을목(乙木)만 투출(透出)했으면 정인격(正印格)이 된다. 만일 기(己)와 을(乙)이 모두 투출(透出)하지 않았으면 사주에서 역량이 더 강한 것으로 격국(格局)을 정하는데 미(未) 속의 정화(丁火)는 겁재(劫財)이므로 격(格)이 될 수 없다.

2. 일반 격국(格局)의 용신(用神) 정하는 법

일반 격국(格局)과 특별 격국(格局)은 용신(用神)을 정하는 방법도 다르다. 일반 격국(格局)에서는 억부법(抑扶法)·조후법(調候法)·통관법(通關法)·병약법(病弱法)·순역법(順逆法) 등으로 정하고, 특별 격국(格局)에서는 종왕법(從旺法法)으로 정한다. 조후법(調候法)·통관법(通關法)·병약법(病弱法)은 나중에 설명하기로 하고, 억부법(抑扶法)에 대하여 먼저 간단하게 설명한 후 격국(格局)의 성립과 용신(用神)에 대하여 설명하겠다.

억부(抑扶)란 억제하고 도와주는 것을 말한다. 일간(日干)이 쇠약하면 비겁(比劫)이나 인성(印星)으로 도와주고, 일간(日干)이 강왕하면 관살(官殺)이나 식상(食傷)이나 재성(財星)으로 억제해야 한다. 이때 필요한 오행(五行)이 용신(用神)이 되면 억부용신(抑扶用神)이라고 한다. 만일 신강(身强)하면 억제하는 것이 용신(用神)이 되고, 신약(身弱)하면 도와주는 것이 용신(用神)이 된다. 먼저 신강(身强)하여 억제하는 경우를 살펴보자.

① 일간(日干)이 왕성한데 인성(印星)이 많으면 재성(財星)을 용신(用神)으로 삼아 인성(印星)을 극(剋)해야 한다. 만일 재성(財星)이 없으면 부득이 관살(官殺)이나 식상(食傷)으로 용신(用神)을 삼지만 이상적이지는 않다. 식상(食傷)은 왕성한 인성(印星)에게 극(剋)되어 무력해지므로 용신(用神)이 될 역량이 부족하기 때문이고, 관살(官殺)은 인성(印星)을 더 왕성하게 하기 때문이다.

② 일간(日干)이 왕성한데 비겁(比劫)이 왕성하면 관살(官殺)을 용신(用神)으로 삼아 비겁(比劫)을 극(剋)해야 한다. 만일 관살(官殺)이 없으면 부득이 식상(食傷)이나 재성(財星)으로 용신(用神)을 삼지만 이상적이지는 않다. 재성(財星)은 왕성한 비겁(比劫)에게 극(剋)되어 제역할을 하기 힘들기 때문이다.

③ 일간(日干)이 강한데 비겁(比劫)이 강하면 식상(食傷)을 용신(用神)으로 삼아 비겁(比劫)을 설기(洩氣)시켜야 한다. 만일 식상(食傷)이 없으면 부득이 관살(官殺)이나 재성(財星)으로 용신

(用神)을 삼지만 이상적이지는 않다. 극도로 왕성한 것은 설기(洩氣)시켜 순생(順生)하게 해야지 극(剋)하거나 극(剋)하게 만들면 왕성한 것을 격발시켜 더 나빠지기 때문이다. 홍수가 나면 물길을 만들어 흘러가도록 유도해야 하는 것과 같다. 특히 재성(財星)은 비겁(比劫)의 극(剋)을 받으므로 용신(用神)이 되기 어렵다.

```
時  日  月  年
庚  庚  丙  乙
辰  辰  戌  丑
```

이 사주는 지지(地支)에 인성(印星)이 많아 일간(日干)이 왕성하다. 따라서 재성(財星) 을(乙)을 용신(用神)으로 삼아 인성(印星)을 극(剋)해야 한다.

```
時  日  月  年
庚  庚  丙  丙
辰  辰  申  戌
```

이 사주는 일간(日干)이 왕성한데 월지(月支)에 비견(比肩)이 있다. 따라서 관살(官殺)을 용신(用神)으로 삼아 비겁(比劫)을 극(剋)해야 한다.

時 日 月 年
丁 甲 癸 壬
卯 辰 卯 寅

이 사주는 일간(日干)이 강한데 비겁(比劫)도 강하다. 따라서 식
상(食傷)을 용신(用神)으로 삼아야 한다.

다음은 신약(身弱)하여 도와주는 경우이다. 일간(日干)이 약하면
도와야 하므로 인성(印星)이나 비겁(比劫)으로 용신(用神)을 삼아
야 한다.

① 일간(日干)이 약한데 식상(食傷)이나 관살(官殺)이 왕성하면 인
성(印星)을 용신(用神)으로 삼아야 한다. 만일 인성(印星)이 없
으면 부득이 비겁(比劫)으로 용신(用神)을 삼아야 하나 이상적
이지는 않다. 비겁(比劫)이 관살(官殺)의 극(剋)을 받아 제대로
작용하지 못하고, 비겁(比劫)이 식상(食傷)을 생(生)하기 때문
이다.
② 일간(日干)이 약한데 재성(財星)이 왕성하면 비겁(比劫)으로 용
신(用神)을 삼아야 한다. 만일 비겁(比劫)이 없으면 부득이 인
성(印星)으로 용신(用神)을 삼아야 하나 이상적이지는 않다. 재
성(財星)이 인성(印星)이 무기력하게 만들어 제역할을 할 수 없
기 때문이다.

```
時  日  月  年
庚  己  庚  庚
午  巳  辰  申
```

이 사주는 식상(食傷)이 왕성하여 신약(身弱)하므로 인성(印星)으로 용신(用神)을 삼아야 한다.

```
時  日  月  年
庚  辛  己  乙
寅  巳  卯  未
```

이 사주는 재성(財星)이 많아 신약(身弱)하므로 비겁(比劫)으로 용신(用神)을 삼아야 한다.

```
時  日  月  年
乙  壬  丙  丁
巳  寅  午  亥
```

이 사주는 신약(身弱)한데 재성(財星)이 많으니 년지(年支)의 해수(亥水) 비견(比肩)으로 용신(用神)을 삼아야 한다.

3. 용신(用神)의 역량 보는 법

① 용신(用神)이 득시(得時)하면 강하다. 예를 들어 갑목(甲木)이 용신(用神)인데 월지(月支)에 인묘진(寅卯辰)이 있는 경우이다.

② 용신(用神)이 도움을 받으면 강하다. 예를 들어 갑목(甲木)이 용신(用神)인데 을목(乙木)이나 계수(癸水)가 돕는 경우이다.

③ 용신(用神)이 지지(地支)에 통근(通根)하면 강하다. 예를 들어 갑목(甲木)이 용신(用神)인데 지지(地支)에 인묘(寅卯)가 있는 경우이다.

④ 용신(用神)이 극합(剋合)되지 않으면 강하다. 예를 들어 천간(天干)의 갑목(甲木)이 용신(用神)인데 천간(天干)에서 경(庚)이 극(剋)하거나 기(己)가 합(合)하지 않는 경우이다.

⑤ 용신(用神)이 천간(天干)의 도움을 받으면 강하다. 예를 들어 지지(地支)의 사화(巳火)가 용신(用神)인데 천간(天干)에 갑목(甲木)이 있어 사화(巳火)를 생(生)하거나 병화(丙火)가 도와주는 경우이다.

⑥ 용신(用神)이 형충합해(刑沖合害)되지 않으면 강하다. 예를 들어 사화(巳火)가 용신(用神)인데 해수(亥水)가 있어 충(沖)하거나 신금(申金)이 있어 형(刑)하지 않는 경우이다.

⑦ 용신(用神)이 충극(沖剋)받았는데 구제해주는 것이 있으면 강하다. 예를 들어 갑목(甲木)이 용신(用神)인데 경(庚)의 극(剋)을 받아 불길할 때 을(乙)이 있어 경(庚)을 합(合)하거나 병

(丙)이 있어 경(庚)을 극(剋)하는 경우이다. 또 사화(巳火)가 용신(用神)인데 해(亥)가 충(沖)하여 불길한데 묘미(卯未)가 있어 삼합(三合) 목국(木局)을 이루어 해(亥)가 목국(木局)이 되는 경우이다.

2. 외격(外格)

 특별 격국(格局)은 외격(外格)과 잡격(雜格)으로 나눈다. 외격(外格)은 비교적 타당성이 있으나 잡격(雜格)은 이론이 복잡하고 적중률이 낮아 근래에는 거의 쓰지 않는다. 그러므로 본장에서는 외격(外格)의 구성요건을 설명하고 잡격(雜格)에 대한 설명은 다음 장에서 할 것이다. 그리고 외격(外格)의 용신(用神) 정하는 방법도 나중에 설명할 것이다. 소수이기는 하나 건록격(建祿格)과 양인격(陽刃格)을 십정격(十正格)에 포함시켜 일반 격국(格局)으로 논하기도 하니 참고하기 바란다.

 외격(外格)은 다시 양인격(陽刃格)·건록격(建祿格)·전왕격(專旺格)·화기격(化氣格)·종격(從格)으로 나눈다. 그리고 전왕격(專旺格)은 일행득기격(一行得氣格) 또는 독상(獨象)이라고도 하는데 곡직인수격(曲直仁壽格)·염상격(炎上格)·가색격(稼穡格)·윤하격(潤下格)·종혁격(從革格) 5가지로 나누고, 화기격(化氣格)은 합화격(合化格)이라고도 하는데 화목격(化木格)·화토격(化土格)·화금격(化金格)·화수격(化水格)·화화격(化火格) 5가지로 나누고,

종격(從格)은 기명종격(棄命從格)이라고도 하는데 종관살격(從官殺格)·종재격(從財格)·종아격(從兒格)·종세격(從勢格)·종강격(從强格) 5가지로 나눈다.

일반 격국(格局)은 오행(五行)의 중화를 위주로 용신(用神)을 정하지만 건록격(建祿格)과 양인격(陽刃格)을 제외한 나머지 외격(外格)은 기세가 강한 오행(五行)을 따르는 것을 용신(用神)으로 정한다. 다시 말해 일반 격국(格局)은 오행(五行)의 중화를 중요시하지만 외격(外格)은 편중된 오행(五行)에 거역하지 않는 것을 중요시한다.

1. 건록격(建祿格)

건록격(建祿格)은 월지(月支)가 일간(日干)의 건록(建祿)이 되면 하는데 갑(甲)일 인(寅)월생, 을(乙)일 묘(卯)월생, 병무(丙戊)일 사(巳)월생, 정기(丁己)일 오(午)월생, 경(庚)일 신(申)월생, 신(辛)일 유(酉)월생, 임(壬)일 해(亥)월생, 계(癸)일 자(子)월생이면 해당한다.

건록격(建祿格)은 월지(月支)가 일간(日干)의 임관(臨官)이므로 대개 신강(身强)하여 오행(五行)의 기세가 편중되었다고 볼 수 있어 특별한 원칙으로 용신(用神)을 잡는 것이다. 여기서 주의할 점은 건록격(建祿格)이나 양인격(陽刃格)이면서 전왕격(專旺格)이 되면 무조건 전왕격(專旺格)으로 보고 전왕격(專旺格)의 원리로 용신(用神)을 잡는다는 것이다. 건록격(建祿格)과 양인격(陽刃格)은 대개 관살(官殺)로 용신(用神)을 삼으나 전왕격(專旺格)은 절대로 관살(官殺)로 용신(用神)을 삼지 않는다. 이것은 전왕격(專旺格)이 건록격(建祿格)이나 양인격(陽刃格)보다 오행(五行)의 기세가 더 편중되었기 때문이고, 매우 왕성한 것은 극(剋)하지 못하기 때문이다.

건록격(建祿格)은 대개 신강(身强)하므로 천간(天干)에 비겁(比劫)이 투간(透干)하면 흉하다. 천간(天干)에 재생관살(財生官殺)이나 식상생재(食傷生財)가 있으면서 형충(刑沖)이 없으면 길명으로 간주한다. 그러나 재관(財官)이 투간(透干)하지 않아도 사주가 지나치게 신강(身强)하지 않으면 길명으로 판단한다. 건록격(建祿格)은 부모의 유산과 재물복이 없고 자수성가하는 경우가 많다. 건록격(建祿格)의 특징을 살펴보면 다음과 같다.

① 갑(甲)일 건록격(建祿格)이 사주에 을묘(乙卯)가 많으면 부모의 유산이 없고, 아내를 극(剋)하고, 평생 재물을 모으지 못하고, 하는 일마다 헛되고, 허풍만 있고 성실하지 못하다.

② 을(乙)일 건록격(建祿格)이 사주에 갑인(甲寅)의 겁재(劫財)가 많으면 ①과 같은 현상이 생긴다. 그러나 경신사유축(庚辛巳酉丑)이 있거나 기사오진술무(己己巳午辰戌) 등의 재관(財官)이 왕성하면 갑을(甲乙)일생 모두 길명으로 본다.

③ 병(丙)일 건록격(建祿格)이 사주에 정임(丁午)이 있으면 흉하나

금수(金水)가 있으면 재관(財官)운에 부귀를 이룬다.

④ 정(丁)일 건록격(建祿格)이 사주에 사유축경신(巳酉丑庚辛)의 재성(財星)이나 임계신자진(壬癸申子辰)의 관살(官殺)이 있으면 길명이 된다.

⑤ 무(戊)일 건록격(建祿格)이 사주에 수(水)가 없으면 아내를 극(剋)하고, 부모의 유산이 없고. 자녀가 걱정을 끼친다. 그러나 정관(正官)이나 칠살(七殺)이 있거나 신자진(申子辰)이 삼합국(三合局)을 이루어 재국(財局)이 되면 자녀 2명이 귀하게 된다.

⑥ 기(己)일 건록격(建祿格)이 천간(天干)에 정관(正官)이나 정재(正財)가 투출(透出)하면 혼인이 늦어지며 관직이 높지 않으나 칠살(七殺)이나 편재(偏財)가 투출(透出)하면 길하다. 정관(正官) 갑(甲)은 오(午)에서 사(死)하므로 인격이 떨어지고, 정재(正財) 임(壬)은 오(午)에서 수(囚)하므로 아내를 극(剋)하며 재물복이 작다.

⑦ 경(庚)일 건록격(建祿格)이 상반월생이면 부모의 유산이 없으나 하반월생이면 부모의 유산이 있다. 재성(財星)이 많은 것이 관살(官殺)이 많은 것보다 좋고, 화국(火局)이 있으면 약간 발달하고, 수(水)가 있으면 작게 발달한다.

⑧ 신(辛)일 건록격(建祿格)이 천간(天干)에 경(庚)의 겁재(劫財)가 투출(透出)하면 혼인이 늦어지며 재물걱정이 많으나 목화(木火)가 생왕(生旺)하면 길명이 된다. 신유(辛酉)일생은 일간(日干)이 전록(專祿)이고, 신묘(辛卯)와 신미(辛未)일생은 재성

(財星) 위에 앉았으니 의식주 걱정이 없고, 신사(辛巳)일생은 관록(官祿)은 있으나 평범하다.

⑨ 임(壬)일 건록격(建祿格)이 계(癸)의 겁재(劫財)가 왕성하면 혼인이 늦어지며 벼슬이 높지 않다. 만일 화토(火土)가 있으면 자수성가하나 수(水)가 많으면 빈곤하며 아내를 극(剋)한다.

⑩ 계(癸)일 건록격(建祿格) 역시 임(壬)일 건록격(建祿格)과 같다.

건록격(建祿格)은 대개 재관(財官)이 없는데 비겁(比劫)이 투출(透出)하거나 지지(地支)에 비겁(比劫)이 모여 있으면 조상의 유산이 없고 아내덕이 없다. 그리고 건록격(建祿格)은 대개 신강(身強)하므로 대운(大運)에서 비견(比肩)·겁재(劫財)·녹(祿)·인(刃)을 만나면 흉하다. 그러나 사주나 대운(大運)에서 재성(財星)·관성(官星)·식상(食傷)·칠살(七殺)을 만나 중화를 이루면 좋다.

녹(祿)이 월지(月支)에 놓이면 건록(建祿), 년지(年支)에 놓이면 세록(歲祿), 일지(日支)에 놓이면 전록(專祿), 시지(時支)에 놓이면 귀록(歸祿)이라고 하는데 월지(月支)의 건록(建祿)이 일간(日干)을 가장 많이 도와주므로 영향력이 크다. 그래서 건록격(建祿格)으로 분류하며 그에 따라 용신(用神)을 정하는 이치가 있는 것이다.

그러나 전록격(專祿格)·귀록격(歸祿格)·세록격(歲祿格)은 독립격국(格局)으로 논하기에는 부족하므로 용신(用神)을 정하는 방법이 따로 없고 참고만 한다. 그러니 다음에 설명하는 귀록격(歸祿格)의 용신(用神) 정하는 방법은 다만 참고하는데 그치기 바란다.

옛사람들은 건록격(建祿格)은 대개 신강(身强)하다고 보아 시주(時柱)로 조절했는데 다음과 같다.

① 갑(甲)일 건록격(建祿格)은 임신(壬申)시이면 좋다.

② 을(乙)일 건록격(建祿格)은 신사(辛巳)시이면 좋다.

③ 병(丙)일 건록격(建祿格)은 기해(己亥)시이면 좋다.

④ 정(丁)일 건록격(建祿格)은 경자(庚子)시이면 좋다.

⑤ 무(戊)일 건록격(建祿格)은 갑인(甲寅)시이면 좋다.

⑥ 기(己)일 건록격(建祿格)은 을축(乙丑)시이면 좋다.

⑦ 경(庚)일 건록격(建祿格)은 병무(丙戊)시이면 좋다.

⑧ 신(辛)일 건록격(建祿格)은 정유(丁酉)시이면 좋다.

⑨ 임(壬)일 건록격(建祿格)은 무신(戊申)시이면 좋다.

⑩ 계(癸)일 건록격(建祿格)은 기해(己亥)시이면 좋다.

건록격(建祿格)의 용신(用神) 정하는 방법은 다음과 같다.

① 재성(財星)이 많은데 신약(身弱)하면 비겁(比劫)으로 용신(用神)을 삼고, 신강(身强)하면 관살(官殺)로 용신(用神)을 삼아야 하나 관살(官殺)이 없으면 식상(食傷)도 좋다.

② 관살(官殺)이 많은데 신약(身弱)하면 인성(印星)으로 용신(用神)을 삼고, 신강(身强)하면 재성(財星)으로 용신(用神)을 삼는다.

③ 식상(食傷)이 많은데 신약(身弱)하면 인성(印星)으로 용신(用神)을 삼고, 신강(身强)하면 재성(財星)으로 용신(用神)을 삼는다.

④ 비겁(比劫)이 많으면 관살(官殺)로 용신(用神)을 삼는다.
⑤ 인성(印星)이 많으면 재성(財星)으로 용신(用神)을 삼는다.

　건록격(建祿格)은 재성(財星)이나 관성(官星)이 용신(用神)인 경우가 많은데 해당하면 부귀를 이루며 재관(財官)운에 발달한다. 그러나 식상(食傷)은 없고 재성(財星)만 있으면 군비쟁재(群比爭財)가 되어 오히려 흉한데 이때는 식상(食傷)운을 만나면 좋다.
　건록격(建祿格)은 병이 적고 장수한다는 것이 특징이다. 귀록(歸祿)·전록(專祿)·세록(歲祿) 등이 있어도 대개 장수한다. 건록격(建祿格)이 사주에 재관(財官)이 있으면 부귀를 이룰 팔자인데 재관(財官)운에 발달한다. 그러나 재관(財官)이 왕성한데 신약(身弱)하면 인성(印星)운에 발달하고, 비겁(比劫)이 많고 재관(財官)이 없거나 약하면 가난하다. 재관(財官)운이 와도 사주에 재관(財官)의 뿌리가 없으면 소용이 없고, 비견(比肩)운이 오면 빈천해진다. 시지(時支)에 재고(財庫)가 있으면 늙어서 부자가 되고, 년주(年柱)에 재관(財官)이 있으면 조상이나 윗사람의 도움이 크다.

時	日	月	年
己	己	丙	丁
巳	未	午	巳

이 사주는 건록격(建祿格)인데 비겁(比劫)은 많으나 재관(財官)이

지장간(支藏干)에만 있으니 없는 것과 같다. 지장간(支藏干)은 천간(天干)에 투출(透出)하지 않으면 큰 역량을 발휘하지 못한다. 임인(壬寅) 대운(大運)이 비록 정재(正財)운이지만 군비쟁재(群比爭財)가 되고, 대운(大運)의 지지(地支) 인(寅)이 사주의 년지(年支) 사(巳)와 형(刑)되어 불리하다.

2. 양인격(陽刃格)

양인격(陽刃格)은 월지(月支)가 일간(日干)의 양인(陽刃)이 되는 것을 말하는데 갑(甲)일 묘(卯)월생, 병무(丙戊)일 오(午)월생, 경(庚)일 유(酉)월생, 임(壬)일 자(子)월생이면 해당한다. 일지(日支)가 일간(日干)의 양인(陽刃)이 되는 것을 일인(日刃)이라고 하는데 병오(丙午)·무오(戊午)·임자(壬子)일을 말한다. 이런 사람은 배우자를 극(剋)할 가능성이 있으나 신약(身弱)하면 그렇지 않고, 시지(時支)가 양인(陽刃)이 되면 자녀를 극(剋)한다.

양인격(陽刃格)은 신약(身弱)하면 양인(陽刃)이 용신(用神)이 되나 신강(身强)하면 기신(忌神)이 된다. 양인(陽刃)이 용신(用神)인데 운에서 충(沖)되면 대흉하고, 식상(食傷)이 없는데 재성(財星)이 있으면 군비쟁재(群比爭財)가 되어 흉하고, 관살(官殺)이 없는데 재성(財星)이 있어도 군비쟁재(群比爭財)가 되어 흉하다. 양인격(陽刃格)은 칠살(七殺)이 용신(用神)인 경우가 많다.

음일간(陰日干)은 양인(陽刃)이 없다고 앞에서 설명하였다. 따라서 을(乙)일 인(寅)월생은 인(寅) 중의 병무갑(丙戊甲) 중에서 갑(甲)을 버리고 병화상관격(丙火傷官格)이나 무토정재격(戊土正財格)이 되고, 정(丁)일 사(巳)월생은 사(巳) 중의 무경병(戊庚丙) 중에서 병(丙)을 버리고 무토상관격(戊土傷官格)이나 경금정관격(庚金正官格)이 되고, 기(己)일 사(巳)월생은 병화정인격(丙火正印格)이나 경금상관격(庚金傷官格)이 되고, 신(辛)일 신(申)월생은 무토정인격(戊土正印格)이거나 임수상관격(壬水傷官格)이 되고, 계(癸)일 해(亥)월생은 갑목(甲木)의 지장간(支藏干)을 취하여 상관격(傷官格)이 된다.

```
時 日 月 年
庚 甲 乙 戊
午 辰 卯 寅
```

이 사주는 지지(地支)에 인묘진(寅卯辰) 목방(木方)이 있고, 월간(月干)에 을목(乙木)이 투출(透出)하여 곡직인수격(曲直仁壽格)인 것 같으나 시(時)에 칠살(七殺)이 있으니 양인격(陽刃格)이다. 칠살(七殺) 경금(庚金)이 재성(財星)인 진(辰)의 생조(生助)를 받아 용신(用神)이 되고 재성(財星)은 희신(喜神)이다.

무오(戊午)와 기미(己未) 대운(大運)에 화생토(火生土) 토생금(土生金)으로 상생(相生)하니 재물이 마르지 않고, 경신(庚申)과 신유(辛酉) 대운(大運)에는 용신(用神)이 득지(得支)하여 역량이 강해지니 돈으로 관직을 사서 명예를 떨쳤다. 그러나 계해(癸亥) 대운 (大運)에 수생목(水生木)이 되어 칠살(七殺)을 설기(洩氣)하고 양 인(陽刃)을 도와주니 용신(用神)의 기운이 빠져 세상을 떠났다. 대 운(大運)에서 용신(用神)운을 만나거나 용신(用神)운이 지나가는 데 운이 나쁘면 죽는 경우가 많다.

3. 전왕격(專旺格)

전왕격(專旺格)은 일행득기격(一行得氣格) 또는 독상(獨象)이라 고도 한다. 사주 대부분을 일간(日干)과 같은 오행(五行)이 차지하 여 오행(五行)이 한쪽으로 편중되었는데 사주에 관살(官殺)이 없 으면 성립한다. 건록격(建祿格)이나 양인격(陽刃格)도 일행득기격 (一行得氣格)이 되면 일행득기격(一行得氣格)으로 간주한다.

일행득기격(一行得氣格)은 일간(日干)의 오행(五行)이 무엇이냐 에 따라 곡직인수격(曲直仁壽格)·종혁격(從革格)·가색격(稼穡 格)·염상격(炎上格)·윤하격(潤下格) 5가지로 구분한다. 외격(外 格)에서는 간지(干支)만 보고 지장간(支藏干)의 여기(餘氣)와 중기 (中氣) 등의 잡기는 무시한다. 다시 말해 간지(干支)의 본기(本氣) 를 위주로 고찰하는 것인데 이는 종격(從格)을 이해하는데 반드시 참고해야 한다.

외격(外格)은 건록격(建祿格)과 양인격(陽刃格) 외에는 전왕격(專 旺格)·종격(從格)·화격(化格) 모두 기세가 왕성한 것을 용신(用

神)이나 희신(喜神)으로 삼는다. 특히 전왕격(專旺格)은 사주의 대부분을 일간(日干)과 같은 오행(五行)이 차지하고 있으므로 관살(官殺)이 비겁(比劫)의 기세를 거역하여 관살(官殺)이 있으면 전왕격(專旺格)이 되지 못한다. 따라서 일단 관살(官殺)이 있으면 일반격국(格局)으로 보고 그에 입각하여 용신(用神)을 정해야 한다.

사주에 재성(財星)이 강해도 전왕격(專旺格)이 되지 못할 수 있다. 그러나 재성(財星)이 뿌리가 없고 극(剋)이나 충(沖)을 받아 무력해지면 전왕격(專旺格)이 된다. 전왕격(專旺格)은 대개 권력자나 큰 부자가 되는데 약간의 흠이 있으면 그것을 제거하는 운에서 부귀를 이룬다.

전왕격(專旺格)인데 시지(時支)에 재성(財星)이나 관살(官殺)이 있으면 부귀가 오래가지 하고, 관살(官殺)운을 만나면 사망·파산·가족의 사망·형벌 등이 따르고, 월지(月支)의 왕신(旺神)이 충(沖)되면 부모덕이 없고 평생 가난하며 참화를 당한다. 전왕격(專旺格)의 용신(用神)을 정하는 방법은 다음과 같다.

1) 곡직인수격(曲直仁壽格) : 목독왕(木獨旺)

곡직인수격(曲直仁壽格)은 갑을목(甲乙木)이 인묘(寅卯)월에 태어났는데 금(金)이 없고, 지지(地支)에 목방(木方)이나 목국(木局)이 있어 목(木)이 왕성하고, 왕신(旺神)인 비겁(比劫)이 천간(天干)에 투출(透出)하면 성립한다. 그러나 지지(地支)에 목방(木方)이나 목국(木局)이 있으면 갑(甲)이나 을(乙)이 천간(天干)에 없어도 곡직인수격(曲直仁壽格)이 된다. 곡직인수격(曲直仁壽格)은 사주에 재관(財官)이 없고, 시지(時支)가 목(木)을 거역하지 않고, 지지(地支)에 해(亥)가 있으면 귀격을 이룬다.

갑을목(甲乙木)이 해(亥)월에 태어났는데 지지(地支)에 목방국(木方局)이 있고, 목(木)이 천간(天干)에 투출(透出)하고, 관살(官殺)이나 재성(財星)의 극(剋)이 없고, 시지(時支)가 목(木)을 거역하지 않으면 부귀영화를 누린다. 만일 관살(官殺)이 있으면 곡직인수격(曲直仁壽格)이 깨지지만 천간(天干)에 인성(印星)이나 식상(食傷)이 있으면 살인상생(殺印相生)이 되어 격(格)이 깨지지 않는다. 대운(大運)과 유년(流年)도 마찬가지이다. 재성(財星)이 강하면 격(格)이 깨지는 것은 군비쟁재(群比爭財) 때문이다. 그런데 사주에 식상(食傷) 있으면 비겁생식상(比劫生食傷)이나 식상생재(食傷生財)가 되어 수려한 기운이 유통되므로 격(格)이 깨지지 않는다. 대운(大運)과 유년(流年)도 마찬가지이다.

곡직인수격(曲直仁壽格)은 대개 목(木)이 용신(用神)이고 수화(水火)가 희신(喜神)인 경우가 많다. 수(水)와 화(火) 중에서 어느 것이 희신(喜神)인지는 사주의 구조와 조후용신(調候用神)과의 관계로 판단한다. 만일 임계해자(壬癸亥子)의 인성(印星)이 있으면 관살(官殺)운이 와도 흉하지 않다. 병정사오(丙丁巳午)의 식상(食傷)이 있으면 재성(財星)운이 와도 군비쟁재(群比爭財)가 되지 않으니 흉하지 않고, 관살(官殺)운이 와도 막아주니 큰 해는 없다. 곡직인수격(曲直仁壽格) 등 전왕격(專旺格)은 관살(官殺)이 가장 흉한 기신(忌神)이고, 재성(財星)은 그 다음으로 흉한 기신(忌神)이다.

```
時 日 月 年
乙 甲 癸 壬
亥 辰 卯 寅
```

이 사주는 갑목(甲木)이 묘(卯)월에 태어났으니 양인격(陽刃格)이다. 그러나 천간(天干)에 을(乙)이 투출(透出)하고, 지지(地支)에 인묘진(寅卯辰) 목방(木方)이 있고, 사주에 경신신유(庚辛申酉)의 관살(官殺)이 없으니 곡직인수격(曲直仁壽格)으로 보아야 한다. 양인격(陽刃格)과 건록격(建祿格)은 전왕격(專旺格)이 되면 전왕격(專旺格)으로 보아야 한다고 앞에서 설명하였다.

2) 염상격(炎上格) : 화독왕(火獨旺)

염상격(炎上格)은 병정화(丙丁火)가 사오(巳午)월생이고, 지지(地支)에 화방국(火方局)이 있어 화(火)가 권세를 잡고, 화(火)가 천간(天干)에 투출(透出)했는데 재관(財官)이 극(剋)하지 않고, 시지(時支)가 화(火)를 거스르지 않으면 성립한다. 지지(地支)에 완전한 화방(火方)이나 화국(火局)이 있으면 화(火)가 천간(天干)에 투출(透出)하지 않아도 성립하는데 인(寅)이 있으면 더 좋다. 만일 재관(財官)이 있어도 뿌리가 없으면 염상격(炎上格)이 될 수 있다.

병정화(丙丁火)가 인(寅)월에 태어났어도 지지(地支)에 화방국(火

方局)이 있고, 화(火)가 년월시간(年月時干)에 투출(透出)하고, 재관(財官)이 없고, 시지(時支)가 화(火)를 거역하지 않으면 염상격(炎上格)이 되어 부귀영화를 누린다.

염상격(炎上格)은 관살(官殺)이 있으면 격(格)이 깨지고, 재성(財星)이 있어도 일주(日主)와 재성(財星)이 싸우므로 격(格)이 깨진다. 이때는 식상(食傷)으로 유통시키면 다시 격(格)을 이룰 수 있다. 염상격(炎上格)은 진축(辰丑)의 습토(濕土)가 있으면 매우 길하여 평생 걱정없이 편안하게 지낸다.

염상격(炎上格) 역시 다른 전왕격(專旺格)과 마찬가지로 화(火)가 용신(用神)이고, 인성(印星)이나 식상(食傷)이 희신(喜神)이고, 관살(官殺)과 왕성한 재성(財星)은 기신(忌神)이다. 인성(印星)을 용신(用神)으로 삼을 때는 인목(寅木)이 가장 좋다. 전왕격(專旺格)은 대운(大運)이나 유년(流年)에서 관살(官殺)운을 만나면 격(格)이 깨져 사망·파산·형벌·가족의 죽음이 따른다. 만일 유년(流年)의 지지(地支)가 월지(月支)를 충(沖)하면 그 해에는 중상을 입거나 퇴직당하는 등 여러 가지 재앙이 따르나 사주에 인성(印星)이 있으면 무관하다.

```
時 日 月 年
乙 丙 丙 丁
未 午 午 巳
```

본명은 병화(丙火)가 오(午)월에 태어났고, 지지(地支)에 사오미 (巳午未) 화방(火方)이 있고, 천간(天干)에 을병정(乙丙丁)이 있으니 목화(木火) 일색인데 임계해자(壬癸亥子)의 충극(沖剋)이 없으니 염상격(炎上格)이다.

3) 가색격(稼穡格) : 토독왕(土獨旺)

가색격(稼穡格)은 무기토(戊己土)가 진술축미(辰戌丑未)월에 태어났고, 지지(地支)에 3개 이상의 사고(四庫)가 있고, 토(土)가 천간(天干)에 투출(透出)하고, 사주에 재관(財官)의 극(剋)이 없고, 시지(時支)가 토(土)를 거역하지 않으면 성립한다. 토(土)가 용신 (用神)이고, 성(印星)이나 식상(食傷)이 희신(喜神)이고, 재관(財官)은 기신(忌神)이다.

時	日	月	年
丙	戊	己	戊
辰	辰	未	戌

본명은 재성(財星)이 허약하나 습토(濕土)가 있으니 사주가 건조하지 않아 부귀격을 이루었다.

4) 종혁격(從革格) : 금독왕(金獨旺)

종혁격(從革格)은 경신금(庚辛金)이 신유술(申酉戌)월에 태어났고, 지지(地支)에 금방국(金方局)이 있고, 사주의 천간(天干)이나 지지(地支)에 관살(官殺)이 없으면 성립한다. 만일 지지(地支)에 완전한 금국(金局)이나 금방(金方)이 있으면 금(金)이 년월시간(年 月時干)에 투출(透出)하지 않아도 종혁격(從革格)이 된다.

종혁격(從革格)은 재관(財官)이 극(剋)하지 않으면 좋고, 시지(時 支)가 금(金)을 거역하지 않으면 좋고, 식상(食傷)이 있으면 더 좋 다. 금(金)이 용신(用神)이고, 인성(印星)이나 식상(食傷)이 희신 (喜神)이고, 재관(財官)은 기신(忌神)이다.

```
時  日  月  年
庚  庚  乙  庚
辰  戌  酉  申
```

본명은 을경(乙庚)이 금(金)으로 변하며 서방을 이루었으니 종혁 격(從革格)이다. 종혁격(從革格)은 무관으로 나가는 경우가 많다.

5) 윤하격(潤下格) : 수독왕(水獨旺)

윤하격(潤下格)은 임계수(壬癸水)가 해자(亥子)월에 태어나고, 지 지(地支)에 수(水)가 왕성하거나 수방국(水方局)이 있고, 비겁(比 劫)이 천간(天干)에 투출(透出)하면 성립한다. 그러나 지지(地支) 에 완전한 수방국(水方局)이 있으면 수(水)가 천간(天干)에 투출 (透出)하지 않아도 윤하격(潤下格)이 된다. 윤하격(潤下格)은 사주에 재성(財星)이나 관살(官殺)이 있어 수(水)를 극(剋)하지 않고, 시지(時支)가 수(水)를 거스르지 않으면 좋다.

```
時  日  月  年
癸  癸  壬  壬
丑  亥  子  辰
```

본명은 해자축(亥子丑) 수방(水方)을 이루고, 재관(財官)의 극(剋)이 없으니 윤하격(潤下格)이다.

4. 종격(從格)

종격(從格)이란 일간(日干)이 매우 약한데 어느 오행(五行)이 사주의 기세를 장악하여 일간(日干)이 스스로 왕성한 오행(五行)을 따르는 것을 말한다. 일간(日干)이 재성(財星)을 따르면 종재격(從財格)이라 하고, 관살(官殺)을 따르면 종살격(從殺格)이라 하고, 식상(食傷)을 따르면 종아격(從兒格)이라 하고, 인성(印星)을 따르면 종강격(從强格)이라 하고, 금수(金水)나 목화(木火) 중에서 강한 2가지 세력을 따르면 종기격(從氣格)이라 하고, 재관식(財官食)이 모두 강하여 따르면 종세격(從勢格)이라 한다.

1) 종재격(從財格)

종재격(從財格)은 월지(月支)가 일간(日干)의 재성(財星)이 되고, 지지(地支)에 재성(財星)의 방국(方局)이 있거나 재성(財星)이 2개 이상 있어 기세가 강하고, 천간(天干)에 재성(財星)이나 식상(食傷)이 투출(透出)하고, 비겁(比劫)이나 인성(印星)이 없고, 시지(時支)가 재성(財星)을 거스르지 않으면 성립한다. 비겁(比劫) 인성(印星)이 천간(天干)에 있어도 지지(地支)에 통근(通根)하지 못하면 종재격(從財格)이 된다. 종재격(從財格)은 사주에 관살(官殺)이 있으면 부귀를 겸하는데 관살(官殺)이 비겁(比劫)을 파괴하고 재성(財星)을 보호하기 때문이다. 종재격(從財格)은 칠살(七殺)운을 만나면 사망·질병·파산이 따른다.

```
時 日 月 年
壬 戊 壬 壬
子 子 子 子
```

본명은 일간(日干) 이외의 글자가 모두 재성(財星)으로 이루어져 있으니 종재격(從財格)이다.

2) 종살격(從殺格)

사주에 정관(正官)이 많으면 칠살(七殺) 작용을 하므로 정관(正官)이 많아 종관격(從官格)이 되어도 종살격(從殺格)이라고 한다.

종살격(從殺格)은 월지(月支)가 관살(官殺)이고, 지지(地支)에 관살(官殺)의 방국(方局)이 있고, 관살(官殺)이 천간(天干)에 투출(透出)하고, 식상(食傷)이 관살(官殺)을 극(剋)하지 않고, 시(時)가 관살(官殺)을 거역하지 않으면 성립한다. 만일 재성(財星)이 있으면 식상(食傷)운을 만나도 관살(官殺)이 다치지 않으므로 더 좋다. 종살격(從殺格)은 재관(財官)운은 길하나 식상(食傷)과 인성(印星)운은 불길하다.

```
時 日 月 年
壬 丙 丙 辛
辰 子 申 亥
```

본명은 지지(地支)에 수국(水局)을 이루었고, 임(壬)이 투출(透出)하였다. 비록 비견(比肩)이 천간(天干)에 있으나 뿌리가 없고 임(壬)이 파괴하니 작용하지 못한다.

3) 종아격(從兒格)

종아격(從兒格)은 월지(月支)가 식상(食傷)이고, 지지(地支)에 식상(食傷)의 방국(方局)이 있고, 식상(食傷)이 천간(天干)에 투출(透出)하고, 사주에 인성(印星)이 없어 식상(食傷)을 극(剋)하지 않으면 성립한다. 종아격(從兒格)은 다른 종격(從格)과는 달리 비겁(比劫)이 있어도 좋고, 재성(財星)이 있으면 더 좋다.

```
時 日 月 年
壬 己 辛 戊
申 酉 酉 申
```

본명은 월지(月支)가 식신(食神)이고, 식신(食神)이 투출(透出)하고, 겁재(劫財)와 재성(財星)이 있으니 종아격(從兒格)이다.

4) 종세격(從勢格)

종세격(從勢格)은 월지(月支)가 일간(日干)의 관살(官殺)·재성(財星)·식상(食傷)이고, 사주에 비겁(比劫)이나 인성(印星)이 없고, 재관식(財官食)이 2가지 이상 섞여 있고, 지지(地支)에 비겁(比劫)이나 인성(印星)이 없고, 천간(天干)에 비겁(比劫)이나 인성(印星)이 1개 있는데 뿌리가 없으면 성립한다. 관살(官殺)과 식상(食傷)을 통관(通關)하는 재성(財星)이 용신(用神)인 경우가 많다. 종세격(從勢格)은 『적천수천미(滴天髓闡微)』에서 처음 주장한 이론이다.

```
時 日 月 年
乙 己 庚 辛
亥 酉 子 酉
```

본명은 신약(身弱)한데 인성(印星)과 비겁(比劫)이 없고, 재관식(財官食)이 있으니 종세격(從勢格)이다. 재성(財星)이 관살(官殺)

과 식상(食傷)의 싸움을 말려주는 용신(用神)이다.

5) 종왕격(從旺格)

종왕격(從旺格)은 사주가 모두 비겁(比劫)으로 구성되고, 관살(官殺)이 없으면서 재관식(財官食)도 없으면 성립한다. 비겁(比劫)이 용신(用神)이고, 인성(印星)이 희신(喜神)이다. 전왕격(專旺格)에 비하면 비겁(比劫)이 방국(方局) 이루는 기세가 약하다.

```
時 日 月 年
甲 甲 乙 癸
子 寅 卯 卯
```

본명은 일간(日干)이 인묘(寅卯)에 통근(通根)하고, 갑을(甲乙)이 투출(透出)하고, 계(癸)가 생(生)하니 매우 왕성하다. 재관식(財官食)이 모두 없으니 오로지 수목(水木)을 용신(用神)으로 삼아야 하니 종왕격(從旺格)이다.

6) 종강격(從强格)

종강격(從强格)은 사주에 인성(印星)과 비겁(比劫)이 너무 많고, 일간(日干)이 월지(月支) 인성(印星)의 도움을 받고, 재관(財官)이 전혀 없으면 성립한다. 비겁(比劫)이나 인성(印星)이 용신(用神)이고, 식상(食傷)은 인성(印星)과 싸우니 흉하고, 재관(財官)운도 흉하다.

時 日 月 年
甲 甲 壬 壬
子 子 子 子

본명은 월지(月支)가 인성(印星)이고, 수(水) 인성(印星)이 6개나 있고, 비견(比肩)이 투출(透出)하고, 재관식(財官食)이 전혀 없다. 수목(水木)을 따를 수밖에 없으니 종강격(從强格)이 되었다.

5. 화기격(化氣格)

화기격(化氣格)은 화격(化格)이라고도 하는데 천간(天干) 둘이 합(合)하면 변하는 경우도 있고 변하지 않는 경우도 있다. 그리고 천간(天干) 둘이 합(合)하는 경우도 있고 합(合)하지 않는 경우도 있다. 예를 들어 천간(天干)에 갑(甲)과 기(己)가 있다고 무조건 갑기합(甲己合)이 되는 것이 아니고, 갑기합(甲己合)이 되어도 모두 토(土)로 변하는 것은 아니다. 천간(天干)이 합(合)하는 조건과 변하는 조건은 『자평진전(子平眞詮)』에 자세하게 나와 있으니 참고하기 바란다.

화기격(化氣格)은 일간(日干)이 월간(月干)이나 시간(時干)과 합(合)하여 변하면 성립한다. 화기격(化氣格)은 화토격(化土格)·화목격(化木格)·화금격(化金格)·화수격(化水格)·화화격(化火格) 5가지로 구분한다. 각각의 화기격(化氣格)은 나름대로 특수한 조건이 있어야 성립하는데 매우 복잡하다.

화기격(化氣格)은 일간(日干)이 합화(合化)하는 것이다. 일간(日干)은 가까이 있는 월간(月干)이나 시간(時干)과 합(合)하고, 일단 합(合)이 성립되면 변하는지를 보아야 한다. 합(合)하지만 변하지 않으면 기반이 되어 합(合)한 두 천간(天干)의 작용이 정지된다. 일단 일간(日干)이 월간(月干)이나 시간(時干)과 합화(合化)하면 변한 오행(五行)이 월지(月支)이고, 사주에 화신(化神)이 많고, 화신(化神)을 극(剋)하는 오행(五行)이 없어야 한다. 월지(月支)가 화신(化神)이 아니면 비록 지지(地支)가 방국(方局)을 이루어 화신(化神)이 되어도 실령(失令)한 것이니 귀격이 되지 못한다.

1) 화목격(化木格)

화목격(化木格)은 일간(日干)이 정임합(丁壬合)하여 목(木)이 되고, 월지(月支)에 인묘진해미(寅卯辰亥未)가 있고, 목(木)이 방국(方局)을 이루고, 천간(天干)에 목(木)이 투간(透干)하고, 금(金)이 없으면 성립한다.

時	日	月	年
乙	壬	丁	甲
巳	寅	卯	辰

본명은 지지(地支)에 목방(木方)이 있고, 일간(日干)이 목(木)으

로 변하니 화목격(化木格)이다. 화(火)가 화신(化神) 목(木)을 설기(洩氣)하는 용신(用神)이다.

2) 화화격(化火格)

화화격(化火格)은 무계가(戊癸)가 합(合)하여 화(火)가 되고, 사오미인술(巳午未寅戌)월에 태어나고, 지지(地支)에 화방국(火方局)이 있고, 화(火)가 투간(透干)하고, 수(水)가 없으면 성립한다.

```
時  日  月  年
丁  戊  癸  丙
巳  午  巳  寅
```

본명은 화(火)가 왕성하니 무계합화(戊癸合火)가 되고, 화(火)를 설기(洩氣)하는 토(土)가 있으니 화화격(化火格)이다.

3) 화토격(化土格)

화토격(化土格)은 갑기(甲己)가 합(合)하여 토(土)가 되고, 진술축미(辰戌丑未)월에 태어나고, 사주에 토(土)가 투간(透干)하여 왕성하고, 목(木)이 없으면 성립한다.

```
時  日  月  年
戊  己  甲  丁
辰  巳  辰  未
```

본명은 사주에 토(土)가 가득하므로 화토격(化土格)이다.

4) 화금격(化金格)

화금격(化金格)은 을경(乙庚)이 합(合)하고, 사축유신술((巳丑酉申戌)에 태어나고, 지지(地支)에 금방국(金方局)이 있어 금(金)이 왕성하고, 화(火)가 힘이 없으면 성립한다.

庚 乙 乙 庚

辰 酉 酉 申

時 日 月 年

본명은 금(金)이 왕성한데 토(土)가 금(金)을 생(生)하니 화금격(化金格)이다.

5) 화수격(化水格)

화수격(化水格)은 병신(丙辛)이 합(合)하여 수(水)가 되고, 해자진신축(亥子辰申丑)월생이고, 지지(地支)가 수방국(水方局)을 이루어 투간(透干)하여 왕성하고, 토(土)가 힘이 없으면 성립한다.

時 日 月 年

丙 辛 癸 壬

申 亥 丑 申

본명은 임계수(壬癸水)가 투간(透干)하고, 병신(丙辛)이 합(合)하여 수(水)가 되니 화수격(化水格)이다.

3. 잡격(雜格)

잡격(雜格)은 수십 가지가 있으나 많이 활용하는 것만 살펴보기로 하겠다.

1. 양신성상격(兩神成象格)

목화상생격(木火相生格) · 수목상생격(水木相生格) · 화토상생격(火土相生格) · 토금상생격(土金相生格) · 금수상생격(金水相生格)은 상생(相生)하는 격(格)이고, 목토상성격(木土相成格) · 토수상성격(土水相成格) · 수화상성격(水火相成格) · 화금상성격(火金相成格) · 금목상성격(金木相成格)은 상극(相剋)하는 격(格)이다.

2. 암충격(暗冲格)

암충격(暗冲格)은 경금(庚金) 일간(日干)이 지지(地支)에 신자진(申子辰)이 모두 있으면 인오술(寅午戌)을 충(沖)하여 데려오고, 병화(丙火) 일간(日干)이 지지(地支)에 오(午)가 많으면 자(子)를 충(沖)하여 데려오고, 정화(丁火) 일간(日干)이 지지(地支)에 사

(巳)가 많으면 해(亥)를 충(沖)하여 데려오고, 경자(庚子)와 임자 (壬子) 일주(日柱)가 지지(地支)에 자(子)가 많으면 오(午)를 충 (沖)하여 데려오고, 신해(辛亥)와 계해(癸亥) 일주(日柱)가 지지 (地支)에 해(亥)가 많으면 사(巳)를 충(沖)하여 데려오면 성립한 다. 주로 사주에 없는 재관(財官)을 충(沖)하여 불러오는 것이다.

3. 암합격(暗合格)

암합격(暗合格)이란 갑진(甲辰) 일주(日柱)가 진(辰)이 많으면 유 (酉)를 암합((暗合)하여 데려와 정관(正官)으로 삼고, 무술(戊戌) 일주(日柱)가 술(戌)이 많으면 묘(卯)를 합(合)하여 데려와 정관 (正官)으로 삼고, 계묘(癸卯) 일주(日柱)가 묘(卯)가 많으면 술(戌) 을 합(合)하여 데려와 계(癸)의 정관(正官)으로 삼고, 계유(癸酉) 일주(日柱)가 유(酉)가 많으면 진(辰)을 합(合)하여 데려와 관성 (官星)을 삼는 것을 말한다. 없는 재관(財官)을 합(合)하여 데려오 는 것이다.

이외에도 암충격(暗沖格)과 암합격(暗合格)에는 비천녹마격(飛天 祿馬格) · 도충녹마격(倒沖祿馬格) · 자요사격(子遙巳格) · 축요사격 (丑遙巳格) · 임기용배격(壬騎龍背格) · 정란차격(井欄叉格)이 있고, 여러 가지 잡격(雜格)이 있으나 요즘은 많이 활용하지 않는다.

4. 용신(用神) 정하는 법

용신(用神)이란 사주팔자의 핵심으로 길흉을 판단하는 기준이며 척도이기 때문에 정확하게 가려내지 못하면 명리를 정확하게 판단할 수 없다. 따라서 명리를 공부하는 사람은 용신(用神) 정하는 것을 가장 중요하게 여겨야 한다. 용신(用神)은 사주팔자에서 필요로 하는 것으로 정재(正財)·정관(正官)·식신(食神)·정인(正印)·편재(偏財)·편관(偏官)·편인(偏印)·상관(傷官)·겁재(劫財)·양인(陽刃)을 말한다. 사주의 왕약(旺弱)과 희기(喜忌)를 살펴 도와주거나 억제하는 것이 용신(用神)이 된다.

격국(格局)에는 성격(成格)과 파격(破格)이 있는데 성격(成格)이 되면 부귀하나 파격(破格)이 되면 빈천하다. 용신(用神)은 득과 실이 있는데 용신(用神)이 힘을 얻으면 부귀하나 힘을 잃으면 빈천하다. 용신(用神)이 힘을 얻은 것을 유력하다 하고, 힘을 잃은 것을 무력하다 한다.

만일 격국(格局)이 성격(成格)을 이루고 용신(用神)도 힘이 있으면 부귀하며 길하나 파격(破格)이 되고 용신(用神)도 무력하면 빈천하며 요절한다. 만일 격국(格局)은 성격(成格)이 되었으나 용신(用神)이 무력하거나 격국(格局)은 파격(破格)이 되었으나 용신(用神)이 힘이 있으면 평범하다.

부귀는 팔자에 정해져 있고 궁통(窮通)은 운에 달려 있다. 사주는 뿌리이고 운은 잎이다. 뿌리가 튼튼한 나무가 좋은 운을 만나면 잎이 무성하여 발달하고, 설사 나쁜 운을 만나도 잎이 떨어질 뿐 뿌리는 여전히 건재하다. 그러나 사주가 나쁘면 뿌리가 나약한 형상이니 좋은 운이 와도 부귀가 크지 않고, 나쁜 운을 만나면 큰 재앙이 따른다.

격국(格局)은 한 글자 때문에 성격(成格)이 되기도 하고, 파격(破格)이 성격(成格)으로 변하기도 하고, 오행(五行)이 중화를 이루어 유통되기도 한다. 이처럼 글자 하나가 사주의 결함을 제거하면 그 글자를 용신(用神)이라고 한다. 물론 용신(用神)이 꼭 어느 한 글자에 한정되는 것은 아니다. 좋은 사주는 오행(五行)이 잘 짜여져 있기 때문에 어떤 운을 만나도 좋다.

격국(格局)과 용신(用神)의 고저를 알면 그 사주의 등급을 알 수 있다. 이것을 『적천수(滴天髓)』에서는 진가(眞假)와 청탁(淸濁)으로 논하였고, 『자평진전(子平眞詮)』에서는 유정무정과 유력무력으로 논하였다.

이외에도 순잡(純雜)·허실(虛實)·단결(團結)·유통(流通) 등의 판단법이 있다. 청한 것은 유정하며 순수하고, 탁한 것은 무정하며 난잡하다. 진신(眞神)은 유력하고, 가신(假神)은 무력하다. 진신(眞神)은 득시(得時)한 오행(五行)이고, 가신(假神)은 실시(失時)한 오행(五行)이다. 진신(眞神)이 용신(用神)이면 득시(得時)한 것이니 힘이 있고, 가신(假神)이 용신(用神)이면 실시(失時)한 것이니 힘이 없다.

■『자평진전평주(子平眞詮評註)』에서는 다음과 같이 논하였다.

용신(用神)을 정하는 법은 대개 5가지이다. 첫째는 억부(抑扶)이다. 일간(日干)이 강하면 억제하고 약하면 도와주는 것이 용신(用神)이다. 일간(日干)뿐 아니라 월령(月令)도 너무 강하면 억제하는 것을 용신(用神)으로 삼고, 너무 약하면 도와주는 것을 용신(用神)으로 삼는다.

둘째는 병약(病藥)이다. 도와주는 것이 좋은데 도와주는 것을 상하게 하거나, 억제하는 것이 좋은데 억제하는 상하게 하는 것이 있으면 그것이 병(病)이고, 병(病)을 제거하는 것이 바로 약(藥)이다. 이런 경우에 병약(病藥)으로 용신(用神)을 취한다고 한다.

셋째는 조후(調候)이다. 금수(金水) 일간(日干)이 겨울생이거나 목화(木火) 일간(日干)이 여름생이면 기후가 너무 차갑거나 뜨거우니 기후를 조화시키는 것이 시급하다. 이렇게 기후를 조절하는 것을 조후(調候)라고 한다.

넷째는 전왕(專旺)이다. 사주의 기세가 한쪽으로 치우쳐 그 세력을 거역하는 것이 불가능하면 순응하는 것을 용신(用神)으로 삼는다. 종격(從格)·화격(化格)·전왕격(專旺格)은 모두 이 원칙을 따르는 것이다.

다섯째는 통관(通關)이다. 2가지 신이 대치하여 강약을 분별하기 힘들면 마땅히 화해를 시켜야 하는데 통관(通關)의 묘를 살려야 한다. 그러므로 통관(通關)시키는 것이 바로 용신(用神)이 된다. 용신(用神)을 취하는 법은 이상의 5가지 범주에서 벗어나지 않는다.

1. 억부용신(抑扶用神)

억부(抑扶)에는 일간(日干)에 대한 것과 월령(月令)에 대한 것이 있다.

1) 일간(日干)을 도와주는 것을 용신(用神)으로 삼는 경우

일간(日干)을 도와주는 것을 용신(用神)을 삼는 경우는 2가지이다. 하나는 인성(印星)을 용신(用神)으로 삼아 일간(日干)을 생(生)하는 것이고, 또 하나는 비견(比肩)이나 겁재(劫財)를 용신(用神)으로 삼아 일간(日干)을 조(助)하는 것이다. 일간(日干)을 억제하는 것을 용신(用神)으로 삼는 경우도 역시 2가지이다. 하나는 관살(官殺)로 용신(用神)을 삼아 일간(日干)을 극(剋)하는 것이고, 또 하나는 식상(食傷)을 용신(用神)으로 삼아 일간(日干)을 설기(洩氣)하는 것이다.

時	日	月	年
己	壬	丙	丁
酉	寅	午	亥

본명은 일간(日干)이 약하고 재성(財星)이 왕성한데 월령(月令)의 지장간(支藏干)인 정관(正官) 기토(기토(己土)가 시주(時柱)의 천간(天干)에 투출(透出)하였다. 재성(財星)과 관성(官星)이 모두 왕

성하여 일간(日干)이 더 약해졌으니 정관(正官)을 용신(用神)으로 쓸 수 없고, 일간(日干)을 생부(生扶)하는 인성(印星)이 용신(用神)이다.

```
時 日 月 年
戊 丙 癸 丁
子 申 丑 卯
```

본명은 월지(月支)의 지장간(支藏干) 계수(癸水) 정관(正官)이 월간(月干)에 투출(透出)하고, 지지(地支)에 신자(申子) 수국(水局)이 있으니 관살(官殺)인 물의 기세가 강하여 불이 꺼질 위기에 처하였다. 겁재(劫財) 정화(丁火)와 인수(印綬) 묘목(卯木)을 용신(用神)으로 삼아 일간(日干)을 도와야 한다.

```
時 日 月 年
丙 丁 丁 癸
午 卯 巳 巳
```

본명은 일간(日干)이 너무 왕성하니 년간(年干)의 칠살(七殺) 계수(癸水)로 용신(用神)을 삼아 일간(日干)을 극(剋)해야 한다. 이 사람은 관살(官殺) 대운(大運)에 크게 발달하였다.

2) 월령(月令)을 억부(抑扶)하는 것을 용신(用神)으로 삼는 경우

```
時 日 月 年
戊 丁 甲 戊
申 卯 寅 辰
```

본명은 지지(地支)에 인묘진(寅卯辰)이 모두 있으니 동방 목(木)을 이루어 기세가 왕성하고, 정인(正印) 갑목(甲木)이 투출(透出)하여 기세가 너무 강하다. 재성(財星)을 용신(用神)으로 삼아 인성(印星)을 파괴해야 한다.

```
時 日 月 年
乙 壬 壬 丙
巳 申 辰 子
```

본명은 지지(地支)에 신자진(申子辰) 수국(水局)을 이루었는데 비견(比肩) 임수(壬水)가 월간(月干)에 투출(透出)하여 일간(日干)이 너무 왕성하다. 월지(月支) 진(辰)의 여기(餘氣)인 지장간(支藏干) 을목(乙木)이 시간(時干)에 투출(透出)했으니 일간(日干)을 설기(洩氣)하는 용신(用神)으로 삼는다. 설기(洩氣)도 억(抑)의 작용을 한다.

```
時 日 月 年
乙 癸 丁 己
卯 丑 丑 卯
```

본명은 월령(月令)의 칠살(七殺)이 년간(年干)에 투출(透出)했으
니 식신(食神)을 용신(用神)으로 삼아 칠살(七殺)을 억제해야 한
다. 역시 월령(月令)의 신이 너무 강하여 억제하는 것을 용신(用
神)으로 삼은 경우이다.

```
時 日 月 年
庚 丙 己 戊
寅 子 未 戌
```

본명은 병화(丙火)가 6월에 태어났고 시지(時支)에 인목(寅木)이
있으니 일간(日干)이 약한 것은 아니다. 그러나 월령(月令)의 지장
간(支藏干)인 기토(己土) 상관(傷官)이 투출(透出)했으니 8자 가운
데 토(土)가 4개나 있어 일간(日干)의 기운을 빼고 있다. 재성(財
星)을 용신(用神)으로 삼아 월령(月令)의 기운을 억제해야 한다.

```
時 日 月 年
辛 己 癸 乙
未 亥 未 亥
```

본명은 일간(日干) 기토(己土)가 월령(月令)에 통근(通根)하니 약하지 않다. 년간(年干)의 칠살(七殺)인 을목(乙木)이 미약하다. 계수(癸水)를 용신(用神)으로 삼아 수분을 공급해주며 칠살(七殺)을 도와야 한다. 용신(用神)이 너무 약할 때는 그 용신(用神)을 도와주는 것을 용신(用神)으로 삼는다.

```
時 日 月 年
乙 壬 乙 己
巳 子 亥 巳
```

본명은 년간(年干)의 기토(己土)가 월간(月干) 을목(乙木)에게 극충(剋沖)을 당하여 쓸 수 없다. 신왕(身旺)한데 기후가 한냉하니 화(火)를 용신(用神)으로 삼으면 좋으나 사화(巳火)가 충(沖)을 당하여 힘이 없으니 상관(傷官)인 을목(乙木)을 용신(用神)으로 삼아 화(火)를 생조(生助)해야 한다. 이 역시 약한 것을 부(扶)하는 것을 용신(用神)으로 삼은 경우이다.

2. 병약용신(病藥用神)

```
時 日 月 年
戊 己 甲 戊
辰 巳 子 戌
```

본명은 월령(月令) 편재(偏財)가 당령(當令)했으니 비견(比肩)과 겁재(劫財)가 재성(財星)을 극(剋)하는 것이 병(病)이다. 갑목(甲木) 정관(正官)을 용신(用神)으로 삼아 병(病)이 되는 비견(比肩)과 겁재(劫財)를 제압해야 한다. 이는 비견(比肩)과 겁재(劫財)를 제압하여 재성(財星)을 보호하기 위함이다. 이 사주는 반드시 일지(日支) 사(巳)의 지장간(支藏干) 병화(丙火)를 겸하여 용신(用神)으로 삼아야 한다. 11월은 기후가 차가우니 불로 따뜻하게 해주어야 발달할 수 있다. 이는 조후(調候)의 원리를 겸한 것이다.

時	日	月	年
甲	丁	己	壬
辰	丑	酉	戌

본명은 월령(月令)의 재성(財星)이 왕성하여 정관(正官)을 생(生)하는데 기토(己土) 식신(食神)이 정관(正官)을 상하게 하니 병신(病神)이 된다. 갑목(甲木)은 병(病)인 기토(己土)를 제거하는 약(弱)이므로 용신(用神)이 된다. 이 사람은 대운(大運)이 갑인(甲寅) 을묘(乙卯)로 흘러 부귀를 모두 이루었다.

3. 조후용신(調候用神)

```
時 日 月 年
甲 辛 癸 壬
午 丑 丑 辰
```

본명은 금(金)은 차갑고 수(水)는 냉하니 흙이 얼어붙었다. 시지
(時支) 오화(午火)를 용신(用神)으로 삼아 기후를 조절해야 한다.

```
時 日 月 年
辛 壬 己 辛
亥 午 亥 亥
```

본명은 천간(天干)에 기토(己土) 정관(正官)이 투출(透出)했으나
일지(日支) 오(午)의 지장간(支藏干) 정화(丁火)가 없었다면 무용
지물이 되었을 것이다. 역시 조후(調候)의 원리에 따라 판단한다.
병약용신(病藥用神)은 사주에 병(病)을 제거하는 약(藥)이 없으면
운에서 만나야 발달할 수 있는데 조후용신(調候用神)도 그렇다.

4. 전왕용신(專旺用神)

```
時 日 月 年
乙 己 丁 壬
亥 卯 未 寅
```

본명은 정임(丁壬)이 합(合)하여 목(木)이 되고 해묘미(亥卯未)가 합(合)하여 목국(木局)을 이루니 기세가 목(木)에 편중되어 있다. 따라서 목(木)이 용신(用神)이 되니 목(木)을 좇아 종(從)해야 하므로 종살격(從殺格)이 되었다.

```
時 日 月 年
癸 丁 丁 丁
卯 卯 未 巳
```

본명은 비록 계수(癸水) 칠살(七殺)이 천간(天干)에 있어도 깔고 앉은 묘목(卯木)으로 변하니 기세가 막강한 목(木)을 따라야 한다.

```
時 日 月 年
癸 乙 己 乙
未 亥 卯 丑
```

본명은 봄에 태어난 목일간(木日干)이 지지(地支)에 해묘미(亥卯未) 목국(木局)을 이루었고, 사주에 금(金)이 없으니 곡직인수격(曲直仁壽格)이 되었다.

```
時 日 月 年
壬 丁 乙 戊
寅 未 卯 寅
```

본명은 정임(丁壬)이 합(合)하여 목(木)으로 변하고, 월지(月支)와 시지(時支)에 인묘목(寅卯木)이 있으니 진정한 화기격(化氣格)이다. 화신(化神)이 왕성한 운으로 흘러야 길하나 너무 왕성하면 설(洩)하는 운이 좋다.

5. 통관용신(通關用神)

```
時 日 月 年
己 丁 丙 丁
酉 酉 午 酉
```

본명은 화(火)와 금(金)이 서로 싸우니 토(土)를 용신(用神)으로 삼아 통관(通關)시켜야 한다. 식신생재(食神生財)가 되어 부격을 이루었다. 만약 토(土)가 없으면 재성(財星) 금(金)이 무용지물이 되었을 것이다.


```
時 日 月 年
乙 甲 庚 癸
亥 寅 申 亥
```


본명은 금(金)과 목(木)이 싸우는데 수(水)를 용신(用神)으로 삼아 통관(通關)시키니 살인상생(殺印相生)이 되었다. 사주에 통관(通關)하는 신이 없으면 운에서 만나야 결함을 보충하여 발달할 수 있다. 희신(喜神)과 기신(忌神)이 싸울 때 운에서 통관(通關)하는 신을 만나면 2개의 기를 조화시켜주니 좋다. 예를 들면 재인쌍청(財印雙淸)한 사주는 관살(官殺)운이 오면 좋고, 월겁용재격(月劫用財格)은 식신(食神)이나 상관(傷官)운이 오면 좋다. 월겁용재격(月劫用財格)이란 월지(月支)에 비견(比肩)이나 겁재(劫財)가 있고, 재성(財星)이 용신(用神)인 경우를 말한다.

5. 격국(格局)의 순용(順用)과 역용(逆用)

격국(格局)의 순용(順用)과 역용(逆用)의 원칙은 격국용신(格局用神)의 핵심이다. 격국(格局)에 따라 용신(用神)을 정하는 법이 다르다고 주장하는 순용(順用)과 역용(逆用)은 『자평진전(子平眞詮)』에서 확립된 이론이다.

용신(用神)에는 격국용신(格局用神)·병약용신(病藥用神)·통관용신(通關用神)·전왕용신(專旺用神)·조후용신(調候用神)·억부용신(抑扶用神)이 있다. 이중에서 격국용신(格局用神)은 순용(順用)과 역용(逆用)의 원리를 응용한 것으로『자평진전(子平眞詮)』에서 체계화시킨 것이다.

일반적으로 격국용신(格局用神)이라고 하면 일간(日干)과 격국(格局)의 강약을 분별하여 강한 것을 억제하고 약한 것은 도와야 하는 것으로 알고 있으나 억부법(抑扶法)만으로는 용신(用神)을 정확하게 찾기 힘들다. 순용(順用)과 역용(逆用)의 법칙을 억부법(抑扶法)과 일치시킬 때 진정한 격국용신(格局用神)을 알 수 있다. 억부법(抑扶法)은 일간(日干)과 격국(格局)이 균형만 이루면 되기 때문에 중화를 중시한 나머지 순용(順用)과 역용(逆用)의 원리를 무시하여 용신(用神)의 등급을 판단하기 힘들다. 격국용신(格局用神)으로는 그 사람의 그릇을 판단하고, 억부용신(抑扶用神)으로는 운의 길흉을 판단하는데 활용하면 좋다.

순용(順用)의 격국(格局)인 정관격(正官格)·정인격(正印格)·식신격(食神格)·재격(財格)은 격국(格局)에 해당하는 오행(五行)을 생조(生助)하거나 설기(洩氣)하여 상생(相生)하게 해야지 극(剋)하면 좋지 않다. 예를 들어 일간(日干)이 약한데 격국(格局)이 강하면 격국(格局)을 설기(洩氣)시켜 일간(日干)을 생조(生助)하는 것으로 용신(用神)을 삼아야지 격국(格局)을 극(剋)하면 안 된다. 정관격(正官格)인데 일간(日干)이 약하고 격국(格局)이 강하면 상관

(傷官)으로 정관(正官)을 극(剋)하는 것이 아니라 인수(印綬)로 정관(正官)을 설기(洩氣)시켜 일간(日干)을 생조(生助)해야 한다는 것이다. 다시 말해 상생(相生)하게 만드는 것이다.

역용(逆用)의 격국(格局)인 칠살격(七殺格)·상관격(傷官格)·편인격(偏印格)·양인격(陽刃格)은 격국(格局)을 이룬 오행(五行)을 극(剋)하는 것을 용신(用神)으로 삼으면 상격이 되고, 격국(格局)을 생조(生助)하거나 격국(格局)이 생(生)하게 하는 것을 용신(用神)으로 삼으면 하격이 된다.

순용(順用)은 상생(相生)이고 역용(逆用)은 상극(相剋)이다. 따라서 순용격국(順用格局)은 격(格)을 상생(相生)하는 것이 용신(用神)이 될 때 진가를 발휘하고, 역용격국(逆用格局)은 격(格)을 극(剋)하는 것이 용신(用神)이 될 때 진가를 발휘한다.

1. 정관격(正官格)

정관격(正官格)은 순용(順用)의 격국(格局)으로 월주(月柱)에 정관(正官)이 있는 것을 제일로 친다. 그러므로 격국(格局)이 일주(日主)보다 지나치게 강할 때도 상관(傷官)으로 정관(正官)을 극(剋)하지 않고 인성(印星)으로 정관(正官)을 설기(洩氣)하여 일간(日干)을 생조(生助)해야 한다.

정관격(正官格)은 재성(財星)과 인수(印綬)가 있고, 신약(身弱)하지 않고, 상관(傷官)과 칠살(七殺)이 없고, 형충(刑沖)과 정관(正

官)이 합(合)하지 않으면 성격(成格)이 된다. 그러나 이와 같은 여러 가지 조건을 갖추어 성격(成格)이 되는 경우는 매우 드물다. 그렇기 때문에 파격(破格)되었다가 다시 성격(成格)이 되어도 성격(成格)으로 본다. 이와 같은 원리를 패중유구(敗中有救) 또는 기중유구(忌中有救)라고 한다.

만일 기신(忌神)이 있어 격(格)이 깨져도 구해주는 것이 있으면 다시 성격(成格)이 된다. 어떤 격국(格局)이든 성격(成格)이 되면 성공하고, 파격(破格)이 되면 빈천하다. 그리고 기신(忌神)운을 만나면 흉하고, 구원하는 오행(五行)을 만나면 발전한다. 그러므로 파격(破格)이 된 사주도 좋은 운이 와서 성격(成格)이 되면 발전하고, 성격(成格)이 된 사주도 나쁜 운이 와서 파격(破格)이 되면 실패한다.

정관격(正官格)은 5가지를 꺼리는데 상관(傷官)·칠살(七殺)·정관(正官)의 합(合)·형충(刑沖)·신약(身弱)이다. 만일 이중에서 1개만 있어도 파격(破格)이 되므로 기신(忌神)으로 볼 수도 있다. 항목별로 고찰하면 다음과 같다.

1) 상관(傷官)이 있는 경우

정관격(正官格)이 성격(成格)이 되지 못하는 요인 중에서 가장 먼저 상관(傷官)을 든 것은 정관격(正官格)이 순용(順用)의 격국(格局)이기 때문이다. 상관(傷官)이 정관(正官) 바로 옆에서 정관(正官)을 극(剋)하거나, 정관(正官)의 바로 밑의 지지(地支)에 상관

(傷官)아 있는 경우에는 특히 그렇다.

정관격(正官格)은 신강(身强)하든 신약(身弱)하든 상관(傷官)을 용신(用神)으로 삼지 못할 뿐 아니라 상관(傷官)이 있으면 격(格)이 깨져 비천하다. 그럼 상관(傷官)이 있어 파격(破格)이 된 정관격(正官格)을 어떻게 다시 성격(成格)으로 만들까. 여기에는 4가지 방법이 있는데 이렇게 구하는 오행(五行)을 구원한다고 하여 구신(救神)이라고 부른다.

상관(傷官)이 있어 파격(破格)이 된 정관격(正官格)을 다시 성격(成格)시키는 첫 번째 구신(救神)은 재성(財星)이다. 재성(財星)으로 상관생재(傷官生財) 재생관(財生官)하여 상관(傷官)이 직접 정관(正官)을 극(剋)하지 못하게 하면 된다. 이때 재성(財星)은 통관(通關)시키는 용신(用神)이 된다. 만일 사주에 재성(財星)이 없으면 대운(大運)에서 재성(財星)운을 만나면 그 기간 동안은 성격(成格)이 되니 발전할 수 있다.

두번째 구신(救神)은 인수(印綬)이다. 인수(印綬)로 상관(傷官)을 제압하면 상관(傷官)은 정관(正官)을 극(剋)하지 못하므로 성격(成格)이 된다. 만일 사주에 인수(印綬)가 없으면 대운(大運)에서 인수(印綬)운을 만나야 한다.

세번째 구신(救神)은 상관(傷官)을 합거(合去)하는 것이다. 사주나 대운(大運)에서 상관(傷官)이 합(合)되면 정관(正官)을 극(剋)하지 못한다. 양일간(陽日干)은 편인(偏印)이 상관(傷官)을 합거(合去)하고, 음일간(陰日干)은 칠살(七殺)이 상관(傷官)과 합거(合

去)한다. 지지(地支)에 상관(傷官)이 있어 합(合)되어 다른 오행 (五行)으로 변하면 상관(傷官)은 흉작용을 하지 못한다.

네번째 구신(救神)은 상관(傷官)이 지지(地支)에 있을 경우에 그 지지(地支)를 충거(沖去)하는 것이다. 예를 들어 사(巳)가 상관(傷官)인데 해(亥)가 있어 충거(沖去)하면 사(巳)는 무력해져 정관(正官)을 극(剋)하지 못한다. 구신이라고 함은 파격(破格)을 다시 성격(成格)시키는 신을 말한다.

2) 칠살(七殺)이 있어 파격(破格)이 된 경우

정관격(正官格)에 칠살(七殺)이 있으면 칠살(七殺)이 천간(天干)에 1개이든 지지(地支)에 통근(通根)하든 관살(官殺)이 혼잡할 것이니 파격(破格)이 된다. 일간(日干)의 녹(祿)이 사주에 있을 때는 정관(正官)이 좋고, 사주에 양인(陽刃)이 있으면 칠살(七殺)이 좋다. 칠살(七殺)이 있어 정관격(正官格)이 파격(破格)이 되었을 때는 어떤 구신(救神)이 있어야 다시 성격(成格)이 될 수 있을까.

첫째는 천간(天干)의 칠살(七殺)을 합거(合去)하고 정관(正官)을 남겨두어 합살유관(合殺留官)을 만들면 다시 성격(成格)이 된다. 두 번째는 지지(地支)에 건록(建祿)과 양인(陽刃)이 모두 있으면 관살(官殺)이 혼잡해도 무방하다. 셋째는 강력한 인성(印星)이 지지(地支)에 통근(通根)하면 성격(成格)이 된다.

3) 정관(正官)이 합거(合去)된 경우

정관격(正官格)이 정관(正官)이 일간(日干) 이외의 천간(天干)과 합(合)하면 파격(破格)이 된다. 정관격(正官格)뿐 아니라 모든 격국(格局)은 격국(格局)을 이루는 것이 합(合)되면 파격(破格)이 된다. 그러나 일간(日干)과 합(合)되면 유정하다고 할 뿐이지 합거(合去)되어 파격(破格)이 되었다고 하지 않는다.

음일간(陰日干)은 항상 정관(正官)과 합(合)하는데 일간(日干)과 정관(正官)이 합(合)하는 것을 파격(破格)이라고 하면 음일간(陰日干)은 정관격(正官格)이 없다는 말과 같으므로 일간(日干)과 정관(正官)의 합(合)은 파격(破格)으로 보지 않는다.

그러나 음일간(陰日干)이 비견(比肩)과 정관(正官)이 합(合)하면 파격(破格)이 되고, 양일간(陽日干)이 정관(正官)과 식신(食神)이 합(合)해도 파격(破格)이 된다. 정관(正官)이 일간(日干) 이외의 글자와 합(合)하면 구할 방법이 없다. 이때 정관(正官)이 또 있거나 정관(正官)에 해당하는 천간(天干)이 조후용신(調候用神)이거나 천덕귀인(天德貴人)이나 월덕귀인(月德貴人)에 해당하면 파격(破格)이기는 하나 흉하지는 않다고 본다. 다시 말해 정관(正官)이 일간(日干) 이외의 천간(天干)과 합(合)하는 것은 큰 비극이다.

4) 형충(刑沖)이 있어 파격(破格)이 된 경우

어떤 격국(格局)이든 격국(格局)에 해당하는 지지(地支)가 형충(刑沖)되면 잡기재관격(雜氣財官格) 외에는 모두 파격(破格)이 된다. 이때는 삼합(三合)이나 육합(六合)이 있어 형충(刑沖)을 풀어야 성격(成格)이 된다.

5) 신약(身弱)한 경우

일간(日干)이 신약(身弱)하여 정관(正官)을 감당하지 못하면 파격(破格)이 된다. 이때는 일간(日干)을 생조(生助)하며 방조(幫助)해야 성격(成格)이 된다. 일간(日干)을 강화시키는 것은 비겁녹인(比劫祿刃)과 인성(印星)인데 일간(日干)의 녹(祿)이 가장 좋다. 예를 들면 갑일간(甲日干)이 정관격(正官格)인데 신약(身弱)하면 인(寅)대운을 만나는 것이 가장 좋다.

비겁녹인(比劫祿刃)과 인성(印星)의 작용은 다음과 같다. 천간(天干)의 비견(比肩)으로 일간(日干)을 방조(幫助)하는 것은 비견(比肩)이 재성(財星)을 극(剋)하여 재생관(財生官)하지 못한다. 천간(天干)의 겁재(劫財)로 방조(幫助)하는 것도 마찬가지이다.

지지(地支)에서 녹(祿)으로 방조(幫助)하는 것이 가장 좋다. 양인(陽刃)은 일간(日干)을 매우 강하게 만들고 재성(財星)을 파괴하는 결점이 있다. 인성(印星)으로 생조(生助)하는 것도 좋으나 정관(正官)이 통근(通根)하여 강해야 한다. 인성(印星)은 정관(正官)을 설기(洩氣)시키므로 정관(正官)이 간지(干支)에 연결되어 강하지 않으면 인성(印星)을 쓰기 어렵다.

이상에서 정관(正官)이 강하고 일간(日干)이 약할 때 왜 재성(財星)으로 정관(正官)을 강화시키고 인성(印星)으로 정관(正官)을 지나치게 설기(洩氣)시키는 것을 걱정하는지 궁금하게 생각할지 몰라 부차적인 설명을 하겠다. 격국(格局)이란 월지(月支)의 지장간(支藏干)이 천간(天干)에 투출(透出)한 것인데 통상 월지(月支) 자체를 써서 격국(格局)을 정해야 하는 경우가 있다.

다시 말해 월지(月支)의 지장간(支藏干)이 천간(天干)에 투출(透出)하지 않은 경우가 매우 많다. 이때는 월지(月支)의 본기(本氣)로 격국(格局)을 삼기도 하지만 월지(月支)가 생조(生助)하는 오행(五行)이 천간(天干)에 있으면 그것으로 격국(格局)을 정하는 경우도 많다. 신약(身弱)한데 정관(正官)이 강하여 신약(身弱)해진 것은 아니다. 정관격(正官格)인데도 식신(食神)이나 상관(傷官)이나 재성(財星)이 많아 신약(身弱)할 수도 있다.

정관격(正官格)이 식상(食傷)이 많아 신약(身弱)해졌다고 가정해 보자. 재성(財星)이 정관(正官)을 생조(生助)해야 함과 동시에 비겁녹인(比劫祿刃)이나 인성(印星)으로 일간(日干)을 도와야 한다. 정관(正官)을 보존하기 위해서는 재성(財星)이 필요하고 인성(印星)이 너무 강하여 정관(正官)을 설기(洩氣)시켜도 안 된다. 천간(天干)에 있는 것으로 격국(格局)을 정한다는 것은 변칙이지만 통상적으로 행해지는 원칙이다. 『삼명통회(三命通會)』와 『자평진전(子平眞詮)』에서는 월지(月支)의 본기(本氣) 자체로 격국(格局)을 삼았고, 『명리약언(命理約言)』에서도 마찬가지였다.

2. 재격(財格)

재(財)는 정재(正財)와 편재(偏財)를 말하고, 정재격(正財格)과 편재격(偏財格)은 작용이 비슷하므로 재격(財格)으로 합쳐서 부른다. 육친과 성격을 볼 때는 정재(正財)와 편재(偏財)가 같지 않으나 순역(順逆)의 원리는 동일하다. 재격(財格)은 순용(順用)의 격국(格局)이고, 특히 신약(身弱)하면 흉하다. 재격(財格)이 신강(身强)하면 재성(財星)을 용신(用神)으로 삼고, 정관(正官)을 희신(喜神)으로 삼는다. 인성(印星)을 용신(用神)으로 삼을 때는 반드시 재성(財星)이 앞에 있고 인성(印星)은 뒤에 있어야 좋다. 앞뒤란 년월일시의 순서를 말한다.

재격(財格)은 정재(正財)와 편재(偏財)가 혼잡해도 흉하다고 보지 않는다. 그러나 천간(天干)에 정재(正財)나 편재(偏財)나 관살(官殺)로 꽉 차 있으면 좋지 않다. 옛말에도 정관(正官)이 많으면 귀하지 못하고, 재성(財星)이 많으면 부유하지 못하다고 하였다. 특히 재성(財星)은 천간(天干)에 있는 것보다 지지(地支)에 있는 것이 더 좋다. 반대로 관성(官星)은 천간(天干)에 있어야 더 좋다. 재격(財格)은 신약(身弱)하거나 비겁(比劫)·양인(陽刃)·합재·형충(刑沖)·칠살(七殺) 중에서 하나라도 있으면 파격(破格)이 된다.

1) 비견(比肩)이나 겁재(劫財)가 있는 경우

정재격(正財格)과 편재격(偏財格)에서 천간(天干)에 비견(比肩)이나 겁재(劫財)가 있거나 지지(地支)에 양인(陽刃)이 있으면 재성(財星)을 극(剋)하기 때문에 흉하다. 이때는 천간(天干)에 식신(食神)이나 상관(傷官)이 있거나 지지(地支)가 삼합(三合)이나 방합(方合)하면 좋다. 비겁양인(比劫陽刃)이 식상(食傷)을 생(生)하고 식상(食傷)이 재성(財星)을 생(生)하여 통관(通關)이 되므로 그 폐단이 풀리기 때문이다.

또 사주에 정관(正官)이나 편관(偏官)이 있으면 관살(官殺)이 비겁(比劫)을 극(剋)하여 재성(財星)을 극(剋)하지 못하게 막아준다. 그러므로 재격(財格)은 비겁(比劫)이 기신(忌神)이지만 사주에 식상(食傷)이나 관살(官殺)이 있으면 파격(破格)이 다시 성격(成格)으로 된다. 재다신약(財多身弱)하면 비겁녹인(比劫祿刃)을 쓰나 상격은 될 수 없다.

2) 재성(財星)이 합(合)된 경우

재성(財星)이 일간(日干)과 합(合)되면 좋으나 다른 천간(天干)이나 지지(地支)와 합(合)하면 격(格)이 깨져 구제할 방법이 없다. 이때는 다른 천간(天干)이나 지지(地支)와 합(合)하지 않는 또 다른 재성(財星)이 있어야 한다.

3) 형충(刑沖)이 있는 경우

어떤 격국(格局)이든 격국(格局)을 이루는 오행(五行)의 지지(地支)가 형충(刑沖)이 되면 파격(破格)이 된다. 이때는 육합(六合)이나 삼합(三合)으로 형충(刑沖)을 해소하면 다시 성격(成格)이 된다. 천간(天干)의 충(沖) 역시 같은 원리로 판단하면 된다.

4) 신약(身弱)한 경우

일간(日干)이 약하면 파격(破格)이 된다. 이때는 비겁녹인(比劫祿刃)이나 인성(印星)으로 구해야 한다. 비겁녹인(比劫祿刃)으로 방조(幫助)할 때는 식상(食傷)이나 관살(官殺)이 있어야 하고, 녹(祿)으로 방조(幫助)하는 것이 가장 좋다. 인성(印星)으로 방조(幫助)할 때는 재성(財星)이 앞에 있고 인성(印星)은 뒤에 있어야 한다.

재격(財格)에서 주의할 점은 정재(正財)와 편재(偏財)가 모두 있을 때는 무슨 격으로 잡아야 하는가이다. 천간(天干)에 정재(正財)가 있는데 지지(地支)에 편재(偏財)가 있으면 월지(月支)를 기준으로 정하고, 천간(天干)에 정재(正財)와 편재(偏財)가 모두 투출(透出)하면 편재격(偏財格)으로 정한다. 지지(地支)가 삼합(三合)이나 방합(方合)하여 재국(財局)을 이루면 편재격(偏財格)으로 본다.

3. 정인격(正印格)

모든 격국(格局)은 신약(身弱)하면 파격(破格)이 되지만 정인격(正印格)과 편인격(偏印格)은 신약(身弱)해도 상관없다. 정인격(正印格)은 기본적으로 정관(正官)과 칠살(七殺)을 좋아한다. 정인격(正印格)은 순용(順用)의 격국(格局)이므로 재성(財星)이 인성(印

星)을 깨트리면 파격(破格)이 된다. 그리고 정인(正印)이 합(合)이
나 형충(刑沖)이 되거나 일간(日干)이 지나치게 신강(身强)해도 파
격(破格)이 된다. 정인격(正印格)의 파격(破格)과 성격(成格)의 요
건은 다음과 같다.

1) 재성(財星)이 인수(印綬)를 파괴한 경우

재성(財星)이 인성(印星)을 파괴하면 파격(破格)이 된다. 그러나
재성(財星)은 돈과 아내이니 남명이 재성(財星)이 없을 수는 없다.
그러므로 정인격(正印格)도 재성(財星)이 있어야 하는데 그 조건
이 특이하다. 정인격(正印格)이 재성(財星)이 있어도 성격(成格)
이 되려면 다음의 조건을 갖추어야 한다.

첫째, 정관(正官)이나 칠살(七殺)이 있어 재생관(財生官) 관생인
(官生印)이 되어 통관(通關)되어야 한다. 둘째, 사주에 비견(比肩)
이 1개 있으면 재성(財星)이 약해져 인수(印綬)를 파괴하지 못한
다. 셋째, 재성(財星)이 천간(天干)에만 있고 지지(地支)에 통근(通
根)하지 않아야 한다. 넷째, 재성(財星)이 지지(地支)에만 있고 천
간(天干)에 없어야 한다. 다섯째, 재성(財星)이 합(合)되어 인수(印
綬)가 온전하면 재성(財星)이 있어도 무방하다. 이 가운데 첫째 조
건이 가장 좋다.

2) 인수(印綬)가 합(合)된 경우

월간(月干)의 인수(印綬)가 년간(年干)과 합(合)하고, 시간(時干)

에 재성(財星)이 있으면 시상재격(時上財格)으로 논한다. 이런 사주는 이재에 밝을 뿐 해롭지는 않다.

3) 형충(刑沖)이 있는 경우

정인격(正印格)이 관살(官殺)이 없는데 형충(刑沖)이 되면 가난한 선비에 불과하고, 관살(官殺)이 있는데 형충(刑沖)이 되면 명리는 따르나 근심이 있다.

4) 신강(身强)한 경우

양인(陽刃)과 인성(印星)은 일간(日干)을 강화시키는 육신(六神)이므로 양인(陽刃)과 인성(印星)이 모두 있으면 질병·고독·고집·무례함이 따른다. 여자가 인수격(印綬格)이나 편인격(偏印格)인데 양인(陽刃)이 있으면 식상(食傷)이 있어야 좋다.

4. 식신격(食神格)

식신격(食神格)은 순용(順用)의 격국(格局)이나 재성(財星)이나 칠살(七殺) 중에서 한 가지만 있으면 묘용을 발휘하고, 재성(財星)과 칠살(七殺)이 모두 있으면 파격(破格)이 된다. 식신격(食神格)은 편인(偏印)·합(合)·형충(刑沖)이 있거나 신약(身弱)하면 파격(破格)이 된다.

1) 편인(偏印)이 있는 경우

식신(食神)은 복록과 수명을 나타내는데 편인(偏印)이 극(剋)하면 복록과 수명이 줄어들며 공명을 이루기 어렵다. 그러나 편재(偏財)가 있으면 다시 성격(成格)이 된다. 식신격(食神格)은 인성(印星)이 비겁(比劫)을 생(生)하고, 비겁(比劫)이 식상(食傷)을 생(生)하는 통관(通關)의 원칙이 적용되지 않는다. 그러므로 비겁(比劫)으로 인성(印星)과 식신(食神)을 통관(通關)시키지 않고 반드시 재성(財星)으로 인성(印星)을 극(剋)해야 성격(成格)이 된다.

2) 식신(食神)이 합(合)된 경우

식신격(食神格)은 정관(正官)과 정인(正印)을 쓰지 않고 재성(財星)으로 용신(用神)을 삼는 것이 원칙이다. 왜냐하면 양일간(陽日干)은 정관(正官)과 식신(食神)이 합(合)하고, 음일간(陰日干)은 식신(食神)과 정인(正印)이 합(合)하기 때문이다. 식신격(食神格)은 관성(官星)과 인성(印星)을 함께 쓰지 않는다.

3) 형충(刑沖)이 있는 경우

식신격(食神格)이 형충(刑沖)이 되면 박복하며 몸이 약하다. 여명이 식신(食神)이 시지(時支)와 형충(刑沖)이 되면 자식에게 불리하나 합(合)으로 풀어주면 다시 성격(成格)이 된다.

4) 신약(身弱)한 경우

식신격(食神格)인데 신약(身弱)하면 인성(印星)으로 일간(日干)을

돕지 않고 비겁녹인(比劫祿刃)으로 방조(幫助)해야 한다. 식상격
(食傷格)은 비겁(比劫)이 있어도 재성(財星)을 극(剋)한다고 하지
않는다. 비겁(比劫)이 식상(食傷)을 생(生)하고 식상(食傷)이 재성
(財星)을 생(生)하기 때문이다. 만일 식신(食神)과 상관(傷官)이
모두 있으면 상관격(傷官格)으로 판단한다. 지지(地支)가 삼합(三
合)이나 방합(方合)한 것이 식상(食傷)이면 상관격(傷官格)으로 본
다. 상관(傷官)이 없어도 식신(食神)이 4개 이상 있으면 상관(傷
官)으로 변한다.

5. 칠살격(七殺格)

칠살격(七殺格)은 역용(逆用)의 격국(格局)이므로 인수(印綬)보다
식상(食傷)으로 제살(制殺)하는 것이 더 좋다. 칠살격(七殺格)은
신약(身弱)하거나 재성(財星)이 많으면 파격(破格)이 되고, 신강
(身强)해도 천간(天干)에 재성(財星)과 칠살(七殺)이 모두 투출(透
出)하면 합살(合殺)하거나 합재(合財)하지 않으면 흉하다고 본다.
칠살격(七殺格)의 성격(成格) 조건은 다음과 같다.

1) 식상제살(食傷制殺)이 된 경우

칠살격(七殺格)인데 식상(食傷)이 투출(透出)하면 제살(制殺)이
되어 좋다. 식상제살(食傷制殺)할 때의 병(病)과 약(藥)은 다음과
같다. 첫째, 식신(食神)이 앞에 있고 칠살(七殺)이 뒤에 있어야 상

격이 된다. 둘째, 인수(印綬)는 식신(食神)을 극(剋)하기 때문에 필요없다. 인성(印星)과 식신(食神)이 모두 있으면 격(格)이 깨지니 어느 하나를 무력하게 만들어야 한다.

2) 살인상생(殺印相生)이 된 경우

칠살(七殺)과 인수(印綬)가 천간(天干)에 투출(透出)하면 살(殺)이 권위로 변한다. 이는 칠살격(七殺格)을 순용(順用)한 경우 좋게 된 예이다. 이때 식신(食神)이 있으면 파격(破格)이 되는 것은 앞의 식신제살(食神制殺)에서 인수(印綬)가 있는 것과 같은 원리이다. 또 살인상생(殺印相生)이 되었는데 양인(陽刃)이 있으면 파격(破格)이 된다. 살인상생(殺印相生)이 되면 칠살(七殺)은 이미 인수(印綬)로 변한 것인데 양인(陽刃)이 칠살(七殺)을 대항하면 칠살(七殺)이 완전히 무력해져 쓸모가 없기 때문이다. 이처럼 인성(印星)과 양인(陽刃)이 모두 있으면 신강(身强)하여 의지할 데가 없어 파격(破格)이 되는 것이다. 이는 심효첨(沈孝瞻)이 말한 성중반패(成中反敗)의 예이다.

3) 신살(神殺)이 균형이 이룬 경우

신살(神殺)이 균형을 이루는 것을 신살양정(身殺兩停)이라고 한다. 이는 신강(身强)하므로 능히 칠살(七殺)을 감당하여 양자가 균형을 이룬 것을 말한다. 신살양정(身殺兩停)이 되면서 식신(食神)이 있으면 상격이 된다.

4) 양인가살(陽刃駕殺)이 된 경우

양인(陽刃)은 칼이고 살살은 호랑이이니 양인가살(陽刃駕殺)은 칼로 호랑이를 굴복시키는 형상이다. 어째서 양인가살(陽刃駕殺)이 되고, 양인(陽刃)은 겁재(劫財)인데 어찌 칠살(七殺)의 극(剋)을 두려워하지 않는가. 양일간(陽日干)은 겁재(劫財)가 칠살(七殺)과 합(合)하기 때문에 칠살(七殺)을 무서워하지 않는 것이다. 무릇 합(合)한 오행(五行)은 힘이 약해지니 감당할 수 있다.

예를 들면 갑일간(甲日干)이 을(乙) 겁재(劫財)가 있으면 나쁘지만 사주에 경(庚)이 있으면 을(乙)이 좋은 역할을 한다. 양인(陽刃)은 지지(地支)에 있는 겁재(劫財)로 사주를 신강(身强)하게 만드는 최고의 육신(六神)이고, 칠살(七殺)을 합(合)하므로 능히 칠살(七殺)을 감당할 수 있다.

양인가살(陽刃駕殺)이 될 때는 반드시 칠살(七殺)이 앞에 있고 양인(陽刃)은 뒤에 있어야 한다. 만일 식신(食神)·칠살(七殺)·양인(陽刃)이 모두 있을 때는 식신(食神)이 제일 앞에 있고, 칠살(七殺)이 가운데 있고, 양인(陽刃)은 맨 뒤에 있어야 좋다.

여자 사주가 모두 양(陽)인데 양인(陽刃)이 있으면 팔자가 세다고 한다. 칠살(七殺)이 양인(陽刃) 뒤에 있거나, 칠살(七殺)과 양인(陽刃)이 모두 월주(月柱)에 있거나, 형충(刑沖)되거나, 인수(印綬)가 있는데 칠살(七殺)과 양인(陽刃)이 모두 있거나, 칠살(七殺)이 있는 주(柱)가 도화(桃花)·망신(亡身)·겁살(劫殺)이 되면 흉하다.

또 칠살(七殺)이 월지(月支)의 묘고(墓庫)에 해당하면 흉하다. 예를 들면 신일간(辛日干)이 정(丁) 칠살(七殺)이 있는데 월지(月支)가 술(戌)이면 술(戌)은 칠살(七殺) 정(丁)의 묘고(墓庫)이므로 흉하다. 여명은 월지(月支)가 관살(官殺)의 묘고(墓庫)가 되면 남편과 사별할 수 있고, 남명은 자녀가 요절할 수 있다.

6. 상관격(傷官格)

상관격(傷官格)은 순용(順用)과 역용(逆用)을 병용한다. 상관격(傷官格)이 성격(成格)이 되기 위한 조건은 첫째, 순용(順用)인데 재성(財星)이 있으면 상관생재(傷官生財)가 된다. 둘째, 역용(逆用)인데 인수(印綬)로 제하면 상관용인(傷官用印)이 된다. 셋째, 사주에 정관(正官)이 없으면 상관상진(傷官傷盡)이 되어 좋다. 그리고 상관용인(傷官用印)이 상관생재(傷官生財)보다 더 좋다고 본다.

상관격(傷官格)은 가장 복잡한 격국(格局)이다. 월지(月支)에 있는 상관(傷官)을 진상관(眞傷官)이라고 하고, 다른 곳에 있는 상관(傷官)은 가상관(假傷官)이라고 하는데 여기서 말하는 상관격(傷官格)은 진상관격(眞傷官格)이다.

상관격(傷官格)은 특히 조후용신(調候用神)을 중요시한다. 이것은 위의 3가지 조건과 결부하여 고찰해야 한다. 재성(財星)이 조후용신(調候用神)이면서 상관생재(傷官生財)가 되면 상격이 되고, 인성(印星)이 조후용신(調候用神)이면서 상관용인(傷官用印)이 되어도 상격이 된다.

상관격(傷官格)이 재성(財星)을 쓰려면 신강(身强)해야 하고, 신약(身弱)할 때는 인성(印星)을 쓴다. 상관격(傷官格)이라도 조후(調候)에 필요하 정관(正官)을 써야 할 경우도 있다. 예를 들면 겨울생 금일주(金日主)는 병정(丙丁)을 쓰는 것이 원칙이다. 병정(丙丁)은 관살(官殺)이지만 조후(調候)에 필요하므로 금수상관격(金水傷官格)은 병정(丙丁)이 으뜸가는 용신(用神)이다. 상관격(傷官格)을 응용하는 법을 설명하면 다음과 같다.

1) 상관생재격(傷官生財格)이 비겁양인(比劫陽刃)이 있는 경우

상관생재격(傷官生財格)은 일간(日干)이 약하면 파격(破格)이 된다. 그렇다고 비겁(比劫)이나 양인(陽刃)으로 일간(日干)을 도와주면 재성(財星)을 파괴하니 불가하다. 오직 지지(地支)의 녹(祿)을 얻어야 하나 녹(祿)도 상관(傷官)을 생(生)한다. 인수(印綬)로 일간(日干)을 돕는 것이 좋으나 재성(財星)이 인수(印綬)를 파괴하니 힘을 쓰기 어렵다.

그러면 신약(身弱)한 상관생재격(傷官生財格)은 어떻게 구제하고, 인성(印星)과 재성(財星)의 싸움은 어떻게 막을 수 있을까. 방법은 간단하다. 편재(偏財)가 있으면 인수(印綬)를 쓰고, 정재(正財)가 있으면 편인(偏印)을 쓰면 된다. 또 재성(財星)이 천간(天干)에 있으면 인성(印星)은 지지(地支)에 있으면 되고, 재성(財星)이 지지(地支)에 있으면 인성(印星)은 천간(天干)에 있으면 된다.

2) 상관용인격(傷官用印格)이 재성(財星)이 있는 경우

1)의 원리를 적용한다.

3) 상관용인격(傷官用印格)이 칠살(七殺)이 투출(透出)한 경우

상관용인격(傷官用印格)이 천간(天干)에 칠살(七殺)이 투출(透出)하면 칠살(七殺)이 인성(印星)을 생조(生助)하여 상격이 된다. 그러나 재성(財星)이 투출(透出)하면 파격(破格)이 되니 잘 살펴야한다. 인수(印綬)와 칠살(七殺)이 있는데 재성(財星)이 끼어들면 모든 것이 뒤틀린다. 인성(印星)으로 상관(傷官)을 제어하는데 재성(財星)이 끼어들면 인성(印星)이 파괴된다. 비록 관살(官殺)이 있어도 재생관살(財生官殺) 관살생인(官殺生印)이 되기 어렵다. 상관용인격(傷官用印格)에 칠살(七殺)이 있거나, 상관(傷官)과 칠살(七殺)이 합(合)하는데 재성(財星)이 있으면 파격(破格)이 된다.

4) 상관격(傷官格)으로 변한 경우

식신(食神)이 많아 상관격(傷官格)으로 변한 경우에는 인성(印星)이 너무 강하면 불리하고, 비겁(比劫)으로 방조(幫助)해야 한다. 식신(食神)의 좋은 점을 파괴하기 때문이다.

5) 상관국(傷官局)을 이룬 경우

지지(地支)가 삼합(三合)이나 방합(方合)하여 상관국(傷官局)을 이루었는데 월지(月支)가 식상(食傷)의 묘고(墓庫)가 되면 흉하다.

7. 편인격(偏印格)

편인(偏印)은 식신(食神)을 극(剋)하므로 도식(倒食)이라고도 한다. 편인(偏印)이 형충(刑沖)되면 되는 일이 없고, 신체가 왜소하면 겁이 많고, 어릴 때는 어머니를 극(剋)하고 커서는 아내를 극(剋)하므로 효신(梟神)이라고도 한다. 정인(正印)은 주로 일간(日干)을 생조(生助)하는데 쓰고, 편인(偏印)은 화살(化殺)하는데 쓴다.

일간(日干)이 신약(身弱)할 때는 편인(偏印)도 용신(用神)이 될 수 있다. 양일간(陽日干)의 편인(偏印)은 상관(傷官)과 합(合)하고 음일간(陰日干)의 편인(偏印)은 정재(正財)와 합(合)한다. 편인격(偏印格)은 편재(偏財)가 있어 극(剋)해야 하는 역용(逆用)의 격국(格局)이다. 편인격(偏印格)이 신강(身強)하고 재성(財星)이 투출(透出)하면 좋은 사주이다.

편인격(偏印格)은 천덕(天德)이나 월덕귀인(月德貴人)과 동주(同柱)하면 좋다. 편인(偏印)은 예술을 뜻하므로 음악·시·그림·철학·종교·문학에 심취하는 경향이 있는데 정재(正財)가 있어야 크게 성취하고, 천월이덕(天月二德)을 겸하면 고관대작이 된다.

편인격(偏印格)에 양인(陽刃)이 있으면 양인(陽刃)이 재성(財星)을 극(剋)하므로 용신(用神)이 없어져 흉하다. 편인격(偏印格)인데 일지(日支)가 재성(財星)이면 돈복과 아내복이 있다. 또 천간(天干)의 편인(偏印)이 지지(地支) 재성(財星) 위에 있으면 좋다. 예를 들어 갑(甲)일생이 임진(壬辰)이나 임술(壬戌)을 만난 것이다.

8. 양인격(陽刃格)

양인(陽刃)이란 양일간(陽日干)이 지지(地支)에 제왕(帝旺)이 있는 것을 말하는데 월지(月支)가 양인(陽刃)이면 양인격(陽刃格)이된다. 양인격(陽刃格)은 일간(日干)이 지나치게 신강(身强)한 것이므로 대개 일간(日干)을 생부(生扶)할 필요가 없다.

양인격(陽刃格)은 종왕격(從旺格) 외에는 모두 신강(身强)하니 의지할 데가 없어 고독하다. 양인(陽刃)은 칠살(七殺)을 감당하는 것외에는 거의 쓸모가 없다. 따라서 일단 양인격(陽刃格)이 되면 사주에 칠살(七殺)이 있는지 보고, 칠살(七殺)이 없으면 정관(正官)이 3개 있어도 좋다. 양인격(陽刃格)인데 관살(官殺)이 없으면 재성(財星)이 있는지 살펴야 하는데 식상(食傷)이 있어 양인생식상(陽刃)生食傷) 식상생재(食傷生財)가 되어야 한다. 이것마저 없으면 식상(食傷)으로 설기(洩氣)하는 것을 용신(用神)으로 삼는다.

이상에서 양인격(陽刃格)과 양인(陽刃)의 특징을 살펴보았다. 격국(格局)의 순용(順用)과 역용(逆用)을 설명하려고 양인격(陽刃格)을 설명한 것이지 양인격(陽刃格)이 일반 격국(格局)은 아니다. 심효첨(沈孝瞻)은 월지(月支) 양인(陽刃)만을 양인격(陽刃格)으로 보았고, 다른 지지(地支)에 있는 양인(陽刃)은 양인격(陽刃格)으로보지 않았다. 일지(日支)의 양인(陽刃)은 일인격(日刃格), 시지(時支)의 양인(陽刃)은 시인격(時刃格)이라고 한다.

제7장. 육친(六親)

육친(六親)이란 부모·형제·자매·배우자·자녀를 말한다. 사주를 보고 부모는 어떤지, 유산이 많은지, 자수성가하는지, 아내는 어떤지, 자녀는 어떤지 등의 수많은 사항을 알 수 있다. 육친을 알아보기 위해서는 육친에 대한 연구를 먼저 해야 한다. 육친론은 예로부터 학설이 분분하며 가장 곤혹스럽게 여기는 분야이기도 하다. 왜냐하면 길흉화복은 본인에게는 가장 절실한 문제이나 육친은 그 자신이 아니기 때문이다. 그러므로 사주로 육친을 보는 것은 아주 정확하지는 않고 다소 참고가 될 뿐이다.

1. 육친(六親) 보는 법

육친(六親)을 판단할 때는 주로 성(星)·궁(宮)·운(運)을 본다.

성(星)은 육신(六神)을 육친에 배정한 것이고, 궁(宮)은 사주의 위치에 따라 육친을 배정한 것이고, 운(運)은 한운(限運)이나 대운(大運)을 보고 육친을 판단하는 것이다.

1. 성(星)

일간(日干)은 사주의 주인인 자기 자신이고, 비견(比肩)과 겁재(劫財)는 형제·자매를 뜻한다. 식신(食神)과 상관(傷官)은 일간(日干)이 생(生)하는 것이다. 여명에서 식신(食神)과 상관(傷官)은 자녀를 뜻하는데 식신(食神)은 딸, 상관(傷官)은 아들이라는 학설이 있고, 식신(食神)이든 상관(傷官)이든 음양(陰陽)을 보아 양(陽)이면 아들, 음(陰)이면 딸이라는 학설도 있다.

정재(正財)와 편재(偏財)는 일간(日干)이 극(剋)하는 것인데 남명에서 정재(正財)는 본처를 뜻하고, 편재(偏財)는 첩이나 아버지를 뜻한다. 여기서 첩이란 동거하는 여자나 재혼한 아내를 말한다. 편재(偏財)가 아버지를 대표한다는 것은 정설이다. 임철초(任鐵樵)는 인성(印星)이 부모를 대표한다고 보았고, 어떤 사람은 정관(正官)을 아버지로 보기도 한다. 그러나 사주에 비견(比肩)이나 겁재(劫財)가 많은데 부모를 일찍 잃는 것을 보아도 편재(偏財)를 아버지로 보는 것은 타당하다. 여명에서도 편재(偏財)는 아버지다.

정관(正官)과 칠살(七殺)은 일간(日干)을 극(剋)하는 오행(五行)인데 여명에서 정관(正官)은 남편이고, 칠살(七殺)은 정부나 재혼한 남편이다. 사주에 정관(正官)이 없고 칠살(七殺)만 있으면 칠살(七殺)을 남편으로 본다. 남명에서 정관(正官)과 칠살(七殺)은 자녀를 뜻하는데 정관(正官)은 딸, 칠살(七殺)은 아들이라는 학설이 있다. 그러나 이것은 옛사람들이 양일간(陽日干)이라고 전제하고 육신(六神)을 정한데서 나온 것이다. 즉, 양일간(陽日干)은 정관(正官)이 딸이며 편관(偏官)이 아들이고, 음일간(陰日干)은 정관(正官)이 아들이며 편관(偏官)은 딸이다.

정인(正印)과 편인(偏印)은 일간(日干)을 생(生)하는 것으로 남녀 모두 정인(正印)은 생모이고, 편인(偏印)은 계모 · 의모 · 양모이다.

이상으로 육신(六神)을 육친에 배정한 것을 살펴보았다. 그런데 논란이 되는 것은 편재(偏財)를 아버지로 보는 것과 관살(官殺)을 자녀로 보는 것이다. 편재(偏財)를 아버지로 보는 것은 정인(正印)이 어머니라는 전제에서 나온 것이다. 정인(正印)의 입장에서 보면 정관(正官)은 남편이고, 정인(正印)의 정관(正官)은 일간(日干)에게는 편재(偏財)가 된다. 그러므로 편재(偏財)는 어머니의 남편이므로 나의 아버지가 되는 것이다.

다음으로 관살(官殺)이 남명에서 자녀가 되는 근거를 살펴보자. 정재(正財)는 아내인데 정재(正財)가 생(生)한 것이니 자녀가 된다. 따라서 정재(正財)가 생(生)한 정관(正官)과 칠살(七殺)은 아내의 자녀이므로 나의 자녀가 되는 것이다. 여기서 우리는 육친을 정하는 2가지 전제 조건을 발견한다. 즉 여자가 낳은 것이 자녀이고, 여자를 극(剋)하는 것은 남편이라는 것이다. 이것은 모계사회의

혈통을 따라 오랜 역사와 함께 진행된 인류의 가족관계의 중심된 원리를 사주학에 배정시킨 것일 수도 있다. 임철초(任鐵樵)는 남녀 모두 식상(食傷)을 자녀로 보았다.

육신(六神)의 생극(生剋)관계에서 주의해야 할 2가지가 있다. 인성(印星)이 식상(食傷)을 극(剋)하는 것과 비겁(比劫)이 재성(財星)을 극(剋)하는 것이다. 여자 사주에서 식신(食神)과 상관(傷官)은 자녀를 뜻하므로 여자 사주에 인성(印星)이 많으면 자녀에게 불리하다. 또 비겁(比劫)은 재성(財星)을 극(剋)한다. 남자 사주에서 재성(財星)은 아내를 뜻하므로 비견(比肩)이나 겁재(劫財)가 많으면 부부간에 불화한다.

특히 일지(日支)가 기신(忌神)이면서 비겁(比劫)이면 아내를 극(剋)하여 이혼·재혼·배신 등이 나타난다는 것이다. 그러므로 여명은 재성(財星)이 있어 인성(印星)을 제압해야 하고, 남명은 관살(官殺)이 있어 비겁(比劫)을 제압해야 한다.

그러나 이와 같은 사항은 일반적인 경우이고 인성(印星)이나 비겁(比劫)이 희신(喜神)이나 용신(用神)일 때는 쉽게 속단하면 안 된다. 사주학은 언제나 변화와 응용을 중시하는 학문이므로 재관인식(財官印食)의 길신(吉神)도 흉작용을 할 수 있고, 칠살(七殺)·편인(偏印)·상관(傷官)·양인(陽刃)의 흉신(凶神)도 길작용을 할 수도 있다. 문제는 사주의 구조를 전체적이며 거시적인 안목에서 보는 것이다. 재성(財星)이 비록 길신(吉神)이지만 재다신약(財多身弱)한 경우와 인성(印星)이 용신(用神)인 경우에는 최악의 흉성

(凶星)이 되는 것이다.

누가 정관(正官)을 무조건 길하다고 하는가. 비겁(比劫)이 용신(用神)이면 흉작용을 한다. 누가 인수(印綬)를 길하다고 하는가. 신강(身强)하여 상관(傷官)이 용신(用神)인데 인수(印綬)가 있으면 병신(病神)으로 돌변한다. 누가 식신(食神)을 길하다고 하는가. 재다신약(財多身弱)한데 식신(食神)이 있으면 최악의 흉성(凶星)이 된다. 누가 칠살(七殺)을 흉하다고 하는가. 양인(陽刃)이 흉작용을 하는데 칠살(七殺)이 있으면 매우 좋다. 누가 편인(偏印)을 흉하다고 하는가. 신약(身弱)하면 편인(偏印)도 생기의 근원이 될 수 있다. 누가 양인(陽刃)을 흉하다고만 하는가. 칠살(七殺)이 있어 신약(身弱)할 때는 양인(陽刃)은 최고의 효용을 발휘한다.

2. 궁(宮)

년주(年柱)는 부모와 조상을 보는 궁이다. 따라서 년주(年柱)에 희신(喜神)이나 용신(用神)이 있으면 부모덕과 유산이 있는 것으로 보고, 기신(忌神)이 있으면 조상이나 부모의 은혜가 많지 않은 것으로 본다.

월주(月柱)는 부모와 형제를 보는 궁이다. 따라서 월주(月柱)에 희신(喜神)이나 용신(用神)이 있으면 부모와 형제의 덕이 많다. 이와 반대로 월주(月柱)에 기신(忌神)이 있으면 부모와 형제의 도움이 별로 없으니 스스로 노력해야 한다.

일지(日支)는 배우자를 보는 궁이다. 따라서 일지(日支)가 희신(喜神)이나 용신(用神)이면 배우자를 잘 만난다. 이와 반대로 일지(日支)가 기신(忌神)이면 배우자가 좋지 않다. 특히 남명은 일지(日支)가 비겁(比劫)이면서 기신(忌神)이면 배우자와 이별할 가능성이 많고, 여명은 일지(日支)가 상관(傷官)이면서 기신(忌神)이면 남편덕이 없고 생리사별할 가능성이 많다. 이것은 배우자를 대표하는 육신(六神)인 남자는 재성(財星), 여자는 관성(官星)을 배우자궁에 대입했을 때 배우자를 뜻하는 육신(六神)이 일지(日支)의 오행(五行)에 의하여 극(剋)을 당해 무기력하게 되기 때문이다.

시주(時柱)는 자녀를 보는 궁이다. 시주(時柱)가 일간(日干)의 희신(喜神)이나 용신(用神)이면 자녀가 총명하며 출세하고 효심이 지극하다. 이와 반대로 시주(時柱)에 기신(忌神)이 있으면 자녀가 없거나 있어도 변변치 않고 불효한다. 남명에게 관살(官殺)은 자식을 대표하는 육신(六神)이므로 시주(時柱)에 식상(食傷)이 있고 그 식상(食傷)이 기신(忌神)이면 자녀에게 의지하기 어렵다. 그러나 시주(時柱)의 식상(食傷)이 희신(喜神)이나 용신(用神)이면 그렇지 않다. 여명은 시주(時柱)에 인성(印星)이 있는데 기신(忌神)이면 자녀에게 기대할 것이 없다. 자녀를 대표하는 육신(六神)인 식상(食傷)이 자녀궁인 시주(時柱)의 인성(印星)에게 극(剋)되어 무력하기 때문이다. 그러나 인성(印星)이 희신(喜神)이나 용신(用神)이면 이렇게 속단하지 않는다.

궁(宮)을 볼 때는 지지(地支)의 충(沖)을 참고해야 한다. 일지(日

支)와 월지(月支)가 충(沖)하면 고부간에 갈등이 있다. 이것은 일지(日支)는 배우자궁이고 월지(月支)는 어머니궁이기 때문이다. 일지(日支)와 시지(時支)가 충(沖)하면 배우자와 자녀 모두에게 도움이 안 된다. 이것은 자녀궁과 배우자궁이 충돌하기 때문이다. 일지(日支)를 충(沖)하면 부부가 이별할 가능성이 아주 많다.

3. 운(運)

대운(大運)과 한운(限運)으로 육친을 판단한다. 어릴 때는 부모에게 의지하므로 어릴 때의 길흉화복과 육친에 대한 판단은 부모궁인 년주(年柱)와 월주(月柱)로 판단한다. 따라서 어릴 때의 대운(大運)에 희신(喜神)이나 용신(用神)이 있으면 부모의 도움이 크다. 중년운은 일지(日支)와 대운(大運)을 보아 희신(喜神)이나 용신(用神)이 있으면 길하다고 본다. 노년에는 자녀궁을 보고 노년기의 대운(大運)을 참조한다.

2 조상 보는 법

현대사회는 핵가족이 보편화되어 옛날과는 달리 부부가 중심이고, 부모와 자녀는 따로 사는 경우가 많다. 부부가 있어야 비로소 자녀가 생기고, 자녀가 있고 나서 부모가 있다. 따라서 반드시 부부를 먼저 보아야 한다. 왜냐하면 부부는 육친 중에서도 가장 가까우며 길흉을 함께 나누는 관계이기 때문이다.

자녀는 품 안에 있을 때만 나의 영향력 아래에 있고, 부모는 내가 혼인하여 분가하거나 독립하기 전에만 내 운명에 영향을 많이 미친다. 하물며 조상과 형제의 문제에 대한 판단은 더 적중율이 떨어진다. 형제와 조상을 보는 법은 많지만 현대인에게는 관심 밖의 영역일 것이다.

년주(年柱)에 희신(喜神)이나 용신(用神)이 있으면 조상이 부귀를 누린 사람이고, 조상의 유산이나 직업을 계승하거나 조상과 인연이 깊다고 본다. 비겁(比劫)이 기신(忌神)이면 형제나 친구의 덕이 없고 비겁(比劫)이 용신(用神)이면 형제와 친구의 덕이 있다.

3. 부모 보는 법

인성(印星)은 어머니이고, 재성(財星)은 아버지이다. 정통적인 이론에서는 정인(正印)으로 어머니를 보고, 편재(偏財)로 아버지를 본다. 월간(月干)은 아버지이고, 월지(月支)는 어머니이다. 년주(年柱) 역시 부모궁이 된다. 위와 같은 성(星)과 궁(宮)을 보는 동시에 어릴 때의 운을 참작하여 부모의 부귀빈천과 음덕을 본다.

1. 부모덕의 유무 보는 법

① 월주(月柱)에 희신(喜神)이나 용신(用神)이 있으면 부모의 도움

을 많이 받는다.

② 월주(月柱)에 재관인(財官印)이 모여 있으면서 희신(喜神)이나 용신(用神)이면 부모가 부자이거나 귀한 사람이다.

③ 월지(月支)에 인성(印星)이 있는데 희신(喜神)이나 용신(用神)이고, 어릴 때의 대운(大運)이 좋으면 부모덕이 있고 부모의 사랑을 받는다.

④ 인성(印星)이 용신(用神)인데 자신의 녹(祿) 위에 있으면 부모가 영예를 누린 사람이다.

⑤ 월주(月柱)에 재관인(財官印)이 있어도 기신(忌神)이면 부모가 빈천한 사람이다.

⑥ 월주(月柱)에 기신(忌神)이 모여 있으면 부모의 도움이 없다.

⑦ 월지(月支)나 정인(正印)이 충극(沖剋)되면 부모의 유산이 없다.

⑧ 월간(月干)에 재성(財星)이 있으나 약하고 비견(比肩)이나 겁재(劫財)가 극(剋)하면 부모의 유산이 없다.

⑨ 월간(月干)은 희신(喜神)이나 용신(用神)인데 월지(月支)가 기신(忌神)이면서 월간(月干)보다 역량이 더 크면 부모의 유산을 받기 어렵다.

⑩ 인성(印星)이 용신(用神)을 파괴하면 부모 때문에 고생한다.

⑪ 재성(財星)이 일간(日干) 바로 옆에 있는데 상충(相沖)되면 아버지와 불화한다. 예를 들어 경일간(庚日干)인데 월간(月干)에 갑(甲)이 있으면 갑경충(甲庚沖)이 되는 경우이다. 특히 편재(偏財)이면 더 확실하다.

⑫ 신약(身弱)한데 재성(財星)이 많거나 재성(財星)이 기신(忌神)
이면 아버지와 불화한다.

⑬ 비겁(比劫)이 너무 많은데 충극합(沖剋合)되지 않으면 반드시
아버지와 불화하며 아버지가 일찍 돌아가신다.

2 부모의 수명 보는 법

① 월주(月柱)가 지배하는 한운(限運)에서 충극(沖剋)을 받으면 31
세 이전에 부모가 돌아가실 수 있다.

② 월주(月柱)에 칠살(七殺)·양인(陽刃)·겁재(劫財)가 모여 있는
데 인성(印星)이 없으면 아버지는 있으나 어머니가 없다.

③ 월지(月支)에 칠살(七殺)이 있는데 상문(喪門)과 조객(弔客)이
있고 기신(忌神)이면 부모를 일찍 잃거나 부모에게 병이 많다.

④ 인성(印星)이 왕성하나 재성(財星)이 약하면 어머니는 강하나
아버지가 약하다.

⑤ 인성(印星)은 왕성하나 재성(財星)이 없으면 아버지가 먼저 돌
아가시고, 재성(財星)은 왕성하나 정인(正印)이 약하면 어머니
가 먼저 돌아가신다.

⑥ 인성(印星)을 적당히 억부(抑扶)하거나, 인성(印星)이 장생지
(長生地) 위에 있으면 어머니가 장수한다.

⑦ 인성(印星)이 쇠약한데 재성(財星)이 왕성하면 반드시 어머니
를 극(剋)한다.

⑧ 인성(印星)이 심하게 충(沖)되면 어머니를 극(剋)한다.

⑨ 인성(印星)이 천간(天干)에 있으나 약하고 사절지(死絶地) 위에 있으면 어머니가 일찍 돌아가신다.

⑩ 인성(印星)이 용신(用神)인데 극(剋)되면 어머니가 현명하나 일찍 돌아가신다.

⑪ 재성(財星)이 많으나 인성(印星)이 적으면 아버지는 강하나 어머니는 약하고, 어머니가 먼저 돌아가신다.

⑫ 재성(財星)을 적당히 억부(抑扶)하면 아버지가 장수한다.

⑬ 재성(財星)이 장생지(長生地) 위에 있으면 아버지가 장수한다.

⑭ 재성(財星)이 약한데 비겁(比劫)이 많으면 반드시 아버지가 일찍 돌아가신다.

⑮ 재성(財星)이 비겁(比劫)에게 극(剋)되거나, 재성(財星)이 없는데 어릴 때의 대운(大運)이 불길하면 어머니보다 아버지가 일찍 돌아가신다.

⑯ 재성(財星)이 충(沖)되면 아버지가 일찍 돌아가신다.

⑰ 재성(財星)이 천간(天干)에 있으나 약하고 사절지(死絶地) 위에 있으면 남편을 극(剋)한다.

⑱ 재성(財星)이 왕성한데 인성(印星)이 없으면 어머니가 먼저 돌아가시고, 반대이면 아버지가 먼저 돌아가신다.

⑲ 편재(偏財)가 공망(空亡)되면 아버지가 병약하고, 정인(正印)이 공망(空亡)되면 어머니가 병약하다. 이런 현상이 월주(月柱)에서 나타나면 부모를 일찍 잃는다.

⑳ 편재(偏財)가 운에서 절지(絶地)에 임하면 아버지가 돌아가시고, 정인(正印)이 운에서 절지(絶地)에 임하면 어머니가 돌아가신다. 절(絶)은 극(剋)을 받는 것과 같기 때문이다.

㉑ 태원(胎元)이 사주의 어떤 한 주(柱)와 상충(相沖)되거나, 년지(年支)나 월지(月支)와 형(刑)되거나, 인성(印星)이나 재성(財星)이 태원(胎元)의 지지(地支)인데 공망(空亡)되면 부모가 일찍 돌아가실 수 있다.

㉒ 사주에 고신(孤辰)이나 과수(寡宿)가 2개 이상 있으면 아버지나 어머니를 5세 이전에 잃을 수 있다.

㉓ 여명이 양인(陽刃)·겁살(劫殺)·망신(亡身)이 있는데 합(合)되면 부모에게 불리하다.

3. 부모의 성격 보는 법

① 재성(財星)이 자신의 양인(陽刃) 위에 있으면 아버지의 성격이 흉폭하다. 예를 들어 임일주(壬日主)인데 년간(年干)이 병(丙) 편재(偏財)이고 년지(年支)가 오(午)이면 년지(年支) 오(午)는 병(丙)의 양인(陽刃)이 되니 재성(財星)이 자신의 양인(陽刃)을 깔고앉은 형상이 된다.

② 재성(財星)이 녹(祿) 위에 있으면 아버지의 성품이 충후하다. 예를 들면 경금(庚金) 일간(日干)이 년간(年干)은 갑(甲)이고, 년지(年支)는 인(寅)인 경우를 말한다.

③ 인성(印星)이 용신(用神)이면 어머니가 현명하며 자비롭다.

④ 인성(印星)이 자신의 양인(陽刃) 위에 있으면 어머니의 성격이 난폭하다.

⑤ 인성(印星)이 자신의 녹(祿) 위에 있으면 어머니의 성격이 충후하다.

4. 형제자매와 친구 보는 법

형제자매와 친구는 비겁(比劫)과 월주(月柱)로 판단하며 중년운을 참고한다.

1. 형제자매의 수 보는 법

① 형제자매의 수는 충극합(沖剋合)이 되지 않는다는 전제에서 천간(天干)에 있는 비견(比肩)이나 겁재(劫財)는 2명으로 계산하고, 지지(地支)에서는 지장간(支藏干) 하나에 1명씩 계산하고, 명궁(命宮)의 간지(干支)에 비겁(比劫)이 있으면 1명씩으로 계산하고, 공망(空亡)된 주(柱)에 있으면 1명을 뺀다.

② 일간(日干)이 월지(月支)에 통근(通根)하고 비겁(比劫)이 많으면 형제자매가 많다.

③ 일간(日干)이 월지(月支)에 통근(通根)하고 비겁(比劫)이 장생(長生)·녹(祿)·제왕(帝旺) 위에 있으면 형제자매가 많다.

④ 신약(身弱)한데 비겁(比劫)이 없으면 인성(印星)의 수로 형제자
  매를 수를 계산한다.

⑤ 비겁(比劫)을 적당히 억부(抑扶)하면 형제자매가 많고, 신약(身
  弱)해도 월지(月支)가 인성(印星)이며 희신(喜神)이나 용신(用
  神)이면 형제자매가 많다.

⑥ 사주에 비겁(比劫)이 적거나 극합(剋合)되면 형제자매가 적다.

⑦ 비겁(比劫)이 공망(空亡)되면 형제자매가 없다.

2. 형제자매와 친구덕의 유무 보는 법

① 비겁(比劫)이 희신(喜神)이나 용신(用神)이면 형제자매와 친구
  의 도움을 받는다.

② 일간(日干)이 약한데 칠살(七殺)이 왕성하고 식상(食傷)이 없거
  나 칠살(七殺)이 중첩되고 인성(印星)이 없는데 겁재(劫財)가
  칠살(七殺)을 합(合)하면 형제자매와 친구의 도움을 받는다.

③ 일간(日干)이 약한데 인성(印星)이 없고 비겁(比劫)으로 일간
  (日干)을 도우면 부모의 도움은 없어도 형제자매와 친구의 도
  움은 있다.

④ 비겁(比劫)으로 희신(喜神)이나 용신(用神)을 삼아야 좋은데 사
  주에 비겁(比劫)이 없으면 형제자매의 도움은 없어도 친구의
  도움은 있다. 사주는 선천적인 환경이고 운은 후천적인 환경이
  기 때문이다. 혈연으로 맺어진 형제는 없어도 후천적인 사회생

활에서 친구의 도움을 받을 수 있는 것이다.

⑤ 사주에 비겁(比劫)이 없으면 형제자매의 도움이 없다.

⑥ 비겁(比劫)이 기신(忌神)이면 형제자매 때문에 피해를 본다.

⑧ 일간(日干)이 월지(月支)에서 쇠사절태병(衰死絶胎病)을 만나면 형제자매와 인연이 없다.

⑨ 관살(官殺)이 득지(得支)했는데 사주에 비겁(比劫)이 없고 인성(印星)이 왕성하면 형제자매는 있어도 도움이 되지 않는다.

⑩ 비겁(比劫)이 충극(沖剋)되면 형제자매와 불목하며 형제자매가 병약하다.

⑪ 비겁(比劫)이 용신(用神)을 파괴하면 형제자매 때문에 피해를 본다.

⑫ 식신(食神)이 칠살(七殺)을 지나치게 제압하는데 비겁(比劫)이 식신(食神)을 생(生)하면 형제자매나 친구 때문에 손해를 본다.

⑬ 정관(正官)이 약하고 상관(傷官)이 강한데 비겁(比劫)이 상관(傷官)을 생(生)하면 형제자매나 친구 때문에 손해를 본다.

⑭ 재성(財星)이 약하고 비겁(比劫)이 왕성하여 식상(食傷)이 용신(用神)인데 인성(印星)이 식상(食傷)을 파괴하고 비겁(比劫)을 생(生)하면 형제자매 때문에 피해를 본다.

⑮ 일간(日干)이 왕성한데 중년에 비겁(比劫)운을 만나면 형제자매가 불목하며 소송을 하거나 친구 때문에 재산을 잃는다.

⑯ 일간(日干)이 약한데 칠살(七殺)이 중하고 제화(制化)가 없으면 형제자매가 온전하지 못하다.

⑰ 비겁(比劫)이 충극(沖剋)되면 형제자매가 온전하지 못하다.

⑱ 비겁(比劫)이 용신(用神)인데 극(剋)되면 형제자매와 일찍 사별한다.

⑲ 월지(月支)에 관살(官殺)이 득령(得令)하면 형제자매가 온전하지 못하다.

⑳ 비겁(比劫)이 득시(得時)하면 형제자매가 발달한다.

㉑ 용신(用神)이 비겁(比劫)을 파괴되면 본인은 흥하나 형제자매는 망하고, 비겁(比劫)이 용신(用神)을 파괴하면 형제자매는 흥하나 본인은 망한다.

㉒ 용신(用神)이 월지(月支)를 파괴하면 본인은 강하나 형제자매는 약하고, 월지(月支)가 용신(用神)을 파괴하면 본인보다 형제자매가 더 강하다.

㉓ 월지(月支)에 관살(官殺)이 있고 일간(日干)이 약하고 비겁(比劫)이 없는데 칠살(七殺)운을 만나면 형제자매가 감옥에 가거나 소송사건에 휘말린다.

3. 형제자매의 우애 보는 법

① 비겁(比劫)이 적당하게 있으면 형제자매가 서로 존경하며 우애가 좋다.

② 일간(日干)이 약한데 비겁(比劫)이 도와주면 형제자매가 화목하며 서로 돕는다.

③ 재성(財星)이 약하고 비겁(比劫)이 왕성한데 식상(食傷)이 겁재 (劫財)로 변하여 재성(財星)을 생(生)하게 만들면 형제자매가 다투지 않는다.

④ 재성(財星)이 약하고 비겁(比劫)이 있는데 관성(官星)이 비겁 (比劫)을 제압하면 형제자매가 서로 존경하며 사랑한다.

⑤ 비겁(比劫)이 양인(陽刃) 위에 있으면 형제자매의 성격이 흉폭 하며 불목한다. 예를 들면 병일간(丙日干)인데 년간(年干)이 병 (丙)이고 년지(年支)가 오(午)이면 해당한다.

⑥ 재관(財官)이 약한데 비겁(比劫)이 강하면 형제자매가 화목하 지 못하다.

⑦ 월지(月支)와 일지(日支)가 형(刑)되면 아내·자녀와 형제자매 가 불화한다.

5. 아내 보는 법

아내를 볼 때는 재성(財星)과 일지(日支)를 보고, 중년의 대운(大 運)을 참작한다.

1. 아내덕의 유무 보는 법

① 남명이 일지(日支)나 재성(財星)이 희신(喜神)이나 용신(用神) 이면 아내덕이 있다.

② 남명이 일지(日支)가 재성(財星)이나 정관(正官)인데 희신(喜神)이나 용신(用神)에 해당하고, 재성(財星)과 일지(日支)가 모두 희신(喜神)이나 용신(用神)이면 반드시 아내덕으로 부귀를 이룬다. 그러나 용신(用神)이 힘이 있어야 한다.

③ 남명이 일지(日支)가 희신(喜神)이나 용신(用神)인데 재성(財星)과 서로 장애가 되지 않으면 아내가 내조를 잘 한다.

④ 남명이 일지(日支)가 희신(喜神)이나 용신(用神)인데 충(沖)되면 아내가 현숙하며 아름다우나 해로하기 어렵다.

⑤ 남명이 일지(日支)가 기신(忌神)이라도 다른 지지(地支)와 합화(合化)하여 희신(喜神)으로 변하면 반드시 아내의 내조가 크다.

⑥ 남명이 일지(日支)가 정관(正官)이며 용신(用神)이면 처첩의 용모가 품위있고 성격이 온화하다.

⑦ 넘명이 일지(日支)가 정인(正印)이며 용신(用神)이면 처첩이 현숙하며 힘이 있다. 그러나 재성(財星)과 인성(印星)이 서로 장애가 되지 않아야 한다. 장애가 되는 것이 어떤 것인가는 격국(格局)의 순용(順用)과 역용(逆用)을 참조하기 바란다.

⑧ 남명이 일지(日支)가 자오묘유(子午卯酉)이면 대개 아내의 용모가 아름답고, 인신사해(寅申巳亥)이면 대개 아내가 돈후하고, 진술축미(辰戌丑未)이면 대개 아내가 평범하다.

⑨ 남명이 조후(調候)가 필요한데 일지(日支)가 조후용신(調候用神)이면 반드시 아내의 내조를 받는다.

⑩ 남명이 재성(財星)이 희신(喜神)이나 용신(用神)인데 비겁(比

劫)에게 극(剋)되면 아내가 현명하며 아름다우나 일찍 죽는다.

⑪ 남명이 재성(財星)이 일지(日支)에 없어도 희신(喜神)이나 용신
(用神)이고, 식상(食傷)이 재성(財星)을 생(生)하면 아내가 아름
답고 현숙하다.

⑫ 남명이 일지(日支)나 재성(財星)이 기신(忌神)이면 아내 때문에
화를 당한다.

⑬ 남명이 일지(日支)가 희신(喜神)이나 용신(用神)을 충거(沖去)
하거나 합거(合去)하면 아내가 추악하며 아내 때문에 형벌을
받는다.

⑭ 남명이 인성(印星)이 용신(用神)인데 재성(財星)에게 파괴되면
아내 때문에 화를 당한다.

⑮ 남명이 일간(日干)이 강하고 재성(財星)이 쇠약한데 일지(日支)
에 양인(陽刃)이 있고 식상(食傷)이 없으면 아내 때문에 재산이
없어지거나 아내를 극(剋)한다.

⑯ 남명이 신약(身弱)한데 일지(日支)에 칠살(七殺)이 있으면 아내
가 졸렬하며 어리석다.

⑰ 남명이 신약(身弱)한데 칠살(七殺)이 강하여 인성(印星)을 용신
(用神)으로 삼는데 재성(財星)이 인성(印星)을 파괴하면 악처를
만난다.

⑱ 남명이 신약(身弱)한데 재성(財星)이 많으면 아내덕이 없고, 아
내나 여색 때문에 재산이 사라진다.

⑲ 남명이 사주에 양인(陽刃)이 많으면 부부가 생리사별한다.

⑳ 남명이 천간(天干)에 합(合)이 많으면 부부연이 변한다.

㉑ 남명이 득시(得時)하고 인성(印星)이 많고 재성(財星)이 약하면 고부간에 불화한다.

㉒ 남명이 월지(月支)와 일지(日支)가 충(沖)하면 고부간에 갈등이 심하고, 일지(日支)와 시지(時支)가 충(沖)하면 아내·자녀와 인연이 없다.

㉓ 남명이 정재(正財)가 공망(空亡)되면 본처와 생리사별하고, 사주에 재성(財星)이 2개 이상 있는데 1개가 공망(空亡)되면 이혼한 후 재혼하고, 일지(日支)나 월지(月支)에 정재(正財)가 1개밖에 없는데 공망(空亡)되면 아내를 잃고, 일지(日支)나 월지(月支)에 편재(偏財)가 1개밖에 없는데 공망(空亡)되면 아내에게 병이 있거나 몸을 다쳐 불구가 될 수 있다.

㉔ 남명이 재성(財星)이 희신(喜神)이나 용신(用神)인데 일주(日柱) 이외의 다른 간지(干支)와 합(合)하여 기신(忌神)으로 변하면 처첩이 부정하다.

㉕ 남명이 재성(財星)이 천간(天干)에 있는데 일주(日柱) 외의 다른 비견(比肩)과 쟁합(爭合)하면 아내가 부정하다.

㉖ 남명이 재성(財星)이 도화(桃花)나 목욕(沐浴)에 해당하는 지지(地支)에 있거나, 재성(財星)이 합화(合化)하여 기신(忌神)으로 변하면 처첩이 다른 남자와 간통한다.

㉗ 남명이 재성(財星)이 도화(桃花)와 동주(同柱)하거나 투합(妬合)하면 아내가 간통한다.

㉘ 남명이 비겁(比劫)과 정재(正財)가 합(合)하면 아내가 간통을 저지른다.

㉙ 남명이 신약(身弱)한데 칠살(七殺)이 왕성하고 재성(財星)이 칠살(七殺)을 생(生)하면 처첩이 자기를 이기려 들거나 공처가가 된다.

㉚ 남명이 일지(日支)가 비겁(比劫)이면 처첩에게 형제자매가 있다.

2. 남명의 부부금실 보는 법

① 남명이 일지(日支)가 칠살(七殺)인데 기신(忌神)에 해당하면 아내가 포악하므로 부부가 불화한다.

② 남명이 일지(日支)가 기신(忌神)이거나 충(沖)되면 부부가 불화한다.

③ 남명이 비겁(比劫)이 많으면 부부가 불화한다.

④ 남명이 재성(財星)이 자신의 양인(陽刃) 위에 있으면 아내가 난폭하여 불화한다.

⑤ 월지(月支)는 혼인궁이고 일지(日支)는 배우자궁인데 월지(月支)와 일지(日支)가 형(刑)이나 충(沖)하면 혼사가 순조롭지 못하고, 혼인생활에 만족하지 못하여 감정적인 충돌이 생긴다.

⑥ 남명이 정재(正財)와 편재(偏財)가 섞여 있으면 부부가 불화하며 여색을 밝힌다.

⑦ 남명이 편재(偏財)가 중첩되면 첩을 사랑하고 아내를 미워한다.

⑧ 남명이 편재(偏財)가 강하면 소실이 본처를 누른다.

⑨ 남명이 편재(偏財)가 천간(天干)에 있는데 정재(正財)는 지지 (地支)에 있으면 소실이 본처를 이긴다.

⑩ 남명이 정재(正財)가 왕성하면 본처가 소실을 용납하지 않는다.

3. 아내의 수명 보는 법

① 남명이 재성(財星)이 충극(沖剋)되지 않으면 아내가 장수한다.

② 남명이 재성(財星)이 자신의 장생(長生)을 깔고앉아 있고 충극 (沖剋)되지 않으면 아내와 해로한다. 예를 들어 기일주(己日主) 인데 임신(壬申)월생이면 해당한다.

③ 남명이 일지(日支)가 다른 지지(地支)와 충(沖)하면 배우자가 병이 많거나 일찍 죽는다.

④ 남명이 천간(天干) 4개가 모두 비겁(比劫)이거나 사주가 모두 양(陽)인데 편인(偏印)이 중첩되면 아내를 극(剋)한다.

⑤ 남명이 재성(財星)이 약한데 비겁(比劫)이 많고 관살(官殺)이나 식상(食傷)이 없으면 아내를 극(剋)한다.

⑥ 남명이 재다신약(財多身弱)인데 비겁(比劫)이 없으면 아내를 극(剋)한다. 재다신약(財多身弱)이면 비겁(比劫)이 용신(用神) 이다. 옛날에는 용신(用神)을 자식으로 보고, 용신(用神)을 생 (生)해주는 것을 아내로 보았다. 만약 비겁(比劫)이 용신(用神) 이면 인성(印星)은 용신(用神)인 비겁(比劫)을 생(生)해주는 것

이므로 아내가 된다. 재성(財星)이 강하면 아내인 인성(印星)을 극(剋)하므로 비겁(比劫)이 재성(財星)을 제압하지 않으면 역시 아내를 극(剋)하기 때문이다.

⑦ 남명이 비겁(比劫)이 중하고 재성(財星)이 가벼운데 식상(食傷)이 있어 재성(財星)을 생조(生助)하는 경우에 인성(印星)이 있으면 인성(印星)이 재성(財星)을 부양하는 식상(食傷)을 파괴하면서 재성(財星)을 파괴하는 비겁(比劫)을 강화시켜 결국 재성(財星)을 극(剋)하게 만들기 때문에 아내가 흉사할 수 있다.

⑧ 남명이 일간(日干)이 강한데 재성(財星)이 약하고 비겁(比劫)이 많고 관살(官殺)이 쇠약하면 아내가 아름다우나 일찍 죽는다. 관살(官殺)이 무력하여 비겁(比劫)을 제압하지 못하므로 아내가 일찍 죽는 것이다.

⑨ 남명이 일간(日干)이 약한데 재성(財星)이 많고 일지(日支)에 재성(財星)이 있으면 아내덕이 없고 아내가 병이 많은데 심하면 일찍 죽는다.

⑩ 남명이 약한 재성(財星)이 사묘절(死墓絶) 위에 있으면 아내를 극(剋)한다. 예를 들면 신일주(辛日主)인데 갑신(甲申)월생이면 해당한다.

⑪ 남명이 남명이 재성(財星)이 입묘(入墓)하면 아내가 먼저 죽는다. 예를 들어 경일주(庚日主)인데 을미(乙未)월이면 미(未)는 목(木)의 묘고(墓庫)가 된다.

4. 아내의 산액과 질병 보는 법

① 남명이 일지(日支)가 양인(陽刃)인데 시주(時柱)에 편인(偏印)이 있으면 아내에게 산액이 있다.

② 남명이 일지(日支)의 본기(本氣)가 칠살(七殺)인데 일지(日支)의 지장간(支藏干)에 편인(偏印)이 있으면 아내에게 산액이 있거나 자녀가 많지 않거나 아내의 월경이 고르지 않다.

③ 남명이 재다신약(財多身弱)인데 일지(日支)에 재성(財星)이 있으면 아내가 병이 있거나 일찍 죽는다.

④ 남명이 재성(財星)이 약하고 식상(食傷)이 없는데 관살(官殺)이 왕성하고 인성(印星)까지 있으면 아내가 병약하다.

⑤ 남명이 일주(日主)가 왕성한데 일지(日支)에 양인(陽刃)이 있으면 아내가 병이 많거나 일찍 죽는다.

⑥ 남명이 일지(日支)가 병지(病地)에 해당하면 아내가 몸이 약하며 게으르다.

⑦ 남명이 계사(癸巳)나 정해(丁亥)일생이면 아내가 아프거나 음란하다.

⑧ 남명이 신강(身强)한데 일지(日支)에 양인(陽刃)이 있으면 아내가 병이 많다.

⑨ 남명이 일지(日支)가 칠살(七殺)인데 충(沖)하면 아내가 병이 많거나 악사한다.

⑩ 남명이 일지(日支)가 식신(食神)이며 용신(用神)인데 사주에 편

인(偏印)이 없으면 처첩의 신체가 비대하다.

5. 음란한 여명 보는 법

① 여명이 자오묘유(子午卯酉)가 2개 이상 있는데 합(合)되면 하천하며 음란하다.

② 여명이 자유(子酉)가 모두 있거나 오묘(午卯)가 모두 있으면 외간 남자와 간통한다.

③ 여명이 천간(天干)에 칠살(七殺)이 있는데 바로 밑의 지지(地支)에 도화(桃花)가 있으면 음란하며 가정을 버린다.

④ 여명이 식신(食神)이 많거나 관살(官殺)이 혼잡하면 음란하다.

⑤ 여명이 식상(食傷)이 지나치게 많은데 도화(桃花)가 2개 이상 있거나, 도화(桃花)와 칠살(七殺)이 모두 있으면 음란하다.

6. 남편 보는 법

여명에서 관살(官殺)은 남편성이고, 일지(日支)는 남편궁이다. 여기에 중년의 대운(大運)을 참작하여 남편에 관한 것들을 판단한다.

1. 남편덕의 유무 보는 법

① 여명이 칠살(七殺)이 있는 지지(地支)가 일간(日干)의 장생지

(長生地)이면 귀한 남편을 만난다. 가령 무일간(戊日干)이 인(寅)을 만나거나 경일간(庚日干)이 사(巳)를 만나면 해당한다.

② 여명이 관살(官殺)이 왕성하며 용신(用神)인데 손상됨이 없으면 남편이 귀를 이루고 본인도 귀부인이 된다.

③ 여명이 관살(官殺)이 태왕하고 비겁(比劫)이 약하고 식상(食傷)이 관살(官殺)을 극(剋)하여 비겁(比劫)을 구출하는데 식상(食傷)이 힘이 있으면 남편이 영화로우나 식상(食傷)이 부족하면 쇠퇴한다. 이는 용신(用神)이 남편을 뜻하기 때문이다.

④ 여명이 관살(官殺)이 태왕하고 비겁(比劫)이 없고 인성(印星)이 살인상생(殺印相生)하는데 인성(印星)이 힘이 있으면 남편이 발달하나 인성(印星)이 힘이 없으면 쇠퇴한다.

⑤ 여명이 관살(官殺)이 매우 약한데 식상(食傷)이 파괴하여 재성(財星)으로 식상생재(食傷生財) 재생관(財生官)하는데 재성(財星)이 힘이 있으면 남편이 발달하나 재성(財星)이 힘이 없으면 쇠퇴한다.

⑥ 여명이 관살(官殺)이 약하고 인성(印星)이 많아 재성(財星)으로 인성(印星)을 극(剋)하며 관살(官殺)을 생조(生助)하는데 재성(財星)이 힘이 있으면 남편이 발달하나 재성(財星)이 힘이 없으면 쇠퇴한다.

⑦ 여명이 관살(官殺)이 약하고 비겁(比劫)이 많아 재성(財星)으로 관살(官殺)을 강화시켜 비겁(比劫)을 제압하는데 재성(財星)이 힘이 있으면 남편이 영화로우나 재성(財星)이 힘이 없으면 쇠

퇴한다.

⑧ 여명이 신약(身弱)한데 식상(食傷)이 왕성하여 인성(印星)으로
식상(食傷)을 제압하며 일간(日干)을 돕는데 인성(印星)이 힘이
있으면 남편이 발달하나 인성(印星)이 힘이 없으면 쇠퇴한다.

⑨ 여명이 일주(日主)가 왕성한데 식상(食傷)도 왕성하여 재성(財
星)으로 식상(食傷)을 설기(洩氣)하여 관살(官殺)을 생(生)하는
데 재성(財星)이 힘이 있으면 남편이 발달하나 재성(財星)이 힘
이 없으면 쇠퇴한다.

⑩ 여명이 관살(官殺)이 지나치게 많으면 제압해야 하고, 관살(官
殺)이 지나치게 약하면 생조(生助)해야 한다. 이때는 강약을 조
절하는 오행(五行)이 힘이 있으면 남편이 발달하나 힘이 없으
면 쇠퇴한다.

⑪ 여명이 사주에 비겁(比劫)이 가득한데 관살(官殺)도 없고 인성
(印星)도 없어 식상(食傷)으로 비겁(比劫)을 설기(洩氣)하는데
식상(食傷)이 힘이 있으면 남편이 발달하나 식상(食傷)이 힘이
없으면 쇠퇴한다.

⑫ 여명이 사주에 인성(印星)이 가득한데 관살(官殺)도 없고 식상
(食傷)도 없어 재성(財星)으로 인성(印星)을 극(剋)하는데 재성
(財星)이 힘이 있으면 남편이 발달하나 재성(財星)이 힘이 없으
면 쇠퇴한다.

⑬ 여명이 일지(日支)가 희신(喜神)이나 용신(用神)이면 남편이 발
달하나 기신(忌神)이면 쇠퇴한다.

⑭ 여명이 관살(官殺)이 약한데 자신의 사절(死絶)에 앉으면 남편이 병약하다. 예를 들어 년간(年干) 갑(甲)이 관살(官殺)인데 년지(年支)가 신(申)이면 신(申)은 갑(甲)의 절지(絶地)가 된다.

⑮ 여명이 일지(日支)에 칠살(七殺)이 있는데 신약(身弱)하거나, 칠살(七殺)이 왕성한데 정관(正官)이 없으면 서로 초혼이 아니거나 부부가 이별한다. 여기에 충(冲)까지 있으면 사망할 위험이 있으나 칠살(七殺)이 합(合)되면 오히려 길하다.

2. 여명의 부부금실 보는 법

① 여명이 일지(日支)에 희신(喜神)이나 용신(用神)이 있으면 부부사이가 좋다.

② 여명이 관살(官殺)이 희신(喜神)이나 용신(用神)이면 부부사이가 좋다.

③ 여명이 정관(正官)만 있고 칠살(七殺)이 없거나, 정관(正官)과 정인(正印)이 천간(天干)에 있으면 부부가 서로 사랑한다.

④ 여명이 정관(正官)이 희신(喜神)이나 용신(用神)인데 일간(日干)과 합(合)하면 부부간에 감정이 친밀하다. 음일간(陰日干)은 정관(正官)과 합(合)하면 부부사이가 좋다.

⑤ 여명이 정관(正官)이 기신(忌神)이면 부부가 불화하다.

⑥ 여명이 관살(官殺)이 혼잡되면 반드시 남편이 심리적인 동요가 심하여 안정을 찾지 못한다.

⑦ 여명이 일지(日支)가 편인(偏印)이며 기신(忌神)에 해당하면 부부가 불화하며 남편이 좋지 않다.

⑧ 여명이 일지(日支)가 칠살(七殺)이거나 칠살(七殺)이 왕성한데 정관(正官)이 없으면 부부가 불화한다.

⑨ 여명이 일지(日支)가 충(沖)되면 부부가 불화한다.

⑩ 여명이 일지(日支)가 칠살(七殺)인데 신약(身弱)하거나, 신약(身弱)한데 관살(官殺)이 왕성하고 식상(食傷)이 없어 강한 관살(官殺)을 제어하지 못하면 남편이 흉폭하다.

⑪ 여명이 칠살(七殺)이 자신의 양인(陽刃) 위에 있으면 남편이 악독하며 포악하다.

⑫ 여명이 신약(身弱)한데 관살(官殺)이 중첩되면 남편에게 기만 당한다.

⑬ 여명이 재성(財星)이 많은데 관살(官殺)이 있으면 남편에게 권리를 빼앗긴다.

⑭ 여명이 일주(日柱)나 시주(時柱)에 진술충(辰戌沖)되면 남편이 소실을 둔다.

⑮ 여명이 일주(日主)와 비견(比肩)이 정관(正官)을 투합(妬合)하면 남편이 2명의 아내를 둔다. 이때 일간(日干)이 비견(比肩)보다 강하면 본인이 본처가 되고, 일간(日干)이 비견(比肩)보다 약하면 본인이 후처가 된다. 강약을 아는 법은 일간(日干)과 비견(比肩)이 깔고앉은 지지(地支)가 어떤 오행(五行)이며 생극(生剋)과 억부(抑扶)와 십이운성(十二運星)으로 판단한다.

⑯ 여명이 일지(日支)와 시지(時支)에 진술충(辰戌沖)이 있으면 남편이 소실을 두어 독수공방하고, 진술(辰戌)이 공망(空亡)되면 소실을 두지는 않으나 방을 따로 쓴다.

⑰ 여명이 일지(日支)가 일간(日干)의 목욕(沐浴)에 해당하면 남편이 색을 밝힌다.

⑱ 여명이 지지(地支)의 관성(官星)이 도화(桃花)에 해당하거나, 관성(官星)이 투합(妬合)하면 남편이 바람을 피운다.

⑲ 여명이 비겁(比劫)이 정관(正官)과 합(合)하면 남편이 바람을 피운다.

⑳ 여명에게 정관(正官)은 첫남편에 해당하는데 공망(空亡)되면 초혼으로 만난 남편과 감정이 충돌하여 흉하다. 만일 사주에 정관(正官)이 2개 이상 있는데 1개가 공망(空亡)되면 이혼한 후 재혼하고, 칠살(七殺)이 공망(空亡)되면 남편이 병약하다.

3. 남편의 수명 보는 법

① 여명이 관살(官殺)이 자신의 장생지(長生地) 위에 있는데 식상(食傷)의 극(剋)을 받지 않으면 남편이 장수한다. 예를 들어 년간(年干) 임(壬)이 관살(官殺)인데 년지(年支)가 신(申)인 경우를 말한다.

② 여명이 관살(官殺)이나 일지(日支)가 충극(沖剋)을 받거나 관살(官殺)이 심하게 설기(洩氣)당하면 남편이 요절한다.

③ 여명이 관살(官殺)이 식상(食傷)에게 거듭 극(剋)을 받으면 반드시 남편을 극(剋)한다.

④ 여명이 관살(官殺)이나 일지(日支)가 충(沖)되면 남편을 극(剋)한다. 대운(大運)이나 유년(流年)이 관살(官殺)이나 일지(日支)를 충극(沖剋)해도 남편을 극(剋)한다.

⑤ 여명이 비겁(比劫)이 많은데 관살(官殺)이 없으면 남편을 극(剋)한다.

⑥ 여명이 관살(官殺)이 약한데 자신의 사절(死絶) 위에 있으면 남편을 극(剋)한다.

⑦ 여명이 관살(官殺)이 약하고 재성(財星)이 없는데 신강(身强)하면서 상관(傷官)이 강하면 남편을 극(剋)한다.

⑧ 여명이 관살(官殺)이 약하고 재성(財星)이 없는데 인성(印星)이 중첩되면 남편을 극(剋)한다.

⑨ 여명이 정관(正官)이 약하고 식상(食傷)이 강한데 운에서 식상(食傷)을 만나면 남편을 극(剋)한다. 그러나 재성(財星)이 있어 식상생재(食傷生財)나 재생관(財生官)이 되면 오히려 길하다.

⑩ 여명이 칠살(七殺)이 중첩되었는데 강력한 식상(食傷)이 없어 칠살(七殺)을 제복하지 못하면 남편을 극(剋)한다.

⑪ 여명이 남편성 입묘(入墓)되면 남편을 극(剋)한다.

⑫ 여명이 일지(日支)가 정관(正官)이며 사묘절(死墓絶)에 놓이면 남편을 극(剋)한다.

4. 재혼하는 여명 보는 법

① 여명이 관성(官星)이 2개 이상 있는데 1개가 공망(空亡)되면 이
   혼한 후 재혼한다.
② 여명이 관성(官星)이 천간(天干)에 2개 이상 있거나 지지(地支)
   에 3개 이상 있으면 2~3번 혼인한다.
③ 여명이 관살(官殺)이 혼잡한데 재성(財星)이 많으면 재혼한다.
④ 여명이 상관(傷官)이 있는데 인성(印星)도 없고 재성(財星)도
   없으면 재혼한다.

7. 자녀 보는 법

남녀 모두 식상(食傷)은 자녀성이고 시주(時柱)는 자녀궁인데 남
자는 관살(官殺)이 자녀성이고, 여자는 식상(食傷)이 자녀성이다.
그리고 사주의 용신(用神)은 자녀성이 된다.

남명은 양일간(陽日干)이면 칠살(七殺)은 아들이며 정관(正官)은
딸이고, 음일간(陰日干)이면 칠살(七殺)은 딸이며 정관(正官)은 아
들이다. 남명에게 관살(官殺)은 자녀성이니 관살(官殺)을 시지(時
支)의 십이운성(十二運星)에 대입하여 아들의 숫자를 판단한다. 만
일 관살(官殺)이 시지(時支)에서 장생(長生)이 되면 4명, 목욕(沐
浴)이 되면 2명, 관대(冠帶)가 되면 3명, 제왕(帝旺)이 되면 5명, 쇠
(衰)가 되면 2명, 병(病)이 되면 1명, 절(絶)이 되면 1명, 양(養)이

되면 3명을 두나 사(死)와 묘고(墓庫)가 되면 아들을 두지 못한다.

1. 자녀의 유무 보는 법

① 사주에 자녀성이 없어도 운에서 왕성한 자녀성을 만나면 자아이를 낳을 수 있다.

② 식상(食傷)이 충극(沖剋)받지 않으면 자녀가 있고, 적당하게 억부(抑扶)하면 많이 둔다.

③ 식상(食傷)이 희신(喜神)이나 용신(用神)이면 자녀가 많은데 효도하며 현명하니 만년이 안락하다.

④ 식상(食傷)이 있는데 신강(身强)하고 인성(印星)이 없으면 자녀를 많이 둔다.

⑤ 식상(食傷)이 왕성하고 신약(身弱)한데 인성(印星)이 있고 재성(財星)이 없으면 자녀가 있다.

⑥ 사주에 자녀성이 너무 많거나 부족하거나 조후(調候)되지 않으면 자녀를 두기 어렵다.

⑦ 남자의 사주가 모두 양(陽)이거나, 여자의 사주가 모두 음(陰)이면 자녀를 두기 어렵다.

⑧ 사주가 화염토조(火炎土燥)하거나 수범목부(水氾木浮)하거나 금한수냉(金寒水冷)하면 자녀를 두기 어렵다.

⑨ 사주에 인성(印星)이나 재관(財官)이 너무 왕성하면 자녀를 두기 어렵다.

⑩ 신(申)일 해(亥)시생과 사(巳)일 인(寅)시생은 자녀를 두지 못하거나 있어도 요절할 우려가 있다.

⑪ 식상(食傷)이 충극(沖剋)되면 자녀를 두기 어렵다.

⑫ 식상(食傷)이 묘절(墓絶)에 앉으면 자녀를 두지 못하거나 자녀를 극(剋)한다.

⑬ 식신(食神)이 1개밖에 없는데 편인(偏印)이 왕성하면 자녀를 극(剋)하거나 후손이 끊어진다.

⑭ 식신(食神)이 1개밖에 없는데 인성(印星)이 3개 이상 있으면 자녀를 1명 두는데 요절할 가능성이 많다.

⑮ 사주에 칠살(七殺)이 너무 많은데 다스리지 못하면 자녀를 두기 어렵다.

⑯ 신약(身弱)한데 식상(食傷)이 많으면 자녀를 두기 어렵다.

⑰ 신약(身弱)한데 식상(食傷)이 많고 비겁(比劫)·인성(印星)·재성(財星)이 모두 없으면 자녀를 두기 어렵다.

⑱ 신약(身弱)한데 비겁(比劫)이 없고 식상(食傷)이 약하고 재성(財星)이나 관살(官殺)이 중첩되면 자녀를 두기 어렵다.

⑲ 신약(身弱)한데 천간(天干)에 비겁(比劫)이 1~2개 있고 식상(食傷)이 없으면 자식을 두기 어려운데 여명은 더 그렇다.

⑳ 신약(身弱)한데 식상(食傷)이 중하고 인성(印星)이 가벼우면 자녀를 적게 둔다.

㉑ 신강(身强)한데 식상(食傷)이 가볍고 인성(印星)이 무거우면 자녀를 적게 둔다.

㉒ 신강(身强)한데 인성(印星)이 중첩되고 식상(食傷)과 재성(財星)이 없으면 자녀를 두기 어렵다.

㉓ 관살(官殺)이 진술축미(辰戌丑未)의 지장간(支藏干)에 있고 진술축미(辰戌丑未)가 일간(日干)의 묘고(墓庫)가 되면 자녀가 없으나 관살(官殺)이 천간(天干)에 투출(透出)하면 그렇지 않다. 만일 대운(大運)이나 유년(流年)이 와서 묘고(墓庫)를 충(沖)하면 소실을 얻어 자식을 낳는다.

㉔ 시지(時支)가 사묘절(死墓絶)에 해당하면 자녀를 극(剋)하는데 심하면 대가 끊어진다.

㉕ 시지(時支)나 식상(食傷)이 고신(孤辰)이나 과수(寡宿)와 동주(同柱)하면 자녀를 두지 못하고, 있어도 도움을 받지 못한다.

㉖ 일주(日主)가 매우 왕성한데 관살(官殺)이 공망(空亡)되고 상관(傷官)과 겁재(劫財)가 있으면 자녀가 없고 평생 고독하다.

㉗ 여명이 식신(食神)이 공망(空亡)과 동주(同柱)하면 자녀를 늦게 낳으나 키우기 어렵고, 식신(食神)이 용신(用神)인데 공망(空亡)되면 유산하거나 자녀가 요절한다. 식신(食神)이 용신(用神)인데 식신(食神) 유년(流年)이 오고 유년(流年)의 지지(地支)가 공망(空亡)되어도 역시 그렇다. 그러나 공망(空亡)이 합(合)되면 풀리므로 자녀를 둘 수 있다.

2. 자녀덕의 유무 보는 법

① 식상(食傷)이 희신(喜神)이나 용신(用神)을 도와주면 자녀가 출세한다.

② 식상(食傷)이 지지(地支)에 있는데 일간(日干)의 장생(長生)·제왕(帝旺)·임관(臨官)에 해당하면 자녀가 총명하며 영화를 누린다.

③ 식상(食傷)이 귀인(貴人)과 동주(同柱)하면 자녀의 용모가 좋고 총명하며 부귀하게 된다.

④ 시주(時柱)가 희신(喜神)이나 용신(用神)이면 자녀덕이 있다.

⑤ 시주(時柱)에 천월덕귀인(天月德貴人)이 있으면 자녀가 효도한다.

⑥ 시주(時柱)에 칠살(七殺)이 있는데 식상(食傷)으로 제복하면 자녀가 귀하게 된다.

⑦ 시주(時柱)에 칠살(七殺)이 있는데 용신(用神)이거나 합(合)되거나 제압하면 자녀가 길하다.

⑧ 남명이 관성(官星)이 왕성하면 아들을 일찍 두고, 관살(官殺)이 용신(用神)인데 힘이 있으면 귀한 자녀를 둔다.

⑨ 자녀성이 자신의 사절(死絶) 위에 있는데 형충(刑沖)이 겹치면 자녀를 극(剋)하거나 자녀덕이 없다.

⑩ 식상(食傷)이 용신(用神)을 파괴하면 자녀가 적거나 자녀덕이 없다.

⑪ 식상(食傷)이 입묘(入墓)하면 자녀를 극(剋)한다.

⑫ 시주(時柱)에 기신(忌神)이 모여 있으면 자녀덕이 없다.

⑬ 시주(時柱)에 고신(孤辰)이나 과수(寡宿)가 있으면 자녀가 불효한다.

⑭ 시주(時柱)에 편인(偏印)이 있으면 자녀의 성격이 나쁘며 자녀를 극(剋)한다. 만일 편인(偏印)이 기신(忌神)에 해당하면 틀림없다.

⑮ 시주(時柱)에 조객(弔客)이 있으면 자녀를 극(剋)한다.

⑯ 시지(時支)나 식상(食傷)이 도화(桃花)에 해당하면 자녀가 색을 좋아한다.

⑰ 시지(時支)와 일지(日支)가 상형(相刑)하면 자녀를 극(剋)한다.

⑱ 갑자(甲子)일 갑자(甲子)시생은 자녀가 요절할 우려가 있다. 자녀성인 관살(官殺) 경금(庚金)이 자(子)에서 사지(死地)에 임하기 때문이다.

⑲ 여명이 상관(傷官)이 공망(空亡)과 동주(同柱)하면 자녀를 극(剋)하거나 아들을 낳기 어렵다. 그러나 귀인(貴人)과 동주(同柱)하거나 공망(空亡)이 합(合)하면 그렇지 않다.

⑳ 남명이 칠살(七殺)이 자신의 사지(死地) 위에 있거나 관살(官殺)이 입묘(入墓)하면 아들을 두지 못한다.

㉑ 남명이 진술축미(辰戌丑未)의 지장간(支藏干)에 관살(官殺)이 있으면 소실에게서 아들을 낳는다.

㉒ 상관(傷官)이 칠살(七殺) 위에 있으면 아들이 있다. 예를 들어 병일간(丙日干)이 기해(己亥)시생이면 해당한다.

㉓ 남명이 식상(食傷)이 많으면 자녀를 극(剋)하고, 상관(傷官)이 매우 왕성하면 큰 아들이 죽을 우려가 있다.

㉔ 신약(身弱)한데 비겁(比劫)이 없고 식상(食傷)이 약하고 인성(印星)이 중첩되면 아들이 없다.

㉕ 남명이 식신(食神)이 공망(空亡)되면 아들을 적게 두고, 식신(食神)이 용신(用神)인데 공망(空亡)되면 자녀가 요절한다. 식신(食神)의 유년(流年)이 올 때 용신(用神)이 유년(流年)의 지지(地支)에서 공망(空亡)되어도 그렇다.

㉖ 시지(時支)와 일지(日支)가 충(沖)하면 30~45세 사이에 자녀가 죽거나 이별할 수 있다.

```
時 日 月 年
壬 辛 戊 己
辰 未 辰 巳
```

이 사주는 여명인데 인성(印星)이 식상(食傷)을 극(剋)한다. 식상(食傷)은 자녀성이며 자녀궁이다. 10세 경에 난소종양으로 수술을 받았다.

```
時 日 月 年
戊 丙 壬 丁
戌 子 寅 酉
```

이 사주는 남명인데 시지(時支)에 무술(戊戌) 식신(食神)이 강하여 칠살(七殺)을 제압한다. 양일간(陽日干) 남자는 칠살(七殺)이 아들인데 식신(食神)이 칠살(七殺)을 제압하므로 아들이 없다.

```
時 日 月 年
壬 辛 庚 乙
辰 亥 辰 酉
```

이 사주는 남명인데 재성(財星)이 겁재(劫財)와 합(合)하고, 자식 궁인 시주(時柱)에 상관(傷官)이 있으니 자녀가 없다. 50세가 되도록 혼인도 못하고 가난하다.

```
時 日 月 年
乙 乙 辛 丙
酉 卯 卯 戌
```

이 사주는 남명인데 칠살(七殺)이 합거(合去)와 충거(沖去)되어 아들을 두지 못하였다.

```
時 日 月 年
戊 戊 丙 甲
午 子 寅 子
```

시지(時支)는 자식궁인데 양인(陽刃)이 있고 형충(刑沖)이 되면 남녀 모두 자녀를 극(剋)할 우려가 있다.

8. 혼인운과 궁합 보는 법

1. 혼인운 보는 법

① 월지(月支)는 혼인궁이고 일지(日支)는 배우자궁인데 일지(日支)와 형충(刑沖)되면 혼인이 늦어지고 좋은 인연을 만나기 어렵고, 대운(大運)이나 유년(流年)이 월지(月支)나 일지(日支)를 형충(刑沖)하면 혼파살이 되어 혼인하기 힘들다. 설사 성사되어도 결과가 좋지 않다.

② 용신(用神)운이나 희신(喜神)운이 오면 연애나 혼인할 수 있다.

③ 일간(日干)이나 일지(日支)가 합(合)하는 운에 혼인할 수 있다.

④ 관살(官殺)이나 재성(財星)이 합(合)하는 운에 혼인할 수 있다.

⑤ 대운(大運)과 유년(流年)이 삼합(三合)이나 방합(方合)하는 운에 혼인할 수 있다.

⑥ 일지(日支)와 대운(大運)과 유년(流年)이 삼합(三合)이나 방합(方合)하는 운에 혼인할 수 있다.

⑦ 일지(日支)나 월지(月支)의 지장간(支藏干)이 유년(流年)의 천간(天干)과 암합(暗合)하는 운에 혼인할 수 있다.

⑧ 관살(官殺)이나 재성(財星)이 유년(流年)의 지지(地支)에서 장

생(長生)이나 건록(建祿)이 되는 해에 혼인할 수 있다.

⑨ 유년(流年)에서 도화(桃花)를 만나고 사주나 대운(大運)의 지지(地支)와 합(合)하는 운에 혼인할 수 있다. 만일 혼인이 아니면 애인이 생긴다.

⑩ 유년(流年)에서 천을귀인(天乙貴人)을 만났는데 충(沖)되지 않으면 혼인할 수 있다.

⑪ 사주에 쟁합(爭合)이나 투합(妬合)하는데 유년(流年)에서 원앙합이 되어 쟁합(爭合)이나 투합(妬合)을 풀면 그 해에 혼인할 수 있다.

⑫ 사주에 재성(財星)이 있는데 식상(食傷)운을 만나면 혼인할 수 있다.

⑬ 사주에 관살(官殺)이 있는데 재성(財星)운을 만나면 혼인할 수 있다.

⑭ 남명은 재성(財星)운에 혼인할 수 있고, 여명은 관살(官殺)운에 혼인할 수 있다.

⑮ 여명이 관살(官殺)이 너무 많으면 인성(印星)운에 혼인할 수 있고, 상관견관(傷官見官)이 되면 재성(財星)운에 혼인할 수 있다.

⑯ 여명은 식상(食傷)이 합(合)하는 운에 혼인할 수 있다.

⑰ 공망(空亡)이 되는 유년(流年)에는 희신(喜神)이나 용신(用神)이 와도 혼인하기 어렵다.

2. 혼기 보는 법

① 월지(月支)와 일지(日支)가 형충(刑沖)되거나, 일지(日支)와 시지 (時支)가 형충(刑沖)되면 늦게 하거나 결혼생활에 파란이 많다.

② 월지(月支)와 일지(日支)가 형충(刑沖)해도 대운(大運)이나 유 년(流年)이 월지(月支)나 일지(日支)를 합(合)하면 가능하다.

③ 대운(大運)이 한운(限運)을 형충(刑沖)하면 그 대운(大運)에는 어렵고, 성사되어도 원만하지 않다. 유년(流年)도 한운(限運)을 형충(刑沖)하면 마찬가지이다.

④ 대운(大運)이나 유년(流年)이 월지(月支)나 일지(日支)를 형충 (刑沖)할 때는 어렵고, 성사되어도 파란이 많다.

⑤ 비겁(比劫)이 너무 많은데 기신(忌神)이 되면 늦게 한다.

⑥ 남명이 재성(財星)이 너무 많거나, 여명이 관살(官殺)이 너무 왕성하여 병(病)이 되면 36세를 넘기는 경우가 많다.

⑦ 남명이 식상(食傷)이 너무 왕성하거나, 여명이 재성(財星)이 태 너무 왕성하여 병(病)이 되면 32세를 넘기는 경우가 많다.

⑧ 남명은 정재(正財)가 월지(月支)에서 실령(失令)하고 일지(日 支)에서 실지(失支)하여 매우 약하면 늦어지고, 여명은 정관(正 官)이 월지(月支)에서 실령(失令)하고 일지(日支)에서 실지(失 支)하여 매우 약하면 늦어진다. 그러나 월지(月支)와 일지(日 支)에서 한 가지는 실패해도 다른 지지(地支)에서 성공하면 여 자는 25세, 남자는 27세를 전후로 가능하다.

⑨ 남명은 일지(日支)에 재성(財星)이 있으면 일찍 하고, 여명은 월지(月支)에 정관(正官)이 있으면 일찍 한다.

⑩ 남명은 재성(財星)이 용신(用神)이면 일찍 하나 기신(忌神)이면 늦어진다.

⑪ 여명은 관살(官殺)이 용신(用神)이면 일찍 하나 기신(忌神)이면 늦어진다.

⑫ 남명은 정재(正財)를 일지(日支)에 대조하여 절(絶)이 되면 늦게 하고, 여명은 정관(正官)을 월지(月支)에 대조하여 절(絶)이 되면 늦게 한다. 만일 여명이 18~30세까지의 대운(大運)이 일지(日支)나 월지(月支)를 형충(刑沖)하면 더 늦어진다.

⑬ 여명은 월지(月支)의 본기(本氣)가 상관(傷官)이고 사주 천간(天干)에 관살(官殺)이 없으면 늦게 한다.

⑭ 남명은 인성(印星)이 너무 많은데 재성(財星)이 천간(天干)에 나타나지 않으면 애인도 없다.

⑮ 남명은 정재(正財)가 기신(忌神)이면 늦게 하는데 여자 때문에 파산한다.

⑯ 여명이 관살(官殺)이 4개 이상 있거나, 남명이 재성(財星)이 4개 이상 있으면 늦게 하는데 좋은 배우자를 만나지 못한다.

3. 궁합 보는 법

궁합은 남녀의 사주를 년주(年柱)는 년주(年柱)끼리, 월주(月柱)

는 월주(月柱)끼리, 일지(日支)는 일지(日支)끼리, 시지(時支)는 시지(時支)끼리 대조한다. 이때 합(合)이 많고 형충극(刑沖剋)이 적으면 무난하나 그렇지 않으면 불길하다.

　궁합을 보기 전에 상대방 사주를 먼저 보아야 한다. 부부궁이 좋은 사람과 혼인하면 좋으나 나쁜 사람과는 궁합이 아무리 좋아도 피하는 것이 좋다. 그리고 합(合)은 삼합(三合)을 위주로 보고, 육합(六合)이나 방합(方合)은 그 다음에 본다. 만일 년지(年支)와 일지(日支)가 삼합(三合)이 되면 성생활에서 만족할 가능성이 더 높아진다.

① 본인의 사주에서 부족하거나 없는 오행(五行)이 상대방의 사주에서 왕성하면 좋다.
② 본인의 사주에 필요한 희신(喜神)이나 용신(用神)이 상대방의 일간(日干)이나 월지(月支)에 해당하면 무난하다. 그러나 기신(忌神)인 오행(五行)이 상대방의 일간(日干)이거나 월지(月支)이거나 많으면 좋지 않다.
③ 본인의 사주에서 공망(空亡)이 되는 지지(地支)가 상대방의 일지(日支)에 있으면 좋지 않다. 예를 들면 갑자순(甲子旬)은 술해(戌亥)가 공망(空亡)인데 상대방의 일지(日支)에 술해(戌亥)가 있는 경우이다.
④ 두 사람의 명궁(命宮)이 삼합(三合)하면 좋으나 형충(刑沖)하면 좋지 않다.

⑤ 같은 순(旬)인 사람끼리는 공망(空亡)이 같기 때문에 무난하다. 예를 들어 갑자순(甲子旬)인 갑자(甲子)·을축(乙丑)·병인(丙寅)·정묘(丁卯)·무진(戊辰)·기사(己巳)·경오(庚午)·신미(辛未)·임신(壬申)·계유(癸酉)일생끼리는 혼인이나 동업을 하면 좋다.

⑥ 사주에 도화(桃花)·겁살(劫殺)·고신(孤辰)·과수(寡宿)·양인(陽刃)·육해(六害)·원진(怨嗔)이 있는 사람과는 피하는 것이 좋다.

⑦ 일지(日支)가 월지(月支)나 시지(時支)와 충(沖)하는 사람과는 피하는 것이 좋다. 생리사별하거나 배우자와 자녀의 도움이 없거나 고부간의 갈등이 따른다.

⑧ 남자는 괴강(魁罡)이 있는 여자와는 피하는 것이 좋다.

⑨ 학력·재력·가문·가치관·성격 차이가 많을 때도 혼인하지 않는 것이 좋다.

⑩ 앞에서 설명한 육친을 참조하여 종합적으로 판단한다.

제8장. 질병·직업·개운

1. 질병 보는 법

질병은 음양(陰陽)과 오행(五行)으로 본다. 사주와 대운(大運)과 유년(流年)의 음양오행(陰陽五行)을 배합하여 질병의 발생과 소멸, 그리고 사망시기를 알 수 있다. 질병은 오장육부와 관계있는 것으로 오장은 간장·심장·비장·폐·신장이고, 육부는 쓸개·위장·작은창자·큰창자·방광·삼초(임파선)를 말한다.

간과 쓸개는 동방의 목(木)이고, 심장과 작은창자는 남방의 화(火)이고, 비장과 위장은 중앙의 토(土)이고, 폐와 큰창자는 서방의 금(金)이고, 신장과 방광은 북방의 수(水)라고 본다. 십이지(十二支)는 본기(本氣) 외에도 여기(餘氣)와 중기(中氣)가 있으므로 지장간(支藏干)을 각각 십간(十干)으로 보고 판단한다.

陰陽	陽					陰			
五行	木		火		土		金		水
天干	甲	乙	丙	丁	戊	己	庚	辛	壬	癸
장부	쓸개	간	소장	심장	위장	비장	대장	폐	방광	신장

인체의 오장육부는 오행(五行)의 생극제화(生剋制化)와 음양(陰陽)의 조화가 적당하면 무병하고, 음양오행(陰陽五行)이 어느 한쪽으로 치우치거나 어느 한쪽이 지나치게 부족하여 조화를 잃으면 질병이 생긴다. 따라서 남는 것은 설기(洩氣)하거나 극(剋)하고, 모자라는 것은 보충하여 중화를 이루게 해야 한다. 용신(用神)운에는 대개 건강하나 용신(用神)운이 지나가면 대개 병이 들거나 죽는다.

사주학에서 질병을 보는 법은 크게 2가지로 나눌 수 있는데 첫째는 용신론(用神論)에 입각하여 음양오행(陰陽五行)을 분석하여 질병을 찾아내는 방법이고, 둘째는 사주와 대운(大運)과 유년(流年)의 천간지지(天干地支)의 배합관계로 통계를 낸 질병론이다. 예를 들면 비겁(比劫)이 월간(月干)이나 시간(時干)에 있는데 그 비겁(比劫)이 앉은 지지(地支)가 일지(日支)와 형충(刑沖)하면 지능이 낮다고 본다. 또 천간(天干)에 정인(正印)이 3개 있는데 정인(正印)운을 만나면 병을 앓는다고 본다.

■ 『삼명통회(三命通會)』에서는 다음과 같이 논하였다.

갑(甲)은 머리, 을(乙)은 목, 병(丙)은 어깨, 정(丁)은 심장, 무(戊)는 겨드랑이, 기(己)는 배, 경(庚)은 배꼽, 신(辛)은 허벅지, 임(壬)

은 정강이, 계(癸)는 발이다.

자(子)는 방광・요도・귀, 축(丑)은 종기・배・비장, 인(寅)은 쓸 개・털・혈관・손, 묘(卯)는 손가락・간, 진(辰)은 피부・어깨・가 슴, 사(巳)는 얼굴・목구멍・이빨・엉덩이・항문, 오(午)는 정신・ 눈, 미(未)는 위장・팔・횡경막・척추, 신(申)은 대장・경락・폐, 유(酉)는 정액・피・소장, 무(戊)는 명치・다리・발, 해(亥)는 머 리・신장이다. 오(午)는 머리, 사미(巳未)는 어깨, 진신(辰申)은 팔, 묘유(卯酉)는 늑골, 인술(寅戌)은 허벅지, 축해(丑亥)는 다리, 자 (子)는 음부이다.

질병은 오행(五行)의 불화가 오장의 불화를 조성시켜 생기는 것 이다. 오행(五行)은 오장・육부・구규(九竅)와 통한다. 십간(十干) 으로 인하여 생기는 병은 육부와 관계있고, 십이지(十二支)로 인하 여 생기는 병은 오장과 관계있다.

병정사오화(丙丁巳午火)는 남방의 이(離)에 속하니 상체의 병이 되고, 임계해자수(壬癸亥子水)는 북방의 감(坎)에 속하니 하체의 병이 되고, 갑을인묘목(甲乙寅卯木)은 동방의 진(震)에 속하니 왼 쪽의 병이 되고, 경신신유금(庚辛申酉金)은 서방의 태(兌)에 속하 니 오른쪽의 병이 된다. 무기진술축미토(戊己辰戌丑未土)는 중앙의 토(土)에 속하니 비장・위장・배의 병이 된다.

간장과 관계있는 병은 갑을인묘목(甲乙寅卯木)이 상해를 입어 발 생하고, 심장과 관계있는 병은 병정사오화(丙丁巳午火)가 상해를 입어 발생하고, 비장과 위장과 관계있는 병은 무기진술축미토(戊己

辰戌丑未土)가 상해를 입어 발생하고, 폐와 관계있는 병은 경신신유금(庚辛申酉金)이 상해를 입어 발생하고, 신장과 관계있는 병은 임계해자수(壬癸亥子水)가 상해를 입어 발생한다.

오행(五行)은 십이운성(十二運星)의 사절(死絶)을 만나면 질병이 생긴다. 수(水)가 사절(死絶)을 만나면 신장에 병이 생기고, 화(火)가 사절(死絶)을 만나면 정신불안·놀람증·건망증·내장결색이 생기고, 목(木)이 사절(死絶)을 만나면 중풍·안질·현기증·근육경련·손톱이나 발톱 부스러짐·희노무쌍이 생기고, 금(金)이 사절(死絶)을 만나면 천식·해소·모피건조증·관절염·설사·변비가 생기고, 토(土)가 사절(死絶)을 만나면 누런 얼굴·식욕감퇴·사지무력·눕고 싶고 졸림·잡념·귀울림·건망증·움직이기 싫음 등이 생긴다.

■ 『촉신경(觸神經)』에서는 다음과 같이 논하였다.

시(時)가 일(日)을 극(剋)하면 질병으로 고생한다. 금목(金木)이 싸우면 뼈에 병이 생기고, 수(水)가 화(火)를 이기면 눈에 병이 생기고, 금수(金水)가 사지(死地)에 임하면 풍병에 걸리고, 토(土)가 많고 수(水)가 적으면 아랫배에 병이 들고, 토(土)를 목(木)이 극(剋)하면 비장과 위장이 약하고, 화(火)가 금(金)을 이기면 눈에 핏발이 서고, 금(金)이 수(水) 때문에 가라앉으면 수액(水厄)이 따르고, 수(水)가 적고 화(火)가 많으면 목(木)이 마르고, 화(火)가 많고 토(土)가 적으면 간질병에 걸리고, 수(水)가 가득한데 화(火)

가 없으면 목숨을 연장하기 어렵고, 금(金)이 절지(絶地)에 임하면 사지가 손상된다.

■ 『기상편(氣象篇)』에서는 다음과 같이 논하였다.

 눈동자가 없는 것은 화토(火土)가 계수(癸水)를 없애버렸기 때문이고, 대장의 병은 병정(丙丁)이 경금(庚金)을 손상시켰기 때문이다.

■ 『금옥부(金玉賦)』에서는 다음과 같이 논하였다.

 목(木)이 금(金)에게 극(剋)을 당하면 허리와 옆구리에 병이 생기고, 화(火)가 수(水)에게 극(剋)을 당하면 눈병이 생기고, 삼합(三合)한 화(火)가 경신금(庚辛金)을 극(剋)하면 얼굴의 손상되며 피고름이 나는 질병을 앓고, 금화(金火)가 형(刑)하면 심장과 폐에 질병이 생기고, 토목(土木)이 싸우면 비장과 위장에 질병이 생기고, 지지(地支)에 수(水)가 있고 천간(天干)에 화(火)가 있는데 수(水)운을 만나면 복부와 심장에 병이 생기고, 지지(地支)에 화(火)가 있고 천간(天干)에 수(水)가 있는데 왕성한 화(火)운을 만나면 눈이 멀고, 화토(火土)가 조열한데 수(水)가 부족하면 머리카락이 빠져 대머리가 되거나 눈이 어두워지고, 윤하격(潤下格)이 수(水)가 충분하면 정신이 맑고 골격이 준수하나 화(火)가 충(沖)하면 중풍을 앓고 귀가 먹는다. 심장병은 말을 못하고, 간장병은 눈이 보이지 않고, 비장병은 음식을 먹지 못하고, 폐병은 냄새를 맡지 못하고, 신장병은 들리지 않는다.

■ 『계선편(繼善篇)』에서는 다음과 같이 논하였다.

금(金)이 약한데 화(火)가 치열하면 반드시 혈액병을 앓고, 토(土)가 허한데 목(木)이 왕성하면 비장이 반드시 상하고, 목(木)을 금(金)이 극(剋)하면 근육통이나 관절통을 앓고, 화(火)가 수(水)의 극(剋)을 받으면 눈이 어두워진다.

■ 『명리약언(命理約言)』에서는 다음과 같이 논하였다.

옛사람들은 오행(五行)으로 인간의 질병을 논했는데 합리적인 면이 많다. 그러나 인간은 장부와 경락을 모두 구비했으되 사주나 운에서 오행(五行)이 완전히 갖추어지지 않은 경우도 많다. 그러므로 어떤 오행(五行)이 없으니 어떤 병이 있다고 하면 질병을 정확히 알아낼 수 없다. 중요한 것은 일간(日干)과 격국(格局)과 용신(用神)을 살펴 중화되었거나 평순하거나 건전하면 모두 질병이 없는 것으로 보아야 한다. 그러나 쇠약하거나 난잡하면 질병이 있는 것이다. 또 어떤 오행(五行)의 기세를 보아 지나치거나 부족하면 사주나 운에서 해결책을 찾아야 한다. 목(木)을 예로 들면 목(木)을 생(生)하거나 목(木)을 극(剋)하거나 목(木)이 생(生)하거나 목(木)이 극(剋)하는 것의 오행(五行)을 찾아 목(木)이 병들었는지 아닌지를 가려내야 한다.

■ 『적천수(滴天髓)』에서는 다음과 같이 논하였다.

오행(五行)이 화(和)하면 평생 질병이 없고, 혈기(血氣)가 난(亂)

하면 평생 질병이 많다는 것을 임철초(任鐵樵)는 이것을 이렇게 해설하였다. 오행(五行)이 변한다는 것은 오행(五行)을 모두 갖추어 결여되지 않은 것을 의미하지는 않고, 생(生)하기만 하거나 극(剋)하지는 않는다는 뜻도 아니다. 온전해야 마땅한 오행(五行)은 온전하고, 결여되어 마땅한 오행(五行)은 결여되고, 생(生)해야 마땅한 오행(五行)은 생(生)하고, 극(剋)해야 마땅한 오행(五行)은 극(剋)하는 것, 이와 같은 경우가 되면 평생 질병을 앓지 않는다.

기신(忌神)이 오장에 들어 있으면 그 병이 심각하다는 것을 임철초(任鐵樵)는 이렇게 해설하였다. 기신(忌神)이 제화(制化)도 되지 않고 충거(沖去)도 되지 않아 깊이 숨어 있으면 그 기신(忌神)이 극(剋)하는 오행(五行)이 대표하는 오장에 병이 생기며 심각하다.

목(木)이 기신(忌神)인데 토(土)를 극(剋)하면 비장과 위장에 병이 생기고, 토(土)가 기신(忌神)인데 수(水)를 극(剋)하면 신장에 병이 생기고, 금(金)이 기신(忌神)인데 목(木)을 극(剋)하면 간장에 병이 생기고, 수(水)가 기신(忌神)인데 화(火)를 극(剋)하면 심장에 병이 생긴다.

그 허실을 잘 살펴야지 무턱대고 극(剋)을 받는 오행(五行)이 무력해져 병이 생긴다고 보면 안 된다. 즉 불급한 오행(五行)이 극(剋)을 받아서만 병이 생기는 것이 아니고, 오행(五行)이 태과하여도 병이 생기는 것이다. 만약 토(土)가 왕성하면 토(土)가 대표하는 비장과 위장에 병이 생길 수 있다. 그러므로 이때는 목(木)이 토(土)를 극(剋)해야 한다. 사계 토(土)월이 되어 토(土)가 왕성해질 때 발병한다. 이와 반대로 목(木)이 토(土)를 극(剋)하는데 토(土)가 부족하면 병이 생기므로 토(土)가 약해지는 봄과 겨울에 위장과 비장에 병이 생긴다. 나머지 오행(五行)도 이렇게 판단한다.

객신(客神)이란 표면 위에 드러난 허한 기(氣)를 말한다. 다시 말해 천간(天干)에 떠 있고 지지(地支)에 통근(通根)하지 못한 것이다. 그러므로 허공에 떠서 통근(通根)하지 못한 천간(天干)은 쉽게 제화(制化)할 수 있으므로 기신(忌神)이 객신(客神)이 되면 쉽게 제화(制化)할 수 있어 질병이 가벼우며 큰병으로 발전하지 않는다. 천간(天干)은 객신(客神)이니 허가 되고, 지지(地支)는 기신(忌神)이니 실이 된다.

■ 서낙오(徐樂吾)는 다음과 같이 논하였다.

기신(忌神)이 오장에 들어 있다는 말은 사주에 기신(忌神)이 있다는 뜻이고, 객신(客神)이 육도(六道)를 경유하며 논다는 말은 기신(忌神)이 대운(大運)이나 유년(流年)에 찾아온다는 뜻이다. 기신(忌神)이 대운(大運)이나 유년(流年)에 찾아오면 병이 들었다가 운이 바뀌면 가버리니 병이 치유된다. 그러므로 재앙이 가볍다고 한 것이다. 사주에 병이 있으면 평생 병고로 신음하는 것이니 비록 운에서 제화(制化)되어 병이 치유된다고 해도 병의 뿌리는 여전히 남아 있어 운이 지나가면 다시 재발한다. 그러므로 병이 심각하다고 한 것이다.

■『명학지남(命學指南)』에서는 다음과 같이 논하였다.

오행(五行)이 중화되고 유통되면 평생 병이 없을 것이다. 마땅히 억제할 것은 억제하고 도와야 할 것을 도와주어 기신(忌神)이 있어도 제화(制化)되고 희신(喜神)이 손상되지 않고 운이 순조로우면 평생 병이 없을 것이다. 반대로 오행(五行)이 편고하고, 억부(抑扶)가 적당하지 않고, 사주에 충극(沖剋)이 많고, 상하가 통하지 않아 착란되고, 운이 거역하면 질병을 앓을 것이다.

목화토금수(木火土金水)는 오장인 간·심장·비장·폐·신장을 대표하므로 어떤 오행(五行)이 손상되면 그 오행(五行)이 대표하는 오장에 병이 생긴다. 예를 들어 토(土)는 비장과 위장을 대표하는데 기신(忌神)인 목(木)이 토(土)를 극(剋)하면 비장과 위장에 병이 생기고, 금(金)은 대장과 폐를 대표하는데 기신(忌神)인 화(火)가 금(金)을 손상시키면 대장과 폐에 병이 생기고, 수(水)는 방광과 신장을 대표하는데 기신(忌神)인 토(土)가 수(水)를 손상시키면 방광과 신장에 병이 생기고, 목(木)은 간장과 쓸개를 대표하는데 기신(忌神)인 금(金)이 목(木)을 극(剋)하면 간장과 쓸개에 병이 생기고, 화(火)는 소장과 심장을 대표하는데 기신(忌神)인 수(水)가 화(火)를 손상시키면 심장과 소장에 병이 생긴다.

그러나 반드시 위의 설명이 맞는 것은 아니다. 왜냐하면 부족하면 병이 되지만 너무 많아도 병이 되기 때문이다. 예를 들어 토(土)가 너무 왕성하면 목(木)이 토(土)를 극(剋)해야 좋은데 극(剋)할 힘이 없다. 이렇게 되면 토(土)가 남아돌아 토(土)가 대표하는 위장과 비장에 병이 생기는 것이다. 만약 습한 토(土)가 남아돈다면 겨울과 봄에 병이 생기고, 건조한 토(土)가 남아돈다면 여름과 가을에 병이 생긴다. 토(土)가 부족하여 병이 생기는 경우에는 습토(濕土)가 부족하면 여름과 가을에 생기고, 조토(燥土)가 부족하면 겨울과 봄에 생긴다.

병신(病神)이 지지(地支)에 깊히 숨어 있는데 충극제화(沖剋制化)가 되지 않아 살아 있으면 아주 심각한 병이 생기고, 기신(忌神)이 천간(天干)에 있는데 지지(地支)에 통근(通根)하지 못하여 쉽게 제화(制化)할 수 있으면 쉽게 치유할 수 있다. 사주에 기신(忌神)이 중첩되어 있는데 충(沖)이나 합(合)하여 기신(忌神)을 데리고 오면 그리고 희신(喜神)을 충거(沖去)하면 기신(忌神)이 무리를 이루는데 운에서 다시 기신(忌神)을 만나면 사주에 기신(忌神)을 제화(制化)하는 것이 없는 한 대흉하여 질병으로 사망할 수 있다.

칠살(七殺)이 강하여 양인(陽刃)에 의지하는데 양인(陽刃)이 충(沖)되면 흉사하고, 도화(桃花)가 칠살(七殺)이나 양인(陽刃)과 동주(同柱)하면서 충(沖)되는데 풀지 못하면 간음하다 죽고, 역마(驛馬)가 충(沖)되는데 풀지 못하면 길을 가다 죽거나 이역에서 객사한다.

또 대운(大運)이나 유년(流年)에서 기신(忌神)을 충(沖)할 때 기신(忌神)이 더 날뛰어 희신(喜神)이나 용신(用神)이 모두 상해를 당하면 매우 흉한데 사주에 제화(制化)하는 것이 없기 때문이다. 무릇 운이 사주를 충극(沖剋)하면 가볍고, 사주가 운을 충극(沖剋)

하면 무겁고, 기신(忌神)운이 사주의 희신(喜神)을 충(沖)하면 무겁고, 희신(喜神)운이 사주의 기신(忌神)을 충(沖)하면 가볍다. 그러나 사주의 기신(忌神)이 격노하면 오히려 흉하다.

 사주를 보는 것과 질병을 보는 것은 분리되어 있는 것이 아니다. 사주를 보면서 질병을 판단하는 방법을 정리하면 다음과 같다.

① 원국(元局)에서 매우 쇠약한 오행(五行)을 본다. 매우 쇠약한 오행(五行)이 있으면 그곳에 병이 들고, 그 오행(五行)이 운에서 극거(剋去)되거나 합거(合去)되면 질병이 악화될 수 있다.

② 원국(元局)에서 매우 많은 오행(五行)을 본다. 너무 많거나 부족한 오행(五行)이 담당하는 장부에 질병이 생길 수 있다.

③ 매우 많은 오행(五行)에게 극(剋)을 당하는 오행(五行)을 본다. 강한 오행(五行)에게 극(剋)을 당하는 오행(五行)은 손상되므로 그 오행(五行)이 담당하는 장부에 질병이 생길 수 있다.

④ 매우 많은 오행(五行)이 많이 생(生)하는 오행(五行)을 본다. 강한 오행(五行)에게 생조(生助)를 받는 오행(五行)은 태과하게 되어 질병이 생길 수 있다.

⑤ 태과한 오행(五行)을 생(生)하는 오행(五行)을 본다. 설기(洩氣)가 지나쳐 힘이 빠진 오행(五行)이 담당하는 장부에 질병이 생길 수 있다.

⑥ 충극(沖剋)당하는 오행(五行)을 본다. 충극(沖剋)당하는 오행

(五行)이 담당하는 장부에 질병이 생길 수 있다.

⑦ 원국(元局)에서 합화(合化)된 오행(五行)을 본다. 합(合)하여 변하는 것은 오행(五行)의 본질이 변하는 것으로 오행(五行)의 작용을 하지 못한다. 그러므로 그 오행(五行)이 담당하는 장부에 질병이 생길 수 있다.

⑧ 한난조습을 본다. 음양(陰陽)과 오행(五行)이 중화를 잃으면 병이 생기는데, 지나치게 한난하거나 조습하면 음양(陰陽)의 균형을 잃기 때문에 질병이 생길 수 있다.

2 직업 보는 법

사주학에서 직업은 격국(格局)·용신(用神)·일주(日主)·시지(時支)·신살(神殺) 등으로 본다. 여기서는 일반적인 직업론을 살펴보기로 하겠다.

1. 격국(格局)과 용신(用神)으로 직업 보는 법

격국(格局)으로 직업을 알 수 있고, 월지(月支)가 일간(日干)에게 어떤 육신(六神)인지를 보고도 알 수 있고, 격국(格局)뿐 아니라 세력이 강한 육신(六神)으로도 판단할 수도 있다.

1) 편재격(偏財格)이거나 편재(偏財)가 용신(用神)이면

① 신왕(身旺)한데 편재(偏財)도 왕성하면 각종 상업이나 사업으로 큰 돈을 벌거나 금융업에 진출할 수 있다.

② 정관(正官)과 편재(偏財)가 식신(食神)이나 정재(正財)보다 강하면 자극적·투기성·모험성·활동성·도전적인 사업에 종사하면 좋다. 예를 들어 공장·무역·제조·가공·판매·업무개발·외근·총무 등에 종사함이 좋다. 반대로 식신(食神)과 정재(正財)가 많으면 공무원·행정·서기 등에 종사하면 좋다.

③ 편재(偏財)는 상인을 나타내므로 재왕신왕(財旺身旺)하면서 재성(財星)이 손상되지 않으면 큰 상인이 된다. 그러나 사주에 충극(沖剋)이나 공망(空亡)이 있으면 소상인이나 중개상이 된다.

④ 편재(偏財)와 역마(驛馬)는 활동을 나타내고, 편재(偏財)는 재정에 천부적인 재능이 있고, 역마(驛馬)는 외교·매매·교통·운수 등에서 수익을 얻을 수 있다. 정재(正財)와 편재(偏財)는 경제적 이익을 위한 업무·상업·사업·금융·경리·세무 등에 관계있는 일을 의미한다. 특히 편재(偏財)는 활동적이며 변화가 많은 업종과 서비스업이나 기능 방면의 일에 종사하면 좋다.

2) 정재격(正財格)이거나 정재(正財)가 용신(用神)이면

① 정재(正財)는 정당한 재물을 말하므로 견실하며 단조로운 일에 종사하면 좋고 봉급생활도 좋다. 안정적인 제조업·판매업·금융업에 종사할 수도 있다. 신왕(身旺)한데 정재격(正財格)이며

정재(正財)가 역마(驛馬)와 동주(同柱)하면 상업으로 이익을 얻을 수 있다.

② 정재(正財)는 안정적으로 버는 돈을 뜻하므로 외근·복잡한 업무·사교적인 업무에는 적합하지 않다. 따라서 문화·상점·안정적인 판매업·소매업·경리·봉급생활 등이 적합하다.

③ 신왕(身旺)한데 재성(財星)이 약하여 재성(財星)이 필요하면 기술·공업기사·노동자 등이 적합하다.

④ 정재(正財)와 역마(驛馬)가 모두 있으면 사업이 길한데 교통이나 운수업이 좋다.

⑤ 정재격(正財格)인데 정관(正官)이 있으면 기술이나 기능 방면으로 나가도 좋다.

3) 정관격(正官格)이거나 정관(正官)이 용신(用神)이면

① 정관격(正官格)이나 정관(正官)이 용신(用神)이면 지위나 권력에 집착하는 경향이 있으므로 공무원·회사원·정치·법률·행정·실무적인 업무가 길하다.

② 정관격(正官格)인데 인수(印綬)나 재성(財星)이 있으면 문관이 된다.

③ 관인상생(官印相生)이 되면 정치나 문학 방면이 길하다.

④ 목(木)이 정관(正官)이면 솔직·인자·절제·봉사·협조정신이 있으므로 행정·사법·총무·관리 등에 적합하다. 목(木)이 정관(正官)이라는 것은 토일간(土日干)이라는 뜻이다.

⑤ 금일간(金日干)이 화(火)가 정관(正官)이면 개성이 강하며 불평
등한 일을 보면 도와주고 위엄이 있으므로 경쟁적인 문화·예
술·교육 방면으로 진출하면 좋다.

⑥ 수일간(水日干)이 토(土)가 정관(正官)이면 온화하며 정직하고
관용을 베풀 줄 아니 농림·토목·제조업 등에 종사하면 좋다.

⑦ 금(金)이 정관(正官)이면 사무처리가 신속하며 경제관념이 좋
고 일처리가 정확하므로 재정·경제·금융·군인·경찰 등으로
나가면 좋다.

⑧ 수(水)가 정관(正官)이면 온화하며 이성적이고 이지적이며 지
모가 탁월하니 지능 방면의 업무, 자유업·상공업·수산업 등으
로 나가면 길하다.

4) 칠살격(七殺格)이거나 칠살(七殺)이 용신(用神)이면

① 칠살(七殺)은 경쟁과 파괴를 나타내니 경쟁하는 업무나 군인
등으로 나가면 좋다.

② 사주가 재자약살격(財滋弱殺格)이면 무관이 길하다.

③ 사주에 제살(制殺)이 지나치면 가난한 선비에 불과하다.

④ 신왕(身旺)한데 칠살(七殺)과 양인(陽刃)이 모두 있으면 관직·
공직·군인·경찰이 좋다.

⑤ 관살(官殺)이 혼잡하면 역술인 등 잡다한 직업이 좋은데 신왕
(身旺)과 신약(身弱)으로 등급을 가린다.

⑥ 살인상생격(殺印相生格)은 문장·종교·서기·회계·기업의 고

급직원·고위직 공무원이 좋다.

⑦ 신약(身弱)한데 칠살(七殺)이 많거나, 관살(官殺)이 혼잡하거나, 인성(印星)이 없어 칠살(七殺)을 교화하지 못하거나, 칠살(七殺)을 제복하지 못하면 편파적이며 싸움을 좋아하여 시정잡배나 폭력배가 된다.

5) 정인격(正印格)이거나 정인(正印)이 용신(用神)이면

① 정인(正印)과 편인(偏印)은 명예·평판·미적가치·정신적 가치를 추구하는 별이다.

② 정인(正印)은 지적인 업에 적합하므로 교육자·교수·작가·문학가·연구가·종교인·제조업 등이 좋다.

③ 정인(正印)이 편인(偏印)과 동주(同柱)하면 2가지 직업을 겸하고, 정인(正印)이 칠살(七殺)이나 양인(陽刃)과 동주(同柱)하는데 신왕(身旺)하면 경찰관이나 군인도 좋다.

④ 사주에 정인(正印)과 편인(偏印)이 모두 많으면 사무를 처리하는데 소심하며 부업을 갖는다.

⑤ 화개(華蓋)·문창귀인(文昌貴人)·공망(空亡)이 정인(正印)과 동주(同柱)하면 학술계·문화계·종교계에 진출한다.

⑥ 정인격(正印格)은 교육계나 문학계에서 성공할 수 있고, 작가·교수·교사도 적합하다.

⑦ 정인(正印)은 재능과 학문의 별이다. 만일 정인격(正印格)인데 정관(正官)이 있어 관인격(官印格)이 되거나, 칠살(七殺)이 있

어 살인격(殺刃格)이 되면 고위공무원이 될 수 있다. 그러나 정인격(正印格)이라도 관성(官星)이 없으면 학문이나 기예 방면으로 나가는 것이 좋다.

6) 편인격(偏印格)이거나 편인(偏印)이 용신(用神)이면

① 편인(偏印)은 다양하며 변화가 많고 대중적인 직업에 적합하다. 부업을 갖거나 직업의 변동이 잦다.

② 의사 · 예술가 · 예능인 · 작가 · 평론가 · 자유업 · 호스티스 · 다방 마담 등의 접객업에 적합하다.

③ 편인격(偏印格)은 특이하며 전문적인 재능을 발휘하는 직업이나 종교가 · 학자 · 의사 · 기술자 · 예술가 · 역술가 등이 좋다.

④ 편인격(偏印格) 사주는 직업이 2가이나 편인(偏印)이 너무 많으면 고독하므로 사교적인 직업은 피하는 것이 좋다.

⑤ 정관(正官)과 편인(偏印)이 상생(相生)하면 샐러리맨이 좋다.

7) 비견(比肩)이 왕성하거나 비견(比肩)이 용신(用神)이면

① 비견(比肩)과 겁재(劫財)는 독립의 별이다.

① 건록격(建祿格)이나 양인격(陽刃格)이 되면 독립사업이 적격이고, 작가나 예술가 등의 자유업도 좋다.

② 은행 등 금융관계업이나 협동하는 사업이나 동업은 좋지 않다.

③ 사주에 비견(比肩)이 많으면 자유업을 갖고 스스로 노력해야 하며 부모의 유산이 적다. 비견(比肩)이 많은데 기신(忌神)이

되면 공동사업은 반드시 망하나 비견(比肩)이 희신(喜神)이나 용신(用神)이 되면 타인의 도움으로 성공한다.

④ 비견(比肩)이 너무 많으면 사업보다 공무원이 좋다.

⑤ 비견(比肩)이 희신(喜神)이나 용신(用神)이면 공동사업·공사·동업·대리점·영업소 등이 좋다.

⑥ 비견(比肩)이 너무 많아 기신(忌神)이 되면 인덕이 없고 사업이 순조롭지 못하며 돈걱정을 많이 한다.

8) 겁재(劫財)가 많거나 겁재(劫財)가 용신(用神)이면

① 겁재(劫財)가 많거나 월지(月支)가 겁재(劫財)이면 자유업이나 기술직이 좋다.

② 겁재(劫財)나 양인(陽刃)이 있는데 식신격(食神格)이나 편관격(偏官格)이면서 식신(食神)이 관살(官殺)보다 강하면 머리를 쓰거나 특수한 재능을 살리거나 학습으로 취득하는 전문 기술자가 된다.

③ 겁재(劫財)나 양인(陽刃)이 있는데 정관격(正官格)이나 편관격(偏官格)이면서 관살(官殺)이 식신(食神)보다 강하면 극단적으로 파괴하거나 극단적으로 창조하는 직업인 군인·경찰·발명·폭파 기술 등에 좋다.

④ 겁재(劫財)가 희신(喜神)이나 용신(用神)인데 형(刑)·충(沖)·공망(空亡)이 없으면 증권이나 투자 등 투기사업이 좋다. 적수공권으로 사업을 일으킬 수 있으나 격국(格局)이 좋지 않고 비

견(比肩)이나 겁재(劫財)가 있으면 봉급생활자에 불과하다.

9) 식신격(食神格)이거나 식신(食神)이 용신(用神)이면

식신(食神)은 실무적이며 견실한 일, 의식주와 관계있는 일, 일용품이나 생활필수품과 관계있는 일이 좋다. 따라서 식료품·판매업·다방·음식점·가구점·디자이너·의류업·건축업·부동산중개업·부동산이나 주택과 관계있는 여러 가지 직업이 좋다.

① 식신격(食神格)이 재성(財星)이 있으면 일용품이나 부동산과 관계있는 사업으로 재물을 모을 수 있다.

② 일지(日支)가 식신(食神)이거나 천간(天干)에 식신(食神)이 있으면 대개 공공기관에 들어가거나 문시(文市) 상업이 적합하다.

③ 식신격(食神格)은 봉급생활·문장·문학 방면으로 나가면 좋다.

④ 식신(食神)이 용신(用神)인데 칠살(七殺)을 제압하거나 겁재(劫財)를 순화시키면 무관·군인·경비원 등이 가능하다.

⑤ 식신격(食神格)은 머리를 올바르게 쓰므로 지성과 예술감각을 발휘하는 일에 종사할 수 있다. 사주에서 겁재(劫財)나 편재(偏財)의 역량이 비견(比肩)이나 정재(正財)보다 강하면 가수·음악가·성악가·미술가·댄서·의상디자이너·미용 등에서 발달할 수 있다.

⑥ 식신(食神)이 재성(財星)을 생(生)하면 외교나 영업으로 이윤을 남기고, 약품·음료·식료품·떡·가축사료 등의 사업이 좋다.

⑦ 식신(食神)이 용신(用神)인데 강한 일간(日干)을 설기(洩氣)하면 배우나 가수가 될 수 있고, 문창귀인(文昌貴人)과 동궁(同宮)하면 학문과 관계있는 사업이 좋다.

⑧ 식신(食神)과 정인(正印)이 동주(同柱)하는데 정인(正印)이 용신(用神)이면 저술이나 출판업이 좋다.

⑨ 식신격(食神格)인데 관살(官殺)이 혼잡하면 비생산적인 업무에 종사하며, 역술가·의사·관상가 등 술업이 좋다.

⑩ 식신격(食神格)인데 정재(正財)가 있으면 금융업이나 기업의 직원이 좋고, 기술관계의 사업도 가능하다.

10) 상관격(傷官格)이거나 상관(傷官)이 용신(用神)이면

상관(傷官)은 미적·감각적·창조적인 업무와 분석·비평·전문적인 직업을 뜻한다. 예를 들면 회화·음악·작곡가·디자이너·장식품 관계업·작가·신문·잡지·언론계·변호사·언어학·평론가·기술자 등 전문적이며 머리를 쓰는 비생산적이며 비일상용품적인 업무가 적합하다. 단순한 일이나 서비스업은 맞지 않는다.

① 일지(日支)에 상관(傷官)이 있거나 천간(天干)에 상관(傷官)이 있으면 대개 무시(武市)상업이 적합하다. 또는 잡다한 기예·기술사업·사법·법률·변론·발명 등 특수한 사업에 종사할 수 있고, 기술·생산·학문적 공작에도 적합하다.

② 상관격(傷官格)인데 정관(正官)이 없으면 학문·기술·변호

사·재판과 관계있는 직업이 적합하고, 기술과 예술로 이름을 날릴 수도 있다.

③ 상관격(傷官格)은 총명하며 비판적이므로 학문·문장·문학과 관계있는 일이 좋다. 특히 금수상관(金水傷官)은 총명하며 학문과 문학에 소질이 많다. 상관격(傷官格)은 언변이 탁월하므로 말하는 직업은 모두 가능하다.

④ 상관생재격(傷官生財格)은 기예·문장·출판으로 재물을 모으거나 기술과 관계있는 상업으로 발전할 수 있다.

⑤ 상관격(傷官格)인데 정인(正印)이 있으면 귀격이 되고, 정인(正印)과 재성(財星)이 있는데 서로 장애가 되지 않으면 고위직 관료가 될 수 있다.

⑥ 상관격(傷官格)은 간섭받는 것을 싫어하므로 법규의 저촉을 별로 받지 않는 잡다한 기술이나 자유업으로 진출하면 성공할 수 있다. 즉 역술가·지관·수상가·관상가·의원·가수·배우·연극·기술자·운동·골동품 등의 자유업과 변호사·율사·대서·교수·과외·기자·예술가 등이 적합하다.

11) 격국(格局)과 직업에 대한 기타 학설

① 무시행업(武市行業)은 인사·교제·공장·무역·제조·가공·기술공정·건설개발·관광유희·수리·총무·외근·운수·운동 등의 능동적인 업무를 말한다.

② 문시행업(文市行業)은 문화·교육·종교·문서·자선·골동품

등의 고정적이고 비생산적이며 기복이 없는 업무나 사업을 말한다.

③ 신왕(身旺)한 사주는 독립적이며 자립적인 사업이 좋고, 관리직 등 사람을 지도하며 지배하는 업무가 좋다. 공무원·정치·상업·전무 등이 적격이다.

④ 신약(身弱)한 사주는 남에게 의존하는 일이나 기술 등 전문적인 직업에 종사하는 것이 좋다.

⑤ 식신(食神)·정재(正財)·정관(正官)·정인(正印)·비견(比肩) 등이 비교적 왕성하면 문(文)으로 귀하게 될 수 있고 문시행업으로 발달할 수 있다.

⑥ 상관(傷官)·편재(偏財)·칠살(七殺)·편인(偏印)·겁재(劫財) 등이 비교적 왕성하면 무(武)로 귀하게 될 수 있고 무시행업으로 발전할 수 있다.

⑦ 격국(格局)이 재인상보(財印相補)·정관배인(正官配印)·재관양청(財官兩淸)·인수천덕(印綬天德)·독관청수(獨官淸秀)·이덕봉재(二德逢財)·살인상생(殺印相生)·식신독투(食神獨透)·식신생재(食神生財) 등이면 문(文)의 직업에 적합하다.

⑧ 격국(格局)이 식신제살(食神制殺)·용인화살(用印化殺)·양인가살(陽刃架殺)·용식화겁(用食化劫)·용재화상(用財化傷)·용무제수(用戊制水)·용임제화(用壬制火)·용경제목(用庚制木)·용인위인(用刃衛印)·독살유제(獨殺有制)·재살상생(財殺相生) 등이면 무(武)의 직업에 적합하다.

2. 용신(用神)의 오행(五行)으로 직업 보는 법

직업은 희신(喜神)이나 용신(用神)으로 보는데 왕성한 오행(五行)이 관계있는 경우가 많다. 예를 들어 목일간(木日干)이거나 목(木)이 왕성하면 목(木)과 관계있는 직업을 갖는다. 사주에 왕성하지 않은 오행(五行)이 운에서 오면 그 오행(五行)에 관한 직업이나 사업을 한다.

1) 목(木)이 희신(喜神)이나 용신(用神)이면

목재와 관계있는 여러 가지 업무·임업·목공·종이·가구·섬유·면사·옷감·약사·약품·보건위생·간호원·교수·교사·승려·의약·종교·점술·목재가공·목재예술·회계원·비서·타자수·금전출납인·변호사·문구점·문화사업·출판업·교육계·의상디자인·작가·실험실·서점·꽃·식물·채소재배·생물학·공무원·유기체성장 연구원·죽공예·등가구·기획·인사 등의 업무가 이에 해당된다.

2) 화(火)가 희신(喜神)이나 용신(用神)이면

전지·발전·가스·보일러·난방·야금·문학·출판·언론·어학·신문·잡지·제본·법률·화학·연극·배우·그림·악기·의복·도안·장식·의장·미용·미술·공예·완구·골동품·전기업·조명설비·무대조명·제련업·가공제품·열처리·X선처리·

공산품제조·화학반응발열품·드라이·화장품·제조업·열음식업·기름으로 끓이는 식품업·교관·인사·관리실·경찰·군인·사법부·치안경비·정치인·사원훈련원·장관·행정집행·평론가·연설가·시계제조·기차·자동차·핵반응처리·전력·전신·접착제 등의 업무가 이에 해당된다.

3) 토(土)가 희신(喜神)이나 용신(用神)이면

농업·임업·원예·광업·요업·건축업·운수·창고·종교전반·석재·광석·토지매매업·소개업·미장이·도자기·전도사·목사·건축관리·승려·비구니·수도자·장의사·묘비제작·묘지관리·원유·대서(大署)·농부·광부·농산물·도장·전당포·토목업·도서관·양조업·보육원·방수처리업·우비제조·우산제조·가죽제품제조·사료·운명학·보험업·고고학·골동품·종교·사원·교회·성당 등의 직업이 이에 속한다.

4) 금(金)이 희신(喜神)이나 용신(用神)이면

금속·기계·귀금속·광업·금융·경제·경리·공무원·자위대·경찰·은행·스포츠·무기·유가증권·금속기구·기계제조·철공장·무기제조·조각·외과의사·치과의사·법관·율사·형집행자·음악가·재봉사·폭파업·모험업무·사상·조사·감사·금속기술·교통기구·감정사·과학기술전문업·결단성을 발휘하는 사업·기자·신문·소비자기금회·공무집행·세무사원·정육점·

도량형・거울 등의 직업이 이에 속한다.

5) 수(水)가 희신(喜神)이나 용신(用神)이면

수산・어업・선원・고기잡이・도구・술・냉방・목욕(沐浴)탕・음식점・요리실・다방・바・캬바레・접객업・서비스업・여관・오락실・자유업・조사・분석・연구・여행사・운동가・오락업・포주・색정업・공중목욕(沐浴)탕・온천・배수처리・상수도・하수도・광고업・출판・기름으로 색칠하는것・연예인・투기사업・미용사・무술관장・세탁・항공・소방대・수영・냉동사업・냉수・빙과・증류수・무역・불안정한사업・구기・체조・해산물・염색・운수업・교통・수리사업・채소시장・예술업・유동적 사업 등이 적합하다.

3. 직업이 변동하는 시기

① 정관격(正官格)・정인격(正印格)・정재격(正財格)・편재격(偏財格)・식신격(食神格)이 대운(大運)이나 유년(流年)이 격국(格局)의 육신(六神)을 간합(干合)하면 하던 일이 망하여 다른 직업을 갖는다.
② 기신(忌神)운을 만났는데 구제하지 못하면 파산이나 실직을 당한다.
③ 대운(大運)에서 희신(喜神)이나 용신(用神)을 만났는데 유년(流年)이 충극(沖剋)하면 파산이나 실직으로 직업이 바뀐다.

④ 사주에 형(刑)·충(沖)·공망(空亡)이 많으면 직업의 변화가 심하다.

⑤ 월지(月支)가 형(刑)·충(沖)·공망(空亡)되면 직업의 변동이 잦다.

⑥ 관살(官殺)이 용신(用神)인데 식상(食傷)이 너무 많으면 직업의 변동이 심하다.

⑦ 정관(正官)이나 칠살(七殺)이 유년(流年)과 형충(刑沖)되거나 상관(傷官)년을 만나면 현실에 불만을 품고 직업을 바꾼다.

4. 직업에 관한 학설들

① 사주에 화개(華蓋)·인수(印綬)·천을귀인(天乙貴人)이 있는데 묘운(墓運)에 들어가면 종교가가 되고, 인수(印綬)·화개(華蓋)·월덕합(月德合)이 길신(吉神)과 동주(同柱)하면 예술로 발전한다. 화개(華蓋)는 학문·예술·종교를 나타낸다.

② 역마(驛馬)는 편재(偏財)와 같은 작용을 하는데 사주에 역마(驛馬)가 있으면 운수·교통관계·세일즈맨·외교관·통역 등에 종사한다.

③ 사주에 함지도화(咸地桃花)가 있으면 이성을 상대하는 접객업·마담·호스테스가 되기 쉽다.

④ 사주에 괴강(魁罡)이 있으면 작가·예술가·권투선수·레슬링선수 등이 가능하다.

⑤ 사주가 살인상생(殺印相生)이 되면 군인·외과의사·기업체의 중역이 될 수 있고, 방면으로 나가면 좋다.

⑥ 사주가 관인(官印)이 모두 청하거나 재관(財官)이 서로 도와주면 정치계나 법률계에 종사할 수 있다.

⑦ 상관(傷官)이나 식신(食神)이 재성(財星)을 만나면 상업·금융·재정·무역·기술과 관계있는 상업에 종사할 수 있고, 그 방면에서 성공할 수 있다.

⑧ 신강(身强)한데 재성(財星)도 왕성하면 무역이나 상업이 좋다.

⑨ 상관상진격(傷官傷盡格)과 살인격(殺刃格)은 군사나 경비 등이 좋다.

⑩ 식신(食神)이 용신(用神)인데 문창귀인(文昌貴人)에 해당하면 문학 방면이 좋다.

⑪ 신왕(身旺)한데 재성(財星)이 약하면 노동자가 된다.

⑫ 사주에 비견(比肩)이나 겁재(劫財)가 많으면 자유업이 좋고, 재관(財官)이 상생(相生)하면 재정이나 경리가 좋고, 재관(財官)이 힘이 있는데 일간(日干)이 왕성하면 자립하고, 신왕(身旺)하여 의지할 용신(用神)이 없거나 신약(身弱)하여 의지할 데가 없으면 월급생활자가 된다.

⑫ 사주에 합(合)과 충(沖)이 적으면 한 가지 직업에 종사하고, 많으면 직업의 변동이 잦다.

⑬ 수(水)가 필요하거나 역마(驛馬)가 있는 사주는 유동적인 사업과 외근하는 직업을 갖는다.

⑭ 오행(五行)이 균형을 이루면 사업이 평탄하나 한쪽으로 편중되면 직업과 사업에 풍파가 많고 불리하다.

⑮ 사주에 병신(病神)은 강한데 약신(藥神)이 약하면 일을 비능률적으로 하며 낭비가 많다.

⑯ 병신(病神)과 약신(藥神)이 균형을 이루면 피동적으로 사업이 이루어지며 성과가 있다.

⑰ 성격이 고독한 사람은 공업이나 상업과 관계있는 일과 인연이 없고, 의사·회계사·교사 등의 자유업이 좋다.

⑱ 성격이 나약한 사람은 농업·공업·예능·기술 방면으로 나가는 것이 좋다.

⑲ 상관(傷官)을 설기(洩氣)하는 것이 용신(用神)이면 문학·서화·문교·예술과 관계있는 사업이나 직업이 좋다.

⑳ 정관(正官)은 문관·행정이고, 칠살(七殺)은 무관·법관·외근이고, 정인(正印)은 내무이고, 편인(偏印)은 외무이고, 식상격(食傷格)은 기술자·사업가이다. 문학가와 예술가는 식상격(食傷格)이 많은데 사주가 청하면 해당하나 탁하면 기술자에 불과하다.

㉑ 상관격(傷官格)이 재성(財星)이 있으면 돈을 벌 수 있으나 재성(財星)이 없으면 재주는 많아도 가난하다.

㉒ 신약(身弱)한데 관살(官殺)이 너무 많으면 막노동을 하고, 신강(身强)한데 관살(官殺)이 미약하면 행상이나 판매원이 된다.

㉓ 사주에 고신(孤辰)이나 과수(寡宿)가 있는데 화개(華蓋)가 있으면 종교가가 된다.

3. 개 운

1. 이름이나 상호로 운을 좋게 만드는 법

1) 목(木)이 용신(用神)이면

 이름이나 상호에 ㄱ·ㄲ·ㅋ 발음이 들어가고, 성명의 한자획수 끝자리 수가 3·8이 들어가게 지으면 운이 좋아진다.

2) 화(火)가 용신(用神)이면

 이름이나 상호에 ㄴ·ㄷ·ㄸ·ㅌ 발음이 들어가고, 성명의 한자획수 끝자리 수가 2·7이 들어가게 지으면 운이 좋아진다.

3) 토(土)가 용신(用神)이면

 이름이나 상호에 ㅇ·ㅎ 발음이 들어가고, 성명의 한자획수 끝자리 수가 5·0이 들어가게 지으면 운이 좋아진다.

4) 금(金)이 용신(用神)이면

 이름이나 상호에 ㅅ·ㅈ·ㅊ 발음이 들어가고, 성명의 한자획수 끝자리 수가 4·9이면 운이 좋아진다.

5) 수(水)가 용신(用神)이면

 이름이나 상호에 ㅁ·ㅂ·ㅍ 발음이 들어가고, 성명의 한자획수 끝자리 수가 1·6이 들어가게 지으면 운이 좋아진다.

2. 지명이나 숫자로 운을 좋게 만드는 법

1) 목(木)이 용신(用神)이면
지명이나 건물 이름에 ㄱ·ㄲ·ㅋ 발음이 들어가고, 번지·층·호의 끝자리 수가 3·8인 곳에서 생활하면 운이 좋아진다.

2) 화(火)가 용신(用神)이면
지명이나 건물 이름에 ㄴ·ㄷ·ㄸ·ㅌ 발음이 들어가고, 번지·층·호의 끝자리 수가 2·7인 곳에서 생활하면 운이 좋아진다.

3) 토(土)가 용신(用神)이면
지명이나 건물 이름에 ㅇ·ㅎ 발음이 들어가고, 번지·층·호의 끝자리 수가 5·0인 곳에서 생활하면 운이 좋아진다.

4) 금(金)이 용신(用神)이면
지명이나 건물 이름에 ㅅ·ㅈ·ㅊ 발음이 들어가고, 번지·층·호의 끝자리 수가 4·9인 곳에서 생활하면 운이 좋아진다.

5) 수(水)가 용신(用神)이면
지명이나 건물 이름에 ㅁ·ㅂ·ㅍ 발음이 들어가고, 번지·층·호의 끝자리 수가 1·6인 곳에서 생활하면 운이 좋아진다.

3. 공부운과 재물운을 좋게 만드는 법

재물운은 잠을 잘 때 반안살(攀安殺) 방향으로 머리를 두고 자면 좋아지고, 공부운은 반안살(攀安殺) 반대 방향을 바라보도록 책상을 배치하고 공부하면 좋아져 공부를 잘 한다. 반안살(攀安殺) 방향은 다음과 같다.

① 원숭이 · 쥐 · 용띠 : 북동쪽
② 뱀 · 닭 · 소띠 : 서북쪽
③ 호랑이 · 말 · 개띠 : 서남쪽
④ 돼지 · 토끼 · 양띠 : 동남쪽

기문둔갑옥경

신비한 동양철학 32

가장 권위있고 우수한 학문!

우리나라의 기문역사는 장구하지만 상세한 문헌은 전무한 상태라 이 책을 발간하기로 했다. 기문둔갑은 천문지리는 물론 인사명리 등 제반사에 관한 길흉을 판단함에 있어서 가장 우수한 학문이며 병법과 법술방면으로도 특징과 장점이 있다. 초학자는 포국편을 열심히 익혀 설국을 자유자재로 할 수 있도록 하고 개인의 이익보다는 보국안민에 일조하기 바란다.

・도관 박흥식 저

정본·관상과 손금

신비한 동양철학 42

바로 알고 사람을 사귑시다

이 책은 관상과 손금은 인생을 행복으로 이끌기 위해 있다는 관점에서 다루었다. 그야말로 관상과 손금의 혁명이라고 할 수 있을 것이다. 여러분도 관상과 손금을 통한 예지력으로 인생의 참주인이 되기 바란다. 용기를 불어넣어 주고 행복을 찾게 하는 것이 참다운 관상과 손금술이다. 이 책으로 미래의 좋은 예지력을 한번쯤 발휘해 보기 바란다. 이 책이 일상사에 고민하는 분들에게 해결방법을 제시해 줄 것이다.

・지창룡 감수

조화원약 평주

신비한 동양철학 35

명리학의 정통교본!

이 책은 자평진전, 난강망, 명리정종, 적천수 등과 함께 명리학의 교본에 해당하는 것으로 중국 청나라 때 나온 난강망이라는 책을 서낙오 선생께서 설명을 붙인 것이다. 기존의 많은 책들이 격국과 용신으로 감정하는 것과는 달리 십간십이지와 음양오행을 각각 자연의 이치와 춘하추동의 사계절의 흐름에 대입하여 인간의 길흉화복을 알 수 있게 했다.

•동하 정지호 편역

용의 혈 •풍수지리 실기 100선

신비한 동양철학 30

실전에서 실감나게 적용하는 풍수지리의 길잡이!

이 책은 풍수지리 문헌인 조선조 고무엽(古務葉) 태구승(泰九升) 부집필(父輯筆)로 된 만두산법(巒頭山法), 채성우의 명산론(明山論), 금랑경(錦囊經) 등을 알기 쉬운 주제로 간추려 풍수지리의 길잡이가 되고자 했다. 그리고 인간의 뿌리와 한 사람의 고유한 이름의 중요성을 풍수지리와 연관하여 살펴보아야 하기 때문에 씨족의 시조와 본관, 작명론(作名論)을 같이 편집했다.

•호산 윤재우 저

동양철학전문출판 삼한

천직·사주팔자로 찾은 나의 직업

신비한 동양철학 34

역경없이 탄탄하게 성공할 수 있는 방법 !

잘 되겠지 하는 막연한 생각으로 의욕만 갖고 도전하는 것과 나에게 맞는 직종은 무엇이고 때는 언제인가를 알고 도전하는 것은 근본적으로 다르고, 결과 또한 다르다. 더구나 요즈음은 I.M.F.시대라 하여 모든 사람들이 정신까지 위축되어 생기를 잃어가고 있다. 이런 때 의욕만으로 팔자에도 없는 사업을 시작했다고 하자, 결과는 불을 보듯 뻔하다. 그러므로 이런 때일수록 침착과 냉정을 찾아 내 그릇부터 알고, 생활에 대처하는 지혜로움을 발휘해야 한다.

· 백우 김봉준 저

통변술해법

신비한 동양철학 ㉑

가닥가닥 풀어내는 역학의 비법 !

이 책은 역학에 대해 다 알면서도 밖으로 표출되지 않아 어려움을 겪는 사람들을 위한 실습서다. 특히 틀에 박힌 교과서적인 역술의 고정관념에서 벗어나, 한차원 높게 공부할 수 있도록 원리통달을 설명하는데 중점을 두었다. 실명감정과 이론강의라는 두 단락으로 나누어 역학의 진리를 설명했기 때문에 누구나 쉽게 이해할 수 있다. 역학계의 대가 김봉준 선생의 역서「알기쉬운 해설·말하는 역학」의 후편이다.

· 백우 김봉준 저

주역육효 해설방법上·下

신비한 동양철학 38

한 번만 읽으면 주역을 활용할 수 있는 책!

이 책은 주역을 해설한 것으로, 될 수 있는 한 여러 가지 사설을 덧붙이지 않고 주역을 공부하고 활용하는데 필요한 요건만을 기록했다. 따라서 주역의 근원이나 하도낙서, 음양오행에 대해서도 많은 설명을 자제했다. 다만 누구나 이 책을 한 번 읽어서 주역을 이해하고 활용할 수 있도록 하는데 중점을 두었다.

· 원공선사 저

사주명리학 핵심

신비한 동양철학 ⑲

맥을 잡아야 모든 것이 보인다!

이 책은 잡다한 설명을 배제하고 명리학자들에게 도움이 될 비법만을 모아 엮었기 때문에 초심자가 이해하기에는 다소 어려운 부분도 있겠지만 기초를 튼튼히 한 다음 정독한다면 충분히 이해할 것이다. 신살만 늘어놓으며 감정하는 사이비가 되지말기를 바란다.

· 도관 박흥식 저

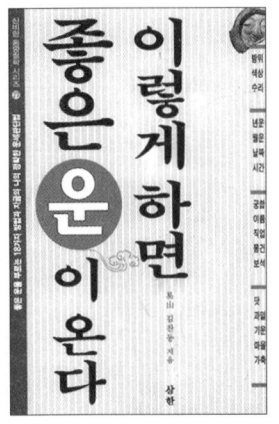

이렇게 하면 좋은 운이 온다

신비한 동양철학 ㉗

한 가정에 한 권씩 놓아두고 볼만한 책 !

좋은 운을 부르는 방법은 방위·색상·수리·년운·월운·날짜·시간·궁합·이름·직업·물건·보석·맛·과일·기운·마을·가축·성격 등을 정확하게 파악하여 자신에게 길한 것은 취하고 흉한 것은 피하면 된다. 간혹 예외인 경우가 있지만 극소수에 불과하고 대부분은 적중하기 때문에 좋은 효과를 본다. 이 책의 저자는 신학대학을 졸업하고 역학계에 입문했다는 특별한 이력을 갖고 있기 때문에 더 많은 화제가 되고 있다.

· 역산 김찬동 저

말하는 역학

신비한 동양철학 ⑪

신수를 묻는 사람 앞에서 말문이 술술 열린다!

이 책은 그토록 어렵다는 사주통변술을 이해하기 쉽고 흥미롭게 고담과 덕담을 곁들여 사실적인 인물을 궁금해 하는 사람에게 생동감있게 통변하고 있다. 길흉작용을 어떻게 표현하느냐에 따라 상담자의 정곡을 찔러 핵심을 끄집어내고 여기에 대한 정답을 내려주는 것이 통변술이다. 역학계의 대가 김봉준 선생의 역작이다.

· 백우 김봉준 저

술술 읽다보면 통달하는 사주학

신비한 동양철학 ㉗

술술 읽다보면 나도 어느새 도사 !

당신은 당신 마음대로 모든 일이 이루어지던가. 지금까지 누구의 명령을 받지 않고 내 맘대로 살아왔다고, 운명 따위는 믿지도 않고 매달리지 않는다고, 이렇게 말하는 사람들이 많다. 그러나 그것은 우주법칙을 모르기 때문에 하는 소리다.

・조철현 저

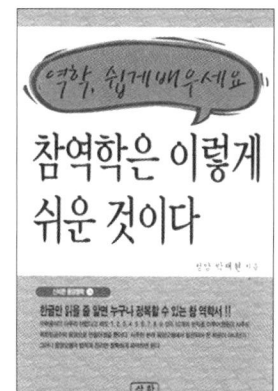

참역학은 이렇게 쉬운 것이다

신비한 동양철학 ㉔

음양오행의 이론으로 이루어진 참역학서 !

수학공식이 아무리 어렵다고 해도 1, 2, 3, 4, 5, 6, 7, 8, 9, 0의 10개의 숫자로 이루어졌듯이, 사주도 음양과 목, 화, 토, 금, 수의 오행으로 이루어졌을 뿐이다. 그러니 용신과 격국이라는 무거운 짐을 벗어버리고 음양오행의 법칙과 진리만 정확하게 파악하면 된다. 사주는 단지 음양오행의 변화일 뿐이고, 용신과 격국은 사주를 감정하는 한가지 방법에 지나지 않는다.

・청암 박재현 저

나의 천운 운세찾기

신비한 동양철학 ⑫

놀랍다는 몽골정통 토정비결!

이 책은 역학계의 대가 김봉준 선생이 놀랍다는 몽공토정비결을 연구 ·분석하여 우리의 인습 및 체질에 맞게 엮은 것이다. 운의 흐름을 알리고자 호운과 쇠운을 강조했으며, 현재의 나를 조명해보고 판단할 수 있도록 했다. 모쪼록 생활서나 안내서로 활용하기 바란다.

· 백우 김봉준 저

쉽게푼 역학

신비한 동양철학 ❷

쉽게 배워서 적용할 수 있는 생활역학서!

이 책에서는 좀더 많은 사람들이 역학의 근본인 우주의 오묘한 진리와 법칙을 깨달아 보다 나은 삶을 영위하는데 도움이 될 수 있도록 가장 쉬운 언어와 가장 쉬운 방법으로 풀이했다. 역학계의 대가 김봉준 선생의 역작이다.

· 백우 김봉준 저

이름이 운명을 바꾼다

신비한 동양철학 ㉕

이름은 제2의 자신이다!

이름에는 각각 고유의 뜻과 기운이 있어서 그 기운이 성격을 만들고 그 성격이 운명을 만든다. 나쁜 이름은 부르면 부를수록 불행을 부르고 좋은 이름은 부르면 부를수록 행복을 부른다. 만일 이름이 거지 같다면 아무리 운세를 잘 만나도 밥을 좀더 많이 얻어 먹을 수 있을 뿐이다. 이 책의 저자는 신학대학을 졸업하고 역학계에 입문했다는 특별한 이력을 갖고 있기 때문에 더 많은 화제가 되고 있다.

· 역산 김찬동 저

작명해명

신비한 동양철학 ㉖

누구나 쉽게 배워서 활용할 수 있는 체계적인 작명법!

일반적인 성명학으로는 알 수 없는 한자이름, 한글이름, 영문이름, 예명, 회사명, 상호, 상품명 등의 작명방법을 여러 사례를 들어 체계적으로 분석하여 누구나 쉽게 배워서 활용할 수 있도록 서술했다.

· 도관 박흥식 저

관상오행

신비한 동양철학 ⑳

한국인의 특성에 맞는 관상법!

좋은 관상인 것 같으나 실제로는 나쁘거나 좋은 관상
이 아닌데도 잘 사는 사람이 왕왕있어 관상법 연구에
흥미를 잃는 경우가 있다. 이것은 중국의 관상법만을
익히고, 우리의 독특한 환경적인 특징을 소홀히 다루었
기 때문이다. 이에 우리 한국인에게 알맞는 관상법을
연구하여 누구나 관상을 쉽게 알아보고 해석할 수 있
도록 자세하게 풀어놓았다.

· 송파 정상기 저

물상활용비법

신비한 동양철학 31

물상을 활용하여 오행의 흐름을 파악한다!

이 책은 물상을 통하여 오행의 흐름을 파악하고, 운명
을 감정하는 방법을 연구한 책이다. 추명학의 해법을
연구하고 운명을 추리하여 오행에서 분류되는 물질의
운명 줄거리를 물상의 기물로 나들이 하는 활용법을
주제로 했다. 팔자풀이 및 운명해설에 관한 명리감정법
의 체계를 세우는데 목적을 두고 초점을 맞추었다.

· 해주 이학성 저

운세십진법·本大路

신비한 동양철학 ❶

운명을 알고 대처하는 것은 현대인의 지혜다 !

타고난 운명은 분명히 있다. 그러니 자신의 운명을 알고 대처한다면 비록 운명을 바꿀 수는 없지만 충분히 향상시킬 수 있다. 이것이 사주학을 알아야 하는 이유다. 이 책에서는 자신이 타고난 숙명과 앞으로 펼쳐질 운명행로를 찾을 수 있도록 운명의 기초를 초연하게 설명하고 있다.

· 백우 김봉준 저

국운·나라의 운세

신비한 동양철학 ㉒

역으로 풀어본 우리나라의 운명과 방향 !

아무리 서구사상의 파고가 높다하기로 오천년을 한결같이 가꾸며 살아온 백두의 혼이 와르르 무너지는 지경에 왔어도 누구하나 입을 열어 말하는 사람이 없으니 답답하다. IMF라는 특수한 상황에서 불확실한 내일에 대한 해답을 이 책은 명쾌하게 제시하고 있다.

· 백우 김봉준

명인재

신비한 동양철학 43

신기한 사주판단 비법!

살(殺)의 활용방법을 완벽하게 제시하는 책!

이 책은 오행보다는 주로 살을 이용하는 비법이다. 시중에 나온 책들을 보면 살에 대해 설명은 많이 하면서도 실제 응용에서는 무시하고 있다. 이것은 살을 알면서도 응용할 줄 모르기 때문이다. 그러나 이 책에서는 살의 활용방법을 완전히 터득해, 어떤 살과 어떤 살이 합하면 어떻게 작용하는지를 자세하게 설명하고 있다.

· 원공선사 지음

사주학의 방정식

신비한 동양철학 18

가장 간편하고 실질적인 역서!

이 책은 종전의 어려웠던 사주풀이의 응용과 한문을 쉬운 방법으로 터득할 수 있게 하는데 목적을 두었고, 역학의 내용이 어떤 것이며 무엇이 어디에 속하는지를 알고자 하는데 있다.

· 김용오 저

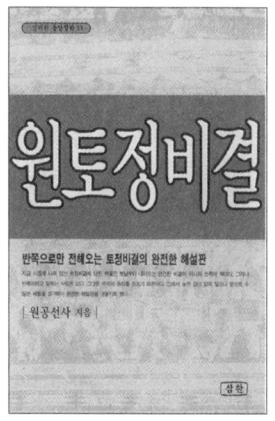

원토정비결

신비한 동양철학 53

반쪽으로만 전해오는 토정비결의 완전한 해설판

지금 시중에 나와 있는 토정비결에 대한 책들을 보면 옛날부터 내려오는 완전한 비결이 아니라 반쪽의 책이다. 그러나 반쪽이라고 말하는 사람이 없다. 그것은 주역의 원리를 모르기 때문이다. 따라서 늦은 감이 없지 않으나 앞으로의 수많은 세월을 생각하면서 완전한 해설본을 내놓기로 한 것이다.

• 원공선사 저

내가 보고 내가 바꾸는 DIY사주

신비한 동양철학 40

내가 보고 내가 바꾸는 사주비결 !

이 책은 기존의 책들과는 달리 한 사람의 사주를 체계적으로 도표화시켜 한 눈에 파악할 수 있고, DIY라는 책 제목에서 말하듯이 개운하는 방법을 제시하고 있다. 초심자는 물론 전문가도 자신의 이론을 새롭게 재조명해 볼 수 있는 케이스 스터디 북이다.

• 석오 전 광 지음

남사고의 마지막 예언

신비한 동양철학 29

이 책으로 격암유록에 대한 논란이 끝나기 바란다

감히 이 책을 21세기의 성경이라고 말한다. 〈격암유록〉
은 섭리가 우리민족에게 준 위대한 복음서이며, 선물이
며, 꿈이며, 인류의 희망이다. 이 책에서는 〈격암유록〉
이 전하고자 하는 바를 주제별로 정리하여 문답식으로
풀어갔다. 이 책으로 〈격암유록〉에 대한 논란은 끝나기
바란다.

· 석정 박순용 저

진짜부적 가짜부적

신비한 동양철학 7

부적의 실체와 정확한 제작방법

인쇄부적에서 가짜부적에 이르기까지 많게는 몇백만원
에 팔리고 있다는 보도를 종종 듣는다. 그러나 부적은
정확한 제작방법에 따라 자신의 용도에 맞게 스스로
만들어 사용하면 훨씬 더 좋은 효과를 얻을 수 있다.
이 책은 중국에서 정통부적을 연구한 국내유일의 동양
오술학자가 밝힌 부적의 실체와 정확한 제작방법을 소
개하고 있다.

· 오상익 저

한눈에 보는 손금
신비한 동양철학 52

논리정연하며 바로미터적인 지침서

이 책은 수상학의 연원을 초월해서 동서합일의 이론으로 집필했다. 그야말로 완벽하리만치 논리정연한 수상학을 정리한 것이다. 그래서 운명적, 철학적, 동양적, 심리학적인 면을 예증과 방편에 이르기까지 아주 상세하게 기술했다. 이 책은 수상학이라기 보다 한 인간의 바로미터적인 지침서 역할을 해줄 것이다. 독자 여러분의 꾸준한 연구와 더불어 인생성공의 지침서가 될 수 있을 것이다.

• 정도명 저

만세력 | 사륙배판 · 신국판
사륙판 · 포켓판
신비한 동양철학 45

찾기 쉬운 만세력

이 책은 완벽한 만세력으로 만세력 보는 방법을 자세하게 설명했다. 그리고 역학에 대한 기본적인 내용과 결혼하기 좋은 나이 · 좋은 날 · 좋은 시간, 아들 · 딸 태아감별법, 이사하기 좋은 날 · 좋은 방향 등을 부록으로 실었다.

• 백우 김봉준 저

수명비결

신비한 동양철학 14

주민등록번호 13자로 숙명의 정체를 밝힌다

우리는 지금 무수히 많은 숫자의 거미줄에 매달려 허우적거리며 살아가고 있다. 1분 ·1초가 생사를 가름하고, 1등 · 2등이 인생을 좌우하며, 1급 · 2급이 신분을 구분하는 세상이다. 이 책은 수명리학으로 13자의 주민등록번호로 명예, 재산, 건강, 수명, 애정, 자녀운 등을 미리 읽어본다.

· 장충한 저

운명으로 본 나의 질병과 건강상태

신비한 동양철학 9

타고난 건강상태와 질병에 대한 대비책

이 책은 국내 유일의 동양오술학자가 사주학과 더불어 정통명리학의 양대산맥을 이루는 자미두수 이론으로 임상실험을 거쳐 작성한 표준자료다. 따라서 명리학을 응용한 최초의 완벽한 의학서로 질병을 예방하고 치료하는데 활용한다면 최고의 의사가 될 것이다. 또한 예방의학적인 차원에서 건강을 유지하는데 훌륭한 지침서로 현대의학의 새로운 장을 여는 계기가 될 것이다.

· 오상익 저

오행상극설과 진화론

신비한 동양철학 5

인간과 인생을 떠난 천리란 있을 수 없다

과학이 현대를 설정하여 설명하고 있으나 원리는 동양
철학에도 있기에 그 양면을 밝히고자 노력했다. 우주에
서 일어나는 모든 일을 과학으로 설명될 수는 없다.
비과학적이라고 하기보다는 과학이 따라오지 못한다고
설명하는 것이 더 솔직하고 옳은 표현일 것이다. 특히
과학분야에 종사하는 신의사가 저술했다는데 더 큰 화
제가 되고 있다.

· 김태진 저

사주학의 활용법

신비한 동양철학 17

가장 실질적인 역학서

우리가 생소한 지방을 여행할 때 제대로 된 지도가 있
다면 편리하고 큰 도움이 되듯이 역학이란 이와같은
인생의 길잡이다. 예측불허의 인생을 살아가는데 올바
른 안내자나 그 무엇이 있다면 그 이상 마음 든든하고
큰 재산은 없을 것이다.

· 학선 류래웅 저

쉽게 푼 주역

신비한 동양철학 10

귀신도 탄복한다는 주역을 쉽고 재미있게 풀어놓은 책

주역이라는 말 한마디면 귀신도 기겁을 하고 놀라 자빠진다는데, 운수와 일진이 문제가 될까. 8×8=64괘라는 주역을 한 괘에 23개씩의 회답으로 해설하여 1472괘의 신비한 해답을 수록했다. 당신이 당면한 문제라면 무엇이든 해결할 수 있는 열쇠가 이 한 권의 책 속에 있다.

· 정도명 저

핵심 관상과 손금

신비한 동양철학 54

사람을 볼 줄 아는 안목과 지혜를 알려주는 책

오늘과 내일을 예측할 수 없을만큼 복잡하게 펼쳐지는 현실에서 살아남기 위해서는 사람을 볼줄 아는 안목과 지혜가 필요하다. 시중에 관상학에 대한 책들이 많이 나와있지만 너무 형이상학적이라 전문가도 이해하기 어렵다. 이 책에서는 누구라도 쉽게 보고 이해할 수 있도록 핵심만을 파악해서 설명했다.

· 백우 김봉준 저

진짜궁합 가짜궁합

● ●

신비한 동양철학 8

남녀궁합의 새로운 충격

중국에서 연구한 국내유일의 동양오술학자가 우리나라 역술가들의 궁합법이 잘못되었다는 것을 학술적으로 분석·비평하고, 전적과 사례연구를 통하여 궁합의 실체와 타당성을 분석했다. 합리적인 「자미두수궁합법」과 「남녀궁합」 및 출생시간을 몰라 궁합을 못보는 사람들을 위하여 「지문으로 보는 궁합법」 등을 공개한다.

・오상익 저

좋은꿈 나쁜꿈

● ●

신비한 동양철학 15

그날과 앞날의 모든 답이 여기 있다

개꿈이란 없다. 꿈은 반드시 미래를 예언한다. 이 책은 프로이드의 정신분석학적인 입장이 아닌 미래판단의 근거에 입각한 예언적인 해몽학이다. 여러 형태의 꿈을 체계적으로 정리했으니 올바른 해몽법으로 앞날을 지혜롭게 대처해 보자. 모쪼록 각 가정에서 한 권씩 두고 이용하면 생활하는데 많은 도움이 될 것이다.

・학선 류래웅 저

완벽 만세력

신비한 동양철학 58

착각하기 쉬운 썸머타임 2도 인쇄

시중에 많은 종류의 만세력이 나와있지만 이 책은 단순한 만세력이 아니라 완벽한 만세경전으로 만세력 보는 법 등을 실었기 때문에 처음 대하는 사람이라도 쉽게 볼 수 있도록 편집되었다. 또한 부록편에는 사주명리학, 신살종합해설, 결혼과 이사택일 및 이사방향, 길흉보는 법, 우주천기와 한국의 역사 등을 수록했다.

· 백우 김봉준 저

주역 · 토정비결

신비한 동양철학 40

토정비결의 놀라운 비결

지금 시중에 나와 있는 토정비결에 대한 책들을 보면 옛날부터 내려오는 완전한 비결이 아니라 반쪽의 책이다. 그러나 반쪽이라고 말하는 사람이 없다. 그것은 주역의 원리를 모르기 때문이다. 따라서 늦은 감이 없지 않으나 앞으로의 수많은 세월을 생각하면서 완전한 해설본을 내놓기로 했다.

· 원공선사 저

현장 지리풍수

신비한 동양철학 48

현장감을 살린 지리풍수법

풍수를 업으로 삼는 사람들이 진(眞)과 가(假)를 분별할 줄 모르면서 24산의 포태사묘의 법을 익히고는 많은 법을 알았다고 자부하며 뽐내고 있다. 그리고는 재물에 눈이 어두워 불길한 산을 길하다 하고, 선하지 못한 물(水)을 선하다 하면서 죄를 범하고 있다. 이는 분수 밖의 것을 망녕되게 바라기 때문이다. 마음 가짐을 바로하고 고대 원전에 공력을 바치면서 산간을 실사하며 적공을 쏟으면 정교롭고 세밀한 경지를 얻을 수 있을 것이다.

· 전항수 · 주관장 편저

완벽 사주와 관상

신비한 동양철학 55

사주와 관상의 핵심을 한 권에

자연과 인간, 음양(陰陽)오행과 인간, 사계와 절후, 인상(人相)과 자연, 신(神)들의 이야기 등등 우리들의 삶과 관계되는 사실적 관계로만 역(易)을 설명해 누구나 쉽게 이해할 수 있도록 썼으며 특히 역(易)에 대한 관심과 흥미를 갖게 하고자 인상학(人相學)을 추록했다. 여기에 추록된 인상학(人相學)은 시중에서 흔하게 볼 수 있는 상법(相法)이 아니라 생활상법(生活相法) 즉 삶의 지식과 상식을 드리고자 했으니 생활에 유익함이 있기를 바란다.

· 김봉준 · 유오준 공저

해몽·해몽법

신비한 동양철학 50

해몽법을 알기 쉽게 설명한 책

인생은 꿈이 예지한 시간적 한계에서 점점 소멸되어 가는 현존물이기 때문에 반드시 꿈의 뜻을 따라야 한다. 이것은 꿈을 먹고 살아가는 인간 즉 태몽의 끝장면인 죽음을 향해 달려가고 있는 인간이기 때문이다. 꿈은 우리의 삶을 이끌어가는 이정표와도 같기에 똑바로 가도록 노력해야 한다.

· 김종일 저

역점

신비한 동양철학 57

우리나라 전통 행운찾기

주역을 무조건 미신으로 치부해버리는 생각은 버려야 한다. 주역이 점치는 책에만 불과했다면 벌써 그 존재가 없어졌을 것이다. 그러나 오랫동안 많은 학자가 연구를 계속해왔고, 그 속에서 자연과학과 형이상학적인 우주론과 인생론을 밝혀, 정치·경제·사회 등 여러 방면에서 인간의 생활에 응용해왔고, 삶의 지침서로써 그 역할을 했다. 이 책은 한 번만 읽으면 누구나 역점가가 될 수 있으니 생활에 도움이 되길 바란다.

· 문명상 편저

명리학연구

신비한 동양철학 59

체계적인 명확한 이론

이 책은 명리학 연구에 핵심적인 내용만을 모아 하나의 독립된 장을 만들었다. 명리학은 분야가 넓어 공부를 하다보면 주변에 머무르는 경우가 많아, 주요 내용을 잃고 헤매는 경우가 많다. 그러므로 뼈대를 잡는 것이 중요한데, 여기서는 「17장. 명리대요」에 핵심 내용만을 모아 학문의 체계를 잡는데 용이하게 하였다.

· 권중주 저

쉽게 푼 풍수

신비한 동양철학 60

현장에서 활용하는 풍수지리법

산도는 매우 광범위하고, 현장에서 알아보기 힘들다. 더구나 지금은 수목이 울창해 소조산 정상에 올라가도 나무에 가려 국세를 파악하는데 애를 먹는다. 그러므로 사진을 첨부하니 많은 도움이 되길 바란다. 물론 결록에 있고 산도가 눈에 익은 것은 혈 사진과 함께 소개하니 참고하기 바란다. 이 책을 열심히 정독하면서 답산하면 혈을 알아보고 용산도 할 수 있을 것이다.

· 전항수 · 주장관 편저

올바른 작명법

신비한 동양철학 61

세상의 부모들에게 가장 소중한 것이 무엇이냐고 물으면 누구든 자녀라고 할 것이다. 그런데 왜 평생을 좌우할 이름을 함부로 짓는가. 이름이 얼마나 소중한지를. 이름의 오행작용이 사람의 일생을 어떻게 좌우하는지를 모르기 때문이다. 세상만물은 음양오행의 영향을 받지 않는 것이 없다. 봄이 가면 여름이 오고, 여름이 가면 가을이 오고, 가을이 가면 겨울이 오고, 겨울이 가면 봄이 오는 것 또한 음양오행의 원리다.

• 이정재 저

신수대전

신비한 동양철학 62

흉함을 피하고 길함을 부르는 방법

신수를 보는 방법은 여러 가지가 있는데 대부분이 주역과 사주추명학에 근거를 둔다. 수많은 학설 중에서 몇 가지를 보면 사주명리, 자미두수, 관상, 점성학, 구성학, 육효, 토정비결, 매화역수, 대정수, 초씨역림, 황극책수, 하락리수, 범위수, 월영도, 현무발서, 철판신수, 육임신과, 기문둔갑, 태을신수 등이다. 역학에 정통한 고사가 아니면 제대로 추단하기 어려운데 엉터리 술사들이 넘쳐난다. 그래서 누구나 자신의 신수를 볼 수 있도록 몇 가지를 정리했다.

• 도관 박홍식

음택양택

신비한 동양철학 63

현세의 운·내세의 운

이 책에서는 음양택명당의 조건이나 기타 여러 가지를 설명하여 산 자와 죽은 자의 행복한 집을 만들 수 있도록 했다. 특히 죽은 자의 집인 음택명당은 자리를 옳게 잡으면 꾸준히 생기를 발하여 흥하나, 그렇지 않으면 큰 피해를 당하니 돈보다도 행·불행의 근원인 음양택명당에 관심을 기울여야 한다.

· 전항수 · 주장관 지음

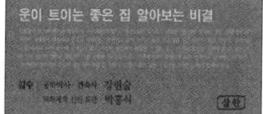

이런 집에 살아야 잘 풀린다

신비한 동양철학 64

운이 트이는 좋은 집 알아보는 비결

힘든 상황에서 내 가족이 지혜롭게 대처하고 건강을 지켜주는, 한마디로 운이 트이는 집은 모두의 꿈일 것이다. 가족이 평온하게 생활할 수 있는 집, 나가서는 발전을 가져다 줄 수 있는 그런 집이 있다면 얼마나 좋을까? 그런 소망에 한 걸음이라도 가까워지려면 막연하게 운만 기대해서는 안 된다. '호랑이를 잡으려면 호랑이 굴로 들어가라'는 속담이 있듯이 좋은 집을 가지려면 그만한 노력이 있어야 한다.

· 강현술 · 박흥식 감수

사주에 모든 길이 있다

신비한 동양철학 65

사주를 간명하는데 조금이라도 도움이 되었으면 하는 바람에서 이 책을 쓰게 되었다. 간명의 근간인 오행의 왕쇠강약을 세분해서 설명했다. 그리고 대운과 세운, 세운과 월운의 연관성과, 십신과 여러 살이 운명에 미치는 암시와, 십이운성으로 세운을 판단하는 방법을 설명했다.

· 정담 선사 편저

사주학

신비한 동양철학 66

5대 원서의 핵심과 실용

이 책은 사주학을 체계적으로 공부하려는 학도들을 위해 꼭 알아야 할 내용과 용어를 수록하는데 중점을 두었다. 이 학문을 공부하려고 찾아온 사람들에게 여러 가지 질문을 던져보면 거의 기초지식이 시원치 않다. 그런 상태로 사주를 읽으려니 제대로 될 리가 없다. 이 책으로 용어와 제반지식을 터득하면 빠른 시일에 소기의 목적을 이룰 수 있을 것이다.

· 글갈 정대엽 저

주역 기본원리

신비한 동양철학 67

주역의 기본원리를 통달할 수 있는 책

이 책에서는 기본괘와 변화와 기본괘가 어떤 괘로 변
했을 경우 일어날 수 있는 내용들을 설명하여 주역의
변화에 대한 이해를 돕는데 주력하였다. 그러나 그런
내용을 구분할 수 있는 방법을 전부 다 설명할 수는 없
기에 뒷장에 간단하게설명하였고, 다른 책들과 설명의
차이점도 기록하였으니 참작하여 본다면 조금이나마
도움이 될 것이다.

· 원공선사 편저

사주특강

신비한 동양철학 68

자평진전과 적천수의 재해석

이 책은 『자평진전(子平眞詮)』과 『적천수(滴天髓)』를
근간으로 명리학(命理學)의 폭넓은 가치를 인식하고,
실전에서 유용한 기반을 다지는데 중점을 두고 썼다.
일찍이 『자평진전(子平眞詮)』을 교과서로 삼고, 『적천
수(滴天髓)』로 보완하라는 서낙오(徐樂吾)의 말에 깊이
공감한다.

청월 박상의 편저

복을 부르는방법

신비한 동양철학 69

나쁜 운을 좋은 운으로 바꾸는 비결

개운하는 방법은 여러 가지가 있으나, 이 책의 비법은 축원문을 독송하는 것이다. 독송이란 소리내 읽는다는 뜻이다. 사람의 말에는 기운이 있는데, 이 기운은 자신에게 돌아온다. 좋은 말을 하면 좋은 기운이 돌아오고, 나쁜 말을 하면 나쁜 기운이 돌아온다. 이 책은 누구나 어디서나 쉽게 비용을 들이지 않고 좋은 운을 부를 수 있는 방법을 실었다.

· 역산 김찬동 편저

인터뷰 사주학

신비한 동양철학 70

쉽고 재미있는 인터뷰 사주학

얼마전까지만 해도 사주학을 취급하는 사람들은 미신을 다루는 부류로 취급되었다. 그러나 지금은 하루가 다르게 이 학문을 공부하는 사람들이 폭증하고 있는 것으로 보인다. 젊은 층에서 사주카페니 사주방이니 사주동아리니 하는 것들이 만들어지고 그 모임이 활발하게 움직이고 있다는 점이 그것을 증명해준다. 그뿐 아니라 대학원에는 역학교수들이 점차로 증가하고 있다.

· 글갈 정대엽 편저

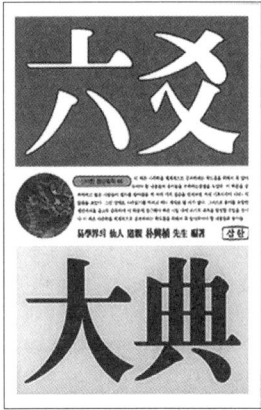

육효대전

신비한 동양철학 37

정확한 해설과 다양한 활용법

동양의 고전 중에서도 가장 대표적인 것이 주역이다. 주역은 옛사람들이 자연의 법칙을 거울삼아 인간이 생활을 영위해 나가는 처세에 관한 지혜를 무한히 내포하고, 피흉추길하는 얼과 슬기가 함축된 점서)인 동시에 수양·과학서요 철학·종교서라고 할 수 있다.

· 도관 박흥식 편저

사람을 보는 지혜

신비한 동양철학 73

관상학의 초보에서 완성까지

현자는 하늘이 준 명을 알고 있기에 부귀에 연연하지 않는다. 사람은 마음을 다스리는 심명이 있다. 마음의 명은 자신만이 소통하는 유일한 우주의 무형의 에너지이기 때문에 잠시도 잊으면 안된다. 관상학은 사람의 상으로 이런 마음을 살피는 학문이니 잘 이해하여 보다 나은 삶을 삶을 영위할 수 있도록 노력해야 한다.

· 이부길 편저

명리학 | 재미있는 우리사주

신비한 동양철학 74

사주 세우는 방법부터 용어해설 까지!!

몇 년 전 『사주에 모든 길이 있다』가 나온 후 선배 제현들께서 알찬 내용의 책다운 책을 접했다면서 매월 한 번만이라도 참 역학의 발전을 위하여 학술세미나를 열자는 제의를 받았다. 그러나 사주의 작성법을 설명하지 않아 독자들에게 많은 질타를 받고 뒤늦게 이 책을 출판하기로 결심했다. 이 책은 한글만 알면 누구나 역학과 가까워질 수 있도록 사주 세우는 방법부터 실제 간명, 용어해설에 이르기까지 분야별로 엮었다.

· 정담 선사 편저

성명학 | 바로 이 이름

신비한 동양철학 75

사주의 운기와 조화를 고려한 이름짓기

사람은 누구나 타고난 운명, 즉 숙명이라는 것이 있다. 숙명인 사주팔자는 선천운이고, 성명은 후천운이 되는 것으로 이름을 지을 때는 타고난 운기와의 조화를 고려함이 중요하다. 따라서 역학에 대한 깊은 이해가 선행되어야 함은 지극히 당연한 일이다. 부연하면 작명의 근본은 타고난 사주에 운기를 종합적으로 분석하여 부족한 점을 보강하고 결점을 개선한다는 큰 뜻이 있다고 할 수 있다.

· 정담 선사 편저

운을 잡으세요 | 개운비법

신비한 동양철학 76

염력강화로 삶의 문제를 해결한다!

염력(念力)이 강한 사람은 운명을 개척하며 행복하게 살고, 염력이 약한 사람은 운명의 노예가 되어 불행하게 살아간다. 때문에 행복과 불행은 누가 주는 것이 아니라 자기 자신이 만든다고 할 수 있다. 한 마디로 말해 의지의 힘, 즉 염력이 운명을 바꾸는 것이다. 이 책에서는 이러한 염력을 강화시켜 삶에서 일어나는 문제를 해결하는 방법을 알려준다. 누구나 가벼운 마음으로 읽고 실천한다면 반드시 목적을 이룰 수 있을 것이다.

· 역산 김찬동 편저

작명정론

신비한 동양철학 77

이름으로 보는 역대 대통령이 나오는 이치

사주팔자가 네 기둥으로 세워진 집이라면 이름은 그 집을 대표하는 문패라고 할 수 있다. 사람은 태어나면서 사주를 통해 운을 타고나고 이름이 주어진 순간부터 명(命)이 작용한다. 사주와 이름이 곧 운명을 결정한다는 것이다. 따라서 이름을 지을 때는 사주의 격에 맞추어야 한다. 사주 그릇이 작은 사람이 원대한 뜻의 이름을 쓰면 감당하지 못할 시련을 자초하게 되고 오히려 이름값을 못할 수 있다. 즉 분수에 맞는 이름으로 작명해야 하기 때문에 사주의 올바른 분석이 필요하다.

· 청월 박상의 편저

원심수기 통증예방 관리비법

신비한 동양철학 78

쉽게 배워 적용할 수 있는 통증관리법

이 책을 세상에 내놓는 것은 우리 전통 민중의술도 세상의 그 어떤 의술에 못지 않게 아주 훌륭한 치료술이 있고 그 전통이 수백 년, 또는 수천 년을 내려오면서 전해지고 있는데 현재 사회를 보면 무조건 외국에서 들어온 것만이 최고라고 하는 식으로 하여 우리의 전통 민중의술을 뿌리째 버리려고 하는데 문제가 있는 것 같기에 우리것을 지키고자 하는데 그 첫째의 목적이 있다 할 수 있을 것이다.

· 원공 선사 저

사주비기

신비한 동양철학 79

역학으로 보는 대통령이 나오는 이치 ! !

이 책에서는 고서의 이론을 근간으로 하여 근대의 사주들을 임상하여, 적중도에 의구심이 가는 이론들은 과감하게 탈피하고 통용될 수 있는 이론만을 수용했다. 따라서 기존 역학서의 아쉬운 부분들을 충족시키며 일반인도 열정만 있으면 누구나 자신의 운명을 감정하고 피흉취길할 수 있는 생활지침서로 활용할 수 있을 것이다.

청월 박상의 편저

찾기 쉬운 명당

신비한 동양철학 44

풍수지리의 모든 것!

이 책은 가능하면 쉽게 풀려고 노력했고, 실전에 도움이 되도록 했다. 특히 풍수지리에서 방향측정에 필수인 패철(佩鐵)사용과 나경(羅經) 9층을 각 층별로 간추려 설명했다. 그리고 이 책에 수록된 도설, 즉 오성도, 명산도, 명당 형세도 내거수 명당도, 지각(枝脚)형세도, 용의 과협출맥도, 사대혈형(穴形) 와겸유돌(窩鉗乳突) 형세도 등은 국립중앙도서관에 소장된 문헌자료인 만산도단, 만산영도, 이석당 은민산도의 원본을 참조했다.

· 호산 윤재우 저

명리입문

신비한 동양철학 41

명리학의 필독서!

이 책은 자연의 기후변화에 의한 운명법 외에 명리학도들이 궁금해 했던 인생의 제반사들에 대해서도 상세하게 기술했다. 따라서 초보자부터 심도있게 공부한 사람들까지 세심히 읽고 숙독해야 하는 책이다. 특히 격국이나 용신뿐 아니라 십신에 대한 자세한 설명, 조후용신에 대한 보충설명, 인간의 제반사에 대해서는 독보적인 해설이 들어 있다. 초보자들에게는 더할 수 없이 훌륭한 길잡이가 될 것이다.

· 동하 정지호 편역

육효점 정론

신비한 동양철학 80

육효학의 정수!

이 책은 주역의 원전소개와 상수역법의 꽃으로 발전한 경방학을 같이 실어 독자들의 호기심을 충족시키는데 중점을 두었습니다. 주역의 원전으로 인화의 처세술을 터득하고, 어떤 사안의 답은 육효법을 탐독하여 찾으시기 바랍니다.

· 효명 최인영 편역

작명 백과사전

신비한 동양철학 81

36가지 이름짓는 방법과 선후천 역상법 수록

이름은 나를 대표하는 생명체이므로 몸은 세상을 떠날지라도 영원히 남는다. 성명운의 유도력은 후천적으로 가공 인수되는 후존적 수기로써 조성 운화되는 작용력이 있다. 선천수기의 운기력이 50%이면 후천수기도의 운기력도50%이다. 이와 같이 성명운의 작용은 운로에 불가결한조건일 뿐 아니라, 선천명운의 범위에서 기능을 충분히 할 수 있다.

· 임삼업 편저 | 송충석 감수

사주대성

∙∙∙∙∙∙∙∙∙∙∙∙∙∙∙∙∙∙∙∙∙∙∙∙∙∙∙∙∙∙∙

신비한 동양철학 33

초보에서 완성까지

이 책은 과거 현재 미래를 모두 알 수 있는 비결을 실었다. 그러나 모두 터득한다는 것은 어려울 것이다. 역학은 수천 년간 동방의 석학들에 의해 갈고 닦은 철학이요 학문이며, 정신문화로서 영과학적인 상수문화로서 자랑할만한 위대한 학문이다.

∙ 도관 박흥식 저

해몽정본

∙∙∙∙∙∙∙∙∙∙∙∙∙∙∙∙∙∙∙∙∙∙∙∙∙∙∙∙∙∙∙

신비한 동양철학 36

꿈의 모든 것 !

막상 꿈해몽을 하려고 하면 내가 꾼 꿈을 어디다 대입시켜야 할지 모를 경우가 많았을 것이다. 그러나 이 책은 찾기 쉽고, 명료하며, 최대한으로 많은 갖가지 예를 들었으니 꿈해몽을 하는데 어려움이 없을 것이다.

∙ 청암 박재현 저

적천수 정설

신비한 동양철학 82

적천수 원문을 쉽고 자세하게 해설

적천수(滴天髓)는 명나라 개국공신인 유백온(劉伯溫) 선생이 처음으로 저술한 후 여러 사람이 각각 자신의 주장을 내세워 해설하여 오늘날에는 많은 분량이 되었다. 그러나 원래 유백온(劉伯溫) 선생이 저술한 적천수(滴天髓)의 원문은 내용이 그렇게 많지가 않다. 저자는 적천수(滴天髓) 원문을 보고 30년 역학(易學)의 경험을 총동원하여 감히 해설해 보았다.

· 역산 김찬동 편역

궁통보감 정설

신비한 동양철학 83

궁통보감 원문을 쉽고 자세하게 해설

『궁통보감(窮通寶鑑)』은 5대원서 중에서 가장 이론적이며 사리에 맞는 책이라고 생각한다. 이 책은 조후(調候)를 중심으로 설명하며 간명한 것이 특징이다. 역학을 공부하는 학도들에게 도움을 주려고 먼저 원문에 음독을 단 다음 해설하였다. 그리고 예문은 서낙오(徐樂吾) 선생이 해설한 것을 그대로 번역하였고, 저자가 상담한 사람들의 사주와 점서에 있는 사주들을 실었다.

· 역산 김찬동 편역

왕초보 내 사주

신비한 동양철학 84

초보 입문용 역학서

이 책은 역학을 너무 어렵게 생각하는 초보자들에게 조금이나마 도움을 주고자 쉽게 엮으려고 노력했다. 이 책을 숙지한 후 역학(易學)의 5대 원서인 『적천수(滴天髓)』, 『궁통보감(窮通寶鑑)』, 『명리정종(命理正宗)』, 『연해자평(淵海子平)』, 『삼명통회(三命通會)』에 접근한다면 훨씬 쉽게 터득할 수 있을 것이다. 이 책들은 저자가 이미 편역하여 삼한출판사에서 출간한 것도 있고, 앞으로 모두 갖출 것이니 많이 활용하기 바란다.

· 역산 김찬동 편저

스스로 공부하게 하는 방법과 천부적 적성

신비한 동양철학 85

내 아이를 성공시키고 싶은 부모들에게

자녀를 성공시키고 싶은 마음은 부자나 가난한 사람이나 모두 같을 것이다. 그러나 가난한 부모를 둔 아이들은 공부할 수 있는 환경이 열악하다. 빈익빈 부익부 현상이 배우는 아이들 때부터 시작되기 때문이다. 그러니 가난한 집 아이가 좋은 성적을 내기는 매우 어렵고, 원하는 학교에 들어가기도 어렵다. 그러나 실망하기에는 아직 이르다. 내 아이가 훌륭한 인재로 성장해 아름답고 멋진 삶을 살아가는 방법이 이 책에 있다.

· 청암 박재현 지음

기문둔갑 비급대성

신비한 동양철학 86

기문의 정수

기문둔갑은 천문지리·인사명리·법술병법 등에 영험한 술수로 예로부터 은밀하게 특권층에만 전승되었다. 그러나 아쉽게도 기문을 공부하려는 이들에게 도움이 될만한 책이 거의 없다. 필자는 이 점이 안타까워 천견박식함을 돌아보지 않고 감히 책을 내게 되었다. 한 권에 기문학을 다 표현할 수는 없지만 이 책을 사다리 삼아 저 높은 경지로 올라간다면 제갈공명과 같은 지혜를 발휘할 수 있을 것이다.

· 도관 박홍식 편저

아호연구

신비한 동양철학 87

여러 가지 작호법과 실예 모음

필자는 오래 전부터 작명을 연구했다. 그러나 시중에 나와 있는 책에는 대부분 아호에 관해서는 전혀 언급하지 않았다. 그래서 아호에 관심이 있어도 자료를 구하지 못하는 분들을 위해 이 책을 내게 되었다. 아호를 짓는 것은 그리 대단하거나 복잡하지 않으니 이 책을 처음부터 끝까지 착실히 공부한다면 누구나 좋은 아호를 지어 쓸 수 있을 것이라고 생각한다.

· 임삼업 편저

점포, 이렇게 하면 부자됩니다

신비한 동양철학 88

부자되는 점포, 보는 방법과 만드는 방법

사업의 성공과 실패는 어떤 사업장에서 어떤 품목으로 어떤 사람들과 거래하느냐에 따라 판가름난다. 그리고 사업을 성공시키려면 반드시 몇 가지 문제를 살펴야 하는데 무작정 사업을 시작하여 실패하는 사람들이 많다. 그래서 이 책에서는 이러한 문제와 방법들을 조목 조목 기술하여 누구나 성공하도록 도움을 주는데 주력하였다.

· 김도희 편저

새로 나온 완성 주역비결

신비한 동양철학 92

반쪽으로 전해오는 토정비결을 완전하게 해설

지금 시중에 나와 있는 토정비결에 대한 책들은 옛날부터 내려오는 완전한 비결이 아니라 반쪽의 책이다. 그러나 반쪽이라고 말하는 사람은 없다. 그것은 주역의 원리를 모르기 때문이다. 그래서 늦은 감이 없지 않으나 앞으로 수많은 세월을 생각해서 완전한 해설판을 내놓기로 했다.

· 원공선사 편저

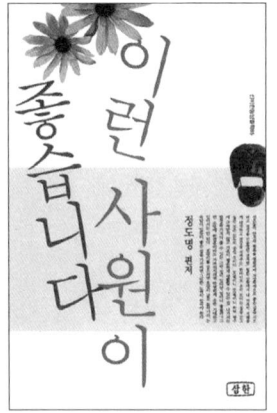

이런 사원이 좋습니다

신비한 동양철학 90
사원선발 면접지침

사회가 다양해지면서 인력관리의 전문화가 매우 필요하며 인력수급 계획이 기업주들의 애로사항이 되었다. 필자는 그동안 수많은 기업의 사원선발 면접시험에 참여했는데 한결같이 기업주들이 면접지침에 관한 책이 하나쯤 있으면 좋겠다는 것이었다. 그리하여 필자가 경험한 사례들을 참작하여 이 책을 내게 되었으니 좋은 사원을 선발하는데 많은 도움이 될 것이라고 믿는다.

· 정도명 지음

새로 나온 평생만세력

신비한 동양철학 91
착각하기 쉬운 썸머타임 2도인쇄

시중에 많은 종류의 만세력이 있지만 이 책은 단순한 만세력이 아니라 완벽한 만세경전이다. 그리고 만세력 보는 법 등을 실러 처음 대하는 사람이라도 쉽게 볼 수 있도록 편집하였다. 또 부록편에는 사주명리학, 신살 종합해설, 결혼과 이사 택일, 이사 방향, 길흉보는 법, 우주의 천기와 우리나라 역사 등을 수록하였다.

· 백우 김봉준 편저

한글이미지 성명학

신비한 동양철학 93

이름감정서

이 책은 본인의 이름은 물론 사랑하는 가족 그리고 가까운 친척이나 친구들의 이름까지도 좋은지 나쁜지 알아볼 수 있도록 지금까지 나와 있는 모든 성명학을 토대로 하여 썼다. 감언이설이나 협박성 감명에 흔들리지 않고 확실한 이름풀이를 볼 수 있을 것이다. 그리고 아름답고 멋진 삶을 살아갈 수 있는 이름을 짓는 방법도 상세하게 제시하였다.

• 청암 박재현 지음

명리실무

신비한 동양철학 94

명리학의 총 정리서

명리학(命理學)은 오랜 세월 많은 철인(哲人)들에 의하여 전승 발전되어 왔고, 지금도 수많은 사람이 임상과 연구에 임하고 있으며, 몇몇 대학에 학과도 개설되어 체계적인 교육을 하고 있다. 그러나 아직도 실무에서 활용할 수 있는 책이 부족한 상황이기 때문에 나름대로 현장에서 필요한 이론들을 정리해 보았다. 초학자는 물론 역학계에 종사하는 사람들에게 큰 도움이 될 것이라고 믿는다.

• 박흥식 편저

동양철학전문출판 삼한

음파메세지(氣) 성명학

신비한 동양철학 51

새로운 시대에 맞는 새로운 성명학

지금까지의 모든 성명학은 모순의 극치를 이루고 있다. 이제 새로운 시대에 맞는 음파메세지(氣) 성명학이 탄생했으니 차근차근 읽어보고 복을 계속 부르는 이름을 지어 사랑하는 자녀가 행복하고 아름다운 삶을 살아갈 수 있도록 하는데 도움이 되었으면 한다.

· 청암 박재현 저

정법사주

신비한 동양철학 49

독학과 강의용 겸용의 책

이 책은 사주추명학을 연구하고자 하는 분들에게 심오한 주역의 이해를 돕고자 하는 의도에서 시작되었다. 음양오행의 상생상극에서부터 육친법과 신살법을 기초로 하여 격국과 용신 그리고 유년판단법을 활용하여 운명판단에 첩경이 될 수 있도록 했고, 추리응용과 운명감정의 실례를 하나 하나 들어가면서 독학과 강의용 겸용으로 엮었다.

· 원각 김구현 저

사주 속으로

신비한 동양철학 95

역학서의 고전들로 입증하며 쉽고 자세하게 푼 책

십 년 동안 역학계에 종사하면서 나름대로는 실전과 이론에서 최선을 다했다고 자부한다. 역학원의 비좁은 공간에서도 항상 후학을 생각하는 마음으로 역학에 대한 배움의 장을 마련하고자 노력한 것도 사실이다. 이 책을 역학으로 이름을 알리고 역학으로 생활하면서 조금이나마 역학계에 이바지할 것이 없을까라는 고민의 산물이라 생각해주기 바란다.

· 김상회 편저